한국의
교통 역사

한국의 교통 역사

고속도로, 고속전철, 서울시 교통정책을 통해 본
교통의 과거와 미래 제언

차동득 지음

nobook

서문

어느 시대이든 과거는 확실하지만
　　　현재는 망설여지고
　　　미래는 언제나 불확실하다

　　국가 경제의 순환은 물류의 흐름과 정보의 순환에 의존한다. 그래서 물류는 종종 인체의 혈관에 비유된다. 돌이켜 보면 대한민국의 경제발전은 물류 선진화와 그 궤적을 같이 했다.

　　1962년 경제개발 5개년계획이 시작되면서 고속도로 시대가 열렸다. 이때 우리는 첨단 토목사업의 건설 경험을 바탕으로 1973년 중동 건설 붐에 편승할 수 있는 행운을 누리게 된다. 그리고 다시 중동 건설 붐을 통해 집적된 산업자본을 바탕으로 자동차, 가전 분야에도 진출하게 되면서 경제의 선순환이 시작되었다. 이런 과정에서 경인, 경부고속도로로 고속도로 시대에 진입하고, 이어 호남·남해, 영동·동해, 대구-광주 고속도로가 만들어질 때까지 산업화를 향한 경제개발 정책이 국가의 중심 전략이었다.

　　필자가 사회생활을 막 시작하던 1970년대 초만 하더라도 아직 우리나라는 후진국 중에서도 한참 뒤처진 1인당 GDP 500불 수준에 머물러 있었다. 그 무렵 필자는 한국도로공사에서 일반인들에게는 다소 생소할 수 있는 교통분석일을 하다가 좀 더 전문성을 키워보고 싶어 미국으로 유학을 떠나 교통공학 박사를 취득했다. 그리고 다시 귀국해서 1980년대 정부의 SOC 사업에 참여하던 무렵에 우리나라는 GDP 2,500불을 넘어섰고, 눈부신 경제 성장세가 가속화되었다. 그래서 중부고속도로를 비롯한 외곽순환고속도로 등 고속도로 정책이 더욱 활발하게 추진되었다. 88 올림픽을 성공적으로 마친 1989년 우리나라는 1인당 GDP 6,000불에 육박했고, 마침내 경부 고속전철사업의 기본계획과 기술조사를 시작하면서 고속전철 시대를 맞았다. 1990년대 중반 1인당 GDP는 10,000불을 넘어서면서 교통 관리 정책이 본격 추진되었고, 경부고속전철이 개통된 2004년 1인당 GDP는 16,000불을 넘기면서 숨 가쁘게 GDP 2만 불 시대를 맞았다. 이렇게 우리나라가 선진국이 되어 가는 과정에서 필자도 왕성하게 일하면서 그 시절을 고스란히 몸으로 느끼며 살았다.

교통은 공직이든 민간 분야이든 그 사회적 의미가 남다른 분야이다. 여기서 추구하는 것은 대중의 편의와 안전을 확충하는 것이므로 내가 하는 모든 일이 사회 전체의 복지를 향상시키는 일이다. 이 분야에서 일하는 사람은 단순한 직업인이라기보다 대중의 편의와 이익을 위하여 일하는 자부심을 가질 자격이 있다. 일의 크기와 상관없이 내가 하는 일이 대중의 복지 확대에 직접 관련이 있다. 그래서 보다 효율적이고 보다 안전한 결과를 얻도록 정책의 방향을 세우고 관리하는 것이 당연하다. 일이 힘들더라도 그만한 가치가 있는 것이므로, 잘할 가치가 있고 그만큼 큰 성취감을 덤으로 가질 수 있는 좋은 분야이다. 이러한 직무를 수행하고 있는 분들은 자기 일에 대해 자부심을 가질 만하고 작은 개인적 편의와 타협하지 않고 큰 봉사심을 가지는데 자그만 영감이라도 줄 수 있다면 필자로서는 그 이상의 보람이 없겠다.

필자가 왕성하게 일을 시작했을 때, 우리나라의 전체 차량등록 대수는 20만 대에도 못 미치는 수준이었다. 중동 건설 붐으로 경제 성장이 본격화되던 시기인 1985년에 차량 보유 대수 100만 대를 돌파하였다. 이후 교통혼잡이 야기되자, 중부고속도로의 건설에 착수하고, 곧 서울외곽순환고속도로의 계획이 세워질 무렵 필자는 이 사업의 책임을 맡게 되었다. 88 올림픽 후 고속철도를 건설할 조사 사업을 맡았을 때, 이 사업에 대한 의구심을 갖고 반대하던 여론이 컸지만, 결국 우리는 고속전철 시대를 맞았다. 그 후 1998년부터 필자는 서울시 교통관리실장으로 재직하면서 2002년 월드컵 준비에 들어가면서 도시 교통정책을 현대식으로 정비했다. 우선 낡은 도로표지판을 바꾸고, 버스 도착 안내 시스템을 설치하고, 대중교통 요금 체계를 혁신하였다.

어느 시대이든 과거는 확실하지만, 현재는 망설여지고 미래는 언제나 불확실하다. 불확실한 미래는 탄탄한 준비로 극복해 낼 수 있다. 우리의 역사 속에서 교통의 3대 프로젝트인 고속도로와 고속전철, 그리고 서울시의 선진 교통체계와 같은 중차대한 대역사에 참여할 기회가 필자에게 주어진 것은 참으로 큰 행운이자 감사할 일이다.

이 책은 우리나라의 발전 과정에서 우리가 겪었던 정책 환경에서 극복한 도전과 당시의 미래 비전과 관련한 뒷 이야기들을 담고 있다. 이러한 도전은 변화의 속도가 비교도 안되게 빠른 오늘을 담당하는 후배 세대들에게 더욱 절실하고 도전적이라고 생각한다. 그러나 이러한 도전은 탄탄한 준비와 사명감으로 극복하고 뚫고 나갈 수 있다. 특히 교통 분야의 종사자들에게 더욱 그러한 사명감이 필요한 것이다.

정부의 정책을 만들며 겪었던 경험들은 때로는 힘들었지만, 무엇보다 큰 성취감을 안겨주었다. 동료와 후배들이 한마음으로 미래를 위해 한발 한발 선진 교통체계의 토대를 이루는 과정에서 상반된 이해는 설득으로, 부족한 기술력은 협의와 노력으로 극복했다. 이렇게 우리가 함께 고생하며 이룬 성취는 그냥 얻어진 것이 아닌, 투철한 사명감과 국가관으로 무장된 당대 일꾼들이 거둔 노력의 산물들이었다고 말할 수 있다.

필자가 책을 집필하면서 가장 힘들었던 것은 과거 일한 곳들이 여러 곳에 산재해 있어서 과거 자료를 찾아서 확인하는 일이었다. 우선 해당 기관 자료실의 협조에 큰 감사를 드린다. 그리고 바쁜 가운데도 자료 열람 주선에 신경을 써준 국토연구원의 김성수 박사, 김준기 박사, 그리고 한국교통연구원의 박지형 박사께 감사의 말을 드린다.

그리고 정책연구의 과정에서 실무적인 측면에서 필자가 소홀하기 쉬운 일을 일깨워서 올바른 판단을 할 수 있도록 도와준 국토연구원의 김원용 씨, 당시 철도 업무의 경험이 일천하였던 필자를 도운 지금은 고인이 된 김상균 씨 등에게도 고마움을 간직하고 있다. 특히, 반월선 복선 전철 사업에서 당시 사업 추진에 부정적인 생각을 하고 있던 경제기획원의 산업3과 담당관들에게 수개월이 넘도록 불려 다니면서 설명하느라 힘들었을 류재영 연구원에게는 미안한 마음이 많다. 교통연구원으로 자리를 옮기고 난 후에도 많은 연구원의 도움이 있었기에 신생 연구원이 제 역할을 다할 수 있었다. 특히 국가 단위의 혼잡 비용 계산을 하는 데 많은 역할을 해준 강승필, 손의영 박사와 경부고속전철 기술 조사에서 밤낮을 가리지 않고 열심히 실무적으로 뒷받침해 준 서선덕 박사, 김연규 씨를 비롯한 연구원들께도 큰 고마운 마음을 가지고 있다.

대구시에서 교통개선기획단을 맡아서 대구시 장기 교통정책을 구상하고 계획하는데 열심히 부응해 준 마국준 박사의 헌신을 잊을 수 없다. 마 박사는 그 후 필자가 서울시에서 일하고 있을 때 서울시로 합류해서 서울의 교통 개선을 위해서도 함께 노력하였다. 서울시 교통관리실장으로 한일 월드컵 대비 교통정책을 확립할 때는 워낙 복잡하고 얽힌 문제가 많은 서울시에서 외부에서 영입된 필자가 상황 파악을 빨리하고 실천계획을 만들 수 있게 도운 직원들이 많았다. 그중에서도 교통정책과의 박성중 과장과 신용목 사무관, 대중교통과의 윤준병 과장, 교통운영과의 김대호 과장, 마국준 씨, 특히 도저히 엄두가 나지 않던 서울 전역에 대한 골목길 거주자 우선 주차구획을 설정하는 데에 용감하게 도전해 준 주차과의 권혁소 과장을 비롯한 직원들과 특히 무질서에 익숙해 있던 시민들의 질서유지를 위해서 현장에서 수고해 준 교통지도 단속반의 수많은 직원의 노고를 잊을 수 없다.

본고를 준비하는 과정에서 자료의 출처가 여러 곳에 흩어져 있었고, 시간상으로 오래된 것이 많아서 이들을 찾아서 확인하고 사본을 뜨는 지루하고 힘든 일을 열심히 도와준 대한교통학회의 이종훈 과장에게 마음속 깊은 감사를 전한다. 그는 자료의 확인뿐만 아니고 원고의 교정도 열심히 도와 주었다. 일부 고속도로 정책 관련 부분을 학회의「교통 기술과 정책」에 수년에 걸쳐 기고하는 과정에서 교정과 정리에 수고해 준 정은옥 사무국장, 배지혜 차장, 백진희 씨에게도 감사의 마음을 전한다. 또한 필자가 대한교통학회 최고위 과정의 관리를 맡아 젊은 후배들과 교감하면서 책 집필의 용기와 시간을 가질 수 있게 해 준 당시 학회장 김시곤 교수에게도 무한한 감사를 전한다. 마지막으로 필자의 졸필을 다듬어 주신 곽정식 작가와 출판해 주신 노북 출판사의 정유진 대표에도 감사한 마음을 보낸다.

필자는 최대한 사실에 입각하도록 최선을 다했지만, 혹시 잘못이나 오류가 있으면 그것은 오롯이 필자의 몫이며, 독자 여러분의 너그러운 양해를 바란다. 그리고 이 책에 쓰인 용어나 어투는 가능한 한 시대적 흐름을 그대로 전달하기 위해 그 당시에 쓰던 그대로 적용하였다. 필자의 사상이나 의도와는 상관없다.

가지 않은 길을 갈 때는 두려움이 생긴다. 이 책을 통해 「가지 않은 길」을 가야 하는 많은 젊은 후배들에게 이 책이 용기와 꿈을 펼치는 데 영감이 되고 목표를 향해 도전하는 데 도움이 되었으면 좋겠다.

학창 시절 스쳐 들었던 미국 시인 Robert Frost의 시 제목인 「가지 않은 길 (The Road Not Taken)」이란 말이 유독 생각나는 아침에.

2024년 10월 7일
차 동 득

목차

서 문 ... 어느 시대이든 과거는 확실하지만
　　　　　　 현재는 망설여지고
　　　　　　　 미래는 언제나 불확실하다　6

제 1 장 고속도로

1. 고속도로 시대가 열린다
▶ 전쟁으로 파괴된 도로 교량이 복구되기 시작했다　20
▶ 고속도로의 세계적인 흐름과 우리의 도전　22

2. 경인, 경부고속도로의 등장
▶ 우리나라 최초의「경인고속도로」　26
▶ 고속도로 시대의 개화를 알린「경부고속도로」　28
▶ 경부고속도에 얽힌 흥미로운 비화들　31

3. 개화기를 맞은 고속도로
▶ 경인, 영남, 호남의 3대 경제권이 직결된「호남·남해고속도로」　41
▶ 수도권과 강원권을 최초로 연결한「영동·동해고속도로」　43
▶ 무료 고속도로의 유료화 정책　44
▶ 초기 고속도로를 둘러싼 생생한 비화들　48

4. 독자적 고속도로 정책
▶ 대실패를 불러온「광주대구고속도로」　52
▶ 업그레이드된「중부고속도로」　55
▶ 중부고속도로에 숨겨진 일화들　65

5. 고속도로정책의 성숙
- 경기지역 종합 교통망 체계 조사   79

6. 고속도로 교통관리 정책의 태동
- 교통혼잡비용의 국가적 이슈화 노력   106
- 청와대 SOC 투자기획단의 설치   114
- 고속도로 교통관리 정책의 태동   120

7. 고속도로정책 소회
- 교통정책 유감   140
- 향후 연구 희망   152

제 2장 고속전철

1. 경부고속전철사업의 진행 대강
- 경부고속전철 사업의 약사   162
- 경부고속전철과 역대 정부의 자세   166

2. 경부고속전철 정책의 태동
- 고속전철 관련 선행 연구 노력   176
- 초기 보고서 이후의 상황 전개   184

3. 김창근 교통부 장관의 등장과 경부고속전철

- 김창근 교통부 장관　186
- 경부고속전철 기술조사 사업의 착수와 진행　188
- 경부고속전철 기술조사 주요 내용　190
- 장기 철도망 구상　203
- RFP와 차종 선정　204

4. 경부고속전철 추진 일화

- 경부고속전철 사업의 정책적 논의의 출발　216
- 경부고속전철 기술조사 용역단 선정　219
- 해외 출장 일화　221

5. 해외출장의 마무리와 심포지엄 준비

- 출장 마무리와 국제심포지엄의 준비　230
- 고속철도 국제심포지엄　237

6. 경부고속전철 반대여론과 설득 노력

- 교통부의 출입기자단 설득 노력　245
- 경부고속전철의 타당성 홍보　247

7. 경부고속전철 사업 추진의 회고와 반성
- 경부고속전철 사업의 주요 지휘자　*251*
- 이정무 장관의 경부고속전철에 대한 소신　*259*
- 주요 반대 이론에 대한 회고와 반성　*261*
- 오송역의 설치와 세종시 유치 선정에 대한 유감　*266*

8. 고속전철과 복합환승센터
- 복합환승센터 정책의 등장　*271*
- 우리의 복합환승센터 제도의 보완 방향　*275*
- 삼성역 복합환승센터에 대한 유감　*279*

제3장 서울시 교통정책

1. IMF 체제하의 서울시 버스 교통정책
- 버스의 구조조정　*288*
- 버스 카드와 지하철 카드의 호환 통합　*291*
- 전자카드 시대를 대비한 버스 카드의 이용률 증진 대책　*296*
- 환승할인제도의 도입　*299*
- 중앙정부와 다른 서울시의 현장 응급정책　*304*

2. 서울시의 ITS 정책

❱ 내부 순환 도시고속도로 교통관리시스템　309
❱ 도시고속도로 교통관리시스템 설치 중기 계획　314
❱ 남산권 교통정보관리시스템　314
❱ 보행자 신호등　317
❱ 버스 도착 안내시스템(Bus Information System, BIS)　318

3. 서울시의 주차정책

❱ 이면도로 주차구획선 설치　325
❱ 주차장 현대화 및 관리의 민영화　328
❱ 불법 주정차 단속 강화　330
❱ 주차장 확충 정책　331

4. 서울시 교통안내체계

❱ 도로표지판 개선　333
❱ 지하철 안내지도 준비에 얽힌 에피소드　338
❱ 지하철 환승띠　340

5. 서울시 정책의 회고와 기대　341

에필로그　345

제 1 장

고속도로

필자는 대학 졸업 후 한국도로공사 기획관리실에서 도로 계획 업무를 담당했었다. 당시에는 경부고속도로를 제외하고는 경인을 비롯해 영동·동해, 호남·남해고속도로 등이 차관사업으로 추진되었기 때문에 사후 평가를 비롯한 정책적 이슈가 있을 때마다 차관선과 협의가 필요했다. 도로의 운영이나 건설을 위해서는 설계와 관련된 기술적인 일도 중요하지만, 그보다는 도로의 경제성을 좌우하는 이용 교통량을 분석하는 「교통분석」이 정책 방향을 지원하는 데 중요했고, 고속도로의 구간별 교통량 변화추이를 분석해서 고속도로의 활용도를 평가하고 보고하는 일이 일상이었다. 그리고 당시로서는 조금 앞선 생각이었지만, 민자(民資)를 활용한 고속도로 노선을 개발하는 일도 업무 중 하나였다. 이때 논의되고 검토되었던 노선 중에는 지금 성공적으로 운영되고 있는 부산 도시고속도로와 서울-춘천고속도로가 있다.

고속도로의 경영 관리는 교통수요와 통행료 수입을 예측하여 경영전략을 세우는 것이 핵심이다. 새로운 도로가 개통되거나 인터체인지(IC)가 추가될 경우에는 비용·수입 분석이 필요했고, 여기에 미치는 중요한 변수는 통행수요 예측이었다. 당시 미국을 비롯한 선진국은 1960년대 초반부터 이미 예측 모형들을 체계적으로 연구·활용하고 있었으나 우리는 아직 피상적이고, 기계적으로 응용하는 수준에 머물러 있었기 때문에, 필자는 당시 함께 일하던 미국 용역단의 추천으로 교통공학을 공부하러 미국 유학을 가면서 본격적으로 교통 전문가의 길을 걷게 되었다.

경부고속도로가 건설된 1970년 무렵, 우리나라는 여전히 산업 후진국이었고, 국가의 중심 전략은 산업화를 향한 경제개발 정책이었다. 이때 만들어진 고속도로들은 과거 일제 강점기에 골격이 만들어진 일반도로와는 달리 쭉 뻗은 선형, IC, 시속 100km에 육박하는 최첨단의 고속도로였다. 그러나 비용과 경험 부족으로 선형조건들이 불량한 곳이 여기저기 산재해 있는 제1세대 고속도로에 지나지 않았다.

차량등록 대수가 100만 대를 넘어선 1985년, 고속도로 주요 구간에 교통 혼잡이 발생하면서 교통축으로서의 문제뿐 아니라 고속도로망으로서의 문제해결을 고민하기 시작했다. 그래서 1987년에 개통된 중부고속도로를 기점으로 고속도로의 수준이 크게 상향되었고, 이 무렵 검토된 서울외곽순환고속도로부터 교통망 차원의 고속도로 정책이 시작되었다. 이후의 고속도로를 제2세대 고속도로라고 할 수 있다.

우리의 도로 역사를 살펴보면, 우리에게는 시간을 가지고 도로를 점진적으로 발전시켜 온 역사적·기술적 경험이 없다. 우리가 축적한 인적자산도 부족했지만, 물리적 도로 기술과 정보는 더욱 부족하였다. 남이 만들어준 준 도로망을 기초로 6.25 전쟁을 겪으면서 일부 선진기술을 배웠고, 그 후 미국과 유엔의 원조에 힘입어 복구 사업으로 새로운 도로 기술을 부분적으로 습득한 것이 전부였다.

이런 취약한 기반 위에서 국가 지도자의 결심으로 최첨단 고속도로를 구상하고 건설하게 된 것이다. 1968년에 시작된 경인고속도로, 경부고속도로를 시작으로 바로 최신의 고속도로 설계 기법을 배우고 현장에 적용하기 시작했다. 사전 기술 축적이 거의 없었던 상태에서 최첨단 고속도로 설계를 가능하게 했던 것은 우리 기술진들의 새로운 기술 습득을 향한 열정, 실패를 두려워하지 않는 용기, 부단한 노력 덕분이다.

지금부터 만들어 가야 할 제3세대 고속도로는 자율주행을 반영하고, 연결되는 일반도로와의 기능 분담을 구체화하여 설계수준과 부대시설의 확충 방향에서 차별화되는 보다 발전된 정책이 개발되어야 할 것이다.

1. 고속도로 시대가 열린다

◥ 전쟁으로 파괴된 도로 교량이 복구되기 시작했다

우리나라의 도로 역사에 대한 정보는 많지 않다. 김정호의 대동여지도를 통해 유추해 볼 수 있을 뿐이다. 그나마 제대로 된 도로에 대한 정보는 일제 강점기에 등장한 신작로이다. 이토 히로부미는 물자의 수송을 위해 곡창지대를 중심으로 도로를 만들기 시작했다. 1907년에 진남포-평양, 목포-광주, 군산-전주, 대구-경주 간의 도로가 건설되었고, 이 도로가 후일 국도의 주요 구간이 되었다. 군사·정치·경제적인 면에서 도로의 등급을 1등, 2등, 3등, 등외 도로로 나누었고, 도로의 관리 주체를 정해 그 축조 및 유지보수 담당자를 지정했다. 1917년 제2기 치도 사업계획을 수립하고, 1922년까지 1,000km가 넘는 도로망을 정비했다. 그 후 종래의 도로 규칙을 폐기하고 조선 도로령을 공포한다. 또한 기존의 등급을 폐지하고, 국도, 지방도, 부도, 읍면도로 구분하여 도로의 관리를 체계화하였다.

1945년 해방 당시, 우리의 도로 자산은 총연장 24,031km였고, 이 중에서 국도는 1호선인 목포-신의주 간을 포함하여 5,263km, 지방도 9,997km, 시군도 8,771km였다. 대부분이 자갈길이었고, 포장도로는 1,066km에 불과했다. 그마저 6·25전쟁으로 580km로 줄어들게 된다. 그리고 대부분의 도로 교량도 파괴되어, 군사작전에 필요한 간선도로를 집중적으로 건설한 것이 후일 국도망의 주요 구간을 이루게 되었다. 휴전 후 1960년대 초가 되어서야 한강 인도교를 시작으로 대부분의 도로 교량과 국도 및 지방도의 복구가 완료되었다.

해방 후 초기 10여 년은 아래 그림에서 보는 바와 같이 국가 체계의 형성기로서 안팎으로 그야말로 숨돌릴 틈 없는 도전의 연속이었으며, 국가가 제대로 된 발전계획을 수립하거나 추진할 여력이 전혀 없었던 정말 어려운 시기였다.

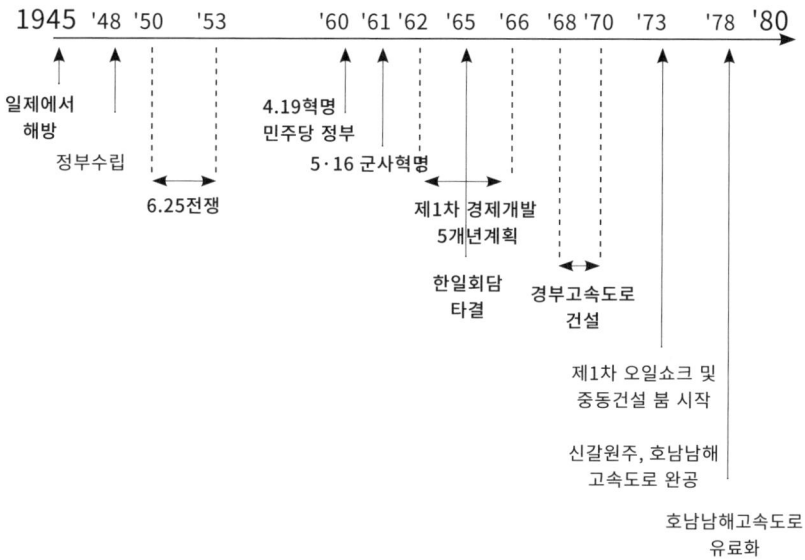

그림1-1. 국가 발전 과정에서의 주요 전환기

1960년 4·19혁명으로 제1공화국이 무너지고, 1961년 5·16 군사혁명 후, 사회 혼란이 진정되면서 경제가 재건되기 시작했다. 이듬해 제1차 경제개발 5개년계획(1962~1966년)이 수립되었고, 선거를 통해 1963년 박정희 대통령의 제3공화국이 출범하면서 도로 사업에 대한 강력한 추진 의지를 보이게 된다.

이렇게 시작된 경제개발계획이 성공적으로 추진되어 경제 발전이 가속화되면서 교통량이 증가하기 시작했다. 그래서 연이어 추진된 제2차 경제개발 5개년계획(1967~1971년)에서는 경제성장에 따른 수송 애로 타개에 초점이 맞추어졌다. 산업구조 개편과 지방분산을 추진하고 단거리 수송력 증강을 위한 도로 확충, 도로정비촉진법과 도로 정비 사업 특별회계법이 제정되면서 도로 사업에 획기적 전환점이 마련되었다.

고속도로의 세계적인 흐름과 우리의 도전

고속도로라고 하면 가장 먼저 떠오르는 것이 아우토반이다. 1933년 히틀러가 집권하면서 경제정책의 일환으로 도로 건설을 본격화했다. 그래서 히틀러 시대의 고속도로는 특별히 제국 고속도로(Reichs Autobahn)라고 불렸고, 독일이 세계 최고 수준의 자동차 대국으로 발전하는 계기가 되었다. 이러한 독일의 영향으로 전 세계가 자국의 경제성장과 함께 고속도로 정책을 발전시키게 된다. 이후 독일은 2차세계대전에서 패한 후, 1950년대에 이르러서야 고속도로 건설을 위한 법령 정비를 마치고 현대적 고속도로 건설에 집중할 수 있었다. 그 결과, 1980년에 고속도로 연장이 8,000여 km, 2021년에 그 연장이 13,000km에 달하게 되었다.

미국은 제2차 세계대전 이후 국가 경제가 급성장하면서, 인류 역사상 처음으로 전 국민의 자가용 시대를 경험하게 되었다. 따라서 교통 혼잡 문제가 부각되기 시작하고, 도로와 교통 문제를 과학적으로 다루려는 정책이 등장하게 되었다. 1937년 루스벨트 대통령의 동서와 남북 3×3 고규격 도로망 계획에서 출발하여, 1944년에 주간 도로망의 계획이 완성되었다. 또한 1953년에 아이젠하워 행정부의 주간고속도로체계(the Interstate Highway System) 정책의 결과, 1956년에 연방보조도로법(the Federal Aid

Highway Act)이 제정되어 주간고속도로 사업이 본격화되었다. 1970년대 말에는 미국의 고속도로망 연장이 70,000km, 2021년에는 주간고속도로만 124,000km에 달해 명실상부 세계 최고의 고속도로망을 가지게 되었다. 이후 교통안전과 고속주행을 담보할 체계적인 기준의 필요성이 대두되면서 각종 교통 조사가 광범위하게 이루어지고, 교통공학 이론이 정립되었다. 이러한 시대적 요구가 반영되어 미국 도로 및 교통 공무원협회(AASHTO)가 도로공학에서 백과사전으로 활용된 책의 표지 색깔을 따서, 소위 말하는 블루북(Blue Book, 지역 간 고속도로 설계지침)과 레드북(Red Book, 도시 고속도로 설계지침)을 발간하게 된다.

일본도 독일의 아우토반에 영향을 받아 1938년경부터 자동차 전용 도로에 대한 논의가 시작되었다. 1943년에 총연장 5,970km에 이르는 전국 자동차 국도 계획을 확정하고, 2차세계대전 이후 국가 재건의 기류 속에서 1951년부터 고속도로 조사 사업이 본격화되었다. 1954년에는 도로건설 법령을 정비하고, 1966년에 나고야-고베 간 고속도로가 준공된 데 이어 도쿄-나고야 고속도로가 건설되었다. 1970년대가 끝날 무렵에는 2,500km의 고속도로가 운영되고 있었고, 2021년 현재 일본의 고속도로 연장은 9,634km에 이른다.

우리나라의 경우에는 1950년대 후반부터 국토종합개발계획이 논의되다가 1958년에 처음으로 건설업법이 제정되고 건설업 면허가 시작되었다. 1960년에 국토건설본부가 설립되었고, 1961년 5·16 군사혁명이 일어나면서 혁명정부는 그동안의 부흥부를 폐지하고 건설부를 신설했고, 국토 건설국을 두어 국토건설사업을 관장하도록 했다. 1962년에 경제개발 5개년계획(1962~1966년)이 처음 실시되면서, 피폐한 국토건설을 위한 청사진 마련에 집중하였고, 1963년에 국토계획 기본구상과 국토건설종합계획법이 제정되었다.

이렇게 국토 재건에 대한 의욕은 앞섰지만, 이를 뒷받침할 재원은 턱없이 부족한 시대였다. 국제기관을 통한 차관 조달을 위해 백방으로 노력했지만, 그 뜻을 이루지 못했다. 당시 독일에 경제사절단을 보내 원조를 구해, 천신만고 끝에 상업차관 3,000만 불을 구했으나 지급보증을 요구했다. 그래서 생각해 낸 것이 서독에 광부와 간호사를 파견하고 그 임금을 담보로 차관을 받기로 한 것이었다. 이들 파독 광부와 간호사의 성실성에 감동한 독일 의회의 추천으로 1964년 박정희 대통령의 국빈 방문이 성사되고, 이때 라인강의 기적이 일어난 독일 현지를 직접 둘러보고 큰 감명을 받아, 후일 경부고속도로와 포항제철의 추진 의지를 다진 계기가 되었다.

제1차 경제개발 5개년계획이 성공적으로 추진된 결과, 교통량이 증가하고 주요 도로에서 교통체증이 일어나면서 제2차 경제개발 5개년계획(1967~1971년)에서는 애로 구간 해소에 정책의 초점을 두게 된다. 1968년 건설부 산하에 주택, 도시 및 지역계획 연구실(HURPI)이 설립되어 현대식 도시계획을 시작했다. 초기에는 유엔개발계획(UNDP)의 재정지원으로 운영되었다. 건설부의 황용주를 비롯한 권태준, 최상철 등 외부 전문가와 강홍빈, 엄기철 등 내부 직원 60여 명이 참여하였다. 교통 분야에는 박양우, 강위훈 등의 연구진이 모여, 남서울개발계획, 수원 도시 및 재정비계획 등 시범 사업을 추진하였다. 그리고 유엔에서 파견된 도시계획 전문가인 네글러씨가 고문이었다.

특히, 영국과 미국에서 교통을 공부했던 건설부의 양긍환은 자문관을 맡아 수원 신도시 계획에 미국의 교통 이론을 접목하기 위해 노력했다. 연구원들은 달리 교통을 공부할 데가 없었기 때문에 양긍환이 가져온 미국의 교통공학 책과 당시 활발하게 진행되고 있었던 미국의 대도시 교통 조사 사업 보고서를 가지고 자체 연구를 진행했다. 이 조직은 유엔

등 외부의 지원이 끊어짐에 따라 1968년 11월 건설부 국토계획국 관장하에 국토계획 연구실(KIPP)로 명칭 변경되어 운영되다가 1969년 7월에 유엔의 재정지원이 다시 시작되면서 국토계획 조사연구단으로 개칭된다. 여기서 외국인 주도의 제1차 국토종합개발계획이 수립된다. 이때의 주요 멤버는 유엔 측 인원 외에 추가로 김봉한, 엄기철, 서창원, 유영휘, 박양우, 임강원 등이었다. 이 조직은 훗날 KIPP(Korean Institute of Physical Planning)를 거쳐 1978년에 국토개발연구원(Korea Research Institute for Human Settlements)으로 발전하고 초대 원장에 노융희 교수가 취임하였다.

이렇게 어려운 국가 경제적 상황에서도 현대적 도시계획과 도로 계획을 향한 노력은 계속되었다. 우리나라는 현대적 도로의 설계기술이 늦게 도입되었지만, 제1차 경제개발 5개년계획이 성공적으로 추진되자 바로 고속도로의 건설이 계획되었고, 고속도로의 건설이 시작되자 바로 현대적 도로 기술과 함께 도로 운영과 관련한 자동차 교통에 대해서도 최신의 교통공학 기술이 함께 도입되었다. 1968년에 시작된 경인고속도로는 일본 설계회사인 공영토건에서 설계하였지만, 미국의 도로 설계 이론이 토대가 되었고, 1969년에 설계한 경부고속도로는 우리 손으로 주로 미국의 블루북 설계지침을 활용하여 설계되었다.

그 이후 1970년대에 들어오면서 호남·남해고속도로, 영동·동해고속도로는 세계은행의 차관으로 이루어졌으므로 당연히 미국의 고속도로 설계지침이 활용되었다. 이들 도로는 계획부터 설계 과정에서 교통공학 이론이 적용되기 시작했다. 따라서 당시의 건설부 도로국과 한국도로공사가 중심이 되어 도로 설계에 교통공학을 적용하는 정책기관의 역할을 하였다. 즉, 차관사업을 효과적으로 추진하기 위해 도로조사단을 만들어 도로 전문 기관의 인력들이 파견되어 외국 용역단과 함께 설계와 감리를 진행하는 과정을 통해 자연스럽게 기술이전이 이루어진 것이다.

2. 경인, 경부고속도로의 등장

╲ 우리나라 최초의 「경인고속도로」

1960년대에 들어서면서 도시계획과 국토계획에 대한 논의가 활발해지면서 부족한 대로 전문가들이 양성되고 국제기구의 도움과 정부 기관의 협력으로 중장기 국토계획이 만들어졌다. 그러나 이 당시 한미합동조사위원회를 비롯한 국내외 전문가 중 그 누구도 고속도로의 필요성이나 가능성을 언급한 사람은 없었다.

그때까지만 해도 우리는 선진국들에 비해 도로를 스스로 계획하거나 건설해 본 경험이 없었다. 이에 선진국의 자동차 보급과 고속도로망 구축에 자극을 받아, 1967년에 과거의 국토계획기본구상을 수정·보완했다. 이때 경인 축에 6차선 도로의 구상이 등장했다. 이것이 후일 경인고속도로로 발전하게 되고, ADB 차관 자금 6,800만 불이 소요되었다. 즉, 성공적인 경제개발 5개년계획의 추진으로 산업활동이 활발해졌으며, 그 지원 인프라로 항만과 연결 도로의 중요성이 강조되었다.

경인고속도로는 대한민국 최초의 고속도로이다. 1967년에 착공하여 서울-가좌 간 23.5km가 1968년에 완공되었다. 가좌-용현동 간 6km가 1969년에 추가 개통되면서 전 구간 29.5km가 완전 개통되었다. 경부고속도로의 건설 기간인 1968~1970년보다 앞선 것이고, 당시 총공사비는 31억 5천만 원으로 km당 1억 500만 원이 소요되었다.

그림1-2. 1969년 경인고속도로 최종구간 개통식(인천일보1970. 1.1)

경인고속도로의 최종구간이 개통되던 1969년은 경부고속도로의 서울-수원 구간이 함께 개통되던 날이었다. 소문으로만 듣던 고속도로가 우리에게도 현실로 다가왔으니 얼마나 감격스러웠겠는가!

"약진의 길, 우리 겨레의 꿈과 조국의 전진을 상징하는 고속도로, 서울과 인천 간 그리고 서울과 수원 간 고속도로가 개통되었습니다. 이곳은 경인고속도로입니다. 조국 근대화 작업의 지름길과도 같이 제2차 경제개발 5개년계획과 함께 추진된 국토건설 종합계획 가운데도 고속도로의 개설은 경제개발의 혁신적 계기를 마련하는 민족 번영의 거국적 사업입니다." 준공식을 전하는 아나운서의 감격에 겨운 외침이 TV를 통해 생생하게 중계되었다.

이 고속도로의 설계를 일본의 공영토건이 전담해서, 엄밀하게 보면 우리가 건설한 도로라고 보기는 어렵다. 그리고 경부고속도로가 경인고속도로와 거의 같은 시기에 설계되었다. 경인고속도로 계획 당시의 정부 입장은 차관을 많이 얻어서 필요한 기초자재를 최대한 확보하자는 입장이었다. 그래서 경인고속도로 설계 당시, 일본 설계회사에 최대한 고속도로 자재를 많이 투입하도록 설득하여 결과적으로 과다 설계가 되도록 부추긴 측면이 있다. 경인고속도로 준공 후 1975년경 경인고속도로에 대한 ADB의 사후 평가단이 왔을 때, 실제로 이 과다 설계가 문제 되기도 했다. 원래는 서울시 양평동(양평 IC)에서 인천시 남구 용현동(인천 IC)까지 연결하는 29.5km의 고속도로였으나, 그 후 교통량 증가로 추가 확장이 어렵게 되어 도시부 구간은 고속도로에서 해제되어 시가도로 편입되었다. 현재는 신월 IC에서 인천 IC까지 13.44km로 단축 운영되고 있다.

❱ 고속도로 시대의 개화를 알린「경부고속도로」

1964년 서독을 방문한 박정희 대통령은 아우토반을 여러 차례 달려보고 꼼꼼하게 메모할 정도로 지대한 관심을 가졌다. 이후 1967년 국가기간 고속도로 건설계획조사단이 발족되고 건설계획을 체계적으로 추진하였으나, 세계은행(IBRD)은 한국의 고속도로 타당성을 인정하지 않았고, 차관 제안을 거부했다.

당시 서울-부산 간 국도 정비사업을 추진하고 있었고, 기존의 경부선 철도가 있어 추가로 경부고속도로는 필요하지 않다는 것이 한미합동조사위원회의 의견이었다. 따라서 건설부도 이 의견에 따라 막대한 재정이 소요되는 경부고속도로를 비현실적인 안으로 평가하고 후일 국력이 신장되면 장기적으로 고려할 사안이라며 검토 대상에서 배제했다. 당시 많은 국내외 전문가 의견 또한 비슷한 이유로 서울-부산 축보다는 서울-강릉 축이 우선되어야 한다고 주장하기도 했다.

각계의 거듭된 반대에도 불구하고, 박정희 대통령은 가난을 떨치기 위해서는 공업 발전이 필수이고, 이를 위해서는 독일의 경험에서 배운 바와 같이 고속도로가 필요하다는 강한 집념을 보였다. 따라서 주원 건설부 장관에게 경부고속도로 건설사업을 추진토록 지시했으나 세계은행이 차관 요청을 거절하자 결국 한일회담을 통한 대일청구권 자금으로 추진하게 되었다. 당시에 고속도로에 대해 아는 사람이 별로 없었다. 일반인은 물론 도로 기술자라 하더라도 고속도로의 설계에 참여해 본 경험이 전무하였다. 도로의 특성을 잘 모르니까 좋은 건지, 꼭 필요한 건지, 비용을 들일 가치가 있는 건지 논할 입장이 되지도 못했다.

그 당시 선진국들은 건설이 활발했지만, 아시아에서는 일본이 막 도입했을 시기라 재정 소요가 큰 이러한 새로운 개념의 도로 건설에 대한 우려의 목소리가 높았다. 특히 야당의 비판이 심했고, 경부고속도로가 지역 편중을 심화시킨다는 주장을 펼치기도 했다. 당시 신민당 김대중 의원은「모든 투자가 경상도로 집중되고 전라도는 푸대접 운운하는 이때, 어찌 한쪽은 철도 복선이 있는 곳에 다시 고속도로를 건설하는 파행적인 결정을 할 수 있는가? 서울-부산은 철도망과 국도, 지방도가 잘 갖춰져 있으니 서울-강릉 간 고속도로를 먼저 건설해야 한다」라고 1967년 국회 건설위원회에서 발언하였다. 언론의 중심에 있었던 조선일보도 고속도로의 필요성은 인정하지만, 충분히 시간을 갖고 추진하자는 외견상 그럴듯한 주장을 했다. 동아일보도「심각한 주택난 하나도 해결하지 못하는 우리의 재정 형편에서 어떻게 이처럼 방대한 사업을 4년 만에 완성할 수 있나」라는 보도 기사를 내보내기도 했다.

경부고속도로의 건설에 대해서는 거의 모든 학자, 정치가, 언론의 반대에 부딪혔다. 이러한 반대 주장이 틀렸다기보다 가난한 나라를 어떻게 해야 부강하게 만들 수 있는지에 대한 전체적인 전망을 가지고 있지 않았기 때문에 당장 눈앞의 걱정에 집중할 수밖에 없었던 것 같다. 그러나 그 후 진행된 세계사에서 고속도로 시대의 타이밍을 보면 그들의 반대 주장은 옳지 않았다. 이때 만약 우리가 고속도로를 건설하지 않았다면 1973년부터 불어닥친 중동 건설 붐을 이용할 기회를 잃어버렸을 것이다. 그러면 우리의 건설산업은 한참 더 낙후되었을 것이고, 그러면 국민소득의 도약도, 다른 산업을 위한 자본 축적도 요원한 일이 되었을 것이다. 우리의 국가 발전 초기 단계에서 자본 축적의 첫걸음이 중동 건설 붐이었음을 우리가 잊어서는 안 될 것이다. 이때 축적한 자본을 토대로 그 후 경제개발의 추진 동력을 삼을 수 있었고 자동차를 비롯한 공업화를 뒷받침하게 된 것이다.

한일회담의 타결로 재원이 확보된 정부는 1967년 경부고속도로의 건설계획을 발표하게 된다. 경부고속도로 건설계획 발표 장면을 보면 이때까지도 반대의견이 수그러들지 않고 있었지만, 박 대통령의 확고한 건설 의지를 분명히 느낄 수 있다.

"지금 우리가 구상하고 있는 대국토 건설계획, 또 금년부터 착수하는 경부간의 고속도 도로계획, 이런 것은 과거 우리 민족의 하나의 꿈이었다고 저는 생각합니다. 이 꿈을 우리들의 기술과 우리들의 자본과 우리들의 노력으로 한번 이루어 보자. 아직도 아마 이 경부고속도 도로에 대해서는 안 된다고 생각하는 사람들이 된다고 생각하는 사람보다 더 많은 것으로 듣고 있는데, 나는 절대 된다고 여기서 확신을 가지고 있다는 것을 오늘 이 자리에서 여러분들한테 말씀드립니다."

경부고속도로는 야당의 극렬한 반대를 무릅쓰고 순수 우리의 힘으로 설계와 시공을 담당한 제1호 국산 고속도로였다. 1968년 2월에 착공하여, 2년 5개월 뒤인 1970년 7월 7일에 개통되었고, 전체 연장 428km에 429억 원이 소요되었다. 당시에 세계에서 가장 빠른 건설 공정이었고, 비용이 가장 적게 든 고속도로라고 국가적인 자랑이 대단하였다. 설계는 우리 설계회사와 육군 공병대의 ROTC 장교들이 대거 참여하였으며, 비용 제약과 험준한 지형 조건 때문에 고속도로로서의 권장치보다는 최소치를 적용한 곳이 많았었다. 선진국의 고속도로와 비교하면 여러 면에서 부족한 부분이 많았지만, 당시의 도로 여건상 비교할 수 없는 최상급의 도로였다. 당시의 기술적 경험 미숙, 재원의 제약 등으로 최소 곡선반경과 시거(sight distance, 앞을 내다볼 수 있는 거리) 등이 너무 적어서 훗날 경부고속도로를 달려본 외국 전문가들로부터 「철도노선 전문가가 설계한 노선 같다」라는 평을 받기도 했다. 일반도로의 설계와 시공 경험도 제대로 쌓을 겨를이 없었던 환경과 짧은 역사를 감안했을 때 경부고속도로는 엄청난 업적이 아닐 수 없다.

남북 길이가 400km가 조금 넘는 작은 국토이지만, 서울-부산 간을 이전에는 버스로 약 15시간, 완행열차로 약 19시간이나 걸리던 것이 고속도로 덕분에 약 5시간이면 갈 수 있게 되어 이제 전국이 일일생활권이 되었다며 사람들은 야단법석을 떨었다. 당장은 시간 단축의 유용함을 체감할 수 없었지만, 단축된 시간이 경제, 사회 전 분야에 서서히 스며들어 결국 우리의 시간개념까지 바꾸게 되었다.

❱ 경부고속도에 얽힌 흥미로운 비화들

초기 대한민국 발전의 밑거름이 된 서독 광부와 간호사들

5·16 군사혁명후, 제1차 경제개발 5개년계획에 담긴 자립경제와 공업화 정책 실현을 위해 필요한 재원 확보는 쉽지 않았다. 쿠데타에 부정적이던 미국의 차관을 기대할 수 없게 되자, 같은 분단국가인 독일의 경제원조프로그램을 활용하려고 했다. 그러나 독일도 미국의 반대가 신경 쓰

였는지 우리 정부 일행과의 만남 자체를 꺼리는 분위기였다. 그러나 끈질긴 노력으로 상업차관 3,000만 불을 주겠다는 약속을 겨우 받아냈지만, 공신력 있는 외국은행의 보증서를 가져오는 조건이었으니 이를 실현하는 것도 쉬운 일이 아니었다.

백방으로 노력하고 읍소한 결과, 광부 5,000명, 간호사 2,000명을 파견해 주면, 그들의 임금을 담보로 상업차관 문제를 해결해 보자는 제의를 받게 되었다. 당시 독일의 탄광은 지하 1,000m나 내려가야 하는 아주 악조건의 광산이었고, 병원 시체실을 관리할 간호사가 필요했지만, 이 일을 지원해 주는 나라가 없었던 시기였다. 그래서 당시 국가재건최고회의에서 도하신문에 서독파견 광부와 간호사 모집 공고를 내었더니 두 직종 모두 경쟁률이 10:1에 달할 정도로 성황을 이루었다. 광부의 자격 조건을 고졸로 하였는데도 거의 모두 대졸 출신들이 하향 지원하였다. 실업자들이 일거리를 찾아서 이렇게 많이 몰려온 것이었다. 이렇게 1963년 300명을 1차로 선발하여 독일에 파견한다.

이들이 독일에서 성실하게 일하는 모습에 독일 사회가 감동하였다. 특히 간호사들이 병원에서 시체를 정성스럽게 다루는 모습을 본 국회의원들이 이런 나라를 도와야 한다며 독일 정부에 한국 지원을 건의하였다. 서독 행정부는 미국의 압력을 무시할 수 없었지만, 의회의 결의를 통해 행정부에 압력을 넣었다. 1964년 독일이 박 대통령 일행을 국빈 초청하였고, 에르하르트 수상은 아우토반과 폭스바겐을 꼭 둘러보라고 권했다. 우리 일행들이 아우토반을 달리고 있을 때, 박 대통령이 갑자기 가던 길을 멈추게 하고 차에서 내려 도로 바닥에 입을 맞추었다. 이어 장기영 부총리와 수행원들이 따라서 차에서 내려 모두 함께 도로 바닥에 입을 맞추는 진풍경이 연출되었다. 그리고 공식 방문 일정을 마친 12월 10일 파독 광부들이 많이 파견되었던 함보른 탄광을 방문하여 우리 광부 300여

명과 간호사 50여 명을 접견하며 그들의 노고를 위로하면서 다음과 같은 연설을 했다.(1964.12.11자 조선일보)

"여러분, 괴로움이 많을 줄로 생각되지만, 조국의 명예를 걸고 열심히 일합시다. 비록 우리 생전에는 이룩하지 못해도 후손을 위해 남들과 같은 번영의 터전이라도 닦아 놓읍시다. 여러분 난 지금 몹시 부끄럽고 가슴이 미어집니다. 대한민국 대통령으로서 무엇을 했나 가슴에 손을 얹고 반성합니다. 나에게 시간을 주십시오. 우리 후손만큼은 결코 이렇게 타국에 팔려 나오지 않도록 하겠습니다. 반드시. 정말 반드시."

KBS 이대섭 기자의 취재로 본 경부고속도로 비화

1970년 6월 준공 한 달 앞두고 무너진 당재터널

현대건설이 경부고속도로에서 짓던 당재터널은 충북 옥천군에 속했고, 길이는 상행선 692m, 하행선 530m였다. 지금 기준으로는 아주 작은 터널이지만, 곡괭이와 발파만으로 터널을 뚫었던 당시에는 해당 구간의 토질이 퇴적층이어서 굉장히 어려운 공사였다. 이 당재터널은 나중에 옥천터널로 이름이 바뀌고 약 30년간 경부고속도로의 일부로 사용되다가 2003년에 선형 개량을 하면서 일반도로로 편입되었다.

1970년 6월 어느 날, 준공을 한 달 앞두고 당재터널이 무너지면서 대규모의 사상자가 발생하였다. 이한림 건설부 장관이 현장을 방문하여 상황 점검을 하고 있었고, 당시 KBS 이대섭 기자가 현장에서 취재 중이었다.

공사를 맡았던 정주영 현대건설 사장이 땅바닥에 상황판을 펼쳐 놓고 무릎을 꿇고 브리핑을 하고 있었다. 브리핑이 끝나갈 즈음 계획된 7월 7일까지 준공이 어려우니 한 달만 연기해달라고 요청하던 중이었다. 그런데 가만히 이야기를 듣고 있던 이한림 장관이 갑자기 아무 말 없이 벌떡 일어나 밖으로 나가 버렸다. 그 과정에서 브리핑 차트가 발에 걸려 넘어지면서 현장이 난장판이 되었다. 의도적인 것은 아니었지만, 상황상 열심히 설명하고 있던 현장 건설사의 입장에서는 연기요청을 그냥 묵살한 것이니 보통 야속한 일이 아니었을 것이다.

그 당시 당재터널은 경부고속도로 건설의 마지막 구간이었다. 잦은 사고가 잇따랐고, 급기야 터널 한가운데가 무너져 내려 인명피해가 컸다. 게다가 무너진 토사를 실어 나르고 새로 콘크리트를 해야 하는 어려운 공사였기 때문에 아무래도 한 달 이내에 끝내기는 불가능했다. 그런데 장관이 무심하게도 원래 계획대로 하라고 하니 건설 책임자로서는 눈앞이 캄캄한 상황이었다. 결국 현대건설팀은 고심 끝에 현장 인력을 3배로 증원하여 당시로는 값이 비싸 엄두도 내지 못했던 조강시멘트(빨리 굳는 시멘트)를 사용해 개통 이틀 전에 간신히 공사를 마칠 수 있었다. 과감한 판단력과 추진력으로 일으킨 기적이었다.

1970.7.7. 경부고속도로 준공일이 마음 아픈 이유

경부고속도로는 건국 이래 최대 규모의 토목공사 사업이었다. 대형 건설 사업 경험도 없었고, 공사 장비도 변변찮아서 공사 중 희생자도 많을 수밖에 없었다. 공식적으로는 공사 중 77명이 순직했다고 보도되었지만 실제로는 더 많은 희생자가 있었을 것으로 추정된다.

숱한 고비를 넘기고 드디어 1970년 7월 7일 경부고속도로가 준공되었다. 새로 개통된 고속도로를 박 대통령이 직접 시주했다. 대통령이 탑승한 차를 선두로 유력 언론사 대표들이 뒤를 따랐다. 이때 당시 CBS 사장이 탄 벤츠 승용차가 전복되는 사고가 일어나기도 했다. 박 대통령은 고속도로 건설 당시 희생된 수많은 건설 인력들의 명복을 빌기 위해 자신이 즐겨 마시던 시바스 리갈 양주 한 병을 도로에 흘려보내면서 희생자들의 넋을 기렸다. 그리고 육영수 여사와 함께 금강휴게소에 설치된 건설 순직자 위령탑에 들러 희생자를 위한 묵념을 하였다.

그 후, 고속도로의 종착지인 부산에 도착하여 극동호텔 707호실에서 여장을 풀었고, 축하 만찬에 참석했다. 이때 이한림 건설부 장관이 박 대통령을 향해「위대한 우리의 태양」이라는 극찬의 인사말을 했다. 이한림 장관의 이러한 극찬은 좀 특별하다고 볼 수 있다.

쿠데타 당시 박정희 소장이 내각을 해산시키고 윤보선 대통령을 설득했다. 만약 1군에서 대통령의 지시로 쿠데타를 진압할 수도 있을 순간이었다. 당시 장면 총리는 쿠데타를 피해 수녀원에 몸을 숨기고 있었고, 장면 총리와 대립하고 있던 윤보선 대통령은 국군끼리 피를 흘릴 수 없다며 쿠데타 진압을 포기했다. 그래서 김종필을 중심으로 육사 8기생들이 1군 사령부로 가서 이한림 사령관을 방문해 상황을 설명한 후 "각하, 박정희 장군이 각하를 모시고 오라고 했습니다"라고 서울로 가기를 강권하자 "박정희가 어떤 ○○야?"라며 무시하는 말투로 응했다고 한다. 그랬던 이한림이 나중에 건설부 장관(1969.2~1971.6)이 되어 경부고속도로 건설 전체를 책임지게 된 것이다. 이 과정에서 박 대통령의 애국심, 그리고 진심에 감동하였기에 준공식 만찬에서「위대한 우리의 태양」이라는 말이 쉽게 나올 수 있었던 것이 아닐까?

대통령의 꿈이 무산된 현대건설 정주영 회장

한편, 경부고속도로 건설로 새로운 계기를 맞은 현대건설의 정주영 사장은 1992년 12월 제14대 대통령 선거에 출마한다. 정주영 대통령 후보는 강원도 통천의 시골 마을 출신으로 현대건설을 비롯하여 신생 대한민국의 조선과 자동차 산업을 일으킨 신화적 인물이다. 그런 그가 드디어 대통령에 도전한 것이다.

정주영 회장은 통일국민당을 창당했고 대통령을 향한 도전을 시작했다. 정경유착의 고리를 끊고 경제 대통령이 되어 나라를 부강하게 만들겠다고 공약했다. 그리고 반값 아파트를 지어 분양하겠다고 공약해 많은 지지자를 끌어모으기도 했다. 그러나 재벌에 대한 반감도 만만치 않아서 그의 대통령을 향한 꿈은 결국 무산되었다.

당시 정주영 대통령 후보는 선거를 앞두고 언론사 간부들과 간담회 자리를 가진 적이 있다. 그 자리에 1970년 6월「당재터널 사고 현장」브리핑에 참석했던 기자들 중에서 이제는 간부가 된 KBS 이대섭 보도국장이 그 당시의 이한림 장관과의 일화를 거론하며 그때 심경이 어떠했는지 질문했다. 정주영 후보는 만감이 교차하는 표정을 지으며 "나는 평생 한 번도 갑으로 살아본 적이 없어요. 늘 말석에 앉아서 좌중의 이야기를 듣고, 모임이 끝나가면 얼른 나가서 돈 계산을 하고 나가는 것을 버릇처럼 해 왔지요. 회장이 된 지금까지 그렇게 하고 있습니다"라고 대답했다고 한다.

경부고속도로와 한일회담

박정희 대통령의 경제개발계획이 본격적으로 추진되면서 재원 마련을 위한 돌파구로 한일회담이 시작되었다. 굴욕적 외교라는 국민적 저항이 컸으나 1965년 6월에 타결되었다. 이 과정에서 획득한 유상 5억 불, 무상 3억 불의 차관 자금을 활용하여 경부고속도로와 포항제철 건설이 시작되었다. 당시 우리가 가진 자동차 대수가 13만여 대에 불과했던 실정에서 내린 결정이었으니 상당히 위험 부담이 컸고, 비판은 오히려 당연한 것이었다.

지금 되돌아보면 낙후한 농업국가가 공업국으로 발전하는데 가장 기본이 되는 효율적 수송로가 없었다면 좋은 물건을 만들어도 운반비가 커서 경쟁력이 없었을 것이고, 나아가 세계시장에서 도약할 수 없었을 것이다. 당시 야당은 농토가 없어지고, 민생을 위한 국가 재정이 턱없이 부족한데 불투명한 미래를 위해 고속도로에 투자하는 것은 부당하다는 주장을 펼쳤다. 반면에 박 대통령은 국토는 좁고 인구는 많으며 자원이 빈약한 우리가 농업에만 의존해서는 가난에서 벗어날 수 없으니 기술 입국으로 거듭나지 않으면 희망이 없다고 판단했다.

당시 대부분의 정치인이나 식자들의 주장을 넘지 못하고 당장의 호구지책에 머물렀더라면, 또 일부에서 주장한 대로 5천 년래의 농업국을 유지 발전시킬 생각에서 벗어나지 못했다면 오늘날 우리에게 무엇이 남았을까? 이는 유추해서 하는 말이 아니라, 경부고속도로 준공 3년 뒤인 1973년 7월 7일 경부고속도로의 효과 조사를 지시하면서 쓴 대통령의 친필 기록에서도 그 의미를 확인할 수 있다.

"...건설 당시에는 여러 가지 시비도 많았고, 비판도 많았으나, 금일에 와서 이 길이 고속화하지 않았더라면 과연 어떻게 되었을까? 경제발전 면에서, 근대화 작업 추진 면에서, 나아가서는 오늘 우리가 추진하는 중화학공업 건설이란 것도 가능할 것인가? 하는 여러 가지 문제를 연상케 합니다."

대통령은 공무원 조직을 국가 발전의 전위대로 인식하고 상벌을 명확히 하여 공무원의 사기를 높이는 일에 집중하였다. 당시 공무원들은 이러한 국가 정책에 힘입어 「짐이 곧 국가」라는 다소 오만할 정도의 사명감과 자신감을 가지고 업무 추진에 최선을 다하는 분위기였다. 경부고속도로와 그 당시 나라를 둘러싼 전반적인 상황을 종합해 보면, 그때의 도로 기술자들의 진취성을 헤아릴 수 있다. 즉, 우리의 도로 전문가들은 변변한 일반 국도의 설계 경험도 갖추지 못한 상태에서 바로 고속도로 시대로 이행하였다. 경부고속도로가 한창 건설 중인 1969년에 고속도로의 유지관리와 운영을 담당할 한국도로공사가 발족되었다. 당시로서는 첨단 토목사업인 고속도로의 건설뿐만 아니라 그 운영을 체계적으로 다룰 수 있는 전문 조직이 생김으로서 국가적 자존심을 갖추게 된 것이다.

이러한 자존심과 경험이 밑바탕이 되었기 때문에 1973년 제1차 오일쇼크 이후 중동의 건설 붐이 일자, 우리나라가 곧바로 중동 건설 현장에 뛰어들 수 있는 여건이 마련되었다. 1973년 10월 제4차 중동전쟁이 일어나서 아랍 석유 산유국들이 석유를 정치 수단으로 활용하여 석유값이 일시에 4배로 올랐다. 이로 인해 그동안 경제적 호황을 누렸던 서방세계가 경제침체기인 스태그플레이션을 겪는 반면 아랍 산유국들은 갑자기 축적된 부를 자국의 경제개발에 쏟아붓게 되어 항만, 도로, 주택 등 사회간접자본투자가 촉진되어 소위 중동 건설 붐이 일어나게 된 것이다.

이때 전 세계가 오일 달러를 벌기 위해 중동 건설사업에 뛰어들었고, 우리나라도 경부고속도로를 비롯한 건설사업 실적을 가지고 적극적으로 가담하기 시작했다. 그래서 당시 한국도로공사도 사우디 왕자를 초청해서 경부고속도로를 시주해 보이면서 우리의 건설 역량을 적극적으로 어필한 결과, 사우디 정부와 협력관계를 맺는 데 성공했다. 그리고 한국도로공사에서 장동욱 건설사업부장, 황광웅 건설과장, 강호익 조사계장을 사우디로 파견하여 사우디 정부의 건설사업관리를 돕도록 했다. 황광웅 건설과장은 훗날 ㈜건화를 설립하여 종합 설계회사로 키웠고, 강호익 계장은 한국도로공사의 신사업 단장을 맡아 첨단사업을 추진하다 제일엔지니어링에서 연구소장으로 일했다.

建設部長官　貴下
道路公社長　參照
　　　　　　　　　　1973. 7. 7.

京釜高速道路가 開通된지 滿 3年이 되었읍니다.

　建設當時에는 여러가지 是非도 많았고 批判도 많았으나. 今日에 와서 이 길이 高速化하지 않았더라면 果然 어떻게 되었을까. 經濟發展面에서 近代化 作業 推進面에서. 나아가서는 오늘 우리가 雄飛하는 重化學工業 建設이란 것도 可能할 것인가. 하는 等 여러가지 問題를 聯想케 합니다.

　郁下 몇개 新聞에서도 特輯記事로서 高速道路 建設 3年間의 業績을 크게 報道한 것은 매우 意義있는 일이다. 생각 합니다.

　開通 滿 3年이 되는 現時點 에. 政府 또는 京釜高速道路 開通으로 그동안 주었다. 經濟 社會 等 各 分野에 걸쳐서 어떠한 影響을 미쳤고 어떠한 波及效果를 미쳤고 어떠한 變化를 가져 왔는가 하는 것을 좀더 科學的으로 檢討 分析을 해보는 것이 有益하다고 생각 합니다. 建設部長官 主管아래 關係 專門家들을 動員해서 (例컨데 高平兩 敎授 同等) 課題를 주어서 硏究케 하고 이에 必要한 經費는 道路公社 豫算에서 捻出하는 것이 妥當하다고 생각 합니다.

道公은 每年 이러한 事業을 實施 하여. 政府에 도 報告 하고 널이 國民에게도 P.R. 을 하는 것이 國民의 稅金으로 建設 되어 運營 되는 事業이 만큼 當然이 해야 할 일이 라고 생각 됩니다. 또한 이러한 調査에서 얻어 진 各 種 統計와 資料는 앞으로 政策 樹立面에 有用한 資料가 될것이고 關係 專門家들의 硏究 資料 로서도 提供 될 것입니다. 同時에 이러한 課題 와 硏究 費를 주어서 硏究케 하는 것은 高平兩 敎授 等에게 硏究 와 討論의 機會도 提供하게 되는 多目的의 意義 가 있을 것입니다. 그리고 京釜高速道路 뿐아니라. 후도. 嶺東. 湖南 等도 같이 實施하는 것이 좋을 것으로 생각 됩니다.

1973. 7. 7.

大統領　朴正熙

3. 개화기를 맞은 고속도로

　1962년에 시작된 경제개발 5개년계획과 함께 국가 경제가 상승하기 시작하고 교통 인프라 건설과 개량 수요가 잇따랐다. 이러한 초기 투자는 대부분 해외 차관으로 충당되었기 때문에 사업계획의 수립과 그 타당성에 대한 분석이 초기부터 체계적으로 이루어졌다. 당연히 이를 담당할 전문 기관으로 건설부 도로국, 한국도로공사, 서울시 지하철건설본부 등의 조직이 생기기 시작했다.

　1971년부터 주요 국도의 개량과 포장을 위해 대규모의 세계은행 차관이 들어오면서, 1972년 2월에는 차관사업의 효율적인 추진을 위해 건설부는 도로국장을 단장으로 하는 도로조사단을 발족했다. 주요 인력은 건설부 내부 인력과 고속도로 부문에 한국도로공사 직원이 파견되었다. 도로조사단의 주요 임무는 차관 도로에 대한 타당성 조사, 기본설계, 실시설계, 시공 감독 등이었다. 여기서 국도 개량, 건설뿐만 아니라 영동·동해고속도로, 호남·남해 고속도로의 계획, 설계를 담당하기도 하였다. 당시 너무 가난하고 경험이 없었던 우리 정부로서는 이러한 소프트웨어에 막대한 돈을 쓰는 것을 낭비라고 생각하는 분위기였으며, 실제로 내부적인 사업에서는 설계비 등에 대해 인색한 예산을 책정하고 있던 시절이었다. 그러나 차관사업의 경우에는 차관선과의 협약 시 반드시 사업 타당성을 확인하고 합리적인 설계를 마련하도록 했기 때문에 울며 겨자 먹기로라도 할 수밖에 없었다.

　이와 같이 차관 도로 사업은 도로 등 교통 SOC 사업의 계획과 설계에 대한 과학적이고 체계적인 선진기법을 경험하고 배울 수 있는 계기가 되었다. 이를 착실하게 배우고 받아들여 자기의 것으로 만들면 그 사회는 빠른 시간에 발전할 기틀이 갖추어지지만, 그냥 흉내만 내고 만다면 미래는 기약하기 어려워진다. 이점이 우리가 걸어왔던 길과 그렇지 못한 많은 개발도상국들과의 차이라고 할 수 있다.

이렇게 차관사업을 수행하는 과정에서 확보한 역량으로 1960년대 말에서 1970년대 초에 도시계획과 도로계획에서 중요한 현대식 기법이 적용되기 시작하였고 이를 담당할 기구가 자연스럽게 확립되었다. 즉, 주택, 도시 및 지역계획연구소가 도시계획 분야에 헌신한 기구였고, 도로조사단은 도로계획 및 설계에 집중하였다. 전자는 건설부의 황용주 과장이 중심이 되었고, 후자는 같은 건설부의 양긍환 과장이 중심이 되었다. 양긍환 과장은 일찍이 영국과 미국에서 교통공학을 공부한 후, 가지고 온 연구보고서와 교통 서적을 당시 활동 중이던 우리나라 최초의 도시계획 전문 기관인 HURPI의 연구진에게 제공하였다. 황용주 과장은 HURPI의 수장이었고, 후에 KIST 지역개발연구소의 소장을 지내기도 했다. 따라서 이 두 명이 우리나라 초창기 도시계획과 교통계획을 현대식으로 이끌어온 중심인물로 보아 무방할 것이다.

❯ 경인, 영남, 호남의 3대 경제권이 직결된 「호남·남해고속도로」

호남고속도로는 대전에서 전주, 광주를 거쳐 순천까지 이어지는 고속도로다. 이 중에서 1차로 회덕 JC-전주 IC 간 79.1km는 1970년 4월에 착공하여 8개월 후인 1970년 12월에 준공되었다. 4차선 전제 2차선으로 개통된 고속도로였다. 이 말은 「지금은 교통량이 적어 2차로로 운영되지만, 추후 교통량이 늘면 4차로로 확장되는 고속도로」라는 의미였고, 따라서 도로부지는 처음부터 4차로에 필요한 부지가 확보되었다.

호남고속도로의 개통으로 그동안 2시간 20분 걸리던 것이 1시간으로 단축되었고, 1973년 말까지 대전-순천 전 구간이 개통되었다. 마침내 호남고속도로가 개통되면서 경인고속도로, 경부고속도로와 함께 경인, 영남, 호남의 3대 경제권이 직결되었다. 이로 인해 도시와 농촌의 격차가 해소되고, 농촌까지 근대화의 물결이 불기 시작했다.

호남고속도로는 1972년 1월 전주-순천 구간과 남해고속도로인 순천-구포 구간이 동시에 착공되어 1973년 11월 전 구간 왕복 2차로와 평면교차로 그리고 신호등이 있는 구간을 포함하여 완공되었다. 이 두 고속도로를 합쳐 호남·남해고속도로라고 불렀고, 경부고속도로에 이어 총연장 358km로 우리나라에서 2번째로 긴 전국 순환망이 완성되었다. 즉, 광주-부산 간이 종래 7시간에서 3시간 반으로 단축되었고, 전체 고속도로망이 1,013km에 이르러 전국이 일일생활권이 된 것이다.

초기에는 전 구간이 무료로 개방되었다가 1976년 4월부터 부산-마산 구간을 시작으로 일평균 교통량이 1만 대가 넘는 1978년 6월 전 구간이 유료화되었다. 또한 다른 고속도로에서는 IC마다 영업소를 두는 폐쇄식 영업방식이었으나, 호남·남해고속도로는 교통량이 비교적 많은 중요한 구간의 본선상에만 영업소를 두고 가까운 거리는 무료로 이용하는 개방식 영업방식을 채택하였다가 2001년부터 다른 고속도로와 마찬가지로 폐쇄형 영업방식으로 바뀌었다.

호남고속도로는 당초 경부고속도로에서 분기하는 회덕 JC에서 순천 IC까지였는데 2001년 8월 노선지정 체계가 변경되면서 분기점이 회덕JC에서 논산시로 변경되었다. 이때 기종점을 순천-논산으로 변경하였다. 또한 교통량 증가로 1986년 9월에 회덕JC에서 서광주IC 구간이 왕복 4차로로 확장된 데 이어 1996년 11월 순천 IC까지 확장되면서 전 구간 4차로로 확장된다. 그리고 남해고속도로도 1981년부터 1996년까지 교통량에 따라 순차적으로 확장공사가 진행되었다.

❱ 수도권과 강원권을 최초로 연결한 「영동·동해고속도로」

영동·동해고속도로는 동서고속도로의 일부로 신갈에서 새말까지 1971년 3월에 착공되어 그해 12월 준공되었다. 서울-인천 간, 서울-부산 간, 호남고속도로 1차 구간에 이어 4번째로 개통되는 고속도로였다. 서울-강릉 간 205km 중 1차 구간이 완공되면서, 서울-원주 간 104km가 종래 4시간 30분 걸리던 것이 1시간 45분으로 단축되었다. 이 지역은 산악지대로 도로 상태가 몹시 나빴는데, 이 고속도로가 생김으로써 연결 거리가 획기적으로 단축된 것이다.

2차 구간인 새말-강릉 간은 1974년에 착공되어 1975년에 개통되었다. 강릉-동해구간(동해고속도로)과 함께 4차로 전제 왕복 2차로 자동차 전용 고속도로로 지정 운영되었다. 이로써 수도권과 강원도를 동서로 연결하는 고속도로망이 최초로 완성된 것이다. 강원도와 동해안이 수도권과 직결됨으로써 관광개발에 크게 기여했다. 그 후 서울-춘천 간 민자고속도로가 건설되면서 속초, 양양까지 연결되는 또 하나의 수도권-동해안 직결 고속도로 체계를 갖추게 되었다.

영동·동해고속도로는 1991년에 신갈JC에서 안산까지 연장되고, 다시 1994년 안산JC에서 서창JC(서해안고속도로)까지 이어져 경인 지방까지 연결되는 국토의 횡단 축이 완성되었다. 즉, 경기지역 종합 교통망 체계

사업의 일환으로 제2경인고속도로와 함께 신갈-인천 간 고속도로 사업이 계획되었고, 이것이 완성된 것이었다. 1994년 신갈-원주 구간이 4차로로 확장되었고, 그 후 2001년에 전 구간 4차로로 확장 개통되어 오늘에 이르고 있다.

2002년 월드컵을 앞두고 영동고속도로의 확장과 함께 선형 개량이 대대적으로 진행되었다. 당초 건설되었던 영동고속도로가 산악지대를 통과하느라 노선 상태가 매우 저급하였기 때문이다. 그러나 결과적으로 기존 노선 중 폐도가 된 구간이 너무 많이 발생한 문제점도 있었다. 이와 같이 노선 선형이 저급하여 고속주행이 어려운 경우에는 무리한 선형 개량보다 기존 노선은 노선 등급을 하향시켜 저급도로로 지정 운영하고, 오히려 새로운 고속도로 노선을 개발하는 것이 경제적으로나 환경 측면에서 보다 유리할 수도 있었을 것이다.

❱ 무료 고속도로의 유료화 정책

경인, 경부고속도로가 처음부터 유료도로로 시작하여 정부에서는 고속도로는 당연히 유료라는 생각을 하고 있었고, 고속국도법과 유료도로법이 처음부터 함께 확립되어 있었다. 고속도로는 막대한 건설 비용뿐만 아니라 매년 소요되는 상당한 유지관리비와 운영비가 필요했기 때문이었다. 그러나 영동·동해고속도로와 비슷한 시기에 건설된 호남고속도로(대전-순천)와 남해고속도로(순천-대저(부산))는 세계은행 차관사업이었으므로, 운영 방식이나 통행료 정책을 차관처와 협의하여 개통 초기에는 무료로 운영하였다. 그러나 해를 거듭할수록 고속도로 연장이 늘어나면서 건설비, 운영비, 유지관리 비용이 커지고 있었다. 따라서 정부와 한국도로공사는 고속도로 재원 확보를 위해 당시 무료로 운영되던 호남·남해고속도로를 유료화하기로 했다.

세계은행은 그 당시 해당 고속도로의 교통량이 충분하지 않고, 우리나라가 아직은 경제개발의 초기 단계이므로 무료 운영으로 경제활동을 장려할 필요가 있으며, 통행료 징수를 하게 되면 도로 이용을 위축시킬 수 있고, 통행료징수를 위한 요금소 설치 및 영업 비용 등 추가 비용이 발생한다는 이유로 반대했다. 이는 당시 경제학계에 유행하던 공공서비스의 무료화 원칙에 충실한 주장이었다. 즉, 도로는 그 자체가 수익을 발생시키는 영업 사업이라기보다는 불특정 다수에게 싸고 빠른 수송로를 제공함으로써 경제 활동 비용을 낮추어 더 많은 이윤을 창출하게 도와주는 사회간접 자본이며, 그 결과 늘어난 영업수익에 따라 증가하는 세수로 보상받으면 된다는 주장이었다.

그러나 정부의 입장은 그러한 주장은 당시 우리가 처한 경제적 현실에 맞지 않다고 생각하고 있었다. 즉, 선진국의 경우에는 전체 도로망의 수준이 좋아서 이용자의 선택 폭이 크거나 도로 관리 비용이 크게 차이가 나지 않아 괜찮을 수 있지만, 우리나라의 경우에는 대부분의 도로가 너무 열악하고 고속도로 관리 비용이 상대적으로 너무 높은 상황이므로 일반 세수로 부담하게 되면 오히려 고속도로를 이용하지 않는 대다수의 국민들까지 고속도로 비용을 부담해야 하니 무리가 있다는 의견을 가지고 세계은행을 설득했다. 이렇게 개통 후 초기 몇 년간은 한국 정부와 세계은행 사이에 고속도로의 유료화를 두고 주장과 협의가 반복되었다.

호남·남해고속도로는 당시에는 장래 국토 균형 발전 차원에서 만들어진 고속도로 경제개발이 낙후된 농업지역을 통과하는 도로였으므로 이용 교통량이 낮았다. 따라서 이 도로에 IC마다 요금소를 설치하게 되면, 설치에 따른 비용도 문제이고, 그렇지 않아도 적은 당시의 교통량을 더욱 감소시키는 정책을 정당화하기가 어려운 것이 사실이었다. 따라서 이 두 가지 문제를 어떻게 최소화하여 세계은행을 설득할지가 현안이었다.

결국 1975년 세계은행에서 파견된 전문용역단, 한국의 건설부 도로계획과, 한국도로공사 도로조사팀이 합동으로 현장 조사를 하기에 이른다. 이때의 감독관은 건설부의 정윤택 계장으로 후일 동성엔지니어링을 창업하여 초기 우리나라 도로 설계 용역 업계의 전문화와 활성화를 위하여 노력하였다. 그리고 한국도로공사에서 이 사업 담당자는 필자였다.

조사단의 첫 번째 임무는 고속도로와 병행하고 있는 국도의 통행 시간과 운행 비용을 조사하여 통행료 부과 시의 전환교통량으로 인한 예상 수입이 얼마나 되는지 파악하는 일이었다. 고속도로와 병행하고 있는 국도의 상대적 길이, 주행시간 및 쾌적성 등을 조사하고 교통량과 차량 운행 상태를 파악하였다. 필자는 얼마 안 되는 제한된 교통량, 속도, 지형자료를 이용하여 논리적이고 체계적인 분석과 결론을 도출하는 과정을 직접 접하면서 많은 감명을 받았다.

조사의 목표는 통행료 징수 때문에 국도로 우회하게 될 차량과 영업소 설치 등 징수 비용을 최소화할 방안을 찾는 것이었다. 그러기 위해서는 단거리 이용 차량에는 통행료를 부과하지 않고, 모든 IC마다 영업소를 만드는 대신 장거리 통행량이 가장 많은 구간에 요금소를 만드는 방식(Open Barrier System)을 채택하였다. 그래서 당시에는 익숙하지 않은 개방식 징수 체제를 택할 경우 유료화의 타당성이 있다는 결론이었다. 그 결과 1976년부터 부산-마산 구간을 시작으로 1978년 일평균 교통량이 1만 대가 넘는 전 구간이 개방식으로 유료화되었다.

본선 요금소의 위치를 정하기 위해 우선은 구간별 교통량의 이용 거리를 파악해야 하는데 당시는 무료 운행 중인 고속도로여서 자료가 거의 없었다. 그래서 우리는 조사단과 함께 간단한 주행 중 조사 방법을 통하여 구간별 교통량 규모를 파악하고, 이를 근거로 요금소를 어디에 둘지 판단할 수 있는 논리적 근거를 만들었다. 이렇게 요금소 설치 비용을 획기적으로 줄이고 교통량이 적은 대부분의 IC를 무료 개방함으로써 세계은행의 우려에 대한 대응을 만들어 낼 수 있었다. 이런 논리적인 접근은 우리에게는 과학적 정책 수립의 실상을 현장에서 접한 중요한 경험이 되었다.

이 무렵 필자는 이 분야에 입문한 지 4~5년이 지났으니 이왕이면 제대로 공부하여 이들처럼 능력 있는 전문가가 되어야겠다는 생각을 했다. 그러나 교통공학은 여전히 생소한 분야였고, 미국 사정을 알 길이 없던 필자는 용역단의 미국인 동료에게 의논하자 자신의 모교인 노스웨스턴 대학을 추천해 주었고, 이 일을 박기석 사장에게 보고하자 관련 부서에 유학 파견을 적극 검토하라고 지시했다. 그러나 신생 공공기관이었던 한국도로공사에는 직원의 해외 교육 파견을 보낸 전례나 관련 규정이 없었다. 교육 파견을 위한 준비 서류가 두툼하게 쌓여가고 있었지만, 명확한 결론이 나지 않고 학교의 등록 기간은 점점 다가오고 있었다. 관련 부서에서는 유학을 1년 늦추라고 했지만, 필자는 이때를 놓치고 싶지 않아 사직하고 미국 유학을 떠났다. 결국 필자는 파견 규정의 혜택을 보지 못했지만, 그다음 해에 해외 유학 파견 규정이 만들어졌고, 후배들이 관련 규정의 혜택을 보게 하는데 필자가 기여한 셈이 되었다.

1977년 7월, 필자는 미국에 정착하고 그해 9월부터 시작하는 가을학기부터 교통공학을 공부했다. 평소 실무를 하면서 당시 건설부를 비롯한 관련 분야 사람들과 자연스럽게 인맥이 형성되었고, 후일 정부의 중요한 교통 SOC 사업에 폭넓게 관여할 수 있는 인연이 만들어졌지만, 그때는 이 인연이 장래에 필자가 일할 터전이 될 것이라는 생각은 하지 못했다.

❱ 초기 고속도로를 둘러싼 생생한 비화들

앞선 생각들이 모여 실현한 도로의 사업화

당시의 한국도로공사는 통행료 수입만으로 운영관리 비용을 감당하기는 어려운 형편이었다. 경인고속도로는 구간이 짧아서 운영 수입이 적었고, 경부고속도로는 아직 교통량 수준이 채산성을 확보하기 어려운 수준이었다. 그렇지만 정부와 한국도로공사는 수입 증대를 위해 많은 노력을 기울였다. 예를 들어 휴게소 이외에 기흥단지를 개발하여 일반에 공급하였으나, 당시로서는 자가용을 가진 계층이 너무 적어 서울과 가까운 거리임에도 매수자가 턱없이 부족하여 처분에 큰 어려움을 겪기도 했다.

한국도로공사 기획관리실에서는 기흥단지를 필두로 도로의 사업화를 일찍부터 고민하고 있었다. 중요한 개발지에 IC를 설치하는 것도 고속도로 통행량을 늘릴 수 있는 방법이지만, 이러한 결정은 한국도로공사 사장이나 건설부 장관의 권한을 훨씬 넘는 일이었고, 청와대의 지시 없이는 거론 자체가 어려운 시절이었다. 도로의 사업화 고민을 가장 일찍부터 한 사람이 윤길선 조사계장이었다. 당시 윤 계장과 필자가 함께 경부고속도로 부산 요금소에서 부산항 부두까지 연결되는 부산 도시고속도로와 서울-춘천고속도로를 검토했었다. 지금 생각해도 상당히 앞선 생각이었다. 이후 윤 계장은 KIST 지역개발연구소를 거쳐 한국교통연구원에서 많은 연구 업적을 쌓았지만, 지병으로 일찍 타계하여 안타까운 마음이 드는 분이다.

서울-춘천고속도로는 장래의 수도권 관광지를 통과하는 도로로 개발이 필요한 것으로 판단되었지만, 터널이 많고, 지형이 험난해서 당시의 기술(터널, 교량 공법)로는 상당 기간 타당성을 확보하기 어려웠다. 그러나 기술 발전과 함께 지금은 실현되어 동서 간 고속도로의 역할을 톡톡히 하고 있다. 얼마 후 도로조사계가 도로조사과로 승격되고 김봉섭 과장이 부임한 후에도 부산 도시고속도로의 사업 검토는 계속되었다. 되돌아보면, 이때 고민하던 사업들이 지금 거의 성공적으로 실현되었고, 실현되지는 않았지만, 탁월하게 앞선 교통사업들도 있었다. 과거 신탄진에 소재했던 풍한방적의 김영구 회장의 자기부상열차로 전국을 순환하고 주요 역마다 신도시를 만들자는 아이디어도 훌륭한 생각이다. 이와 같이 교통에는 많은 앞선 생각들이 있었고, 우리는 이들의 꿈과 노력을 기억해야 한다. 그래야 우리 교통정책의 장래도 밝지 않겠는가!

에버랜드와 신탄진 IC 증설

IC를 증설하는 문제는 비용도 비용이지만, 국가기간 시설인 고속도로에 영향을 미치는 사항이었으므로 청와대의 지시 없이는 불가능한 일이었다. 어느 날 청와대로부터 용인자연농원 진입을 위한 IC 설치를 검토하라는 지시가 떨어졌다. 강호익 조사계장과 필자는 현장 조사를 나가, 한창 공사 중이던 끝이 보이지 않는 엄청난 규모의 용인자연농원을 둘러보았다. 그리고 완성 후 방문객 추정치 등 사업계획자료를 받았다. 우리는 당시 가장 흔했던 트럼펫형으로 구상하고 터키군 참전 기념탑을 보호하면서 입체교차 램프의 설치를 계획했다. 그렇게 허허벌판에 지어진 용인자연농원이 마성 IC를 중심으로 오늘날의 에버랜드로 성장하고 수도권의 핵심 시설 중 하나가 된 것을 보면, 상전벽해의 감정을 느끼지 않을 수 없다. 그리고 그 중심에 교통시설이 자리 잡고 있음을 다시 한 번 깨닫게 된다.

또 다른 증설 요청은 신탄지 IC였다. 경부선 신탄진역은 방직공장, 제지공장, 하역장 등 물류의 중심지였으니 경부고속도로를 지척에 두고도 가까운 IC가 없어 대전 IC를 이용하고 있었다. 풍한산업(김영구 회장)을 비롯한 공단 대표들이 청와대에 IC 건설을 건의했고, 한국도로공사에 검토 지시가 떨어졌다. 강호익 계장과 필자가 현장 조사를 나가 건설 타당성 자료를 만들었고, 오늘날의 신탄지 IC가 만들어졌다.

앞에서 잠깐 언급한 김영구 회장과의 인연이 생각난다. 그때는 한 번도 만나지 못했지만, 나중에 필자가 서울시 교통관리실장으로 재직시 우연히 연락이 와서 함께 담소를 나눈 적이 있다. 그때 김 회장은 자신이 과거에 수립한 고속전철사업 구상에 대해 설명해 주었다. 전국을 커다란 타원형으로 만들어 시속 400km로 달리는 자기부상열차(Maglev)로 순환하도록 하고, 100km 간격으로 신도시를 만들어 도시개발과 교통 문제를 함께 해결한다는 내용을 담은 제안서를 박 대통령에게 보고했다고 했다. 그 당시 이미 자기부상열차에 대한 구상과 실천 의지를 가진 선배가 있었던 것이다. 좀 더 구체적인 얘기를 듣고 자료의 출처도 확인해 두었더라면 좋았을 텐데, 당시에는 현안에 매달려 그러지 못한 것이 아쉽다.

경부고속도로 7.6km 구간 관리 떠넘기기

어떤 도로든 노선별 관리 책임이 명확해야 한다. 고속도로의 경우 당연히 더욱 엄격한 규정이 필요하다. 경부고속도로는 당초 서울시 구간은 서울시가 부지 출자와 건설에 참여했다. 이 구간은 한남대교(당시 제3한강교) 남단부터 양재 IC까지 7.6km까지이다. 그러나 당시 이 구간은 고속국도로 지정되어 경부고속도로의 일부였다. 요금소도 지금의 양재동 만남의 광장 자리에 위치하고 있었으며, 행정구역으로는 서초구 원지동이었다. 당시 재산권자인 서울시와 관리 책임자인 한국도로공사가 관리 업무를 서로 떠넘겼다. 이 구간은 당시 박정희 대통령을 비롯한 정부 고위인사들이 자주 이용하는 구간이었으므로 운영이나 유지관리에 사소한 문제만 생겨도 곧바로 보고되었고, 지나다가 나무 한 그루 잘못 심어진 곳만 있어도 바로 불호령이 떨어지곤 했기 때문이다.

그 후 경부고속도로의 교통량이 늘면서 요금소 확장의 필요성이 제기되어 결국 1987년 현재의 궁내동 요금소로 이전하면서 행정구역이 경기도 성남시 분당구 궁내동이 되었다. 그리고 이 구간은 결국 2002년 11월 한남 IC-양재 IC 구간을 경부 간선도로로 노선 전환되어, 고속도로 구간에서 빠지게 되었다. 따라서 경부고속도로 연장은 당초 428km였으나 그 후 확장과 선형 개량을 하면서 일부 단축되고, 서울시 일부 구간이 단축되었다.

한국도로공사 전용 IC 증설

한국도로공사의 사옥은 당시 판교 소재 금토동 언덕 위에 있었다. 전국의 고속도로를 관리하는 기관이지만 고속도로 바로 진입하지 못하고 판교 IC를 거쳐서 한참을 우회해서 출입해야 하는 불편함을 겪고 있어 전용 인터체인지 건설을 여러 차례 건의했으나 번번이 묵살되었다. 그러던 어느 날 박정희 대통령이 강릉지방 순시를 나갔다가 날씨가 나빠 일정을 취소하고, 고속도로를 통해 귀경하다가 예정에 없던 한국도로공사를 불시에 방문한 적이 있었다. 당시 박기석 사장을 비롯한 임원진들은 모두 출타 중이라 하는 수 없이 당시 가장 고위자였던 건설사업부 문인갑 차장이 대통령 일행에게 업무 현황을 보고했다. 보고 후 대통령이 한국도로공사의 현안을 물었을 때 숙원사업인 전용 IC에 대해 보고하던 중 대통령이 전용 메모지에 「이렇게 건설하면 되겠네」라며 간이형 트럼

펫 모양의 IC 그림을 남겼다. 후일 이 메모지 사본을 첨부하여 정부(경제기획원)에 예산 신청을 했더니 그동안 아무리 설명해도 들은 체도 않던 경제기획원의 승인이 바로 떨어졌다.

이 IC가 바로 서울에서 판교로 내려가기 전 달래내 고개를 지나 용인-서울고속도로 연결 출구를 지나면 바로 만나는 성남 방향이라고 표시된 작은 IC이다. 이후부터 한국도로공사의 출입은 주로 이 인터체인지를 통해 편리하게 현장 접근을 할 수 있게 되었다. 지금은 공사 자체가 김천으로 이전을 하여, 이 IC는 지역 접근 시설로 활용되고 있다.

4. 독자적 고속도로 정책

초기 고속도로 시대를 지나면서 설계와 시공 기술 경험이 쌓여 내부 재정과 자체 기술로 접근하려는 노력이 성과를 내기 시작했다. 1980년대에 착수한 대구·광주고속도로와 중부고속도로가 대표적이라고 할 수 있다.

❱ 대실패를 불러온 「광주대구고속도로」

1979년 10·26사태가 일어나고, 이를 진압하는 과정에서 집권한 전두환 중심의 신군부 세력이 민심 위무와 지역개발을 명분으로 대구에서 광주에 이르는 고속도로 건설을 추진했다. 이에 따라 지리적으로 소백산맥에 막혀 통행이 어려웠던 영·호남이 가까워질 수 있었고, 가야산 국립공원, 덕유산 국립공원, 지리산 국립공원 등이 직접 연결됨으로써 관광개발과 지역의 토지 이용이 활성화될 것으로 기대했다. 1980년에 88올림픽고속도로(현재의 광주대구고속도로)가 영동고속도로에 이어 2번째 동서 간 고속도로로서 순수 국내 기술진들에 의해 설계되고, 1981년 착공, 1984년에 개통되었다.

이 일을 맡은 회사는 우보엔지니어링(상당한 규모의 설계회사로 발전하였으나 IMF 때 파산)이었다. 사업주는 건축사인 김인기 씨가 회장, 건설부에서 도로 계획 분야에서 오래 일했던 정윤택 씨가 대표이사를 맡아 새로운 접근 방법을 과감히 시도했다. 본 고속도로의 교통계획을 필자가 맡았고, 선진국에서 당시 일반화되어 가던 소위 4단계 교통계획 과정을 처음으로 지역간 도로계획에 적용하였다. 그리고 한국도로공사에서 실무를 익히고 이 회사로 이직한 강한구(후일 제일엔지니어링 창업주의 한사람) 씨가 그동안 수작업으로 해오던 지형도와 통과 필수지점을 고려한 노선 설계를 컴퓨터로 하였다. 지역의 사회·경제 지표와 교통량의 상관관계를 구체적으로 연결하려고 노력했고, 그때까지 관례로 해 오던 아스팔트 포장 대신 시멘트 콘크리트 포장을 과감히 도입했다. 전장 181.9km의 광주대구고속도로는 당시 왕복 2차로로 건설되었으나 험준한 산악지형에서 짧은 공기로 경험 없는 콘크리트 포장을 무리하게 시공하는 바람에, 준공 후 얼마 안 가 전반적인 대량 포장 파손이 일어나 사회적 물의를 빚었다. 게다가 중앙분리대가 없었고 본선에 평면교차로가 있는 곳도 한 곳 있었기 때문에 이에 익숙하지 않은 운전자들의 사고가 다른 고속도로보다 많이 일어나는 문제도 있었다.

지금은 대부분 왕복 4차로로 확장되었으며, 험한 산악지 통과로 인한 종단 및 평면 선형이 불량한 곳들은 대거 노선이 변경되거나 개량되었다. 그리고 중앙분리대를 갖춘 제대로 된 고속도로가 되었다. 이 실패에 대한 반성은 곧이어 진행된 중부고속도로의 설계와 시공에서 완벽한 현장 시공이 될 수 있게 한 촉진제가 되었다.

이전에 해보지 않은 콘크리트 포장으로 설계하게 된 데는 그럴만한 이유가 있었다. 당시 시멘트업계에서는 우리나라에서 많이 생산되던 콘크리트를 대량으로 소비할 수 있는 수요처를 찾고 있었는데, 이때 시작된 광주대구고속도로는 중요한 사업처가 되었다. 시멘트 업계가 정부를 강하게 설득하였고, 정부가 이를 받아들였다. 아스팔트 포장은 시공 경험이 많았으나 콘크리트 포장은 기술적 특성을 무시하고 의욕만으로 시공하는 바람에 참담한 결과를 낳았다. 개통되자마자 수많은 곳에 균열이 일어나고, 균열의 정도가 너무 심해 긴급 보수를 하지 않으면 통행이 불가능할 정도였다. 이때의 상황은 누가 봐도 콘크리트 포장을 아스팔트포장처럼 현장 시공을 대충 한 결과로 일어난 부실시공이라고 단정 지을 수밖에 없었다. 아스팔트포장은 침하에 어느정도 적응하는 가요성(flexible)이 있기 때문에 일정 시공 오차는 큰 문제가 되지 않는다. 그러나 콘크리트포장은 시간이 지나면서 콘크리트 자체가 상당히 신축하므로 이를 반영한 정교한 시공이 요구된다. 언론에서 「88고속도 누더기 포장」이라며 이 부실시공을 맹비난했다.

이 도로는 당시 전두환 대통령이 호남의 감정적 골을 완화시키고자 착공한 정치적 결단이었는데 도로의 하자가 너무 심각하여 청와대 건설교통 비서관 홍철 박사, 그리고 포장 전문가 인하대 남영국 교수, 그리고 필자 이렇게 3인으로 편성된 진상 조사반이 광주부터 전 구간을 도보로 걸으며 일일이 직접 눈으로 포장 파손 부분을 확인한 결과, 콘크리트포장의 특성을 무시한 경험 부족의 시공 결과라고 볼 수밖에 없었다. 조사 결과의 후폭풍을 고민하여 조사단은 숙의 끝에 파손 결과는 축소하지 말고 있는 그대로 보고하되, 심한 처벌은 도로건설업이 위축될 우려가 있으니, 대통령께는 「경험 부족에서 온 실수이니 보완 후 차후 사업부터는 건설 감리를 철저히 하여 콘크리트 포장 기술을 안정시킬 필요가 있다」라고 보고하기로 했다. 그 결과 시공 감리단이 강화되었고, 업계도 긴장하여 실패를 하지 않도록 정밀 시공 노력을 하는 계기가 마련되었다.

이후 발주된 중부고속도로는 더욱 복잡한 공정이 요구되는 철근콘크리트포장으로 설계되었고, 시공 결과는 완벽하였다. 이렇게 새로운 기술 도약이 또 한 번 이루어진 것이다. 그래서 중부고속도로는 실제로 지금까지 큰 문제 없는 훌륭한 고속도로가 될 수 있었던 것이다.

❱ 업그레이드된 「중부고속도로」

경부고속도로가 처음 개통된 1970년에는 전국의 차량등록 대수가 고작 13만 대에 불과했다. 전체 교통량의 60% 이상이 화물차였고, 산업도로의 성격이 강했다. 그래서 정책 당국은 우리의 고속도로가 승용차가 아닌 화물차 위주의 도로로 국가 경제를 지원하는 버팀목이자 산업활동의 바로미터라고 힘주어 홍보하고 있었다. 이때만 해도 개인소득으로 자가용을 가질 수준이 되려면 한참을 더 기다려야 했다. 경부고속도로 서울-수원 구간의 일평균 교통량은 1970년에 5,000대, 1975년에 13,000대, 1980년에 30,000대로 연평균 15%로 급증했다. 1960년대 초에 시작된 경제개발 정책이 연이어 성공하면서 농촌의 젊은이들이 앞다투어 도시로 몰려들었다. 이 결과 추석 연휴와 같은 명절만 되면 귀성인파로 도로가 몸살을 앓았다. 명절만 되면 철도역에서 예매를 위해 밤을 꼬박 새우던 시기였다. 1970년대부터는 철도에 이어 고속버스가 명절 귀성인파를 나누어 맡기 시작하고, 경제성장에 따라 개인소득이 증가하면서 서서히 자가용이 늘었다.

1980년에 5·18 광주사태, 제2차 오일쇼크까지 겹치면서 그동안 고도성장을 하던 국가 경제성장률이 -5% 수준으로 급락하면서 경제 침체기를 겪게 된다. 1980년 초부터 국제 유가가 2배 이상 폭등하였다. 그러나 이듬해부터 세계적 경제 호황이 다시 시작되면서 수출주도 정책을 추진하던 우리나라는 경제성장률이 1981년 7.2%, 1983년 13.4%, 1984년 10.6%로 경이적인 성장세를 이어갔다. 이에 따라 공장 근로자의 수요가 늘면서 도시 인구가 폭증하기 시작했다. 이러한 도시 근로자의 증가는 국민소득의 증가로 이어졌다. 그 결과 자가용 붐이 본격적으로 일기 시작하여 1985년 최초로 차량 보유 100만 대 시대를 맞게 된다.

1985년은 우리나라의 교통정책사에 특별한 의미를 가지는 해이다. 아직은 빈약한 고속도로망을 가지고 있던 시기에 차량 등록 대수가 100만 대가 넘어가면서 거대한 교통혼잡 상황과 맞닥뜨리게 되었다. 계속된 경제성장과 함께 이제 도시 근로자가 된 농촌 출신들이 추석 연휴에 기차나 고속버스 대신 자가용을 많이 이용하는 바람에 고속도로가 거대한 주차장이 되어버렸다. 특히 가장 교통량이 많았던 서울-부산 간은 종래 6시간에서 12시간 이상이 걸리면서 국민적 대소동이 일어났다. 그 후 경부고속도로의 수도권 구간 교통혼잡 가중을 완화하기 위해 계획된 것이 중부고속도로였다. 중부고속도로는 경제성장이 상승기에 들어섰고, 광주대구고속도로의 부실시공이 큰 사회적 문제를 일으킨 직후였으므로 계획과 건설 과정에서 특별한 주의가 요구되던 시기였다.

우리 경제가 급격한 상승세를 타고 있던 이때에 차관처인 세계은행은 교통혼잡이 더욱 급증하고 있던 수도권에 대한 종합 교통계획을 수립하도록 권고하였다. 이렇게 하여 「경기지역 종합 교통망 체계 조사」가 시작되었다. 필자가 연구 책임을 맡게 되었고, 이는 종래에 다루어 왔던 교통축 중심의 개별적인 개선 문제로 접근하는 것이 아니라 해당 지역 전체에 대한 철도 및 고속도로를 포함한 전체 교통망을 구상하는 광역적 교통계획의 일부로 접근해야 했다. 이 조사 사업은 20년 뒤를 내다본 장기 계획이었다. 그러나 경부고속도로의 수도권구간은 급증하는 교통량으로 이미 몸살을 앓고 있었기 때문에 조사사업의 결과를 기다릴 여유가 없었다. 그래서 1984년 필자가 연구 책임을 맡은 「서울-대전 간 고속도로 건설 타당성 조사」가 건설부 도로국에서 별도로 발주되었다. 1970년 경부고속도로를 시작으로 호남·남해 및 영동·동해고속도로를 계획, 설계를 했던 경험을 토대로 우리나라 기술진들도 고속도로에 대한 설계 경험을 어느 정도 쌓아가고 있던 시기였다.〔별첨1-1. 중부고속도로보고서〕

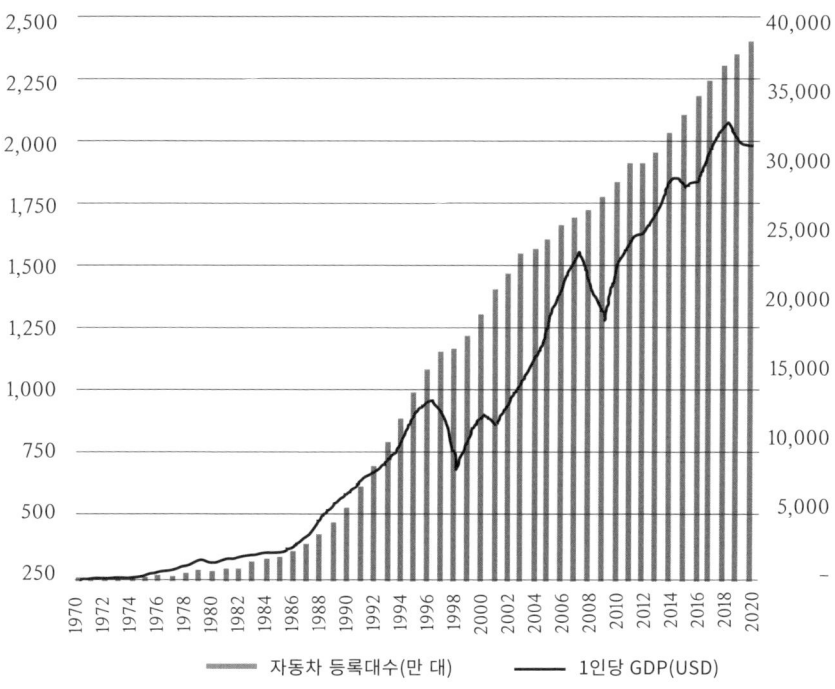

그림1-3. 1970년~2020년 차량 등록 대수와 1인당 GDP의 증가 추세

중부고속도로를 책임지게 된 필자는 다음 사항들을 신중하게 고려하였다. 우선 광주대구고속도로가 시공 부실로 사회문제를 야기시켰으므로 새로 계획되는 서울-대전 간 고속도로에서는 차질이 없어야 한다는 중압감이 있었다. 그리고 교통망의 부족으로 교통혼잡이 급증하고 있어 국토 전반에 걸친 장래의 교통수요 전망이 필요하고, 이를 종합적인 관점에서 효율적으로 처리하는 방안을 고민해야 한다는 것이다. 우선 발주처인 건설부, 경제기획원 그리고 산하 관련 기관을 포함한 「중부고속도로 건설타당성 조사 자문위원회」를 구성하였다. 여기서 사업 내용을 사전에 충분히 설명하고 목표를 분명히 제시함으로써 원활하게 사업을 추진하기 위함이었다. 착수 시점에 장래의 경제 상황과 차량 보유 규모, 확대된 고속도로망에 대한 구상 그리고 최적의 경부축 보강 방안으로서 서울-대전 간 고속도로를 구축한다는 과업 목표를 공언하고 다짐하였다.

장래 교통수요와 고속도로망 전망

우리가 가장 먼저 해야 할 일은, 20년 후 우리나라의 자동차 보유량의 예측이었다. 선행 연구도 참고가 되지만, 추세 연장에 의존하는 경우가 많아서 급격한 경제 변화가 예견되는 상황에서는 불확실성이 크다고 보았다. 그래서 이전에 수행된 「경기지역 종합 교통망 체계 조사」에서 채택한 1인당 GNP 수준과 연계한 포화 승용차 보유 수준에 따른 차량 보유 대수 추정을 활용하였다. 즉, 차량 보유 수준은 결국 개인소득의 함수로 보는 것이 타당하다고 볼 수 있으며, 선진국의 경험치를 참고한 경제 수준별 포화 자동차 보유율을 참고하는 것이 더욱 합리적이라고 보았다. 당시 인구 천 명당 포화 승용차 수준이 유럽이 400대, 미국이 550대로 보고 우리 여건을 감안하여 승용차 보유량을 추정하였다.

우리나라는 선진국보다 승용차 억제 정책(승용차 관련 세금, 유류세 등)이 강하게 시행되고 있는 점을 감안하여, 포화 승용차 보유량이 국민 1,000명당 300대까지 이를 수 있고 미래의 GNP/capita, 연간 연료비 및 차량 감가상각비로 총칭되는 조세 부담의 영향을 반영했다. 그 결과 2001년 전체 차량 등록 대수는 970만 대가 될 것으로 추정했다. 1983년 서울-대전 축에 대한 고속전철 타당성 조사에서 추정한 수치인 수도권 238만 대, 전국 538만 대와 비교하면 거의 2배에 가깝다. 지금까지 동일 목표연도에 대한 교통 전문기관의 차량 보유 추정치는 이보다 훨씬 적은 수준이 보통이었다. 그래서 우리가 추정한 것이 과하다는 비판을 받기도 했다. 차량 보유량이 극히 저조했던 과거에 기준한 차량 보유와 경제지표의 상관관계를 통한 예측이므로 그럴 수밖에 없었을 것이다. 국가 경제 수준이 미약했던 당시의 시계열 자료에 의한 추정은 경제 규모가 크게 달라졌을 때의 상황은 제대로 설명할 수 없다.

당시 우리의 전망은 지난 시기의 급격한 성장 전망을 상당 부분 유지 가능할 것으로 봤다. 즉, 장래의 우리 사회의 경제 규모를 선진국에 비견되는 것으로 전망하고 있었기 때문에 급격한 경제 여건의 변화를 설명하기 위해서는 시계열에 기반한 추세 판단으로는 합리적인 전망이 어렵다. 따라서 이미 그런 수준에 달한 선진국의 예에서 차입하여 미래를 상정하는 것이 더 합리적일 수 있는 것이다. 그래서 인구 1,000명당 승용차 보유 대수를 당시 선진국 수준을 포화율이라고 보고 우리가 달성할 선진국 경제에서의 포화율을 차입해서 포화율 기준 수평적 관계식(saturation rate-based cross-sectional relationship)으로 예측하는 것이 바람직하다고 본 것이다. 그런데 실제로는 2001년에 달성한 차량 보유는 1,250만대로 이보다 훨씬 높은 수치였다. 이런 가정하에 장래 필요한 고속도로망 확충과 서울-대전 간 교통축에 대해 전망하였다.

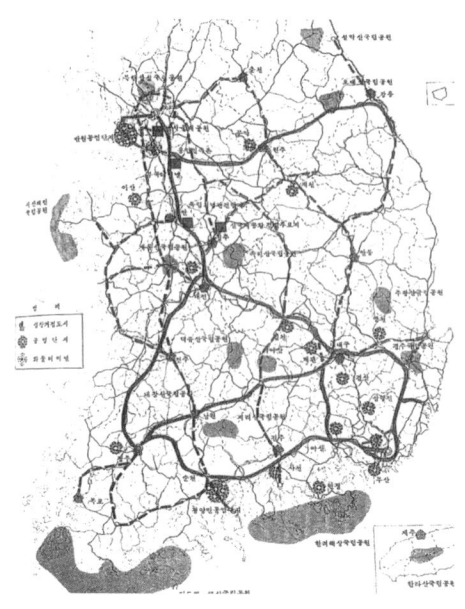

그림1-4. 장래 고속도로망 전망, 중부고속도로 타당성 조사 보고서에서

　　1984년에 그린 2000년 기준으로 예측한 고속도로망을 보면 현재와 크게 다르지 않다. 당시로서는 다소 과다한 차량증가 전망이었지만, 경제가 급성장하여 통상적인 변화 범위를 넘어설 경우에는 추세에 의한 장기 전망보다는 오히려 비슷한 사례에 입각한 유추 추정이 더 현실성 있다는 것을 다시 한번 일깨워주는 사례라고 볼 수 있다.

　　장기 고속도로망 전망을 토대로, 당장 해야 할 과제는 이러한 장기 고속도로망을 완성해 가는 과정에서 어떻게 서울-대전 간 교통축을 보강할 것인가 하는 문제였다. 개념적으로 서울-대전 교통축을 따라 기존의 경부고속도로를 확장할 수도 있고, 동쪽 내륙부를 따라 보강하는 노선, 또는 서쪽 내륙부를 따라 보강하는 노선 등 크게 3가지를 생각할 수 있었다. 당시 건설부 김일중(훗날 도로국장, 차관보를 역임) 사무관이 필자가 일하던 국토개발연구원에 파견 나와 있었기 때문에 함께 비교 노선대를 설정하여 계량 분석을 실시하였다.

검토방향은 내륙지역의 개발 촉진효과를 고려하면서 서울 접속부의 교통혼잡을 개선할 수 있는 방안을 찾아야 했다. 우선, 서쪽 노선대 대안은 당시 진행 중이던「경기지역 종합교통망 체계사업」에서 장래의 서해안고속도로를 전제로 한 수도권 부분 고속도로가 수도권 종합교통망 차원에서 진지하게 검토되고 있었기 때문에, 본 조사에서도 장기적인 교통개선을 위한 대안 노선으로 고려하였다. 그리고 서울의 동쪽 변두리로 고속도로의 서울 접근부를 분산하는 노선이 필요한 것으로 파악되었다. 그리고 동쪽 노선대를 따라서 노선을 개발하더라도 대전 이남 부분은 지형 조건을 고려할 때 훨씬 더 내륙 쪽 교통축 개발이 별도로 필요할 수 있으므로 급하게 대전까지의 경부축 보강에 집중할 필요가 있었다.

기존 경부고속도로의 확장과 함께 이상의 3가지 노선대를 따라서 지형조건, 연결로 지점의 중요성을 고려하여 노선안을 설정해 나갔다. 결론은 서울-대전 구간에 대한 직접 보강 효과가 큰 노선으로 건설하되, 서울시 진입 교통량을 동쪽으로 분산시킬 수 있는 방향으로 검토하기로 하였다. 그리고 서해안 고속도로 등 고속도로망의 확충 계획을 추진하고 있었으므로, 교통량 규모가 상대적으로 적은 청원 이남 구간은 기존 경부고속도로를 확장해서 활용하더라도 무리가 없을 것으로 전망하였다. 그 결과 현재의 중부고속도로 노선으로 최종 정리하게 된다.

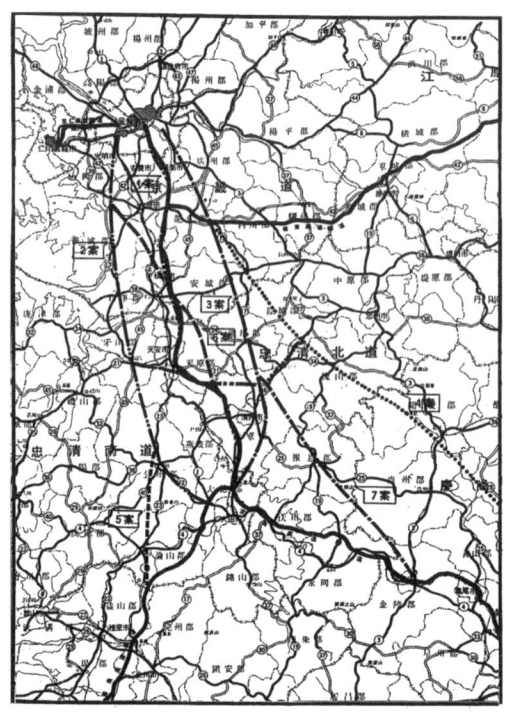

그림1-5. 서울-대전 교통축에 대한 교통축 대안

자문위원회와 설계기준 상향

1984년 서울-대전 간 고속도로의 타당성 조사가 시작될 무렵에는 우리 경제가 탄탄하게 성장하고 있어 새롭게 시작된 고속도로 사업에 대한 의욕이 넘치고 있었다. 필자는 사업 책임자로 착수보고회에서 이러한 마음을 표현했다.

"경부고속도로를 처음 시작할 때만 해도 우리 국가 경제는 허약했고, 기술적 경험도 전무했지만, 처음 접하는 최고급 현대 도로를 그런대로 훌륭하게 건설했습니다. 예산과 기술의 제약속에서 선배들이 훌륭한 업적을 이루었지만, 설계 수준이 만족스럽지 못한 곳이 많아 선진국의 고속도로와 비교하면 주행 쾌적성과 안전성이 많이 뒤떨어지는 것이 현실입니다. 뿐만 아니라, 무리한 공기단축과 경험 부족 등으로 건설 시 부실한 면이 많아서 유지관리에 상대적으로 큰 비용이 들어가는 문제점이 있는 것도 사실입니다. 그러나 지난 15년간 국력이 크게 신장하였고, 기술진의 규모가 커지고 많은 경험이 쌓인 점을 감안하면, 지금 우리가 계획하고 있는 서울-대전 간 고속도로는 과거의 고속도로와는 여러 면에서 개선되어야 하고, 선진국과 비교해도 손색없는 도로를 만들어야 하겠습니다. 비록 예산이 증가하는 일이 있더라도, 필요한 지원을 여기 계시는 관계 부처 과장님들의 협조를 얻어 추진해 나가도록 하겠습니다."

참석한 자문위원들 모두 박수를 치며 다 함께 협조하자는 분위기가 만들어졌다. 그리고 필자는 실제로 본 과업이 끝날 때까지 착수보고회에서 한 이러한 다짐을 꼭 지키려고 노력했다.

산지가 많은 우리나라의 지형에서 과거 고속도로 설계에 자주 적용하였던 80~100km/h 설계속도를 100~120km/h로 높였다. 설계기준 상향으로 공사비가 늘어 당시로서는 받아들이기 어려웠지만 그대로 밀고 나갔다. 그리고 시거(주행 시 앞을 내다볼 수 있는 거리, sight distance)를 충분히 확보하기 위해 평면곡선과 종단구배를 충분히 펴고, 특히 최급 구배를 주로 산지를 통과하는 지형상의 불리함에도 불구하고 5% 이하로 낮추었다. 시거를 확보하는 일은 안전을 지키면서 고속주행이 가능케 하기 위한 필수 조치이다. 그리고 주행 쾌적성을 위해 중앙분리대와 노견(갓길)을 넓힌 결과, 초기 계획했던 사업비 3,000억 원을 거의 2배 가까이 상회하는 공사비가 나오게 되었다. 예산을 너무 많이 초과하는 공사비 추정치를 보고 받은 건설부 노원태 도로국장은 깜짝 놀라며 대통령에게 이렇게 높아진 예산을 어떻게 보고하겠냐며 비용을 대폭 낮추라고 난리를 쳤다.

그래서 노견 폭과 중앙분리대 폭을 현재대로 축소할 수밖에 없었다. 그러나 주행 쾌적성과 안전을 결정하는 고속도로의 선형은 시작할 때 약속했던 향상된 고속도로의 기준을 다시 낮출 수는 없다고 버텼다. 결국, 공사비는 4,000억 원대 초에서 더 이상 아래로 내려가지 않았다.

노원태 국장은 마침 광주대구고속도로 건설을 준공하고 본부로 철수해 다음 보직 발령을 기다리고 있던 박태권 소장을 비롯한 약 20명의 간부에게 우리가 추정한 건설비에 문제가 없는지, 더 나은 설계 방안은 없는지 점검하라고 지시했다. 그들이 약 1개월간 검토한 결과 별다른 문제점을 찾지 못했다. 결국 공사비는 당초 계획했던 3천억 원을 크게 상회하는 것을 인정하지 않을 수 없었다. 그러자 여러 가지 의견이 분분했다. 처음에는 건설부가 관여하는 고속도로니까 서울시 경계까지만 하고 나머지는 도시고속도로 사업으로 분리하자는 의견이 제시되었다. 당시 「경기지역 종합 교통망 체계 사업」에서 서울시 외곽 순환 고속도로(현재의 수도권 제1순환고속도로)의 계획이 검토되고 있었는데, 이 순환 고속도로 예정지까지만 건설하자는 것이었다. 그렇지만 이는 언제 될지 모르는 장기 계획의 초기 검토 단계였기 때문에 필자가 강하게 문제를 제기하였다.

"만약 본 서울-대전 간 고속도로를 서울시 경계선까지만 하고 그 후는 국도를 통해 서울시로 들어오게 되면, 새로운 고속도로로 서울시로 들어오는 수많은 이용자가 잘 오다가 서울시 경계부터 저급한 국도를 통해 진입하면서 생기는 불만을 감당할 수 있겠습니까? 이용자는 노선망의 완결을 기대하는 것이지, 행정구역의 차이에서 오는 문제에는 관심이 없을 것입니다. 그러니 최소한 이미 개통되어 있던 한강 변의 올림픽대로까지는 연결해야 합니다"라고, 강변하였다. 결국 노원태 국장이 이를 받아들였고 그대로 사업을 추진하게 된 것이다.

우여곡절 끝에 중부고속도로는 1985년 4월에 착공해서 2년 8개월 만인 1987년 12월에 개통되었다. 이 고속도로는 품질면에서 가장 중요한 선형 기준을 타협하지 않았기 때문에 설계기준이 선진국 수준에 이르게 되었다. 따라서 준공 후 전방 주시가 시원하게 트이니까 운전자들의 주행속도가 너무 빨라지는 경향이 있어 국내 최초로 경찰청에서 제한속도를 다른 고속도로의 최고속도인 100km/h 보다 높은 110km/h로 설정하게 되었다.

❱ 중부고속도로에 숨겨진 일화들

김성배 건설부 장관과 야당 김정길 의원 간의 설전

타당성 조사가 끝나고 국회에서 대정부 질의가 있었다. 이 도로의 설계가 확정되는 과정에서 사방에서 투기꾼들이 모이고, 특히 고속도로 주변에 당시로서는 대단한 특혜였던 골프장이 여러 개 들어선다는 소문이 돌았다. 아마도 곤지암CC, 중부CC 등이 아니었나 싶다. 그때는 필자도 전혀 모르는 이야기였다. 그래서 국회에서 야당이 장관을 상대로 특정인의 부동산 투기를 도왔다느니, 노선선정이 잘못되었다며 엄청난 질타를 했다.

특히 야당 김정길 의원이 중부고속도로와 관련하여 계획 노선을 따라 벌어지고 있는 골프장 내인가 소문을 비판했다. "중부고속도로변에 골프장 4개를 내인가한 배경이 무엇인가? 1985년 2월 24일 노선이 확정되고, 불과 2개월 만에 내인가 되었다. 몇십만 평에 달하는 골프장의 인가가 이렇게 빨리 이루어질 수 있었다는 것은 권력과 재벌 간 사전 정보 유출이 있었던 것이 아닌가?"며 추궁했다. 이에 김성배 장관은 교통량 추정, 기술적 검토 기준, 노선 선정 등 모든 기술적, 경제적, 정책적 판단 방향에 대해 세밀하게 답변하였다. 의원들의 질의에 답변하기 위해 장관이 얼마나 보고서를 많이 들춰봤던지 보고서의 표지가 너덜너덜해질 정도였다. 자기 일에 최선을 다하는 김성배 장관의 멋진 모습이 지금까지 오래오래 기억에 남는다.

질의응답이 자정까지 이어지면서 질의하는 사람이나 답변하는 사람이나 상당히 지쳐갈 즈음, 김정길 의원이 붉은 색연필로 자기가 생각하는 노선은 이렇다며 노선을 죽 그어 장관에게 보였다. 순간 지금까지 고분고분하던 김성배 장관이 갑자기 태도를 바꾸어 "당신이 뭔데 이 신성한 국토에 마음대로 붉은 줄을 긋느냐? 여기 노선이 그렇게 함부로 그려진 것인 줄 아느냐? 철저한 분석과 국토의 발전 방향을 고려하여 신중에 신중을 기한 노선인데"라며 불같이 화를 내며 이런 몰상식한 의원을 상대로 더는 질의에 응할 수 없다고 잘라 말했다. 회의장은 난장판이 되었고 바로 정회에 들어갔다. 막간에 여야 간사들이 이 정도로 했으면 충분하지 않냐, 이쯤에서 넘어가자며 타협을 제시했다. 자정을 넘긴 시간에 겨우 회의가 속개되었고, 마침내 끝이 났다. 지금 되돌아보면 반대하는 쪽이나 옹호하는 쪽이나 나름대로 자기 철학과 자료를 가지고 최선을 다했고, 충분히 자기주장을 알렸다고 판단되면 다시 타협할 줄 아는 멋진 모습이었다. 요즘은 그런 것이 옛날이야기 책에서나 볼 수 있는 먼 나라 이야기인 것 같아서 우리 정치의 현실이 안타깝다.

중부고속도로 이용증진 대책 회의

중부고속도로가 개통된 초기에는 이용 교통량이 예상과 달리 극히 저조하였다. 당시 서울로 진입하는 길은 양재동을 거치는 남서 방향이 주

통로였으며 중부고속도로가 접속되는 하남시 상일동은 상당한 변두리였다. 서울시의 올림픽 대로가 이 지역을 연결하고 있었지만, 오늘날과 달리 대부분의 서울 시민에게는 낯선 지역이었다. 계획 당시에 정치적 논쟁의 대상이 되었던 터라 중부고속도로의 개통을 앞두고 정부는 초기의 반대 여론을 의식해서 적극적으로 KBS 등 언론 홍보를 했다.

필자는 본 사업의 타당성 조사 책임자였으므로 언론의 중심에 있었다. "우선 서울-대전 간의 물동량 증가 속도가 연간 12~17%에 이르고 있어 기존 경부고속도로는 곧 한계에 다다를 전망이므로 대체 노선이 필요하다. 그리고 수도권으로 진입하는 도로가 한두 곳으로 한정되어 있어 교통혼잡이 가중되고 있기 때문에 접속부를 서울의 동쪽으로 분산하여 혼잡을 완화하는 효과가 크다. 또 고속도로의 곡선을 선진국 수준으로 크게 펴고, 종단 경사를 5% 미만으로 하는 등 설계기준을 높였기 때문에 운전이 편하고 교통사고 위험이 감소할 것이다. 그리고 통과 지역이 개발이 저조한 곳이므로 접근성이 개선되어 장래 개발 잠재력이 향상되므로 국토 균형 개발에 유리하다"며 장점을 강조하려고 노력하였다.

시민들은 중부고속도로가 개통되었다는 언론 보도는 보았지만, 구체적으로 어디서 어떻게 연결되고 시간이 얼마나 단축될지는 아직 경험해 보지 못한 상태였다. 과거의 습관을 바꾸는 데에는 시간과 계기가 필요하다. 당시는 요즘처럼 내비게이션이 있는 시절이 아니었기 때문에 새로 만들어진 도로를 이용하기 위해서는 지금까지의 관행을 바꾸어야 하는 불편함을 감수해야 한다. 즉, 주변에서 이용해 본 사람들의 입소문이 도는 데는 시간이 걸리는 것이다. 도로가 새로 개설되면, 그 도로의 이용량이 많이 늘어날 때까지는 상황에 따라 다르지만 대략 6개월에서 1년 정도가 걸리는 것이 보통이었다.

이렇게 개통 직후에 교통량이 예상에 크게 못 미치자, 경제기획원은 "교통량이 별로 없는데도 건설부가 중부고속도로에 과잉 투자했다"고 비난하였고, 당시 언론은 이를 대서특필했다. 이는 둘러 해석해 보면 과감한 대형 투자에 영향력을 행사한 청와대에 대한 불편한 심기를 주무 부서인 건설부로 돌려 비판한 것이었다. 그렇지만 건설부는 비난의 화살이 청와대로 가는 것을 막기 위해 긴급회의를 소집했고, 필자를 불러서 어떻게 대처할 것인지 물었다. 이렇게 소집된 회의가 당시 건설부의 한수은 정책실장 주재로 열린 「중부고속도로 이용증진 대책 회의」였다.

필자는 이런 회의 소집은 너무 성급한 처사라고 보고, 그 자리에서 좀 기다리며 홍보에 신경 쓰자는 건의를 했다. 즉, "본 고속도로가 제대로 이용되려면 시간이 필요합니다. 어디로 접근해야 정확히 이 고속도로를 탈 수 있는지 또 지금 다니는 경부고속도로보다 얼마나 더 편리한지 모르는 사람들이 대부분이지요. 5, 6개월 정도 지나면 이용해 본 사람들의 좋은 주행 경험이 알려지면서 그때부터는 자주 이용하게 될 것입니다. 시간이 지나면 차량이 너무 늘어서 이런 도로를 하나 더 만들어야 할지도 모릅니다. 좀 차분히 지켜봅시다. 이용객이 더 빨리 늘기를 원한다면 중부고속도로로 연결되는 올림픽대로 곳곳에 「중부고속도로 ○○km」라는 이정 표지판을 설치하는게 좋겠습니다"라는 제안을 곁들였다. 그리고 실제로 이날 회의 결과, 표지판을 달자는 것으로 결론이 났고 이때 설치한 중부고속도로를 가리키는 이정 표지판은 2000년이 될 때까지 올림픽대로 군데군데에 남아 있었다.

되돌아보면 필자가 한 말이 모두 현실이 되어 2001년에 제2중부고속도로가 개통되었고, 이것도 모자라 지금은 제2경부고속도로가 건설되고 있다. 그래서 공공사업의 계획은 치밀하게 수립해야 되지만, 일단 추진하고 나면 끊임없이 보완해 나가면서 계획된 소기의 목적이 달성되도록 보완책을 세워나가는 것이 정도이다.

대통령 보고를 앞둔 계획안의 언론 누출

타당성 조사 사업이 수개월 지났을 때의 일이다. 당시 연구책임자는 필자였고, 건설부 담당자는 김건호 도로 계획과장(후에 수자원공사 사장 역임), 사업 책임자는 노원태 도로국장이었다. 과업이 진행되면서 노선 대안이 몇 개 만들어지고 대략 공사비와 상대적인 편익을 추정하여 비교 검토를 하고 있었다. 이때 노원태 국장이 다음 주에 대통령께 중간보고를 할 준비를 하라고 지시했다. 우리는 3개 비교 노선안의 장단점을 정리하여 간략한 보고서를 만들었다. 퇴근 무렵, 내일 오전에 국장에게 보고 후 최종 보고서를 만들자며 지금까지 만든 보고서를 김건호 과장 책상 서랍에 넣고 자물쇠까지 잘 채운 후 퇴근했다. 다음 날 오후에 전날 작성한 보고서를 다듬고 있는데, 노원태 국장이 잔뜩 화가 난 얼굴로 사무실에 들어와 중앙일보를 우리 책상 위에 던지며 "이렇게 신문에 다 나와버렸고 대통령께서 신문을 보셨을 텐데 어떻게 보고하겠냐?"고 말하며 돌아서 나가 버렸다. 귀신이 곡할 노릇이었다. 신문에는 우리가 만든 자료가 거의 70% 이상 비슷한 노선 그림과 함께 보도되었다. 이 내용을 아는 사람은 김건호 과장과 필자밖에 없는데 나는 아무에게도 발설하지 않았으니 틀림없이 김 과장이 흘린 것으로 추정되었지만 말은 하지 않았다. 이 일로 한 바탕 소란이 있었지만, 다시 보고서를 정리하여 대통령 보고까지 무사히 마쳤다. 필자는 아직도 그때 김 과장에 대한 의심이 풀리지 않았다.

정책사업에서 늘 문제가 되는 것 중의 하나가 사전에 정보가 누설되는 것이다. 특히 고속도로 노선 계획에서 IC의 위치 등은 주변 지역의 지가에 영향을 미치는 민감한 사안이다. 정부가 부동산 투기를 엄격히 관리하던 시절이었다. 따라서 낙후된 지역을 지나는 중부고속도로의 IC 예정지 부근의 지가 변화에 신경을 곤두세우지 않을 수 없었다. 그래서 필자는 연구진들과 설계를 담당하던 한국종합기술 공사 설계 책임자들에게 정보 누설을 해서는 안된다고 당부하곤 했다. 그런데 최종보고일에 가까워지면 간헐적 정보누설 징후가 나타났다. 우리 외에 또 다른 누출 경로는 건설부 담당국 아니면 청와대 보고라인이다. 연구책임자인 필자가 아무리 단속해도 어차피 정보가 샐 수밖에 없는 체제인 것이다.

자문회의에서 각 기관의 담당과장들을 모아놓고, 최종보고를 하고 있을 때였다. 이때도 정보누설 문제가 제기되었고, 필자는 "통제를 잘하고 있으니 걱정하지 말라"고 했더니, 당시 경제기획원 담당과장이 "연구책임자께서는 걱정하지 말라고 하시지만, 지금 복덕방에 가 보면 대충 그려진 노선도가 벽에 걸려있는 걸 모두다 알고 있다"고 말했다. 물론 나는 현장에 나가보지 않았기에 그런 형편을 전혀 몰랐고, 정보 누출을 막기 위해 최선을 다했지만, 연구진의 손이 닿지 않은 곳이 너무 많았기 때문에 관리가 어려웠던 건 사실이다.

한국도로공사의 전국 고속도로망 장기 계획 용역

1970년대 경제개발 5개년 계획은 순조롭게 진행되었고, 1980년대 초 광주사태와 국제유가의 불안으로 경제가 일시적으로 내리막길을 걷기도 했다. 그러나 우리 경제는 세계적 경기 호황을 맞아 1980년대 중반까지 꾸준한 성장세를 이어가다 후반에 급격한 성장세를 시현했다.

이 무렵 교통인프라에 대한 투자 정책도 경제 성장세와 맞물려 확대되기 시작했다. 광주대구고속도로가 우리 힘으로 이루어지고, 차관 사업으로 수도권 고속도로 및 전철망의 장기 소요량 판단과 관련 계획의 수립이 검토되고 있었다. 당시 한국도로공사가 관리하는 고속도로의 연장은 경부고속도로, 호남·남해고속도로, 영동·동해고속도로 등 1,000km가 넘어섰다. 경제성장 속도를 보면 지금쯤 장기 고속도로망의 전망이 필요했다. 국토개발연구원에서 고속도로 관련 정책을 연구하고 있던 필자는 건설부 도로국에 장기 고속도로망 개발 전략을 연구하자는 건의를 했으나 답이 없었다. 그래서 한국도로공사의 강호익 조사과장에게 이의 필요성을 촉구하였고, 강 과장이 이를 받아들여 국토개발연구원에 2000년대를 위한 고속도로 장기 마스터플랜 관련 용역을 발주하였다.

표1. 1980년대의 경제지표의 변화표

년도	1인당 GDP(USD)	인구수
1978	1,405.8	36,969,185
1979	1,783.6	37,534,236
1980	1,715.4	38,123,775
1981	1,883.5	38,723,248
1982	1,992.5	39,326,352
1983	2,198.9	39,910,403
1984	2,413.3	40,405,956
1985	2,482.4	40,805,744
1986	2,834.9	41,213,674
1987	3,554.6	41,621,690
1988	4,748.6	42,031,247
1989	5,817.0	42,449,038
1990	6,610.0	42,869,283

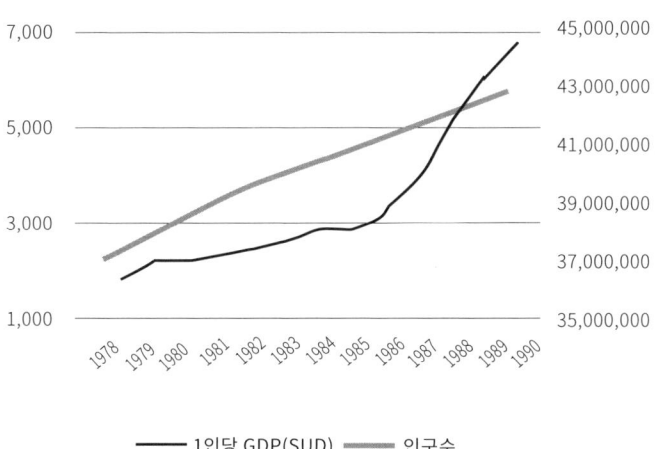

그림1-6. 1980년대의 경제지표의 변화표

한국도로공사는 도로 계획을 담당하는 곳이 아니라 고속도로의 유지관리 및 운영을 담당하는 독립채산 기관이므로 장기적인 관점의 비용과 수입 전망이 있어야 경영전략을 세울 수 있다. 장기 전략의 기초자료로 장래 국가경제성장과 차량 보유, 고속도로망의 발전 방향을 필요로 하는 것이다.

우리는 먼저 장래의 도로 소요 연장과 각급 도로의 총비용을 파악하였다. 도로의 건설과 유지관리비는 물론이고 공용 기간에 발생하는 이용자비용 즉 차량운행비, 시간비용, 사고비용 등의 총비용이 도로의 공용 기간중 전체 비용이다. 이때 주어진 교통량을 처리하는 데 드는 각급 도로의 총비용을 비교하여 효율적인 도로의 종류별 구성을 파악할 수 있다. 당시 외국 자료를 보면 일반도로의 경우, 도로의 투자비 및 유지관리비는 전체의 11%, 차량운행비가 44%, 여행시간 비용이 28%, 교통사고 비용이 17%로 도로 사용자비용이 전체의 89%를 차지하는 것으로 나타났다.

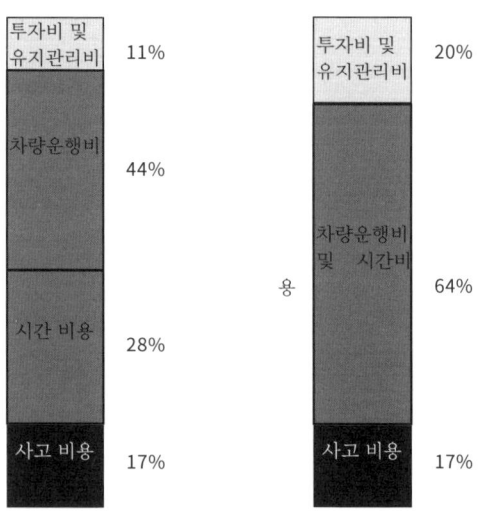

《일반도로 비용의 구성》　　《고속도로 비용의 구성》

그림1-7. 도로비용의 구성 비교

당시 고속도로의 교통사고 비용자료가 없어서 일반도로의 사고 비용 비율을 그대로 적용할 경우의 투자비 및 유지관리비가 20%, 차량운행비가 38%, 여행시간비가 25%, 교통사고 비용이 17%였다. 이렇게 볼 때, 초기 투자비와 유지관리비는 전체 라이프사이클 비용에서 고급의 도로가 크게 비싸지만, 도로를 이용하면서 발생하는 사용자 비용은 고급의 도로가 일반도로에 비해 훨씬 경제적이다. 따라서 교통량이 많은 구간에 대해서는 고급의 도로 중심 전략이 필요한 것이다.

　　다음으로 장기 전망을 위해 도로의 평균 교통량 증가를 예측하였다. 고속도로는 구간별 교통량을 왕복 4차로 환산 교통량으로 변환하고, 국도 등 다른 도로는 2차로 기준 교통량으로 파악하였다. 장래 증가율은 과거 추세를 감안하여 1991년까지는 고속도로의 경우 매년 7.8%, 그 이후는 5.2% 증가를 추정하였다.

표1-2. 도로별 평균 교통량의 추이　　　　　　　　　　　　　　( )은 교통량/교통용량비

구분	용량(대/일)	1986	1991	1996	2001
고속도로	26,600	11,478 (0.43)	16,709 (0.63)	21,529 (0.81)	27,740 (1.04)
국도	8,800	4,000 (0.45)	5,637 (0.64)	7,194 (0.82)	9,182 (1.04)
지방도	6,600	1,600 (0.24)	2,213 (0.34)	2,771 (0.41)	3,470 (0.53)
시군도	7,000	5,527 (0.79)	6,283 (0.90)	6,869 (0.98)	7,510 (1.07)

　　효율적 도로 투자를 위해서는 도로의 건설, 운영 기간의 총비용에 대한 이해가 필요하다. 운영 기간의 총비용이란 도로 건설비, 유지관리비 등 시설물 건설과 운영유지 관리비뿐만 아니라 그 도로를 이용하는 이용자들의 도로 사용자 비용(차량운행비, 주행시간에 대한 시간비용, 교통사고로 인한

사고 비용 그리고 공해물질 등 환경비용 등)을 말한다. 가용자료와 계량 방법이 정교해지면 교통사고 비용이나 환경비용 등이 추가될 수 있지만, 당시에는 보다 직관적이고 계량이 쉬운 차량운행비 및 시간비용을 도로 사용자 비용이라고 정의하고 건설유지관리비를 합한 총비용을 가장 적게 들도록 운영하는 것이 도로의 효율적 운영이라고 정의하였다.

자동차 1대가 1km를 주행하는 단위, 즉 대·km 당 평균 투자 비용은 도로의 잔존가치를 무시한 도로의 공용수명을 20년이라고 볼 때, 주어진 도로의 공사비와 운영비의 20년 후 총 경상가격을 그 도로의 연평균 일 교통량(AADT)을 20년간 주행한 합으로 구할 수 있다. 장래 이용 교통량이 주어지면 그린쉴드 공식을 활용하여 평균 주행속도를, 주행속도가 구해지면 구간별 운행 시간을, 도로 사용자 비용은 속도별 운행비 커브에서 운행 비용을 구할 수 있다. 이렇게 해서 주어진 도로의 대·km당 평균비용을 그림으로 표시하면 아래와 같다.

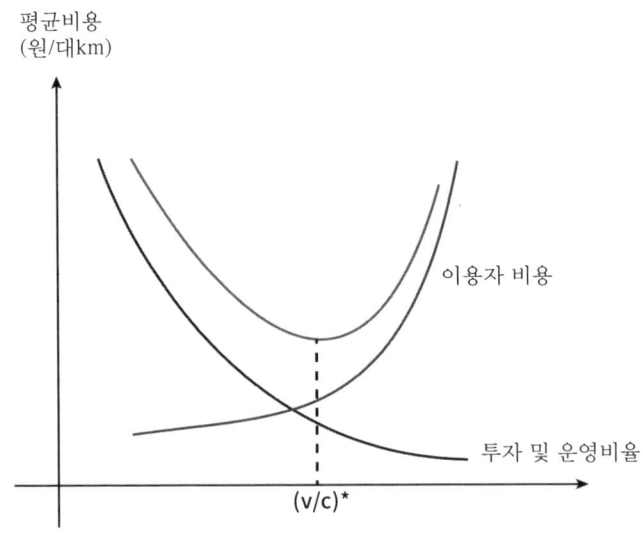

그림1-8. 도로비용의 정의

즉, 투자운영비는 교통량이 커질수록, 즉 v/c 값이 커질수록 낮아지고, 반대로 도로 사용자 비용은 v/c 비가 커지면 운행속도가 떨어지고 그로 인한 운행비 및 시간비용이 올라가게 된다. 이 상반된 두 커브의 총합이 도로비용 총합이 된다. 이렇게 도로비용 총합이 최소가 되는 교통량/교통용량비(v/c)*가 최적 효율 교통량 수준, 즉 그 도로를 가장 효율적으로 운영하는 수준이라고 정의할 수 있다. 그림의 (v/c)*가 그 도로를 가장 효율적으로 만드는 교통량 값이다.

이런 가정하에서 고속도로의 경우에는 교통량 비율이 1986년 당시 0.37로 아주 양호한 상태였으나 1991년 0.63, 1996년 0.81, 2001년 1.04로 전체 고속도로망이 시설용량을 초과하는 상황이 된 것이다. 이 수치는 현재의 고속도로망은 그대로인데 교통량만 증가할 경우를 의미한다. 따라서 교통량 증가에 대응하여 시설 연장을 늘려가면 교통량 비율을 일정하게 유지할 수 있게 된다. 각급 도로에 대해 장래에도 기준연도인 1986년의 수준을 유지하기 위한 추가 연장의 필요량을 구하면 다음 표와 같다.

표1-3. 1986년 기준 장래 도로 연장 추정

소요연장 도로	1986		1991		1996		2001		효율성 지표 (v/c)*
	v/c	연장 (km)	v/c	연장 (km)	v/c	연장 (km)	v/c	연장 (km)	
고속도로	0.37	1.421	0.63	1.860	0.81	2.396	1.04	3.087	0.48
국도	0.42	12.244	0.64	14.798	0.82	18.886	1.04	24.105	0.53
지방도	0.21	8.998	0.34	8.998	0.41	10.494	0.53	13.145	0.38
특별시도	0.79	9.759	0.90	15.525	0.98	12.600	1.07	13.776	0.76

1) 효율성 지표는 최적 (v/c)*임
2) 국도, 지방도의 경우 지역개발 촉진 효과를 감안하여 상위 1σ에 상당하는 교통량 적용

즉, 2001년에 고속도로의 효율성을 유지하기 위해 필요한 규모는 4

차로 기준 총연장 3,087km이고, 추가 투자가 필요한 연장은 1,666km라고 제시하였다. 그리고 이를 토대로 장래 고속도로망 구상을 위해 몇 가지 주요 사회경제 지표를 활용하였다. 즉, 인구 중심지를 가능한 직결하는 도로망을 구상하였다. 전국의 주요 도시를 기준으로 인구 규모를 1~8등급으로 나누고, 먼저 1~4등급 간을 직결하는 최소 교통망에 5등급 도시를 연결하는 방식을 취하였다. 그리고 또 다른 지표로서 지역경제 지표인 GRP와 교용자 지표를 가지고 인구중심지 교통망을 보완하고, 마지막으로 기존 고속도로망을 효과적으로 보완할 수 있는 장래 고속도로망을 구상하였다. 보완하는 과정에서 장래 교통량을 배정한 후 총 대·km(veh·km)를 최소화하는 것을 선정하였다. 즉, 주어진 총 교통량을 가장 짧은 도로망으로 소화할 수 있는 교통망을 확인하는 것이었다.

이렇게 하여 구상된 장기 고속도로망이 앞에서 언급한 중부고속도로 타당성 조사에서 활용된 장기 고속도로망이었다. 물론 이 과업이 완료되어 결과물이 나올 때쯤 건설부 해당 과에 보고되었고, 당시 이 업무를 담당하던 오의진 도로계획 계장이 「계획 기능이 없는 한국도로공사가 왜 정부가 해야 할 장기 계획을 마음대로 하고, 국토연구원은 이를 지원하냐?」는 불만을 토로했다. 필자는 「정부나 한국도로공사 모두 이제 눈앞의 일만 보지 말고 멀리 내다보며 미리 대책을 세워 나가는 것이 필요하다. 정부가 제대로 된 고속도로망 계획을 세우는 데 시간과 예산이 많이 필요하므로 천천히 시간을 가지고 계획하라. 그러나 한국도로공사는 대체적인 방향이라도 있어야 장기 계획을 세울 수 있으니까, 자체적으로 전문 기관에 의뢰하여 장기 비전을 전망해 보는 것이 필요할 뿐만 아니라 격려해야 할 사안이 아니냐?」며 정부를 설득하였다.

그때는 몰랐지만, 한국도로공사의 고속도로 장기 전망이 만들어진 다음 해인 1984년에 정부의 중부고속도로 타당성 조사가 발주되었고, 여기에서 당장 고속도로망에 대한 장기 전망이 필요했는데, 이렇게 미리 준비된 장기 고속도로망 전망이 있었기에 중부고속도로 사업에서 이를 유용하게 활용할 수 있었다. 결과적으로 당시 한국도로공사가 발주한 강호익 과장의 고속도로 장기 전망 용역은 시기적절한 조치였다.

고속도로 속도제한의 상향 조치

고속도로의 속도제한 조치는 다양한 이유에서 여러 가지 방법으로 시행되고 있는 것이 세계적 현실이다. 도로의 계획과 설계에서는 운전자가 위협을 느끼지 않고 안전하게 운전할 수 있는 설계속도를 도로 등급별로 규정하고 있다. 이를 기준으로 종단구배, 평면곡선 반경 등 도로의 선형을 정의하는 것이다. 지금은 자동차의 성능이 크게 향상되어 도로 설계에서도 가급적 고속주행이 가능하도록 선형을 계획한다. 그러나 실제 도로 주행에서는 운전자의 능력이 같지 않으므로 모든 운전자에게 안전한 주행이 보장될 수 있도록 속도제한을 둔다. 독일의 아우토반은 초기부터 사실상 속도제한 없이 운영되었고, 기술 발전과 자동차 성능시험장의 상징이 되었다. 2차세계대전이 발발하자 연료 부족 문제가 대두되면서 속도제한을 80kph(km/h)로 내렸다가 1960년대 이후에는 다시 속도제한을 없앴다. 2000년대에 다시 도로 안전과 환경영향에 대한 관심이 커지면서 대부분의 도로에서 130kph의 속도제한을 두고 있다. 미국은 1973년 오일쇼크의 영향으로 연료 절약과 교통안전을 고려하여 1974년 전국 주간고속도로에 55mph(mile/h)의 속도제한을 두었다. 이 제도는 1987년까지 계속되었으며, 그 이후 개선된 차량 성능과 교통안전 상황을 고려하여 각 주가 자체적으로 속도제한을 설정할 수 있도록 한 결과 많은 주에서 속도제한을 65 또는 70mph로 올렸다. 이렇게 속도제한 기준이 바뀌고 있는 것은 자동차기술의 발전, 에너지와 환경보존 그리고 교통안전에 대한 인식의 변화를 반영한 결과라고 볼 수 있다.

우리나라의 도로설계 기술이나 속도제한 규정은 당초 미국의 설계지침을 많이 준용하여 만들어졌다. 초기 고속도로는 불리한 지형으로 설계기준이 낮아서 부분적으로 80kph로 운영되는 곳이 많았다. 고속도로 시대로 진입하면서는 최고 주행속도를 100kph로 설정하고 운영하다가 중부고속도로가 등장하자 확 펴진 선형조건으로 전방 시야가 크게 확보되자 운전자들이 부담 없이 고속주행을 시도하게 되었다. 경찰에서도 이런 현상을 반영하여 곧바로 속도제한 조치를 당시로서는 파격적인 110kph로 올렸다. 상향된 속도제한을 운전자들이 호의적으로 받아들였고, 교통안전에도 문제가 없었으므로 그 후 기존 고속도로의 선형 개량과 신규 고속도로의 설계 기준 향상에 반영되어 오고 있다.

5. 고속도로정책의 성숙

1985년 1인당 GDP가 2,500불에 달했다. 개인소득이 증가하면서 자가용 붐이 일기 시작했고, 전국의 차량 등록 대수는 처음으로 100만 대가 넘어섰다. 그해 추석에는 그동안 버스와 기차에만 의존하던 귀성객들이 모처럼 장만한 자가용을 가지고 일시에 고속도로로 몰렸다. 고속도로는 주차장으로 변하고, 휴게소는 인산인해를 이루어 통제 불능의 사태를 맞았다. 당시에는 도로 연장과 폭원이 단순했고, 교통 통제 기술도 부족했으며, 교통정보 전달 수준도 미약했다. 차량은 급증하고 있는데 이를 수용할 도로가 확충되지 못했다. 경제의 성장 속도가 가속화되고 있었지만, 비용과 시간이 많이 드는 교통 인프라 투자에는 소극적이었기 때문이다.

서울-부산 축에서 서울-대전 구간 고속도로의 교통혼잡이 급증하자 정부는 교통용량 확장정책으로 중부고속도로의 건설 사업을 시작했다. 그리고 수도권의 교통혼잡이 광범위하게 가시화되자, 세계은행 사업으로 수도권에 대한 도로와 철도를 함께 고려한 종합 교통망 체계사업이 시작되었다. 지금까지의 교통 축을 중심으로 하는 개별 건설 정책에서 광역적 경제권 전체에 대한 철도와 고속도로의 종합적 교통 투자계획 수립이라는 선진형 교통정책의 출발이었다. 지금까지의 선형적 단순 계획에서 입체적이고도 종합적인 교통 투자 정책이 처음으로 시작된 것이었다.

❱ 경기지역 종합 교통망 체계 조사

1984년 수도권지역에 대한 종합 교통체계 조사(multimodal transport study) 사업이 「경기지역 종합 교통망 체계 조사」라는 이름으로 착수되었다. 원래 제7차 철도 차관 부대조건으로 종합적인 장기 교통 대책을 수립하게 되어 있었으나 당시 철도청이 소극적으로 대응하자, 건설부의 담당 사무관이 수도권 고속도로가 포함되어 있으니, 건설부로 넘겨 철도사업까지 함께 조사하게 하면 어떻겠냐는 제의로 건설부 도로국에서 대신 집행하게 되었고, 필자가 사업 책임을 맡았다. 이 사업은 도로에 대해 그동안 해오던 개별 교통축(corridor)별 조사 사업을 넘어서 교통망으로서의 고속도로를 계획하는 사업이었다. 그리고 종래에 해오던 개별 수단별 계획을 넘어 도로와 철도를 함께 고려하는 종합 교통(multimodal) 정책을 수립하는 사업이었다.〚별첨1-2. 경기지역종합교통망체계조사보고서〛

「경기지역 종합 교통망 체계 조사」 사업은 두 번에 걸쳐 진행되었다. 첫해는 국토개발연구원의 필자와 프랑스 설계회사인 BCEOM의 멜리어(Mr.Mellier)가 함께 종합계획을 구상하고, 다음 해는 이를 토대로 우선순위가 높은 개별사업에 대한 사업의 경제적 타당성을 확인하고 적정 투자계획을 세우는 실천 계획 수립이었다.

종합 교통망 계획

이 사업의 결과로 만들어진 계획이 현재의 수도권 고속도로망 골격의 대부분이다. 즉, 서울외곽순환고속도로(2020년에 수도권 제1순환선으로 명칭 변경), 신갈-안산고속도로(영동고속도로의 연장), 제2경인고속도로, 서해안고속도로 등이고, 곧이어 확정된 중부고속도로 또한 이 계획의 영향을 받은 것이다. 그리고 철도는 서울 지하철 종합계획과 수도권 전철의 연장 방안 등이 포함되었다. 즉, 경인선, 경부선의 수도권 구간 3 복선 전철, 지하철 1호선의 의정부까지 연장, 중앙선 전철화를 비롯하여 서울 지하철 4호선을 사당에서 안산까지 연장하는 계획 등이 포함되었다.

이 조사는 국내 최초로 실시한 종합 교통망 조사(multimodal transport study)였다. 그 이전까지의 사업계획은 철도는 교통부와 철도청을 중심으로, 고속도로는 건설부가 수립하는 것이 관례였다. 또한 이 종합 교통망 조사 사업을 계기로, 도로 계획 사업에서 그동안 전통적으로 해오던 교통축 중심으로 보던 도로 계획(corridor-oriented planning)의 수준을 벗어나 수도권 전체를 대상으로 하는 도로망 계획(highway network planning)의 특징을 갖게 되었다. 이와 함께 종래에 해오던 교통수단별 개별계획의 차원을 넘어서 수도권 전체 교통량을 가장 효과적으로 담당할 도로 및 철도를 포함한 균형 잡힌 종합 교통계획의 성격을 가지게 된 사업이었다.

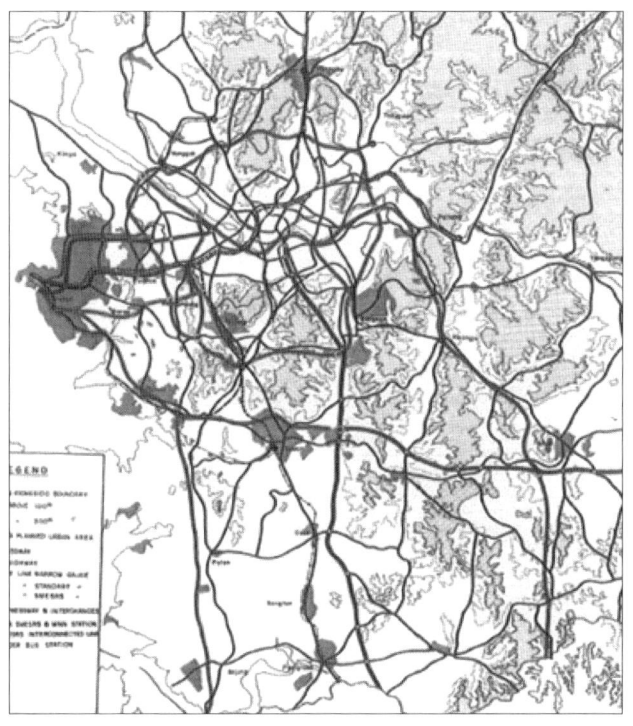

그림1-9. 수도권 종합 교통망 계획

장래 차량 보유량 추정

2000년에 들어가면 국가 경제가 크게 신장하여 자동차 보유량도 급증할 것으로 전망다. 이러한 자동차 대중화 사회에서도 철도의 역할은 중요할 것이다. 그래서 전체 교통시장을 철도와 승용차로 구분하여 추정하는 일부터 시작했다. 이 과정에서 도로망의 수준과 조건에 따른 철도 분담의 변화를 좀 더 민감하게 반영하는 동적 분석을 시행했다. 즉, 도로망의 수준에 따라 변화하는 철도의 분담 수준을 거시적으로 반영하도록 시나리오 분석을 하여 합리적인 대안을 상정했다. 그리고 도로망의 수준을 상정하기 위해 장래 도로교통의 분담에 영향을 미치는 가장 중요한 기초 변수로 장래의 차량 보유 추정에 특별히 큰 노력을 기울였다.

경제 수준과 단순히 연계한 시계열적 추정으로는 과거의 차량 보유율이 너무 저조했기 때문에 급성장하는 장래 경제 상황을 반영하기에 무리가 있었다. 그래서 선진국의 과거 경험에서 1인당 GNP와 인구 1,000명당 승용차 보유량을 차입하는 수평적 추정 모형을 활용하기로 했다. 선진국의 경우, 승용차 보유량은 경제성장과 함께 증가하다가 일정 수준에 이르면 거의 포화상태에 이른다. 그렇게 경제 수준별 승용차 보유 포화 수준을 국제 통계에서 살펴보면, 유럽의 경우 1,000명당 400대, 미국의 경우 550대에 이르는 것으로 조사되었다. 먼저 우리의 장래 경제성장을 전망하고, 차량 보유에 일반적으로 민감한 승용차 관련 제세공과금의 영향을 반영했다. 우선 당시 1인당 국민총생산 3,000불 이하 국가들의 국민 1,000명당 승용차 보유 대수를 국제 비교한 것이 다음 그림이다.

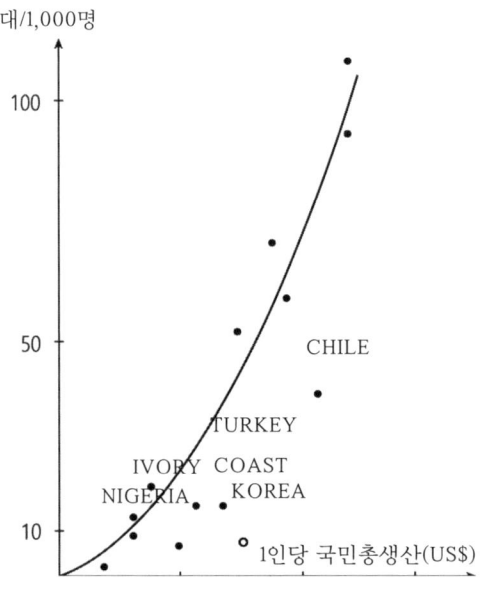

그림1-10. 1인당 GNP와 승용차 보유량 국제 비교

한국을 비롯한 개발도상국들의 경우, 이러한 국제 평균 기준에 맞지 않았다. 조사 당시 우리의 1인당 GNP의 수준이 1,500불이었는데, 이를 국제 비교해 보면 현저하게 낮은 수준을 보인다. 국제기준으로 보면, 승용차 보유량이 인구 1,000명당 45~50대는 되어야 하는데 1982년 현재 서울이 14.35대, 경기도가 3.52대, 전국적으로는 5.94대로, 실제로는 크게 저조한 수준이었다. 이의 가장 큰 원인은 우리 세금 정책의 영향으로 가처분 소득의 비율이 선진국보다 크게 낮기 때문이라고 생각했다.

선진국의 승용차 보유는 일반적으로 1인당 국민 총생산액(GNP/capita)에 비례한다. 따라서 우리 경제가 선진국 수준이 되면 우리도 선진국의 패턴을 따라간다고 보았다. 그러나 우리는 대중교통을 중시하는 정책을 펴고 있었고, 승용차 관련 제세공과금의 부담이 특별히 높은 여건임을 반영하여 우리의 포화 승용차 보유량을 300대로 보는 것이 합리적이라고 가정하였다. 본 사업에서 우리가 특별히 중요하게 본 변수는 경제성장 지표, 포화 승용차 대수, 차량 관련 제세공과금 및 유류가격의 영향이었으며, 이들의 효과를 반영하려고 하였다.

즉, $CO = \dfrac{S}{1 + \exp[f(x)]}$

CO = 인구 1,000명당 승용차 보유량
S = 인구 1,000명당 포화 승용차 보유량
$f(x) = \alpha_1(1$인당 GNP$) + \alpha_2($차량 감가상각, 연간 연료비$)$

1,000명당 포화 승용차 수준에 대한 상기 식을 살펴보면 전체적으로 일종의 로짓함수로 접근하고 있다. 여기서 GNP가 커질수록 분모가 작아지도록 계수가 조정되어 승용차 보유량이 많아진다. 즉, GNP에 대해 음의 지수함수로서 1인당 GNP가 0일 때 포화 승용차 값의 1/2, 무한히 클

때 포화 승용차 대수를 가리키는 함수이다. 여기에 연료비와 차량비 등에 대해 양의 지수함수로 이들이 커지면 분모가 커져서 승용차 보유량이 적어지도록 모형화됨을 가리키고 있다. 우리의 승용차 포화율을 300대 수준으로 보고, 이 모형에 의하여 세금 부담이 장래에는 점차 줄어들어 가처분 소득의 비율이 선진국형이 되어간다는 전망하에 승용차 보유율을 다음 그림과 같이 예측하였다. 즉, 세금 부담이 1980년대 당시의 수준이라고 볼 때는 2001년에도 104대/1,000명 수준으로 제한되지만, 이의 부담을 다소 완화할 경우는 160대/1,000명으로 승용차 보유율이 급증할 것으로 예측하였다.

이 모형을 활용하여 2001년까지 세금 부담을 점진적으로 줄여가는 상황에서 포화 승용차율이 300대/1,000명일 때의 장래 승용차 보유율을 예측하였다. 이 예측에 따르면, 장래(2001년)의 승용차 보유율은 서울이 162.29대/1,000명, 경기도가 138.19대/1,000명으로 예측하였다.

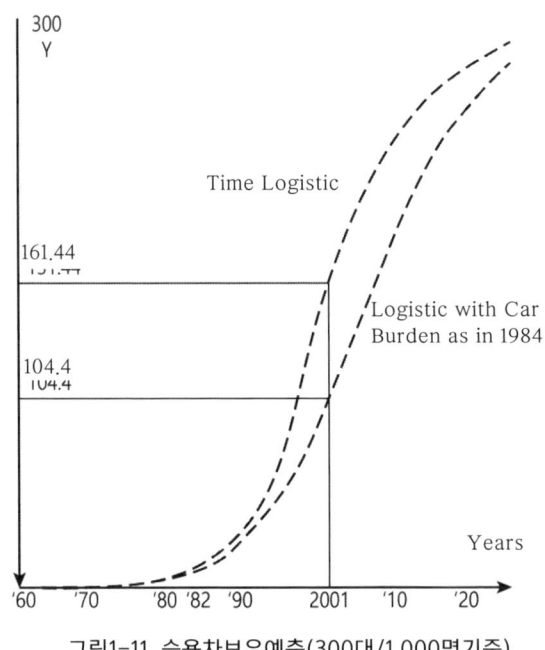

그림1-11. 승용차보유예측(300대/1,000명기준)

이 보유율을 해당연도의 인구에 적용하여 추정하면, 2001년도 서울 193만 대, 경기도 124만 대로 수도권 전체 317만 대로 예측하였다. 참고로 1982년의 승용차 보유율은 서울 12.8만 대, 경기도가 1.88만 대 수도권 전체 15만 대에도 이르지 못했었다. 당시에는 15년 뒤에 20배가 훨씬 넘는 승용차 보유율을 예측했기 때문에 과다 추정이라는 비판이 있었다. 이러한 급격한 증가량 추정은 일반 시계열 모형으로는 어렵고 선진국 상황을 유추하여 수평적으로 전망할 때만 가능했다. 실제로 2000년에 들어오면서 승용차 보유율은 이때 추정한 값을 크게 상회했다. 이렇게 추정된 승용차 보유량을 기반으로 하여 상업용 차량의 필요량을 비율로 적용하여 전체 차량 보유량을 추정했다. 이들 상업용 차량은 도로 교통량 추정 시에 승용차 환산 교통량으로 변환하여 전체 도로 교통량 배정에 활용했다.

장래의 교통 패턴 파악과 외곽 순환 고속도로의 구상

장래 교통 패턴의 확인

어떤 특정한 교통축에 대한 장기 전망이 아니라 비교적 넓은 수도권이라는 전체 지역에 대한 장기적인 교통망 구상을 위해서는 교통량의 지역 간 분포 패턴을 정밀하게 파악하는 일부터 시작해야 했다. 그래서 수도권에 산재한 각 존의 중심을 교통량 발생원이라고 가정하고, 존별로 장래의 경제 전망, 인구 전망, 차량 보유량 추정을 한 후 이들을 변수로 하여 장래 발생 교통량을 예측하고, 지역 간 분포 교통량을 예측하였다. 상업용 차량은 승용차 환산 차량 교통량으로 바꾸어 수도권 전체에 대한 교통량 발생과 존간 분포량을 추정했다.

존 간을 직선으로 연결한 교통망(거미집 형태)에 위에서 언급한 장래 지역간 분포 차량 교통량을 배정하였다. 이렇게 하여 배정된 교통량을 교통량의 크기에 비례한 굵기의 선으로 나타내면 거미집 교통망 위에서 교통의 분포패턴을 쉽게 파악할 수 있다. 왜냐하면, 거미집 교통망은 존 간을 연결하는 교통망이고 그 위에서 교통량의 크기에 비례한 두께로 표현되기 때문이다.

이렇게 장래 교통량 패턴을 파악하기 위해 시행한 2001년도 거미집 교통량 배정 처리(spiderweb assignment) 결과를 가지고 장래 교통량 분포 패턴을 보면, 서울을 중심으로 인천 방향과 남부 방향의 교통량 증가 패턴이 뚜렷하였다. 그리고 서울로 접근할수록 방사형, 광역적으로는 격자형 패턴을 보이고 있다. 교통량 발생의 중심지인 서울에 접근할수록 방사향의 도심 지향 집중 교통 패턴이며, 경기도로 확산되어 나가면서 광역적 격자형 패턴을 보인다. 이러한 교통량 분산 패턴은 중요한 의미를 시사하는 것이다.

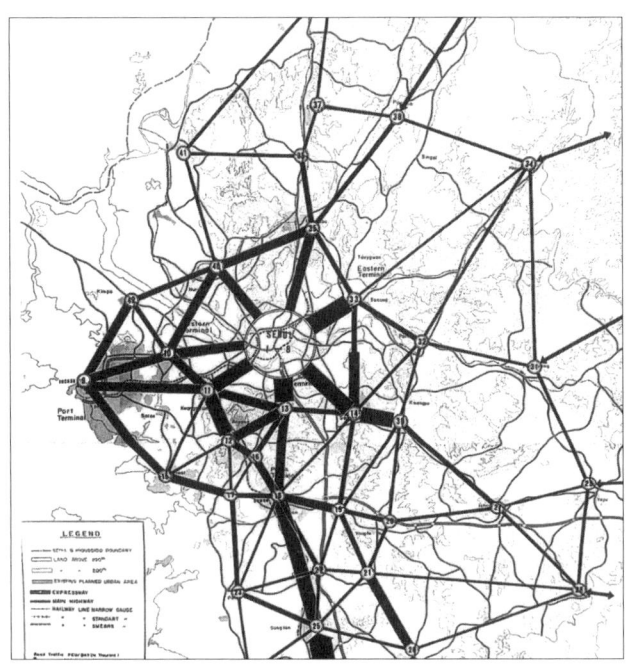

그림1-12. 2001년 수도권 교통량 거미집 배정 결과

외곽 순환고속도로의 구상

이상의 두 가지 중요한 교통 패턴을 종합해 보면 서울을 크게 외곽으로 순환하는 외곽 순환 고속도로의 구상을 역사상 처음으로 구체화한 계기가 되었다. 즉, 순환 고속도로망을 설치할 경우, 외곽지의 격자형 이동 패턴에 부응하면서 서울로의 집중을 다변화하여 서울의 교통혼잡을 최대한 완화할 수 있음을 보여준 것이었다.

도심의 혼잡을 완화하고 시간을 단축시키는 대도시 순환고속도로망은 선진국에서는 흔히 볼 수 있다. 지금 시점에서 수도권 교통망을 구상한다면 도시 고속도로망과 순환 고속도로망의 필요성은 누구나 쉽게 예견할 수 있다. 그러나 본 조사 사업 당시의 수도권은 제1기 신도시 이전의 도시 상황이었으므로 이러한 문제를 예견하기 쉽지 않던 시절이었다. 신도시 정책이 나오려면 1989년까지 5년이나 더 기다려야 하는 시점이었다. 이런 상황에서 선진국에서 볼 수 있는 순환 도시고속도로를 구상하게 된 것은 필자 개인적인 경험이 반영된 것이라 볼 수 있다.

필자가 미국 유학 시 접했던 워싱턴 D.C의 캐피털 벨트웨이(Capital Beltway)는 경험적으로 좋은 사례였다. 이 도로는 한 바퀴 도는 거리가 약 100km로, 목적지에 따라 시내를 통과하는 길과 벨트웨이로 우회하는 길을 선택하게 된다. 필자가 거주하던 동북쪽의 칼리지파크에서 서쪽의 쇼핑센터로 가거나 남쪽의 알렉산드리아로 가기 위해서는 최단 거리로 연결되는 복잡한 1번 국도(US Route 1)보다는 벨트웨이를 타고 둘러 가는 길이 빠르고 운전하기도 편했다. 캐피털 벨트웨이는 주로 숲 지대를 따라 크고 작은 도시들이 발달되어 있다. 서울의 외곽지역도 대부분 그린벨트로 묶여 있어 도로 건설비도 적게 들고 서울의 확산을 막으면서 주변과 원활한 연결교통망 확보가 기대되었다.

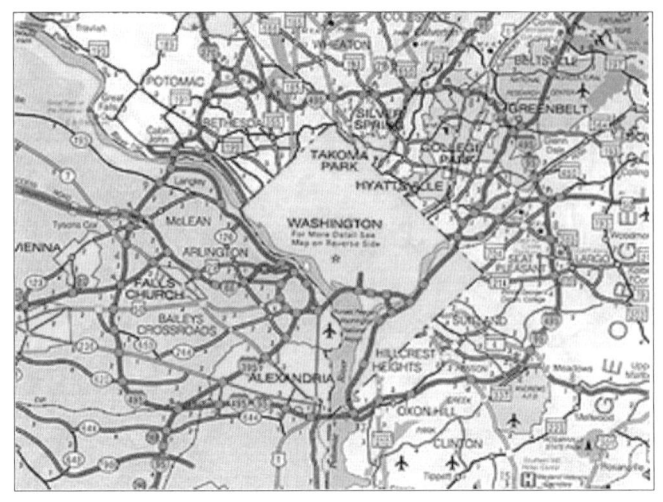

그림1-13. 워싱턴 D.C의 캐피털 벨트웨이의 모습

21세기를 전망해야 하는 경기지역 종합 교통망 체계 조사 보고서에서는 수도권의 차량 증가를 의욕적으로 보았다. 승용차 약 320만 대, 전체 차량 약 550만 대, 전국적으로 환산할 경우 약 1,000만 대로 당시로서는 과다한 추정치였으나, 실제로 2000년대에 들어서면서 우리나라 자동차 등록 대수는 1,200만 대를 넘었다. 중부고속도로 계획이 이미 확정되어 있었고, 경인고속도로와 서울-수원구간 경부고속도로가 교통량으로 몸살을 앓기 시작하던 시점이었다. 따라서 장기적인 관점에서 국부적인 교통혼잡 해소의 차원을 넘어 수도권 전체를 효과적으로 연결하는 고속도로망의 필요성을 느낄 수밖에 없었다.

서울시의 순환도로망 개념은 과거 남부순환도로에서 일부 시도된 적이 있었다. 1978년 6월 김포공항 입구에서 강남구 수서 IC까지 서울의 남부 지역을 순환하는 도로가 개통되었다. 당시에는 비교적 우수한 선형 기준을 채택했지만 교통체계에 대한 이해가 부족했고, 재정 형편이 열악하여 대부분의 교차로를 평면교차로로 건설하였다. 그래서 「다소 멀리 돌아가지만, 시간상 훨씬 더 빨리 갈 수 있는」 순환도로의 기능을 전혀 하지 못했다.

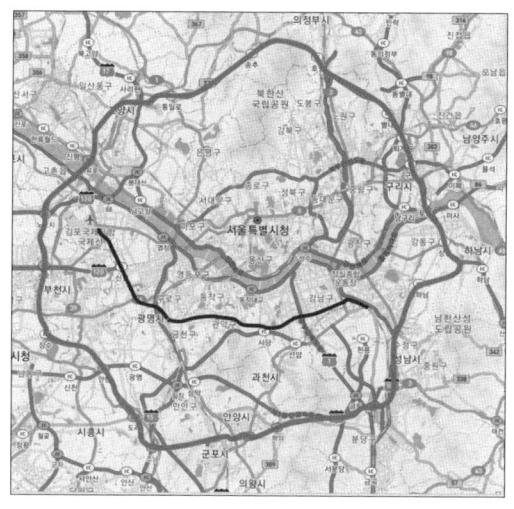

그림1-14. 서울외곽순환고속도로와 남부 순환도로

서울시 외곽 순환고속도로의 계획

외곽 순환도로를 계획할 때, 가장 중요한 기준은 순환도로의 교통량 흡수 효과의 크기이다. 그러나 이 기준도 수도권의 광역적 개발이 어디까지 얼마나 이루어질 것인가에 달려있다. 지금은 수도권 제1순환고속도로 뿐만 아니라, 제2순환고속도로가 거의 완성되었고, 제3순환고속도로가 구상되고 있는 시대이다. 그러나 그때는 제1기 신도시 계획이 나오기 4~5년 전이었고, 수도권의 전체 차량 대수가 50만 대도 되지 않는 후진국 수준이어서 선진국의 수도권을 상정하는 것이 쉽지 않았다. 우선 우리의 장래 예측을 정부에 확실하게 이해시키는 것도 중요하고, 차관 주체인 세계은행을 설득하기 위해서는 합리적인 분석 틀과 자료가 무엇보다 중요했다.

기본적인 개념은 경기도 전체가 수도권이고 도시 중심 기능을 가진 서울과 수도권 군소도시들이 원활하게 연결되어 하나의 커다란 경제권을 형성할 수 있어야 할 것으로 가정하였다. 그리고 여러 크기의 반경을 갖는 원형 도로를 그리되 서울시민과 경기도민의 이용 균형도 고려해야 하고, 지도상의 지형지물을 반영하여 실제 노선 설계가 가능하도록 해야 하므로 지형도와 현장 점검을 통해 몇 가지 크기와 형태의 순환도로를 구상하였다. 순환형 도로의 경우 원의 크기를 크게 2가지, 즉 서울 중심의 소형원(小型圓)과 수도권 중심의 대형원(大型圓)을 검토하였고, 격자형의 경우에는 기존의 개별 계획, 현재의 개발 수준과 장래 개발계획 등을 고려하였다. 이렇게 여러 가지 순환선 대안과 격자형을 혼합한 대안을 대상으로 수도권 전체 교통수요를 고려하여 총 교통비용이 가장 유리한 대안을 찾는 노력이 거듭되었다.

대원 격자형(大圓 格子型, Large Ring Grid type) 순환도로

우선 반경이 큰 순환도로로서 주요 외곽 도시들을 포함하면서 주요 거점들을 그리드 형태로 연결하는 대원격자형(Large Ring Grid type)을 생각할 수 있다. 오늘날의 제2수도권 순환고속도로망의 노선과 아주 흡사하다. 외곽의 도시들을 품으면서 전체적으로 격자형으로 주요 거점을 효율적으로 연결할 수 있는 이점을 가지고 있었다. 그러나 당시로서는 수도권 외곽부의 역할이 크게 기대되지 않아 교통량 흡수 효과가 다소 미흡할 수 있는 크기라고 할 수 있었다. 〖별첨1-3. 대원 격자형 교통망〗

대원 분산격자형(大圓 分散格子型) 순환도로

대원으로 순환망을 구성하되 격자형을 다소 분산 축소하여 아직 개발이 활발하지 않은 서해안지역에 대한 투자를 늦추면서 비용적으로 보다 효과적인 대원 분산격자형(Large Ring, Coarse Grid type)을 상정하였다. 이 안은 전체적으로 수도권의 주요 거점을 효과적으로 연결하면서 서해안에 대한 투자 시기를 조정할 수 있는 이점이 있었다. 서해안 고속도로는 아직 구체적으로 계획되기 전이었고, 서울 서남부 방향의 교통 패턴이 아직 큰 변화를 보이지 않는 시기였다.〖별첨1-4. 대원 분산격자형 교통망〗

소원 교통축형(小圓 交通軸型) 순환도로

이 당시는 수도권 전체에서 서울의 비중이 인구나 경제력 모두 비대칭적으로 큰 시절이었다. 따라서 수도권 외곽부보다 서울시에 대한 중심성이 상대적으로 크기 때문에 서울 관련 교통량에 직접 혜택이 큰, 소형의 순환 고속도로망을 상정하는 것도 필요하였다. 그래서 아직은 중심성이 크고 경제적으로 중요한 서울을 이용하는데 좀 더 편리하도록 근접시켜 주변 도시들을 포괄할 수 있도록 하고 중요 교통축을 직접 서비스하는 소원 교통축형(Close Ring Corridor)을 구상하였다.〖별첨1-5. 소원 교통축형 교통망〗

소원 분산격자형(小圓 分散格子型) 순환도로

서울 중심을 강조하면서, 당장의 지역개발의 수준을 고려하여 서해안을 중시하되 아직 개발 성숙도가 충분하지 않은 상황을 고려하였다. 그리고 당시 정부의 추진 의지가 구체화되고 있던 서울-대전 간 고속도로를 비롯한 수도권 동부 내륙의 낙후된 개발을 선도하는 효과를 고려할 필요도 있었다. 그 결과 소원 분산격자형(Close Ring, Coarse Grid type) 교통망을 구상하여 예상되는 교통 패턴에 적응하도록 계획하였다. 〖별첨 1-6. 소원 분산격자형 교통망〗

이상의 여러 안에 대해 장래 교통량을 배정하여 총 주행거리 통행량(veh-km)에 기반한 최적 패턴을 찾은 결과, 소원 교통축형 교통망으로 나타났다. 즉, 당시에 예측한 장래 교통 패턴에 의하면, 순환도로의 크기가 너무 큰 것보다 작은 순환망이 서울을 중심으로 하는 교통 패턴에 더 잘 부합하였다. 그리고 서해안을 따라 집중될 장래 개발계획을 반영하면 소원 교통축형 고속도로망이 더 유리해 보였다.

여기서 제안한 2001년도 수도권 고속도로망은 기존의 올림픽 도시고속도로, 경인고속도로, 경부고속도로에 이어 제2경인고속도로, 영동고속도로에서 연장한 신갈-안산고속도로, 서해안고속도로 및 서울외곽순환고속도로 등이 제시되어 있다. 특히 주목되는 것은 경인 측과 서해안 측 방향이 많이 강조되어 있고 상대적으로 동부 내륙지역이 소홀히 다루어져 있음을 알 수 있다. 이는 1984년 당시의 여건에서 볼 때, 인천항과 부산항이 국가적으로 가장 중요한 교통 거점이었고, 수도권 내의 성장축이 서해안을 따라서 연이어 배치되어 있을 때였기 때문이다.

그러나, 비슷한 시기에 발주된 서울-대전 간 고속도로 건설 타당성 조사에서 상대적으로 낙후된 수도권 동부지역의 개발을 촉진하면서 혼잡이 예상되는 경부고속도로의 부담을 줄이는 국가적 목표가 부여되게 된다. 정부의 정책 의지가 분명해짐에 따라「경기지역 종합 교통망 체계 조사」에서도 정부의 동부 지역 개발을 지원하는 교통정책을 반영하기로 하였다. 그 결과 서해안 지역의 교통망을 다소 단순화하고 동부 내륙지역 노선을 반영한 소원 분산격자형 교통망으로 최종 정리하게 된다. 이런 과정을 통하여 2000년대를 위한 수도권 고속도로망에 대한 장기 구상이 최종 수용되었다.

이때 확정된 수도권 종합 교통망에서 서울 외곽 순환 고속도로의 효과를 요약하면, 서울의 북쪽 끝에서 남쪽 끝을 간다고 가정할 때, 시내를 가로지르는 것 보다 순환고속도로를 따라 둘러 가면 30% 이상 시간이 절약 가능하도록 적당한 반경의 크기가 만들어진 것이고, 이렇게 결정된 결과가 오늘날 우리가 이용하고 있는 외곽 순환 고속도로(수도권 제1순환고속도로)이다.

반월선(사당-반월간 전철) 계획

「경기지역 종합 교통망 체계 조사」 사업에서 수도권 전철에 대한 장기 확충계획이 적극적으로 검토되었으며, 이 중에는 당시 철도청이 고심하고 있던 반월 신도시와 서울을 연결하는 전철 사업이 포함되어 있었다. 반월 신도시(지금 안산시의 중심)는 수도권에 자리 잡은 최초의 신도시로 산업기지개발공사가 주체가 된 공업입지를 기반으로 한 신도시였다. 산업기지개발공사는 반월 신도시를 계획하면서 인구 유입을 촉진하여 개발 여건을 확보하기 위해 서울연결 전철을 조건으로 개발지 분양금에 전철 건설비의 일부인 약 800억 원을 포함해 입지 분양을 했다. 반월에서 1호선 금정역까지의 건설비를 책정한 것이다. 그리고 이와는 별도로 토지개발공사는 과천 신도시를 개발하면서 개발 분양금에 지하철 4호선 연결 건설비 1,000억 원을 별도로 부담시켜 분양하였다. 산업기지개발공사와 토지개발공사는 전철 건설비 800억 원과 1,000억 원을 각각 도시개발 분양 수입금으로 확보하여 철도청에 기탁하고 해당 전철 건설을 협의하고 있었다.

당시 철도청은 정부의 일반회계가 아닌 기업회계를 따랐으므로 사업 경제성 검증을 당시 경제기획원 산업3과에서 담당하였다. 경제기획원은 만년 적자에 허덕이는 철도청 신규사업의 추진을 최대한 억제하던 분위기였다. 철도청이 2개 사업에 대한 건설비를 기탁받았지만, 경제기획원의 승인을 못 얻어 사업 추진을 하지 못하고 있었다. 이 와중에 「경기지역 종합 교통망 체계 조사」가 시작되었고, 이 사업으로 해당 구간의 철도 연장(당시 사당역에 종점이 있던 지하철 4호선을 금정을 거쳐서 반월로 연장) 사업이 계획에 포함되자 이를 근거로 경제기획원에 사업 추진 승인을 받기위한 조치를 하게 되었다. 철도청에서 1984년 말에 반월선 전철 건설 타당성 조사를 공개 발주하였고, 당시 국토개발연구원에서 이 사업을 포함한 「경기지역 종합 교통망 체계 조사」 사업을 담당하던 필자가 당연히 이 사업을 맡게 되었다.

당시 반월 신도시로 연결되는 수도권 교통망은 국도 1호선이 중심이었고, 대부분 왕복 4차로였으며, 이용 교통량이 증가 일로에 있었다. 반월은 수도권에서 처음 시도된 공업단지 중심의 신도시여서 많은 근로자가 서울 근교에서 출퇴근해야 하는 실정이었다. 연구의 주목표는 서울과의 연결 교통망으로 국도의 확장을 포함하여 정기적인 교통수단으로 전철의 타당성을 확인하는 것이었다. 반월 신도시의 중심부인 반월역에서 1호선과 만나는 금정역을 거쳐 4호선 종점인 사당역으로 연결하여 서울과의 전철 연결로를 확보하는 방안에 대한 경제적 타당성을 확인하여 전철 연장 사업을 추진하는 것이었다. 발주기관은 철도청 경영분석 담당관실이었다. 그래서 사업을 착수하자마자 철도청과 경제기획원 산업3과와 협의하면서 추진하였다. 연구원에서는 필자의 지휘하에 류재영 연구원이 실무를 담당하고 있었다.

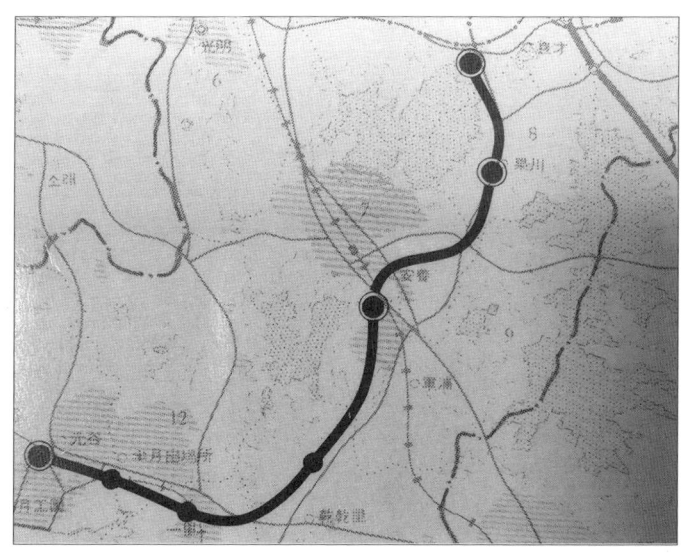

그림1-15. 반월 신도시로 연결되는 수도권 교통망

사업개요는 다음과 같았다.

- 노선 및 건설비: 반월-군포(1호선) 20.8km, 825억 원
  군포-사당(4호선) 36.2km 1,011억 원
  합계 1,836억 원
- 건설 타당성 : 내부수익률 18.3%

철도의 경우, 반월-군포 노선으로 1호선 전철에 접속하는 방안과 군포-사당을 동시에 건설하여 1호선과 4호선 지하철을 동시 접속하는 철도 중심 대안으로 평가한 결과, 철도 중심 대안이 경제적으로 타당하며, 재정적으로도 우수하다고 건의했다. 즉, 전체 사업의 내부수익률이 18.3%에 이르고, 본 사업 미시행 시 반월 신도시의 성장목표가 9년 연기되며, 이로 인한 공공 투자액의 미환수에 따른 이자 부담이 2,930억 원에 이를

것으로 추정했다. 본 조사 사업은 1985년에 준공되어 경제기획원에 보고를 하자, 기본적으로 철도사업은 수지를 맞추기 어렵다며 가능하면 시행하지 않으려는 분위기였다. 즉, 국도를 교통량 증가에 맞추어 점진적으로 확장해 가려는 의도였다. 류재영 연구원이 이런 분위기 속에서 세세한 설명과 해명을 하러 다니느라 오랫동안 고생한 일은 지금도 기억이 생생하다.

시간이 한참 지난 12월 초, 갑자기 경제기획원으로부터 문희갑 차관 주재 회의에 연구책임자가 와서 직접 설명하라는 전갈이 왔다. 당시 연구원이 있던 강남에서 경제기획원이 있던 세종로까지 발표 시간을 넉넉히 남겨두고 출발했는데 공교롭게 그날 첫눈이 내려 발표 시간에 20분 이상 지각을 했다. 차관 회의실로 올라가니 진념 차관보, 김영태 국장, 구자홍 과장 등이 배석했고, 필자는 서둘러 보고를 시작했다. 필자가 본 과업의 목표를 「정부가 최초로 건설한 공업 기반 신도시와 중심도시인 서울을 연결하는 전철의 타당성을 검토하는 것」이라고 운을 떼자마자, 문희갑 차관이 뭔가 이상했던지 필자에게는 보고를 잠시 멈추라고 하고, "기획원 여러분들, 지금까지 나한테 보고를 잘못했잖아요. 이것이 어떻게 도로가 나으냐, 철도가 나으냐의 문제요? 철도가 있어야 하느냐 마느냐는 문제잖아요!"라며 기획원 간부들을 나무랐다. 아마도 기획원의 내부 결재 과정에서 철도를 건설하는 것보다는 도로를 점진적으로 확장해 가는 것이 유리하다고 계속 보고 한 것 같았다. 그렇지 않아도 우리와 협의할 때도 전철 타당성에 대한 설명은 들으려 하지 않고 막무가내로 점진적인 도로 확장 정책만을 고집해 실무진들간 논란을 일으켜 오던 참이었다. 필자의 보고가 끝나자 문 차관은 "수고했소. 오늘 결정난 것은 아무것도 없으니 그리 알고 돌아가시오"라고 말했다. 다음날 출근할 때 조간신문을 펼치니 반월선 전철을 건설한다는 경제기획원 발표가 기사화되어 있었다.

중기 투자 계획의 수립

이렇게 하여 「경기지역 종합 교통망 체계 조사」 사업에서 확인된 것 중, 반월선 전철 사업과 중부고속도로 사업은 2단계 중기 실천 계획을 수립하기도 전에 바로 정부가 진행했다. 이어서 장기 고속도로망에 대한 시급성과 경제성을 고려하여 투자 우선순위를 파악하여 당장의 정책목표인 1991년까지 완성해야 할 구간 확인을 위한 타당성 조사를 시작했다.

예상되는 교통량 증가량을 기준으로 전체 고속도로망 위에 교통량을 배정한 장래 교통량 결과를 근거로, 교통량이 비교적 큰 구간을 중심으로 노선이 중간에서 무작위로 단절되지 않게 구간을 나누고, 그 구간이 건설되었을 때와 아니었을 때의 차량 운행 실적(VKT), 차량운행비, 시간 손실을 계량하여 건설 효과를 하나씩 검증하는 방식이었다. 이렇게 주어진 재정 소요에 대해 교통량 증가가 빠른 구간을 확인하여 단계적으로 종합 교통망을 완성해 가는 투자계획을 수립하게 된다. 즉, 중간 연도인 1991년까지 완성이 시급한 구간을 확인하는 것이 2차 연도에 수행한 「경기지역 종합 교통망 체계 타당성 조사」였다. 여기에는 당연히 수도권 전철의 연장과 복선 확장 사업들이 포함되어 있다.

또한, 수도권 외곽 순환 고속도로의 남쪽 반구, 제2경인고속도로, 영동고속도로를 신갈에서 안산을 거쳐 서창까지 연장하는 노선, 서해안고속도로의 일부, 그리고 중부고속도로 등이 포함되어 있다. 1차 연도에 수립한 수도권의 장기 종합 교통망 계획을 대상으로 타당성 조사를 시행할 때쯤에는 이미 경부고속도로, 경인고속도로의 수도권 교통혼잡이 현실적인 문제가 되고 있던 시기여서, 정부에서도 경부고속도로의 용량 증대 방안을 고민하지 않을 수 없는 상황이었다. 중부고속도로의 건설을 위한 조사가 발주되었기 때문에, 「경기지역 종합 교통망 체계 타당성 조사」

팀에서도 이러한 정부의 움직임을 반영하여 중부고속도로의 건설 시기를 1991년 이전에 완료되도록 투자 시기 결정에 참고하게 되었다. 〖별첨 1-7. 1991년 이전에 완성하도록 제안한 고속도로 구간〗

그러나 제안된 사업의 건설을 위한 투자 재원 마련을 두고 내부적으로 많은 논란이 제기되었다. 박정희 대통령 시기에는 국가 경제 성장 목표와 이를 달성하기 위한 사회간접자본, 특히 고속도로에 대한 투자 우선순위가 절대적이었으나, 1980년 전두환 대통령 시기에는 사회간접자본에 대한 장기적 안목이 부족했다. 왜냐하면 그전에 투자되었던 기존 고속도로망으로 경제활동 유지에 당장은 큰 지장이 없었으므로, 소극적으로 투자해도 문제없다고 생각하는 관료들이 많았다. 그래서 정치적 목적으로 투자한 대구-광주 고속도로 외에는 고속도로 투자가 사실상 전무하였다. 그러다가 1984년에 이르러 경인고속도로와 경부고속도로 수도권 구간의 교통혼잡이 일상화되면서, 서울-대전 간 고속도로(중부고속도로)를 건설하게 되었다. 그 후 장기적인 조치로 1985년 6월에 시작된 대구-춘천 간 고속도로(중앙고속도로)에 대한 타당성 조사를 시행한 것이 전부였다.

본 조사 사업이 진행되고 있던 1980년대 중반은 고속도로의 혼잡이 문제가 되기는 했지만, 아직 본격적인 교통 애로 상황을 맞은 것은 아니었다. 그래서 재정 당국은 대형 투자에 크게 부정적이었다. 이때의 상황을 좀 요약해 볼 필요가 있다. 이 시기인 1985년을 중심으로 그 전 10년간에는 차량이 5배 늘어서 매년 20만 대 수준의 차량 증가가 있어서 종래의 점진적 교통투자로 큰 문제가 없었다. 그러나 그때이후로는 지난 10년 간 증가한 전체 차량대수가 매년 늘어나는 식으로 가히 천지개벽 수준의 차량 증가를 보이게 된다. 당연히 국가적 문제를 야기할 것인데도 당시의 경제관료들은 이 문제를 제대로 보지 못하고 안일한 대처를 하고 있었다. 사업주체인 건설부는 이 종합 투자계획을 인정하면서도 재정 당국의 부정적인 분위기를 설득해야 하는 부담이 컸다. 그래서 손쉽게 경제기획원을 설득하기 위해 고속도로에 평면교차로를 허용하자는 등 투자비를 줄이려는 생각부터 하게 되었다. 그리고 투자 우선순위가 높은 서울외곽순환고속도로에 대해서도 공사비를 줄이기 위해 도로 설계 기준을 낮추자고 제안했다. 필자는 남부순환도로의 예를 들어 반대했다. 평면교차로를 가진 일반도로로는 순환도로의 기능을 할 수 없다고 설명하고, 재정이 문제라면 오히려 단계별 건설이 합리적인 대안이라고 제안했다. 당시 건설부가 단계적 추진을 결정한 것은 정말 다행스러운 일이다. 설계에서 제시된 대로 고속도로의 기능을 낮추지 않고 건설을 추진할 수 있었기 때문이다. 결과적으로 당시 이미 올림픽대로까지 건설하도록 계획된 중부고속도로의 건설계획이 확정되었기 때문에, 외곽순환고속도로와 겹치는 부분이 있는 판교-구리 구간을 가장 먼저 추진하게 되었다. 외곽순환고속도로 건설계획이 확정되자 바로 중부고속도로의 상일동-하남 JC까지의 중복 구간은 외곽 순환 고속도로에 편입되었다. 그리고 연이어 확정된 분당, 일산을 비롯한 신도시 정책이 나오면서 서울외곽 순환 고속도로가 조기에 실행되는 계기가 되었다.〖**별첨1-8. 수도권 교통망지도와 분당, 일산 등 신도시**〗

제1기 신도시는 1989년 서울의 심각해지고 있던 주택난을 해결하기 위해 노태우 정부가 서울 외곽의 개발제한구역을 일부 해제하여 집중적으로 주택을 건설한 정책이다. 시작은 노태우 대통령이 선거 당시, 주택 200만 호를 지어 집값을 안정시키겠다는 선거공약을 하면서 시작되었다. 그러나 당시에는 이 공약이 제대로 실현될 것이라고는 아무도 믿지 않았다. 1988년 올림픽이 끝나자, 집값이 폭등했고, 이의 타개책으로 1989년 초 중동, 평촌, 산본에 대규모 주택 건설이 발표되었다. 곧이어 그해 4월 분당과 일산 신도시 계획이 추진되었다. 1기 신도시 계획은 엄청난 속도로 추진되어 1991년 8월에 완공되었다. 1기 신도시는 서울 외곽순환 고속도로를 따라 선정된 것이다.

분당, 일산, 평촌, 산본, 중동 등 5개 도시에 약 290만 호의 주택을 포함하여 교통과 주민편의를 고려하여 업무, 주거, 상업, 공공청사, 체육시설, 공원 및 녹지를 갖춘 독립 도시로 계획하였다. 종합 교통망 체계 사업이 시작된 것은 1984년이었고, 신도시 정책이 발표된 것은 5년 후인 1989년이었다. 1984년 「경기지역 종합 교통망 체계」 사업이 추진될 당시에는 신도시 정책은 언급되지 않았지만, 수도권의 팽창 추세를 반영하여 계획하였다. 그러나 이때 제시된 교통망 계획은 이후 신도시 계획을 수립할 때 위치 선정에서 크게 참고가 되었다. 아마 백지상태에서 신도시 계획을 했더라면 훨씬 큰 문제가 야기될 수밖에 없었을 것이다.

이렇게 신도시 입지가 결정되자 이미 만들어져 있던 외곽순환고속도로의 계획이 건설에 박차가 가해졌다. 1991년 11월 판교-하남 구간이 완공되고 연이어 중부고속도로 중복구간을 포함하여 1992년 구리까지 개통되게 되었다. 1995년에 판교-산본, 2001년에 강북구간을 제외한 전 구간이 완공되었고, 남은 강북구간은 사패산터널 문제가 해결되면서 2007년에 전체 외곽 순환 고속도로가 완공되었다. 이후, 교통량이 빠르게 늘어 서쪽 반구와 동남쪽 반구는 일찍부터 교통혼잡이 극심해지고 있었고, 이 부분의 처리 용량을 늘리기 위한 노력이 지속적으로 제기되어 서쪽 반구는 2020년 현재 민간투자로 사업 제안이 이루어져 설계가 진행 중이며, 다른 혼잡구간에 대한 추가 투자사업도 논의되고 있다. 그리고 보다 근본적인 수도권 교통난 해소를 위해 현재 제2순환고속도로의 구축이 거의 완성되어 가고 있다.

회고와 반성

이렇듯 외곽 순환 고속도로가 수도권의 발전과 함께 교통량이 급증하고 있는 것은 순환도로의 효용성을 웅변적으로 증명하고 있는 것이다. 지금 회고해 보면, 재원 문제에 부딪혀 설계기준을 낮춘 사례가 허다했던 당시의 실정에서 이 외곽 순환 고속도로를 평면교차 시설로 하자는 제안을 물리치고 원안대로 입체교차 시설을 유지한 고속도로로 밀고 나간 것이 얼마나 다행스러운 일인가! 연구책임자인 필자는 당연히 그렇게 주장했지만, 함께 국가의 장래를 내다보고 재정 당국의 설득에 총력을 기울인 당시 건설부 관계자들에 대한 평가를 다시 하지 않을 수 없다. 이 당시의 재정 여건을 감안할 때 대규모의 순환 고속도로를 부족한 재정으로 계획대로 추진하기가 정말 어려운 시기였다. 보통은 좀 노력해 보다가 안 되면 쉽게 타협해 버리는 것이 보통이었는데 어려움과 맞서서 자기 소임을 다한 관련 공무원들이 있었던 것이다. 이때 고속도로의 설계기준을 그대로 채택한 결정은 정말 아슬아슬한 고비를 여러 번 넘기고서야 가능해진 것이다. 장래에 대한 믿음과 건설 정책의 장기적 효과를 고려하여 그러한 결정을 한 건설부 당국자, 특히 노원태 당시 도로국장의 결심이 그 후 21세기의 수도권을 위하여 얼마나 중요했었나 하는 생각을 다시금 하지 않을 수 없다.

지금은 제2의 외곽 순환 고속도로를 추진하고 있으며, 도로만으로 감당하기 어려운 한계상황에 놓여 도시고속철도인 GTX를 당초의 3개 노선에 더하여 추가 제안을 하고 있는 상황이다. 지금 우리는 순환고속도로의 건설을 너무나 당연시하고 있지만, 차량 100만대도 채 안 되던 과거의 시점에서 미래의 여건을 감안한 재정 소요가 큰 순환 고속도로의 건설을 결심하는 데는 얼마나 큰 집념과 용기가 필요했는가를 다시 상기하지 않을 수 없다. 오늘날 세상은 과거와 비교해서 너무 빨리 변하고 있다. 정부의 관련 정책을 담당하고 있는 분들의 혜안과 노력이 앞으로의 우리 사회의 발전에 직결되고 있다. 변화의 물결을 잘 파악하고 적극적으로 대응해서 장래의 선진 한국의 주역이 되기를 바라는 마음이다.

6. 고속도로 교통관리 정책의 태동

1985년 약 2,500불이었던 1인당 GDP가 1988년에 올림픽을 성공시키면서 4,800불, 1990년에 6,600불을 초과하게 된다. 이렇게 국가 경제가 연평균 10% 내외로 성장할 때, 차량등록 대수는 무려 20% 이상의 성장세를 보였다. 즉, 1985년에 110만대에 불과하던 차량이 1990년이 되면서 339만 대로 매년 25%씩 성장한 것이다. 그런데 이 기간에 고속도로 연장은 1,415km에서 1,550km로 135km가 늘었을 뿐이다. 1985년 이전 10년간 늘어난 전체 차량대수가 이때부터는 매년 늘어날 정도로 차량증가 속도가 기하급수적인데도 재정당국의 대처는 과거의 안일함에서 벗어나지 못하고 있었다. 문제가 표면화 되는 것은 시간 문제였었다. 차량의 급등세는 당연히 도로의 정체를 가속화하였고, 산업활동의 동맥이었던 고속도로의 갑작스러운 교통혼잡은 정책 당국을 긴장시켰다. 1986년 8월에 국토개발연구원에서 발표한 「도로 투자의 효율화와 고속도로 장기 마스터플랜」을 보면 이 당시 정부의 고심을 알 수 있다. 이때 필자가 고속도로 장기 투자 필요성을 발표하였다.

필자는 우선 각급 도로의 교통량 수용 능력을 파악하고 도로를 이용한 경제활동 비용을 계량하여, 경제발전을 효과적으로 지원할 수 있는 도로 투자의 요구량을 파악하였다. 우선, 도로비용에 대한 이해를 명확히 할 필요가 있었던 것이다. 도로비용은 시설투자와 운영을 위한 비용이 있고, 도로를 사용하는 과정에서 발생하는 사용자 비용이 있다. 사용자 비용에는 차량운행비, 여행시간 비용, 그리고 교통사고 비용 등이 있다. 더 넓게는 공해물질 배출로 인한 환경 피해 비용이 있지만, 당시는 이 부분은 계상하지 않았다. 여기서 주목할 점은 도로사용자 비용의 총합을 볼 때, 초기 투자비와 유지관리비는 도로의 라이프사이클에 대하여 일반도로 11%, 고속도로 20%로 고속도로가 당연히 비싸지만, 투자비 이외의 도로의 사용 과정에서 차량운행비, 시간가치, 교통사고 비용 등 사용자 비용이 훨씬 큰 비중을 차지한다. 그리고 사용자비용의 경우 고속도로가 일반도로에 비해 크게 낮다. 그러므로 도로는 특히, 교통량이 많아질수록 라이프사이클 전체로 볼 때, 가능하면 초기 투자비가 많이 들더라도 고급의 설계기준을 적용할 필요가 있는 것이다.

장래 교통량 증가를 파악하기 위해 도로 등급별로 평균 교통량의 증가추세를 파악했다. 과거 추세를 감안하여 1991년까지는 고속도로의 경우 7.8%, 그 이후는 5.2% 증가를 추정하였다. 이를 근거로 적정 혼잡률로 관리하기 위해 2001년까지 추가 투자가 필요한 도로별 투자 소요량을 다음과 같이 나타내었다. 즉, 고속도로 3조 3천억 원(27.5%), 국도 4조 2천억 원(34.3%), 지방도 6.2천억 원(5.1%), 시가도 4조 원(33.1%)이 필요함을 적시하였다. 물론 이 추정은 당시 도로별 교통량 증가율 추세를 반영하여 해당 도로의 효율을 지키기 위한 총량적 투자 소요량을 추정한 지표였으며, 구체적인 투자 지역이나 투자 효과를 가늠하기 위한 자료는 아니었다. 단지 도로 정책적 측면에서 도로 투자에 대한 관심 촉구를 위한 것이었지만, 막연하게 도로 투자 소요를 판단한 것이 아니라 상대적인 효율을 지키기 위한 조치로서의 지표였다. 즉, 2001년에 필요한 고속도로 연장을 4차로 기준으로 총연장 3,087km, 추가 투자 연장이 1,666km라고 제시하였다.

1986년까지 교통정책은 국토개발연구원에서 담당하고 있었는데, 좀 더 전문적으로 다룰 기관의 필요성이 대두되면서 교통개발연구원(현재의 한국교통연구원)을 창립했다. 필자도 국토개발연구원 교통팀(이건영, 문동주, 음성직 등)에서 교통 투자 정책연구를 담당하다가 1987년 3월 교통개발연구원으로 자리를 옮겨 그동안 전통적으로 해왔던 임기응변적 교통정책을 사전적 대응 전략으로 자리 잡을 수 있도록 교통정책의 체계화를 위해 노력했다.

1985년 추석 연휴에 귀성객들로 전국의 고속도로가 일시에 마비된 것을 기점으로 차량 증가는 더욱 가속화되었다. 이제는 평소에도 주요 고속도로 구간은 늘 교통혼잡을 보였다. 당시 신문 기사를 보면 이때의 상황을 짐작할 수 있다.

"... 건설부는 21일 수도권 고속도로에 대한 교통 소통 대책을 마련, 경인고속도로는 1,649억 원을 들여 내년에 착공해 오는 92년까지, 경부고속도로는 330억 원을 들여 내년부터 오는 91년까지 확장토록 하였다. ...또 서울-수원 간의 경부고속도로는 현재 진행되고 있는 일부 오르막길의 차선확장과 별도로 수원 IC에서 서울 서초동까지의 26.1km를 4차선에서 6차선으로 확장키로 했다."< 매일경제 1988.4.21. >

"... 부산항 컨테이너 부두가 밀려드는 화물로 심한 적체 현상을 빚고 있다. 지난해 ... 이미 적정하역능력을 46%를 초과했던 부산항 컨테이너 전용부두는 올들어 4월까지 작년보다 20%가량 증가한 화물량이 폭주하고 있어 ... 부산 시내 교통난까지 가중시키는 지경에 이르고 있다."< 매

일경제 1988.6.20. >

이렇게 교통혼잡이 급증하고 이를 해소하기 위한 교통 투자는 이전의 점진적 대응으로는 불가능해졌다. 그리고 고속도로 일부 구간, 특히 서울-인천 구간과 서울-대전 구간은 더욱 극심한 교통혼잡이 계속되고 있어 신규 투자로 교통혼잡이 해소될 수 있을 때까지 기다릴 형편이 아니었다. 그래서 당장의 고속도로 교통혼잡을 개선하고 기존 고속도로의 제한적 시설의 활용을 높이기 위해 고속도로에 대한 교통관리 정책의 필요성이 대두되게 되었다.

교통개발연구원은 막 시작된 전방위적인 고속도로 교통혼잡 상황을 포함하여 앞으로 닥칠 교통문제에 대한 정부의 인식 전환이 필요하다고 생각했다. 그래서 관련 부처를 설득하기 위한 공개토론회부터 시작하였다. 이 공개토론회에서 대도시의 차량 증가, 특히 자가용의 급격한 증가 추세에 비추어 지하철을 비롯한 도로투자 확충이 필요하고 이를 달성하기 위해서는 종래의 일반 재정으로는 장기적인 대처가 불가능하므로 교통 투자 재원 정책을 재정립할 필요가 있음을 제기했다. 그리고 장래 교통 여건을 반영한 대도시 교통 투자 소요액을 제시하고 이의 확보를 위한 대책을 주문했다.

일본만 보더라도 당시 GNP가 우리의 10배가 넘었지만, 교통 투자 규모는 GNP의 3% 이상을 고수하는 데 반해, 우리는 경제성장이 가속화되는 초기임에도 불구하고 1986년의 경우 GNP의 2%에도 미치지 못한 실정임을 지적했다. 또한 당시의 교통량 증가를 반영한 대도시 교통 투자 규모는 최소한 향후 10년간 11조 원이상이 필요하고, 투자 효율을 극대화하기 위해서는 인구 100만 이상의 도시는 도시고속도로를 중심으로 간선도로망 구축과 인구 200만 이상의 도시는 지하철과 전철망의 조기 도입이 필요하다고 건의했다.

❱ 교통혼잡비용의 국가적 이슈화 노력

1980년대 중반까지 서울-인천 구간의 교통은 좀 혼잡하기는 했지만, 고속도로 45분 정도, 경인국도 55분 정도로 그럭저럭 견딜만했다. 그러다가 1990년에 들어서면서 갑자기 악화되었다. 고속도로는 90분, 국도는 120분 이상 걸리면서 운행이 불가능한 상황이 되고 있었다. 서울-수원 구간도 사정은 비슷했다.

경제개발 초기에는 물류의 이동량 증가가 점진적이라 시간을 가지고 대처 가능했다. 그래서 정부의 대응은 소극적이었고, 시민들도 교통정체가 더 극심해지기 전에 무슨 조치가 있겠지 하는 낙관적인 분위기였다. 그러다가 경제 성장이 소위 말하는 팁핑 포인트(tipping point)를 넘게 되자 급격한 물동량 이동이 필요해지고 한정된 도로 여건에서 감당하기 어려워지기 시작했다. 시민들은 아비규환을 경험하고 정부도 이제는 발등의 불이 떨어져 당장 조치를 취하지 않으면 경제적 손실뿐만 아니라 사회적 동요까지 걱정해야 할 상황이 되어 버린 것이다.

이 당시의 차량 증가율은 가히 폭발적이어서 교통량 증가 속도를 도저히 따라가지 못해 고속도로의 신설, 확장을 서둘러야 했다. 동시에 폭발적으로 증가하고 있는 물동량 처리를 위해 도로 사용자 비용을 한계비용 수준으로 부담시켜 승용차 이용을 줄이는 수요관리 정책의 필요성이 제기되었다. 인천항 화물 선적의 적체가 급증 일로에 이르고 있었다. 고속도로 서울-수원 구간도 마찬가지여서 부산항의 화물 수송이 제대로 이루어지지 않아 인천항과 같이 화물 적체가 심각해지고 있었다. 이 때문에 수출이 지연되거나 아예 취소되는 사태까지 빚고 있었다. 눈덩이처럼 불어나는 체선료, 치솟기만 하는 운송비, 부대비용 등으로 무역업체들의 불만은 나날이 높아지고 있었다.

이러한 위급 상황을 당장 개선하기 위한 정책이 필요한 순간이었다. 시간이 걸리는 교통 투자도 필요하지만, 당장의 교통혼잡 문제를 개선할 특단의 대책이 강구되어야만 했다. 그래서 먼저 고속도로의 교통운영 방식을 바꾸어서라도 당장의 문제해결을 위한 정책이 필요했다. 이러한 인식의 공감대를 촉구하기 위해 1990년 1월 건설부와 한국도로공사를 설득하여 고속도로의 교통운영 효율화 방안 공개토론회를 개최하였다.〖별첨1-9. 고속도로 교통운영 효율화 토론회〗

당시의 경제관료들은 당면한 교통 문제를 심각하게 받아들이고 있지 않아 필자는 이 문제에 대한 공감대를 어떻게 형성할 것인지 고민하지 않을 수 없었다. 곧 닥칠 90년대는 교통량 증가가 폭발적으로 이루어지지만, 이는 아직 도래하지 않은 일이라서 과거의 타성에 젖어 있던 경제관료들에게는 이러한 경고가 잘 들리지 않고 있었기 때문이다. 우선은 공개토론회를 통해 문제의 심각성을 알리는 일부터 시작했다. 교통혼잡 대책은 상당한 재정 부담과 함께 기존의 정책 우선순위를 변경해야 하는 사안들이 있기 때문에 일반인에 대한 여론 환기가 무엇보다 중요했다. 그래서 교통혼잡 문제를 국가 경제적·사회적 문제로 확대하기 위해 그 크기를 계량하고 장래의 상황을 예측하는 노력을 하였다.

1990년 8월에 당시 교통개발연구원은 부족한 자료를 가지고 교통혼잡비용을 처음으로 전국적인 단위로 계량했다. 이때 제시한 장기 혼잡비용을 보면 구체적인 숫자의 정확성을 떠나 타이밍과 제시 방법이 옳았다는 생각을 하게 된다. 그 당시에 이용할 수 있는 자료라고는 일 년 중 봄, 가을에 3일씩 전체 국도와 고속도로에 대해 시행하는 전국 도로 교통량자료와 도로의 폭원과 포장 상태가 포함되어 있는 도로시설대장 자료, 그리고 도시부에 대해서는 간헐적인 교통량 조사자료를 선별적으로 이용할 수 있는 정도였다. 교통혼잡 비용을 구체적으로 계량하여 그로 인한 국가적 손실을 가늠할 수 있어야 교통 투자에 대한 관심을 끌어낼 수 있다고 생각했다. 그래서 교통경제실의 담당 연구원을 불러서 지금 활용할 수 있는 자료가 빈약하기는 하지만 몇 가지 가정하에 교통혼잡 비용을 계상하도록 함께 계량 방법을 논의하였다. 우리는 그린쉴드의 교통량과 교통 속도간의 직선식 공식을 활용하기로 하였다.

$$S = S_0 - \alpha(V/C)$$

여기서,

S = 교통량 V 일때의 특정도로의 교통속도

S_0 = 특정도로의 설계속도 또는 제한 속도

V = 도로의 일평균 교통량

C = 도로의 일평균 환산 교통용량

각 도로구간의 평균운행속도가 주어지면 속도에 따른 차종별 차량운행비 곡선을 이용하여 운행비 소요액과 운행 시간을 추정할 수 있다. 운행속도가 고속도로의 경우 시속 60km, 국도의 경우 시속 30km를 밑돌게 되면 혼잡이 발생한다고 가정하였다. 설계속도의 80%를 정상 속도라고 가정하고 이때와 실제 운행속도에서의 차량운행비 증가분과 시간 소요 증가분을 시간가치로 환산한 값을 전국 도로에 대해 합산하여 혼잡으로 인한 국가 경제적 직접 손실액으로 추정했다. 이 결과를 가지고 교통 투자 확대와 관계 당국을 설득하기 위한 기초자료로 활용하였고, 그 결과를 1990년 당시 교통개발연구원의 기관지인 『교통연구』지에 「교통혼잡과 사회적 비용, 그 대응 전략」 제목으로 기고하였다.

우선 2001년까지의 사회경제 전망은 다음과 같이 추정하였다.

표1-4. 1990년에 추정한 사회·경제 전망

구분	1980	1985	1989	년평균 증가율 (%)	1991	1996	2001	년평균 증가율 (%)
GNP(십 억원) ('85년 불변가격)	52,261	78,088	119,535	9.6	125,849	188,803	267,120	7.8
차량보유 대수								
총차량(천 대)	528	1,113	2,660	19.7	3,896	5,224	9,177	10.0
승용차(천 대)	249	557	1,559	22.6	2,125	3,812	5,498	11.1
6대도시차량(천 대)	352	714	1,615	18.4	2,849	4,160	7,753	11.8

국가 경제는 2001년까지 연평균 7.8%로 고속 성장을 할 것으로 전망하였고, 따라서 차량 증가도 연평균 10%씩 증가하여 승용차만 약 550만 대, 전체 차량 920만 대에 달할 것으로 전망하고 있다. 이때 전망한 장래 차량보유량 수치는 얼마 안 있어 1,200만대로 상향 조정된다. 이러한 과소한 전망하에서도 각급 도로의 혼잡 시간대는 빠른 속도로 늘어날 수밖에 없는 것으로 나타났다. 1990년 당시 상황에서는 각급 도로의 평균적인 혼잡 시간대가 하루 한 시간 정도인데 이를 방치하면 2000년에는 하루 10시간 이상 혼잡에 시달려서 추석 연휴의 혼잡상황이 일상이 될 수 있다는 경고였다.

표1-5. 각급 도로의 혼잡시간의 증가 추정 단위 : 시간/일

구분	1990	1995	2000
고속도로	1.3	6.3	10
국도	1.4	8.1	10
지방도	1.5	9.9	10
시군도	1.5	9.9	10
6대도시	4.8	11.9	12

이 당시 위기의식을 느끼던 정부 각 부처의 교통 투자 전망을 종합하면 다음 표와 같이 약 64조 원에 달하는 것으로 나타났다. 교통부와 지자체를 중심으로 하는 대도시 교통난 해소를 위한 투자소요 20조 원, 57개 중소도시 교통 개선 사업에 12조 원, 고속전철 3개노선에 8조 5천억 원, 일반철도의 건설 및 관리에 2조 5천억 원, 국제공항 건설에 3조 5천억 원, 항만 건설에 4조 원, 고속도로를 비롯한 도로 건설에 13조 원 등이었다. 이는 재원대책이 마련된 것이 아니라 각 부처가 판단하는 장기 투자소요액이었다.

표1-6. 주요 교통투자 소요액 추정 (1989년 기준)

사업내용	투자소요액(원)
대도시 교통 개선사업(우선적 배려 필요)	20조 1,359억
중소도시(57개) 교통 개선사업	11조 7,000억
고속전철(3개 노선, 876km) 건설	8조 4,400억
철도 건설 및 관리	2조 4,484억
국제공항 건설	3조 5,041억
항만건설 관리	3조 9,499억
고속도로, 국도 등 건설	13조 334억
복합 화물터미널(5대 도시권) 건설	4,150억
총 계	64조 6,267억

당시의 교통상황에 비하면 충분치 못한 소극적인 투자였지만, 당시 30조 원도 안 되는 국가 예산 규모에 비하면 상당히 큰 금액이었다. 교통량이 급증하면 각급 도로의 교통혼잡이 빠른 속도로 늘어나는데, 이는 일상의 불편을 넘어 국가 경제적 손실임을 보일 필요가 있었다. 교통이 혼잡해지면 이용자가 지불해야 하는 비용이 급속히 증가한다. 우선은 유류 소모가 증가하고, 차량 감가상각을 비롯한 차량 운행비가 증가하며, 통행시간이 길어지면서 시간 손실이 크다. 이런 비용은 추상적인 것이 아니

라 실제로 낭비되는 돈이므로, 혼잡비용이 과다해지면 경제성장이 둔화될 수밖에 없음을 수치로서 적시하고 대책을 촉구해야 한다고 생각했다.

이렇게 교통혼잡의 사회적 문제를 경제적 비용으로 계량하여 문제를 제기한 것은 우리 교통정책 역사상 이때가 처음이었다. 발표 내용을 요약하면, 교통혼잡으로 발생하는 비용은 1995년에 차량운행비 손실액 11조 원, 시간 손실을 고려할 경우 23조 원에 달하고, 2000년에 가면 60조 원에 달하는 것으로 추계하였다. 투자를 적기에 하지 못할 경우, 2000년까지의 누계 손실액은 차량운행비 손실액 145조 원, 시간가치 손실을 합할 경우 약 300조 원의 실제 경제적 손실을 초래할 것이란 점을 지적하고 있다.

표1-7. 도로사용자 비용

구분	1990	1995	2000
차량운행비(조 원)	11.90	23.2	41.6
시간비용(조 원)	8.50	20.6	38.3
유류소모량(억 원)	102.82	215.6	387.1
GNP에 대한 차량운행비 비중	10.2%	13.3%	16.8%

이렇게 장래에 닥칠 문제의 크기를 파악하였으니, 이제는 당시로는 감당하기 어려운 막대한 투자재원을 어떻게 확보할 것인가를 고민하지 않을 수 없었다. 정부가 그 필요성을 인정하고 계획대로 64조 원을 투자한다고 해서 혼잡비용이 전부 없어지는 것은 아니지만, 적기에 투자가 이루어지고 효율적으로 교통관리를 하게 되면 혼잡비용을 일정 수준 이하로 낮출 수 있을 것으로 예상한 것이다.

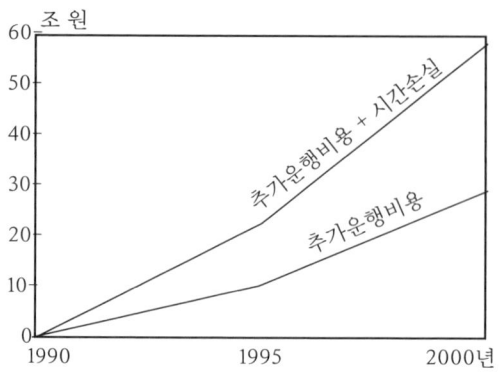

2000년까지 총 추가 차량 운행비 : 145.1조 원
총 추가 사회적 비용 : 294.7조 원

그림1-16. 연도별 도로사용자 비용의 추정

    도로 투자 재원은 기본적으로 도로 사용자에게 부과한다는 원칙하에, 광의의 도로 사용자 부담금을 검토하였다. 여기에는 주행거리와 관련된 세금과 혼잡비용 모두를 포함하고 있다. 당시의 여건에서 자동차 관련 여러 세금 즉, 자동차 구입시 부과되는 세금, 통행량과 관계없이 일률적으로 납부하는 세금, 그리고 연료에 부과하는 세금 등이 있었다. 논문에서는 이미 상당 수준까지 부과하고 있는 자동차 소유에 대한 세금 이외에 앞으로 자동차 이용억제를 위한 유류세 등 사용자 부담금을 충분히 활용할 필요가 있다고 주장했다. 그리고 당시 운용되고 있던 도로 특별회계의 재원은 규모가 너무 적을 뿐더러 기존의 부담금을 사용 목적을 변경한 것에 불과하므로 자동차 이용을 억제하는 효과는 거의 없다고 할 수 있었다. 따라서 혼잡비용의 상당 부분을 차량 이용자에게 신규로 부과함으로써 재원 충당과 이용억제라는 이중목적을 달성해야 한다고 주장했다. 또한 2000년까지 필요한 64조 원의 신규 투자를 위한 재원 조달 방안으로, 장래의 혼잡비용 급증이 교통수요의 절대량이 급증하여 발생한다는 점을 고려하여, 전체 시설투자 소요량의 50%는 일반재정에서 충당하

고, 나머지 50%를 유류세의 인상, 주차 요금의 현실화, 통행료징수의 확대 등 다양한 수요관리정책으로 이용자에게 부과함으로써 자동차 이용 억제와 재원 조달의 효과를 동시에 얻는 정책이 바람직하다고 주장했다. 당시는 급격한 고속도로 정체를 겪고 있던 때였으므로 이 자료가 발표되자 큰 반향을 일으켰다. 우선 그동안 교통정책을 주도하고 있던 건설부의 충격이 컸다. 왜냐하면 건설부 산하의 국토개발연구원이 아닌 교통부 산하에 신설된 교통개발연구원에서 국가 교통혼잡 문제를 계량하고 발표를 했으므로 교통 문제 제기의 주도권을 빼앗겼다고 생각한 것이다. 새로 출범한 교통개발연구원은 갑작스럽게 밀어닥친 전방위적인 교통혼잡 상황의 타개를 위해 도로 투자 확대 정책에 이어 당장의 도로정체를 개선하기 위한 교통관리 정책을 함께 개발하는 노력을 하였다.

그 결과 투자재원 확보를 위한 재정 방향의 전환과 도로 이용의 제한을 통한 당장의 소통 개선을 설득하는 일이 당면과제였다. 그래서 광범위하고 정교한 조사를 할 시간적 여유가 없었다. 그래서 이용가능한 최소한의 자료를 기반으로 교통혼잡 비용을 추정했던 것이다. 이를 토대로 각종 언론과 정책토론회를 통해 기회가 있을 때마다 문제와 해결 방안을 제시했다. 이때의 교통혼잡 지표는 그 후 기회가 닿는 대로 교통 투자 촉구에 많이 활용되었다. 그리고 당시 운영되고 있던 도로 특별회계를 더욱 강화하여 교통 투자를 위한 재원 확충을 위한 교통특별회계로의 발전적 전환을 주장하는 자료로

활용하게 된다. 제한된 자료에 의한 혼잡비용 추정이기는 하지만, 이것이 우리나라에서는 가장 최초로 시행된 대규모 교통혼잡 비용 추정 결과였다. 이후 계속해서 기초자료와 추정 모형이 보강되어 오늘날까지 주요 교통정책 지표로 활용하게 된 것이다.

❯ 청와대 SOC 투자기획단의 설치

1980년대 후반 극심한 교통혼잡 문제를 해결하기 위해 초기에는 교통부와 관련 정부 기관들이 중심이 되어 다각적인 해결 방안을 모색했다. 1990년에는 대도시 교통난 해소를 위해 4,000억 원의 추경 예산을 편성했고, 다음 해는 사회간접자본 투자비를 32% 증액하는 등 나름 노력은 하고 있었지만, 이런 부분적인 대처만으로는 문제를 해결하는 데 한계가 있었다. 수출주도의 나라에서 수출 물량을 적기에 수송할 수 없어 차질이 빚어지고, 수출 상품을 만들기 위한 수입 물품이 항구에서 실어 내올 수 없는 상황이 벌어진 것이다. 산재한 문제들을 개별 부처에 맡겨 두다가는 시간을 놓쳐 국가 경제가 심각해질 우려가 생기자, 마침내 대통령까지 나서야 할 상황에 이르렀다.

경인, 경수 고속도로로 대표되는 주요 고속도로 구간이 화물 수송량의 급증으로 상습 정체되면서 후방 수송이 막히자, 인천항, 부산항의 부두에서의 화물 처리가 늦어져 체화가 눈덩이처럼 늘어났다. 이제서야 정책 당국이 서둘러 대책을 세우려고 했지만, 건설부와 교통부 간 불협화음으로 정책 조율이 어려워지고, 재정 대책을 세워야 하는 경제기획원 등의 협조도 순조롭지 않았다. 그래서 마침내 1990년에 들어서면서 주요 교통망은 완전한 정체 상황(gridlock)에 빠졌다. 발등에 불이 떨어지자,

교통마비로 인한 수출 애로를 전방위적으로 타개하기 위한 범부처적 노력이 시작되었다.

1991년 초 노태우 대통령은 연두 기자회견에서 당면한 교통혼잡 상황의 조속한 해결 의지를 피력했다. 그리고 1991년 3월, 대통령 직속 기구인 「사회간접자본(SOC) 투자기획단」이 한시적으로 설립되었다. 여기서 제1차적 기능으로 분야별 사회간접자본시설 실태를 점검하고, 실무적인 문제점을 파악하여 해결토록 했다. 그리고 개선 대책에 필요한 투자 자원을 적극적으로 확보하고 모든 사회간접자본 시설의 대상 사업 선정과 시행 과정에서 불가피하게 발생하는 각종 민원을 효율적으로 조정해서, 당면한 수송문제를 2~3년 내에 획기적으로 해소하기 위한 해결책을 마련하는 것을 목적으로 하였다.

초기의 구성은 기획단장에 경제수석비서관(김종인), 부단장에 1급 경제비서관(이석채), 그리고 단원으로 반장 2명, 반원 12명이었다. 그리고 분기에 1회 대통령 주재 관계 장관회의를 개최하여 사회간접자본 시설 확충을 위한 추진 상황을 종합적으로 점검하고, 추진계획, 문제점 및 해결 방안을 확정해 나갔다. 사회간접자본은 많은 비용이 들뿐 아니라, 건설에 소요되는 시간도 길기 때문에 당장 문제해결에 나선다고 해서 바로 효과를 낼 수는 없지만, 최고 통수권자의 입장에서 교통혼잡 문제를 첫 번째 과제로 인식하고 추진체계를 갖추었다는 데 의의가 크다고 할 수 있다.

우선, 분야별로 문제를 파악하기 시작했다. 도로, 철도, 항만, 공항 그리고 도시교통 및 도시 간 교통 등 전체 교통체계 상에서 문제가 심각하게 제기되고 있는 부분을 확인하고, 중기, 단기 대책을 구상하고 준비하였다. 교통분야의 주요 팀원들은 건설부에서 남동익, 김일중, 교통부에서 김세호, 경제기획원에서 김호식 등 관련부처의 최고 엘리트들이 파견되어 직접 소관 업무를 정리하고 종합하는 일을 하였기 때문에 상황 파악이 빨랐고 바로바로 판단이 이루어지는 효율적인 조직이 되었다.

SOC 기획단에서 가장 시급하게 다룬 사안은 교통혼잡으로 몸살을 앓고 있는 당면한 도로 혼잡에 대한 대책을 세우는 일이었다. 3개월이 지난 1991년 6월, 목표한 2001년까지의 고속도로 확장 소요량을 파악한 결과를 발표했다. 우선 급한 대로 고속도로 주요 구간별로 교통량을 추계하고 그에 따른 확장 또는 신설의 필요량을 확인한 것이다.

도로 구간별로 교통량의 분포 비율을 파악한 후 전체 구간 처리용량 대 전체 구간 교통량의 비율로서 평균 혼잡비율을 구하였다. 이 값은 해당 구간 전체에 대한 평균 교통량/교통용량 비라고 해석할 수 있으며, 다르게는 구간 전체에 대해서 용량에 달한 구간의 비율이라고 볼 수 있다. 이렇게 구한 혼잡(용량) 비율을 혼잡도라고 정의하였다. 여기서 말하는 혼잡도, 즉 전체 도로 연장 중에서 혼잡에 달한 구간의 비율을 가지고 향후 교통량이 늘어날 경우에 현재의 혼잡도를 유지하기 위해 필요한 신규도로 건설의 필요량을 파악하기 위한 근거로 정의한 것이었다. 장래 수송 수요를 예측한 후 도로망 전체에 대한 혼잡도를 최소한 1990년 수준으로 유지하는 것을 목표로 설정하였다. 즉, 고속도로 0.81, 국도 0.57의 비율을 유지한다고 보고, 혼잡도가 이 수준을 넘는 구간을 우선 확장하되 부족한 용량은 고속도로 4차로 기준으로 신설하여 대응한다는 전략을 세웠다. 2차로 도로의 경우 우선 4차로로 확장하고, 4차로 도로는 교통량 증가 추이를 보아서 6차로 또는 8차로 중 하나로 확장하는 방안을 제시했다. 이렇게 하여서 확장 방안을 정리하여 발표한 것을 보면 다음 표와 같다.

표1-8. 고속도로 구간별 교통량 및 확장방안

구간	연장(km)	'90교통량	확장방안
서울 ~ 인천	24	72,487	4→8→신설
남이 ~ 회덕	23	64,500	6→신설
서울 ~ 남이	124	50,470	4→8→신설
하일 ~ 남이	124	33,454	4→8→신설
부산 ~ 마산	48	32,507	4→8→신설
회덕 ~ 대구	143	30,478	신설
대구 ~ 부산	138	28,453	4→8→신설
구포 ~ 냉정	22	23,200	2→4→6
대구 ~ 마산	83	21,114	2→4→6
대전 ~ 전주	79	20,682	4→6
마산 ~ 전주	53	18,754	4→6
언양 ~ 울산	14	18,750	4→6
신갈 ~ 여주	54	17,221	2→4→6
고서 ~ 광주	10	15,014	2→4→6
진주 ~ 순천	72	16,983	2→4→6
전지 ~ 광주	92	14,980	2→4→6
여주 ~ 새말	50	10,910	2→4
고서 ~ 순천	75	10,620	2→4
강릉 ~ 묵호	43	8,774	2→4
새말 ~ 강릉	97	7,631	2→4
대구 ~ 광주	183	4,494	2→4
계	1,551		

이렇게 하여 가까운 장래에 혼잡이 예상되는 도로부터 우선적으로 확장 또는 신설할 계획을 세운 것이다. 미래 상황의 변화를 종합적으로 보기보다 현재의 여건이 그대로 증가할 경우의 문제 구간 확인을 한 후 이를 선제적으로 개선하는 방법을 취한 것이다. 이런 과감한 투자전략을 가지게 되는 배경으로 당시 선진국의 경제 규모와 교통 SOC의 규모를 조사하여 비교한바, 우리가 추구하는 국가 경제 규모의 미래상과 비교하여 현재 가지고 있는 SOC의 수준이 너무 열악한 것을 파악하고 적극적

인 투자를 통한 확충을 결심하게 된 것이다. 즉, 사회간접자본으로서 도로의 필요량을 선진 외국의 예와 비교하여 우리의 자본 스톡에 대한 최소한의 기준을 찾으려고 노력하였다.

그리고 분야별로 자문회의를 통하여 장기적인 정책 방향을 정립하는 노력을 병행하였다. 그 한 예로 1991년 12월에 열린 자문회의를 보면 어떤 부분에 관심을 가지고 있었는지를 알 수 있다. 장래의 교통수요 증가가 너무 급격하여 도로 확충만으로 한계가 있으므로 낙후된 철도교통을 확충하고 보완하는 정책이 필요하였다. 그리고 SOC 투자 요구가 너무 방대하여 그를 위한 재원 충당의 방안으로 국공채의 활용 가능성을 검토할 필요가 제기되었다. 건설사업의 발주 방법을 개선하여 신기술의 활용성을 높여서 건설산업의 선진화를 추구하려고 하였고, 지역 균형개발을 추진하여 교통의 분산을 유도하여 투자 요구량을 최소화할 수 있는 방안을 찾으려고 노력하였다. 〖별첨1-9a. SOC 투자기획단의 자문회의〗

SOC 투자기획단은 교통 투자의 활성화를 위하여 사상 처음으로 민자유치를 통한 고속도로 등 교통 투자의 길을 확보하기 위한 제도 마련에도 집중하였다. 회임기간이 긴 SOC에 대하여 민간투자를 위한 유인책을 마련하기 위하여 민간 투자유치에 관한 법률안을 만들어 각계의 협조를 구하기 위해 노력하였다. 그동안 국가 경제 규모가 커짐에 따라 우리의 건설산업도 규모가 커지고 있어서 민간 기업의 자본과 창의력을 사회간접자본에 대한 투자유치를 통하여 교통 투자의 속도를 빨리하고자 하였다. 그러나 재정사업에만 익숙한 민간기업이 회임기간이 긴 사회간접자본에 참여할 수 있도록 하기 위해서는 여러 가지 리스크 저감 대책이 마련되지 않고는 성사시키기 어려운 현실이었다. 그래서 다양한 민간투자 주체를 위한 지원 정책을 담아서 민간투자 촉진법의 제정을 시도하였다.

민간투자 촉진법에 대한 당시의 일반의 인식은 그 필요성을 공감하면서도 민간 기업에 대한 특혜성 조치에 대해서는 부정적이었다. 우리 사회의 이율배반적인 무조건적 형평성 논란이 제기되었고, 초창기의 경직된 사회 인식으로 인해 여러 반대에 부딪혀 성사되지 못했으나 얼마 지나지 않아 김영삼 정부 때인 1994년 8월 정식으로 민자유치 특별법이 제정될 수 있는 분위기가 형성되는 초석이 만들어진 것이었다. 오늘날 도로, 철도 등 교통 SOC에 대한 민간투자 사업이 상당히 활성화되고 있고, 이의 영향으로 재정만으로 충당되려면 시간적으로 한참을 기다려야 할 사회간접자본이 일찍이 갖추어져서 그 혜택을 누리고 있음은 이때의 노력이 시발점이 되었다고 보아야 할 것이다.

돌이켜보면, SOC 투자기획단의 존재 이유와 역할은 단순히 정부 기관의 탄생이 아니라 우리 사회가 후진사회에서 산업화된 선진국으로 지향하는 과정에서 발생한 갑작스러운 사회간접자본시설과 경제사회 물동량의 불일치를 단기간에 효과적으로 개선하는 통치권 차원의 조치였다. 만약 이 때에 이런 강력하고 효율적인 조직이 특별히 만들어지지 못하였더라면 성장일로의 우리 경제의 혈관이 막혀 제대로 성장하지 못하고 분명 주저앉았을 것이다. 선진국들이 걸어온 길은 오랜 시간, 자기모순을 치유하는 과정을 거쳐온 것이지만 우리에게는 그럴만한 시간적 여유가 없었다. 그래서 이러한 통찰력 있는 노력을 통해 소위 말하는 압축 성장으로 인한 사회구조의 모순을 그때그때 효과적으로 대처해온 모습을 보인 것이다. 한국경제가 세계 최빈국에서 선진국으로 도약한 것을 두고 흔히 '기적'이란 말로 표현하는데, 발전 과정을 직접 경험하고 자기모순을 치유하는 힘겨운 노력을 목격한 필자에게는 기적이란 표현은 옳지 않고, '통찰력 있는 지도자와 성실한 관료 집단'이 있어서 가능했던 일이라고 생각한다. 오늘날의 선진 한국이 그냥 이루어진 것이 아니라는 것을 알아야 할 것이다.

❱ 고속도로 교통관리정책의 태동

　1990년대의 심각한 교통혼잡 문제로 인해, 담당 부서인 경제수석실의 발등에는 불이 떨어졌고, 교통개발연구원은 심각한 교통 문제를 당장 해소할 수 있는 방도를 어떻게든 찾아야 하는 절박한 상황에 몰리게 된다. 그 결과 승용차 이용을 억제하고 그 빈자리를 화물차가 집중적으로 이용할 수 있도록 하는 다소 과격한 수요관리정책을 내놓게 되었다. 승용차 이용자들의 반발이 예상되었지만, 사태가 워낙 심각했기 때문에 여론부터 환기시켜갔다. 첫 번째 공식적인 노력은 1991년 10월에 개최한 「제조업 경쟁력 강화를 위한 교통소통대책」이라는 공청회였다. 여기서 탑승자 2인 이하 승용차를 제한하는 조치의 정당성을 공개적으로 논의했다. 이 정책에 대한 갑론을박은 많았지만, 결국은 실효성을 고려하여 일부 보완한 단거리 이용 승용차의 고속도로 이용을 제한하는 정책으로 바뀌어 실시되었다. 우선은 수도권의 교통혼잡이 큰 문제였으므로, 서울 인근 IC를 폐쇄하는 조치를 취하자 이용자들의 반발이 컸다. 그 후 이 반발을 누그러뜨리기 위해 제한 시간을 단축하는 등 타협 정책으로 완화했다. 이러한 노력들이 다듬어져서 결국은 고속도로에 버스전용차로를 시행하여 고속도로 이용 효율을 높이는 교통관리 정책으로 발전하게 된다.

경인, 경수고속도로의 차량진입 통제정책 시행

　늘 그렇듯 문제는 갑자기 찾아온다. 88 올림픽이 성황리에 끝나고, 1990년에 이르러 1인당 GDP가 6,610불, 자동차 보급은 연평균 25% 증가하여 1990년에 거의 340만 대에 육박한다. 이때 경제 중심인 경부축 교통수요에 대응하는 수단으로 경부고속전철의 노선을 발표하기에 이른다.

그동안의 안일한 투자 정책이 산업활동을 위협하기에 이른 것이다. 급기야 우리의 수출 전진 기지인 인천항과 부산항의 수출입 화물의 체화가 외부 연결 교통의 장애로 심각해지게 된다. 서울에서 인천항이나 수원까지 3, 40분이면 갈 수 있던 길이 90분 이상 걸리는 상황이 되어 버렸다. 당시 무역협회에서 파악하기로는 컨테이너 수송비가 부산-홍콩 간 300불/개인데 반해 수원-부산 간은 600불 이상이 소요되었다고 한다. 정부는 발등의 불을 끄려고 온갖 궁리를 했지만 당장 뾰족한 수가 없었다.

그때 청와대 경제비서관실에서 필자에게 이 문제의 대책을 세워달라는 연락을 했다. 연구진들과 함께 밤을 새워 경인고속도로와 서울-수원 구간에 대해 우선 승용차 진입을 통제하는 대신 버스와 화물차가 활용하게 하면서 고속도로 확장 등 필요한 조치들을 정리하여 보고하러 갔다. 홍철 경제비서관이 배석한 자리에서 필자는 밤새 만든 승용차 통제 정책을 설명했다. 그런데 첫 페이지가 끝나기도 전에 경제수석이 "이것을 정책이라고 가져왔소? 승용차를 어떻게 통제해요?" 하는 것이 아닌가! 예상치 못한 반응에 당황한 필자는 "수석께서 보고를 하라고 하셔서 나름 열심히 자료를 만들어 왔는데, 이러시면 어떡합니까?"라며 볼멘소리를 했더니, 잠시 후 보고서를 펼치며 다시 보고하라고 해서 「승용차를 통제하는 방법과 화물차와 버스가 쓸 수 있는 여지의 크기, 그리고 소통 개선의 효과, 이를 현장에서 실천하기 위한 경찰 등의 통제 조치」를 함께 보고했다. 그랬더니 이런 정책을 왜 진작에 보고하지 않았냐며 보고 시작 때와는 180도 다른 반응을 보였다. 그 후 이때 보고한 정책 방향을 중심으로 서울-수원 구간과 서울-인천 간 고속도로에 대한 승용차 이용 제한 조치에 대해 관련 부처와 협의하게 된다. 그래서 1991년 10월, 응급처방 정책을 고속도로의 주무관청인 건설부가 아닌 교통소통의 책임을 지고 있던 교통부가 발표하게 된다. 당시는 무언가 대책 수립이 급박한 상황이었는데, 승용차의 고속도로 이용 제한이라는 '극약' 처방이 나오다 보니 언론들의 찬반 논쟁이 과열되었다.

　한국일보는 「2인 이하 승용차 진입 금지의 배경과 문제」라는 보도를 통해 고속도로 기능 회복 「극약처방」이라고 보도하면서, 반대 배경으로 사회간접 자본 투자 소홀에서 온 문제를 국민에게 전가한다며 위반자의 관리 문제와 교통체증으로 인한 경제적 손실 문제를 부각시켰다. 조선일보는 오죽하면 이런 처방이 나왔겠냐며 이 기회를 산업 활성화의 계기로 삼자는 의견과 함께 계획된 도로의 확장 시기를 빨리 앞당겨야 한다고 주장했다. 그리고 이러한 강압 조치가 시행되더라도 적용 시한을 반드시 지켜 가급적 빨리 원상회복이 되어야 한다고 지적했다. 그러나 한겨레신문은 왜 이런 일이 일어났는지, 정부가 책임져야 할 문제이지 시민들에게 불편을 감수하게 해서는 안 된다고 보도했다. 이러한 반대는 그야말로 반대를 위한 반대이다. 왜냐하면, 당시 제시한 승용차 제한 조치는 장기 조치가 아닌 당장의 화물 적체를 해소하기 위한 긴급 조치이며, 도로 확장을 앞당기는 조치는 정부가 이미 추진하고 있던 문제였다. 조선일보는 승용차 제한조치는 정부가 그동안 교통 투자에 소홀한 탓이지만, 당면한 현실이 위중하므로 교통부의 승용차 이용 제한 조치를 받아들일 수밖에 없다. 화물차의 고속도로 이용을 야간 시간대로 유도하고, 이번 기회에 카풀 활성화와 기존의 대중교통을 확충하여 이용률을 높이면 장기적으로 건전한 교통문화를 정착할 수 있다고 보도했다.

　이와 같이 승용차의 고속도로 이용 제한 조치라는 미증유의 고강도 정책이 열띤 논쟁을 불러일으키자, 국민일보는 서초IC에 직접 나가, 아침 7시부터 승용차 500대를 조사한 결과 나 홀로 승용차가 90%에 이른다는 보도를 하기도 했고, 서울경제는 먼저 카풀을 활성화하자는 여론을 주도적으로 보도했다. 이러한 언론 보도에서 지적된 내용을 반영하여 고속도로의 승용차 이용 제한에 따르는 불편을 최소화하면서 고속도로의 확장 등 중·장기 대책이 준비될 때까지 적용할 단기 소통 대책을 수립하여 광범위한 공개토론을 통해 여론을 설득해 나갔다.

교통정체가 극심한 구간인 서울과 인천, 수원 구간에 대한 교통패턴을 조사해 보면, 서울-인천은 아침 6시부터 저녁 8시까지, 서울-수원도 아침 9시부터 저녁 8시까지 승용차 이용이 과도한 것으로 나타났다. 수출주도형 경제에서 당장은 수출입 화물 수송의 어려움 타개에 정책의 초점을 둘 수밖에 없는 상황인데, 해당 구간의 확장 사업이 완료되려면 아직 1년 이상을 더 기다려야 했으므로 한시적으로 승용차 진입 통제를 통한 화물 수송 개선 방안을 다음과 같이 마련하였다. 경인고속도로에 대하여 6가지, 그리고 서울-수원 구간에 대해 4가지 방안을 두고 그 효과를 분석하여 공개토론회를 준비했다.

표1-9. 승용차 통제 방안

서울-인천 구간	서울-수원 구간
▪ 1안: 통행료 1,500원으로 인상 700 → 1,500원 ▪ 2안: 1인 탑승 승용차 진입제한 ▪ 3안: 2인 이하 탑승 승용차 진입제한 ▪ 4안: 모든 승용차 제한 ▪ 5안: 승용차 혹은 화물차 교대 제한 ▪ 6안: 통행료 3,000원으로 인상	▪ 1안: 2인 이하 승용차 통행료 ▪ 2안: 2인 이하 승용차 진입 금지 ▪ 3안: 모든 승용차 진입 금지 조치 ▪ 4안: 승용차 통행료 3,000원으로 인상

이상의 대안에 대해 시행상의 문제점과 시행 효과를 중점적으로 분석하여 상대적으로 효과가 크고 문제점이 적은 안으로 여론을 설득하고자 했다. 비교적 온건한 2인 이하 탑승 승용차의 고속도로 진입제한 조치가 효과도 상대적으로 우수한 것으로 나타났다. 앞의 그림에서 보이는 시행 전후의 교통 패턴이 그 효과를 분명하게 가리키고 있다.

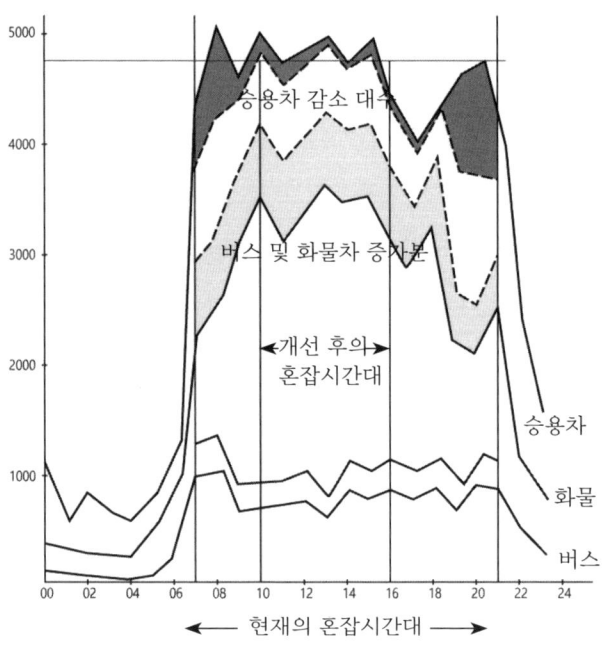
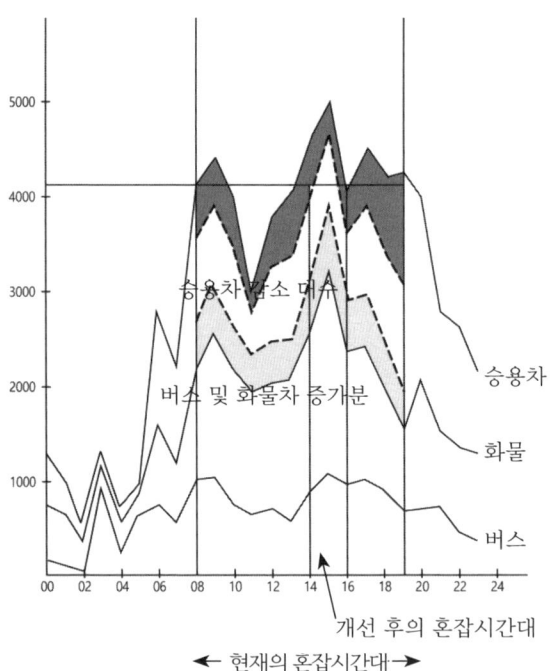

그림1-17. 시행전후의 교통패턴 변화 예측: 상)서울-인천, 하)서울-수원

경인고속도로에서는 3안인 「2인 이하 승용차 진입제한」의 경우, 혼잡시간대의 승용차 통행량이 시행 전 하루 36,000여 대에서 시행 후 10,000대 수준으로 72% 감소하는 대신, 버스가 35%, 화물차가 17% 증가하는 것으로 나타나 시행 전 하루 27,000여 대의 화물차 운행이 시행 후 32,000대로 크게 늘어났다. 무엇보다 시행 전 하루 15시간 혼잡에 시달리던 도로교통이 시행 후 혼잡 시간대가 6시간으로 크게 개선되고, 운행 시간도 이전의 91분에서 32분으로 1/3로 감소하는 것으로 추정되었다.

경부고속도로 서울-수원 구간에 대해서도 비슷한 결과를 보였다. 제2안인 「2인 이하 승용차 진입제한」의 경우, 승용차 교통량이 시행 전 하루 42,194대였던 것이 시행 후 20,000대로 절반 이하로 떨어지는 효과를 보였다. 반면 버스와 화물차의 경우, 혼잡 시간대가 시행 이전 하루 13시간에서 시행 후 3시간으로 대폭 감소하고, 운행 시간도 이전의 75분에서 30분으로 정상을 찾는 것으로 추정되었다.

이상의 분석자료를 중심으로 1991년 10월에 여의도 63빌딩 코스모스홀에서 공개토론회를 개최했다. 사회는 경원대학교 김의원 대학원장, 토론자로 교통정책 주무 부서인 교통부 차관을 포함하여 전문가, 주요 언론인, 무역업계, 시민단체 등이 폭넓게 참여하여 의견을 나누었다. 이 결과를 최종 정책에 반영하여, 대국민 설득 효과를 높이고자 했다.

이 토론회에서 발표자는 교통시설투자가 부족하여 교통혼잡이 급속도로 확산되어 국가의 사회·경제적 손실이 위험수위를 넘고 있다고 진단하고, 현재 진행되는 투자계획들은 적게는 1~2년, 길게는 5~7년의 시간이 소요되는 것이므로 이 기간 중의 교통소통을 위해 중단기 대책의 활용이 적극적으로 검토되어야 한다고 주장하면서 다음과 같은 대책을 주문하고 있다.

- 대중교통 우선 정책의 강화
- 교통운영 개선을 통한 소통증진
- 비혼잡시간대로 교통량 분산 유도
- 병행하는 국도에 대한 교통체계관리 기법의 도입
- 진행중인 사업의 조기 완공
- 계획중인 사업의 조기 착공

그리고 교통혼잡이 심각한 경인·경수 축의 고속도로에 대한 확장 사업 공사가 완료될 때까지 향후 1년간은 고속도로의 승용차 운행 제한을 통해 당장의 화물 수송 애로를 타개할 수밖에 없음을 강조하였다. 이때 논의된 여러 정책 대안들의 효과를 보면 당장의 문제를 해결할 수 있을 만큼 상당히 분명한 것으로 나타났다. 그러나 그 시행상의 어려움은 차이는 있지만, 우리가 이전에 접해 본 적 없는 조치로 간단히 시행할 수 있는 것들이 아니었다. 더구나 고속도로를 운영한 역사가 길지도 않았고, 비상 상황에 대한 훈련도 제대로 되어 있지 않다는 것이 당시 운영기관인 한국도로공사와 교통경찰 당국의 입장이었다. 당연히 고속도로의 건설과 운영 책임을 지고 있던 건설부로서는 안전 문제 등의 이유로 이러한 수요관리 정책에 대해 반대하는 입장이었다. 그러나 상황의 심각성이 이러한 반대 기류를 압도하고 있었기 때문에 당장 발등의 불을 끄기 위해 무엇이라도 추진해야 하는 것이 정부의 입장이었다.

이 토론회에 대한 언론의 보도도 상당히 적극적이었다. 그만큼 상황이 위중한 수준이었기 때문이다. 주요 언론들은 토론회 내용을 비교적 상세히 다루고, 나름의 의견을 내놓았다. 서울경제는 승용차 제한 시, 경인 간 소요 시간이 현재의 91분에서 32분으로 줄어들어 당장의 혼잡문제를 개선할 수 있으며 직행버스를 충분히 투입하면 승용차 제한으로 인한 부작용을 최소화할 수 있다는 찬성 의견과 함께 이러한 초법적 조치는 정부의 행정 편의주의 발상이며 화물차 수송 효율을 향상시키는 방안을 따로 강구해야 한다는 반대의견도 함께 내보냈다. 한국일보는「기업 찬성, 시민 반대」라는 타이틀을 걸고, 교통체증으로 수송비가 증가하여 경제적 타격이 큰 점을 시민들이 이해해야 하지만 이는 국민의 이동의 자유를 침해하는 것이며 고속도로 이용 제한으로 국도의 체증이 심화되는 역작용을 고려해야 한다고 보도했다. 우선 대통령이 대국민 사과를 하고 자동차 수요를 억제할 근본적인 대책을 내놓아야 한다며 정부와 정치권을 함께 강도 높게 비난하기도 했다. 틀린 말은 아니지만 개발도상국에서 경제 정책의 성공으로 급격한 경제성장이 이루어졌고, 그 결과로 자동차가 급증하면서 생긴 교통대란을 예견하지 못해 발생한 문제이므로, 미리 대비하지 못한 데에 따른 책임 소재를 따지기 전에 당장의 문제해결을 위한 대책 마련을 고심해야 하는 것이 순서였다.

한편, 무역협회의 현실적인 문제 제기는 문제의 심각성을 알리기에 충분했다. "교통정체로 인한 수송비 증가는 감당하기 어렵다. 부산-홍콩 간 컨테이너 수송비가 개당 350달러인데 비해 부산-수원 간 수송비는 600달러에 달한다. 이런 상태가 지속된다면 수출 전선의 어려움은 상상을 초월한다. 시민들의 협조가 필요하다"고 읍소했다. 시민단체에서는 이러한 파격적인 조치에 이어 제2경인고속도로와 경인선 복복선화 사업을 조기에 완성해야 한다고 투자 확대를 강조했다. 이러한 목소리에 힘을 실어주는 일도 중요하지만, 문제는 당장 무엇이라도 할 수 있게 지혜를 모으는 일이었다.

필자는 이러한 위중한 상황에서 당장의 타개책을 제안한 사람으로 정부의 대응책 마련과 대중을 설득하기 위해 노력했다. 정상용 민주당 의원과의 지상 찬반 토론도 그중의 하나이다. 필자는 현재 상황이「물자 수송뿐만 아니라 주민의 사회활동까지 마비시키는 상황에서 당장 시행 가능한 대안의 하나」라고 설명했지만, 정상용 의원은 「주변 국도 등에 교통마비를 야기시켜 오히려 그 부근 기업체의 경제활동을 위축시킬 것」이라며 강한 우려를 표명했다.

　제안한 승용차 통제 방안에 대한 여론을 수렴하고 반대의견을 참고하여 보완을 거듭한 결과, 통행료 인상안은 가장 온건한 방법이지만 그 효과가 불확실했고, 여러 가지 수준의 승용차를 선별 제한하는 방안은 현장 통제의 어려움이 예견되어 실제 적용에 어려움이 예상되었다. 그러나 어떤 형태로든지 차량 통제를 통해 소통력 제고가 필요한 점은 상당한 공감대를 얻을 수 있었다.

　이런 과정을 거쳐서 승용차 통제 정책은 현장 사정을 반영하여 다소 완화되어 시행되었다. 경제적인 이유로 고속도로의 진입 통제가 이루어진 것은 이때가 사상 처음이었다. 그래서 결국은 정책의 실행력과 효과를 감안하여 극심한 혼잡에 시달리던 서울-인천, 서울-수원 구간의 중간 IC를 폐쇄하는 정책으로 변경해서 시행하게 된다.

　동아일보는 경수, 경인고속도로에서 차량통제 제한에 대해 상세히 다루었다. 경인고속도로에서는 2명 이하 탑승 승용차가 통행이 제한되고, 경수고속도로 하행선에서는 한남에서 들어가면 신갈JC 전에서는 못 나오며, 상행선은 판교, 양재, 서초IC가 진입 금지되며, 화물차의 야간 운행을 촉구하기 위해 심야통행료를 인하한다는 보도를 했다. 이러한 승용차 통제조치가 발표되자, 일반 차량 이용자들의 반발이 심했다. 이에 조선일보는 이런 강제적인 초치 때문에 그동안 유명무실하게 운영되던 카풀제 가입이 폭증되고 있다고 보도했다. 당초 토론회에서 제안된 여러 방안 중 상당히 완화된 방안으로 정책 시행이 이루어졌음에도 불구하고, 처음 접하는 차량통제 정책이었기 때문에 반발은 매우 심각했던 것이다. 이런 반발을 누그러뜨리기 위하여 경인고속도로의 승용차 진입 통제를 오전 9시부터 오후 5시까지로 줄이는 보완책을 시행하게 된다. 그리고 정부는 차관회의를 열어 승용차 이용 제한 조치에 대한 보완책으로 카풀 활성화 대책, 즉 사고 시 동승자에 대한 보험 혜택을 주도록 하고, 해당 구간에 대한 도로 확충을 서두르기로 하였다.

그 당시 차량통제 조치에 대한 반발이 얼마나 컸던지, 일부 운전자들은 IC에 설치된 통제 쇠사슬을 끊고 진입할 정도였다. 이러한 일반의 엄청난 반발에도 불구하고 이런 강제적 차량 진입통제를 실시해야 할 만큼 사태가 심각했던 것이다. 그렇지만 이러한 충격적인 조치는 그 후 이어지는 일련의 수요관리 교통정책이 우리 사회에서 자리 잡고, 완성되어 갈 수 있는 계기가 되는 긍정적인 효과를 가져다주기도 했다. 즉, 고속도로에서의 수요관리 정책인 버스전용차로 정책이 도로관리청인 건설부의 반대를 무릅쓰고 시행될 수 있는 여건이 마련되는 계기가 된 것이었다.

그리고 도로 등 사회간접자본의 투자 촉진을 위한 재원 조달 방안이 적극적으로 논의되는 촉매가 되었다. 즉, 당시 재무부를 비롯한 경제부처의 반대가 심했던 교통특별회계의 설치가 이루어져서 사회간접자본 확충의 기틀을 다지게 되었고, 청와대 사회간접자본 투자기획단에서 제기한 민간투자 사업의 제도화가 이루어지게 되는 촉진제가 되었다.

교통세 신설과 교통시설특별회계설치 필요성 제기

1990년대에 들어오자 바로 누적된 교통 문제가 표면화되어 강제적인 수요관리 정책을 시행할 수밖에 없는 상황으로 내몰리게 되었다. 교통정책연구기관에서는 이때 실시되었던 경인, 경수고속도로의 승용차 이용 제한조치의 충격과 불편이 잊히기도 전에 보다 합리적인 장단기 교통정책을 개발하여 추진하도록 촉구해야 했다. 그래서 단기 대책으로서의 교통수요관리 정책뿐만 아니라 장기적으로 안정적인 교통 투자를 담보하기 위한 새로운 투자 정책 도입의 환경을 만드는 것이 필요했다.

첫 번째 시도는 「승용차 이용감소를 통한 교통혼잡 개선 방안」에 관한 공청회(1992년 6월 23일)를 개최한 것이다. 주제 발표는 손의영 교통경제연구실장, 토론자에 교통 전문가뿐만 아니라 신문, 방송, 사회단체 등 일반대중들에게 영향력 있는 인사들이 초청되었다. 교통 전문가로는 김광식 성균관대 교수, 박창호 서울대 교수, 임성빈 명지대 교수, 장명순 한양대 교수, 언론인으로 성대석 KBS해설위원, 목철수 MBC보도국 부장, 문병호 중앙일보 사회부장, 기타 김차중 자동차공업협회 홍보실장, 임광진 YMCA 사회개발부장, 이헌석 교통부 도시교통국장 그리고 남동익 청와대 사회간접자본 투자기획단 과장이 토론자로 참석했고, 필자는 좌장을 맡았다.

심화되고 있는 교통혼잡 문제를 해결하기 위해서는 단기적으로는 수요관리 정책을 통해 차량 이용의 효율을 높이는 정책이 필요하고, 장기적으로 각종 교통시설에 대한 투자를 늘려 가야 하는 것이다. 단기 대책을 위해서는 당면한 교통 문제의 심각성을 알리고 합리적인 대안을 찾기 위해 교통관리 및 운영 상황을 홍보하여 이용자의 공감을 얻어야 하고, 장기적으로는 교통 투자 확충에 필요한 재원 확보의 문제인데, 이는 재정의 우선순위 조정에 관한 사항이므로 이 또한 전문적인 분석과 함께 일반의 이해가 전제되어야 하는 것이다. 그래서 첫 번째 조치로 관계기관, 전문가, 언론을 포함한 공개토론회를 통해 논의와 의견 조정 및 홍보를 시작한 것이다. 이날 공청회에서는 과거 1980년대에 교통 투자를 적기에 하지 못하였기 때문에 승용차에 대한 강제적인 이용 제한 조치까지 실행할 수밖에 없었던 현실적인 문제를 지적하였다. 그리고 급증하는 승용차 교통을 그대로 방치해서는 도로 투자를 확대하더라도 문제 개선이 어렵다는 점을 강조하였다.

즉, 경제성장과 더불어 급속하게 증가하고 있는 승용차 교통을 고려하여 투자 재정을 확대하는 방안과 함께 승용차에 대한 수요관리의 두 가지 측면을 동시에 고려하지 않을 수 없음을 부각시키려고 하였다. 즉, 주제 발표의 핵심인 2가지 정책 방향, 즉 교통수요관리 정책을 적극적으로 도입하여야 하며, 교통 관련 세입을 교통 투자가 아닌 다른 분야로 전용하던 관행을 끊고 유류세의 개선, 조정을 통해 투자재원을 늘리고, 이를 교통사업특별회계로 집중하여 증가하는 투자소요에 적극적으로 대응하여야 함을 강조하였다. 충격적인 승용차 이용 강제 제한 조치 이후에 제도적인 향후 대책을 논의하는 공청회였기 때문에 언론에서도 이를 상당히 자세히 그리고 호의적으로 보도했다.

이 토론회에서 발표자는 교통시설 투자를 아무리 서두르더라도 교통수요 증가가 훨씬 앞서는 상황이라 승용차 이용을 자제시키는 강력한 수요관리정책, 즉 혼잡통행료 부과, 수송용 유류에 부과하는 세제를 승용차 이용을 자제시키는 방향으로 개편해야 승용차 이용의 증가를 어느 정도

둔화시킬 수 있을 것이라고 적시했다. 당시 휘발유세를 120%에서 200%로 인상, 경유세를 41%에서 50%로 인상하면 향후 5년간 약 13조 원의 추가 재원을 마련할 수 있다고 주장했다. 필자도 교통시설 투자를 촉진하기 위한 재원에 한계가 있기 때문에 유류세를 조정하여 투자에 집중할 수 있도록 교통사업 특별회계로 교통부문에 전용할 수 있게 하자고 주장했다. 즉, 당시는 교통관련 재원의 상당 부분이 타 부문, 특히 사법 시설 특별회계 등에 전용되고 있어 이를 개선해야 함을 지적한 것이다. 이 토론회에서는 교통 투자 재원을 추가 확보하여 교통 투자 속도를 올리자는 분위기를 만들어 관련 부처가 적극적으로 이 문제를 논의하도록 촉구하는 것이 목적이었다.

1992년이 지나가면서 경인, 경수고속도로의 확장이 완료된다. 그리고 승용차 강제 제한 조치의 기억이 잊히기 전에, 확장된 고속도로 위에 교통관리 정책으로서 버스전용차로제 실시를 논의하기 시작했다. 그리고 이러한 강제조치의 홍역을 치르고 난 뒤임에도 급증하고 있는 교통 투자 소요를 위한 대책이 만들어지지 않고 당장의 불을 끄기에만 급급한 것이 당시의 실정이었다. 게다가 교통시설에 대한 소관부서가 건설부, 교통부로 나누어져 있어서 종합적인 정책 조정이 어려운 행정조직 체계도 문제를 더욱 어렵게 만들었다.

급속한 경제성장 속도에 비해 소홀히 다루어진 교통 투자 정책의 결과, 강제적인 차량통제 정책까지 받아들일 수밖에 없었던 경험 때문에, 교통 투자의 확대와 교통관리의 현대화에 대한 논의가 봇물이 터지게 된다. 즉, 경인, 경수고속도로에 대한 승용차 이용 제한 조치, 그리고 연이어 제기되는 승용차 급증과 교통 투자 재원의 부족 문제, 고속도로의 이용 효율을 높이기 위한 버스전용차로 정책 등이 제기되었다.

이러한 교통정책에 대한 사회적 공론화를 위하여 당시 신설된 교통개발연구원은 언론 기고 및 공개토론회를 중심으로 여론 환기를 위해 끊임없이 노력했다. "교통세 신설을 통해 부족한 교통 투자 재원을 확보해야 하고, 이를 위해 유류세를 인상하여 교통세로 목적세화 하자. 그리고 종합적 투자재원으로 도로뿐만 아니라 철도, 대중교통 등의 개선 및 확충 재원으로 하자"는 것이었다. 그 결과, 교통시설의 확충에 드는 재원을 확보하기 위한 목적으로 교통세법(1993년 12월 31일)이 제정된다. 그리고 동시에 이의 집행을 위한 교통시설특별회계법이 제정되어 교통세 전액을 교통시설특별회계에 전입하여 도로, 지하철도, 고속철도, 공항 건설 등에 사용하도록 규정하게 되었다.

지금은 다행스럽게 소관부서가 국토교통부로 통합되어 있고, 교통 투자재원의 총합적 장기 체제인 교통세와 교통 특별회계가 운영되고 있다. 그러나 당시는 이 모든 것들이 전혀 이루어질 기미를 보이지 않았고, 끊임없는 논쟁만이 이어지던 시절이었다. 지금 되돌아보면 격세지감이 느껴진다. 그리고 당시 우리들이 열심히 노력한 결과라는 자부심을 가지게 한다.

고속도로 버스전용차로제의 도입

이렇게 시작된 수도권 고속도로의 차량 통행 제한 조치 정책은 일반 이용자에게 큰 불편을 초래했고, 당연히 그에 따른 반발도 심각했다. 그러나 이러한 과정을 거치면서 일반 시민들은 물론, 정책 당국도 도로를 비롯한 사회간접자본의 적기 투자의 중요성을 다시 한번 깨닫게 되는 학습효과가 컸다. 차량 통행 제한 조치가 시행된 다음 해인 1992년 7월에 공사 중이었던 경인, 경수고속도로의 8차로 확장공사가 준공되었다. 이를 계기로 그동안 많은 불편을 감수하면서 시행되어 오던 강제적인 차량

통제 정책에 대하여 환원 조치가 이루어지게 된다.

경인, 경수고속도로 승용차 이용 제한 조치로 상당한 어려움을 경험한 이후, 이 정책은 지속성과 실행성을 높인 장기 정책으로 발전되어 가게 된다. 교통개발연구원의 부원장이었던 필자는 이 과업을 맡아서 고속도로의 이용 효율을 높이기 위한 버스전용차선제 시행을 위한 정책토론회를 개최하고 그 필요성을 촉구하기 시작했다. 즉, 경인, 경수고속도로 확장 사업이 곧 준공될 전망이어서 이를 계기로 옛날 방식의 고속도로 교통관리로 돌아갈 수는 없다고 보았다. 고속도로의 교통관리를 한 단계 끌어올려서 고속도로의 이용 효율을 높이기 위한 전용차선(지금은 전용차로로 명칭이 바뀜) 정책을 사회 이슈화하기 위해 노력했다. 그러나 당시 고속도로의 건설과 운영정책을 맡고 있던 건설부의 반발이 심했다. 고속운행이 전제되고 있는 고속도로에서 버스 전용차선제는 단속의 어려움과 안전 문제 등의 이유로 불가하다는 이유였다. 고속도로는 고속주행이 기본이므로 조금이라도 안전을 저해할 요소가 있으면 수용할 수 없다는 입장이었다. 선진국에서는 다인승 전용차선 등 비슷한 형태의 고속도로 교통관리 정책이 성공적으로 실행되고 있음을 예로 들면서 설득했지만, 안전을 책임지고 있는 담당 부서로서는 받아들일 수 없다는 것이었다.

그러나 교통부의 지원을 받아 교통개발연구원은 이 정책을 계속 발전시켜 나가게 된다. 이 정책을 통하여 고속도로의 이용 효율을 높여서 고속도로의 투자 필요량을 줄일 수 있을 뿐만 아니라, 고속도로를 이용하는 승용차 이용자의 인식변화를 통하여 보다 성숙한 교통 환경을 만들어 갈 수 있다는 것을 강조하였다. 선진국으로 발전해 가는 과정에 반드시 필요한 조치임을 역설하고 시행에 따른 문제점을 보완 제시해 가면서 정책을 다듬어 나가게 된다.

즉, 당시 커다란 사회문제가 되었던 경인, 경수고속도로의 심각한 교통혼잡을 제도적으로 개선해 나갈 방안의 하나로 버스와 화물차를 위한 특별 교통관리 제도의 필요성을 공개적으로 거론하기 시작하였다. 1992년, 경인, 경수고속도로 전용차선제 실시방안에 대한 공개토론회를 개최하였다. 이 자리에는 관련 전문가인 박창호 서울대 교수, 임성빈 명지대 교수, 장천수 국토개발연구원 박사, 강황석 동아일보 논설위원, 목철수 MBC 해설위원, 유원규 건설부 도로국장, 이승환 경찰정 교통지도 국장, 이시종 국무총리실 심의관, 최훈 교통부 수송정책실장 등이 초대되었다.

제1 주제 「경인, 경수고속도로 전용차선 배정 방안」은 설재훈 박사가 발표하고, 제2 주제 「고속도로 전용차선의 설계 및 운영 방안」은 오영태 박사가 발표했다. 즉, 버스와 화물차에 전용차선을 배정하는 방안과 실제 설계를 통한 운영상의 문제점을 최소화하는 실행 방안이 발표된 것이다.

이 공개토론회는 그동안 강제적인 차량 진입 통제를 실시해 오고 있던 경인, 경수고속도로가 8차로로 확장공사가 완료되어 차량 제한 조치의 해제를 앞두고 있는 시점에 개최되었다. 기존 고속도로의 확장 후에는 장기적으로 보다 합리적인 선택적 고속도로 교통수요관리 정책의 하나인 화물차 및 버스의 전용차선제 도입 타당성을 가지고 여론을 환기시키고자 한 것이었다.

토론회에서 본 정책의 담당관인 교통부의 최훈 수송정책실장은 당시의 과도한 고속도로 교통혼잡 상황에서 그동안 실시해 오던 강제적 차량 제한 조치를 해제하고 대신에 고효율의 대중교통 또는 화물차를 위한 차로 배분정책이라는 점을 설명하고 있었다. 그리고 필자는 좌장을 맡아 「그동안 진행되던 확장 공사가 완료되면 현재 시행하고 있는 강제적 차량 제한조치는 해제하지만, 최근의 차량 증가로 인한 고속도로의 급격한 교통혼잡 추세를 고려하면 머지않아 고속도로의 혼잡이 재연될 가능성이 크다. 따라서 강제조치를 해제하는 대신 선택적이고 적극적인 교통수요관리 대책으로서 버스 전용 차선제의 실시가 필요하다」고 주장했다. 갑작스러운 진입제한이라는 강제조치로 엄청난 불편을 감수해야 했고, 다른 대안이 없어 받아들일 수밖에 없었지만, 버스전용차선제가 이를 대신할 보다 선택적이고 나은 정책이라는 점을 강조한 것이다. 조만간 고속도로의 확장이 완료되고 아무 조치 없이 다시 과거의 정상 상태로 돌아가면, 그동안 겪은 불편을 금방 다 잊어버리고, 얼마 가지 않아 1~2년 안에 다시 과거와 같은 극심한 교통혼잡 상태로 되돌아갈 것이라는 점을 상기시키고자 하였다. 그래서 확장된 고속도로 구간에서는 특별관리 대상 차량, 즉 버스, 화물차 등을 위한 전용차선제를 검토하는 것이 필요하다고 촉구하였다.

이번 토론회에서 제기된 전용차선제는 과거의 강제 제한 정책보다는 크게 완화된 선택적 조치였기 때문에 대부분의 언론이 상당히 호의적인 보도를 하고 있었다.

토론회에서 발표자들이 제시한 교통수요관리 정책의 필요성에 대해 거의 모든 참석자들이 찬성했지만, 차선 배정 방식이 가져오는 문제점, 즉 운전자의 적응력, 단속의 용이성, 그리고 운행 효율에 대해서는 여러 가지 문제점이 지적되었다. 토론회에서 제시된 안은 버스와 화물차를 위한 차선을 별도로 하나씩 배정하자는 것이었고, 공청회에서 전문가들은 적용 시간을 포함하여 차선 간 이동 시 소요되는 엇갈림으로 인한 운영상의 효율 저하와 안전 문제 등을 제기하였고, 경찰청은 단속의 어려움을 토로하기도 했다. 그래서 관계부처 간 협의와 조율이 더 필요했지만, 공개토론회를 계기로 전용차선제 논의가 공식화되고, 이의 실시를 위한 세부 검토와 협의가 본격적으로 이루어지게 되었다.

이때에 고속도로 전용차선제뿐 아니라 운전자의 적응력, 단속의 용이성, 운영 효율을 고려하여 버스만을 위한 전용차선제로 통일되는 등의 논의가 지속적으로 이루어졌다. 결국 이 정책은 1994년에 두 차례에 걸친 시범 운영 후, 그해 추석 연휴에 양재 IC-신탄진 인터체인지 구간에 대해 72시간 버스전용차선제를 시행했고, 이듬해인 1995년 2월부터 경부고속도로 일부 구간에서 주말과 명절 위주로 시행되었다. 이렇게 운영 경험이 쌓이면서 1998년부터는 주말과 연휴에 정식으로 버스전용차선제를 시행하게 된다. 그 후 차선이 차로로 명칭이 변경되고, 2003년 9월부터 평일 고속도로 버스전용차로제 시범 운영을 한 후, 2008년 7월 1일부터 평일 고속도로 버스전용차로제가 정식으로 시행되어 오늘에 이르고 있다.

이 고속도로 버스전용차로제는 처음 도입될 당시에는 많은 토론과 논쟁이 있었다. 특히, 당시 고속도로의 건설과 운영 정책을 담당하고 있던 건설부의 반대가 심했고, 경찰도 단속의 어려움 때문에 반대했다. 그래서 현장 적응 시범 실시의 과정을 거쳐 정식 정책으로 자리 잡기까지 거의 4~5년이나 걸리게 된 것이다.

되돌아 생각해 보면, 투자 소홀로 인해 전혀 예상치 못했던 산업 동맥인 고속도로가 마비되는 상태에 직면했었고, 이제서야 화들짝 놀라 장기투자 대책을 포함하여 당장의 도로정체에 대한 숨통을 틔우기 위한 고속도로 차량 통제 정책을 심각하게 고려하지 않을 수 없게 된다. 불가피하게 시행되었던 고속도로에서의 차량통제 정책은 시행 과정에서 이용자의 입장에서는 커다란 불편을 겪을 수밖에 없었고, 관리자에게는 시행의 어려움이 예상보다 힘들었다. 이런 과정을 거치면서 강제적 차량통제보다 합리적인 교통관리 정책으로서 고속도로의 버스전용차로제가 정착되어 오늘에 이르고 있다.

7. 고속도로정책 소회

　1970년 7월 7일에 준공된 경부고속도로는 우리나라의 교통 역사가 근대를 벗어나 현대로 들어오는 초석이 되었다. 당시의 우리 국력을 생각하면 고속도로를 건설할 재원도, 능력도 없었을 뿐만 아니라, 국가 경제적으로 고속도로가 필요한 시점도 아니었다. 공식 통계자료에 의하면 1970년의 우리나라 GNP/capita는 불과 280달러에 불과했고, 차량등록 대수도 13만 대였다. 그러니 이렇게 가난한 나라에서 고속도로가 무슨 역할을 할 수 있겠냐고 볼 수도 있다. 그러나 박정희 대통령은 우리가 가난에서 벗어나기 위해서는 부국강병 정책이 필요하고, 고속도로와 철강공업이 무엇보다 절실하다고 보고, 처음부터 말도 많고 탈도 많았던 한일회담을 마쳤고, 거기서 마련된 재원으로 경부고속도로와 포항제철을 추진했다. 이러한 결정은 사실 위험부담이 큰 사업이었고, 뒤가 잘 풀리지 않았더라면 사상누각이 될 가능성이 매우 높았다. 그러나 3년 뒤, 세계적 변환기인 제1차 오일쇼크가 도래했고, 떼부자가 된 중동 국가들이 도로, 항만, 주택 등 엄청난 규모의 건설사업을 추진하게 되었다. 이러한 중동 건설 붐은 실업자가 넘쳐나던 우리 사회에 엄청난 기회로 다가왔다. 우리 건설사들은 중동 사업에 진출하자마자 이전까지는 꿈도 꾸어보지 못한 큰돈을 사업 선수금으로 받아 착실한 기업 운영의 기틀을 다질 수 있었고, 수많은 근로자가 해외 건설 현장이 있는 열사의 사막에서 당시 국내 임금의 거의 4~5배에 달하는 국제 수준의 임금을 받았다. 그 당시 해외 취업 건설노동자 수가 1978년에 8만 4천 명에서 1982년에 17만 1천 명으로 증가하여 정점을 찍었다는 해외건설협회의 발표도 있었다. 이때의 해외건설붐을 통해 국가적으로는 산업 발전을 위한 자본 형성이 가능했고, 개인적으로는 소득이 높아져 자가용, 아파트 등을 소유하게 되면서 생활 수준을 높이는 계기가 되었다.

이러한 경제의 선순환 구조가 정착되자 이후 경제개발 계획들이 순조롭게 추진되었다. 국제환경이 유리해지면서 국제금융기구의 차관 공여도 적극적으로 이루어져, 도로와 고속도로에 대한 신규투자가 뒤따르게 되었다. 영동·동해고속도로, 호남·남해고속도로가 바로 이어서 투자되고, 교통정책을 추진하기 위한 전문기구의 필요성에 따라 KIST 내에 지역개발연구소, 국토개발연구원, 교통개발연구원이 차례로 설립되어 정부의 정책개발을 지원하고 각종 제도와 법령이 정비되고 개설되었다.

1980년대가 되면 경제개발의 주축인 경부축에 대한 교통 투자 정책이 이루어지고, 수도권의 비대화를 효율적으로 관리하기 위한 수도권 종합 교통정책이 만들어진다. 그리고 자체 역량이 커짐에 따라 대구·광주고속도로, 중부고속도로, 중앙고속도로 등 고속도로망이 갖추어져 나가게 되었다. 1990년대에 들어오면 차량 증가로 고속도로 주요 구간이 미증유의 교통혼잡에 시달리게 되고, 선진국에서나 보던 고속도로의 교통관리 정책이 주요 현안이 되기 시작한다.

이 모든 근대에서 현대화로 이행하는 고속도로 발전의 전 과정이 1970년에 시작하여 20년 남짓한 극히 짧은 시간에 이루어졌다. 이렇게 도로 정책의 선진화에는 위로는 국가지도층의 올바른 판단이 있었고, 정책기관의 헌신적 노력과 함께 전문 인력들이 적기에 양성되어 효과적으로 산업 저변을 형성했기에 가능한 일이었다. 지금은 환경문제가 중요해지고, 자율주행 등 첨단 교통의 시대를 맞고 있기 때문에 더욱 정교하고 전문적이며 지속 가능한 정책이 필요한 시대다. 그러니 이 분야 전문가들의 진정성과 자신감이 무엇보다 중요하다.

또한, 잘못된 교통정책에 대해서는 진정한 반성이 필요한 것이다. 잘못을 지적하고 반성하는 노력이 있어야 의도적인 잘못을 최소한으로 할 수 있고, 그래야 장래를 위한 보다 진지하고 신중한 정책을 기대할 수 있기 때문이다. 이런 의미에서 최근에 이루어진 몇 가지 교통정책에 대한 유감과 함께 앞으로 우리가 더욱 노력해야 할 도로 정책에 대한 희망을 남긴다.

❱ 교통정책 유감

고속도로에 대한 동일서비스 동일요금 정책의 허구성

수 년전에 이루어진 「동일 서비스·동일 요금」 정책의 허구성에 대해 짚고 넘어가지 않을 수 없다. 문재인 정부는 집권하자마자 2018년 8월에 「민자고속도로 통행료 관리 로드맵」을 발표하여 민자고속도로의 통행료를 한국도로공사가 관리하는 재정고속도로에 준하여 대폭 하향 조정하겠다고 발표하였다. 일부 민자고속도로 이용자들이 재정고속도로보다 비싼 통행료에 대한 불평을 제기하자 깊은 고민 없이 여론에 부화뇌동하는 포퓰리즘(populism) 정책을 추진하여 국가정책의 신뢰성을 떨어뜨린 대표적 사례라고 볼 수 있는 것이다.

2022년 5월, 중앙일보는 이 사안에 대해 다음과 같이 보도했다. "2018

년 8월, 문재인 정부는 「민자고속도로 통행료 관리 로드맵」을 발표했다. 즉, 한국도로공사가 관리하는 재정고속도로의 평균 1.43배에 달하는 민자도로 통행료를 2022년까지 1.1배 내외로 낮추겠다는 것이다. 이를 위해 3가지 방식이 동원되었다. 1) 서울-춘천고속도로의 경우 개통 후 30년간 운영하도록 되어 있던 운영계획을 20년 더 늘리는 대신 통행료를 내리는 방식, 2) 자금 재조달 방식, 3) 신규투자자가 운영수익금 차익을 선납하고 이후 20년간 운영하면서 투자비를 회수하는 방식이다. 천안-논산, 대구-부산고속도로의 경우이다. 투자비 회수의 불확실성 때문에 신규투자자로 한국도로공사를 지정한 것이다."

2018년 3월, 매일경제신문은 "서울외곽순환고속도로 일산-의정부 구간은 민자 법인인 서울고속도로가 도심 통과 교통을 우회시켜 수도권의 교통난을 해소할 목적으로 건설했다. 재정고속도로인 남쪽 구간보다 통행료가 1.7배 비싸다는 지적을 받아왔다. 정부와 민자 법인 간 변경 협약을 체결하여 29일 0시부터 최대 33% 인하한다고 발표하였다. 승용차는 4,800원에서 3,200원으로, 대형화물차는 6,700원에서 4,600원으로 인하한다. 국토부는 민자 법인의 운영 기간을 연장하고, 인하 차액을 신규투자자가 보전하는 방식이다."

2019년 12월, 경향신문은 천안-논산 민자고속도로에 대해 "천안-논산 민자고속도로 통행료가 현행의 절반 수준으로 인하된다. 소형차는 현행 9,400원에서 4,900원으로, 대형화물차는 현행 15,800원에서 7,600원으로 인하된다. 본 도로 이용 차량은 지난해 기준 하루 138,000대가 이용했으며, 기존 통행료는 재정고속도로의 2.09배에 달했다. 통행료 인하분을 한국도로공사가 선 투입하고 사업 종료 시 새로이 유료도로관리권을 설정해서 선 투입금을 회수하는 「도로공사 선투자 방식」으로 인하했다. 김용석 도로국장은 정부는 「동일 서비스·동일 요금」 원칙에 따라 민자고속도로 통행료를 재정고속도로 수준으로 인하하도록 노력할 것이라고 하였다."

문재인 정부는 이 정책에 불만을 가진 이용자들의 마음을 돌릴 수 있을 거로 생각하고 강제로 밀어붙인 것이었다. 국가 정책이 원칙 없이 분위기에 영합해도 되는가! 관련 공무원들은 정치 권력 앞에서 어쩔 수 없었다고 하더라도 관련 분야 전문가들과 언론은 여러 가지 의견을 제시할 수 있고, 다양한 의견들을 종합해서 정부의 정책이 잘못되었음을 지적하는 자정 노력이 있어야 하지 않은가!

뒤늦게나마 중앙일보가 통행료 억지 인하의 결과로 야기되고 있는 문제점들을 보도하면서 관련 전문가들의 의견을 내보냈다. 아주대 유정훈 교수는 "정부가 왜 굳이 민자도로의 통행료를 일괄적으로 낮추어서 승용차 이용을 권장하나?" 인하대의 하헌구 교수도 "30조 원이 넘는 부채를 짊어진 도공에 또다시 큰 부담을 안기면서 무리하게 민자도로 통행료 인하를 추진하는 것은 문제가 있다"는 의견을 보도했다. "통행료를 인하한 결과, 교통량 폭증, 특히 화물차가 50% 폭증하였다. 2021년 대구-부산 간 요금 인하로 교통량이 평균 18.4%가 늘었다. 중형화물차는 40.8%, 대형화물차는 58.7%가 늘었다. 화물차는 통행료에 보다 민감한 결과이다. 주변의 국도이용 화물차가 대거 고속도로로 몰려든 것이다. 통행료 인하를 통해 서민부담을 덜어준다는 취지에 못지않게 안전 유지는 양보할 수 없는 가치이다. 낮춘 통행료를 다시 올리면 반발이 크고 명분도 약하다. 안전관리에 더 힘을 쏟고 투자해야 한다"고 보도했다. 그런데 중앙일보의 이런 지적은 이미 정책이 집행되고, 현장에서의 문제를 확인한 후에 보도된 것이다. 사후에라도 지적할 걸 지적해서 다행이긴 하지만, 사전에 전문가들의 의견을 종합해 문제를 지적하는 것이 언론의 사명 아닌가!

그러나 통행료 강제 인하 정책은 이러한 현실적 어려움 못지않게 민자도로의 존재 이유 자체를 부정한 정부 정책이었으며, 국가 정책을 논리와 사실에 입각하지 않고 감정에 호소한 전근대적 조치를 함으로써 정책의 신뢰성에 큰 훼손을 가한 것이다. 국가를 구성하고 있는 국민에게 부지불식간에 정부 정책에 대한 잘못된 신호를 준 실책이었다고 하지 않을 수 없다.

그럴듯하게 포장한 「동일 서비스·동일 요금」에서 무엇이 동일 서비스인가? 같은 고속도로니까 동일 서비스인가? 같은 환경에 있는 것이라야 같은 서비스라고 할 수 있는 것 아닌가? 그렇지 않다면 미국의 고속도로와 한국의 고속도로가 같은 고속도로니까 같은 요금을 받아야 하는가? 정부가 건설하고 한국도로공사가 관리하는 재정고속도로와 민간이 건설한 고속도로가 같은 고속도로인가? 왜 이런 기본적인 질문을 하지 않고 이런 포퓰리즘에 전문가와 언론이 동참해야 하나?

이런 질문에 답하려면 왜 유료도로를 건설해야 하는가에 대한 질문부터 할 필요가 있다. 그리고 민자도로의 기능이 무엇인가? 가능하면 모든 고급도로가 무료로 운영되면 훨씬 더 좋은 것 아닌가? 이런 유료와 무료도로에 대한 논쟁은 역사적으로 해묵은 이슈였고, 그 결론은 사실상 분명한 것이다.

기본적으로 모든 도로는 무료로 공급되면 그 혜택이 이용자의 효용 증가로 이어지고 사회 전체의 이익이 극대화될 수 있다. 그러면 왜 유료도로가 필요한가? 정부의 기능은 언제나 국민 전체에 대한 복지로서 최대한의 도로 공급을 하는 것이다. 그러나 정부의 재정은 늘 부문별로 경쟁체제 하에서 분배될 수 밖에 없다. 그러므로 도로에 대한 투자속도가 제한될 수밖에 없다. 그래서 적정 수준의 도로를 적정속도로 공급할 수밖에 없는 것이다. 그런데 일반 재정경쟁의 틀에서 벗어나 이용자가 직접 비용을 부담한다면 더 빨리 양질의 도로를 공급할 수 있는 것이다. 그래서 유료도로가 의미를 갖는 것이다.

경제 사회활동은 통행을 통해서 이루어진다. 통행비용을 줄여주면 경제활동의 기본비용이 절감되어 경제가 활성화된다. 그러므로 도로를 개량하거나 보다 수준 높은 도로를 제공하는 것이 필요하고, 가능하면 무료로 하여 기본비용을 줄여주는 것이 좋다는 것이 오래된 도로 건설의 합목적성이다. 그러나 국가 재정이 무한한 것이 아니고 언제나 사회의 다른 부문과 경쟁 속에서 우선순위에 따라 도로 투자도 이루어지는 것이다. 그렇기 때문에 정부의 투자우선순위에 들지 못하지만, 미리 선투자를 통해 양질의 교통서비스를 제공할 목적으로 민간 자본을 통한 도로 투자를 하는 것이 민자고속도로이다.

여기에서 두 가지 사항을 염두에 두어야 한다. 첫째는 민간투자 도로는 당시 정부의 투자우선순위에 들지 못하기 때문에 재정투자를 받을 수 없는 것이고, 따라서 재정투자가 보장하는 최저비용의 국가적 서비스 대상이 되지 못하는 것이다. 둘째는 지역적 범위를 좁혀서 해당 도로의 이용자가 국가 전체의 입장에서 보다 특정 지역에 그 영향이 제한될 소지가 큰 것이다. 그러므로 이럴 경우 그 사업의 국가 전체적 효과보다 지역적 내부 효과에 의한 판단이 보다 중요한 것이다. 다시 말해 같은 고속도로라고 해서 같은 도로가 아니고 특정 지역에 대해 다른 도로보다 특별히 더 고급의 도로이며, 정부의 재정투자를 기다리려면 한참을 더 기다려야 하는 것이므로 비싼 통행료를 내더라도 보다 일찍부터 고급서비스를 이용하고자 하는 이용자에게 부응하는 것이다. 이것을 무작정「동일서비스·동일 요금」이라는 정치 슬로건화 하는 것은 옳지 않은 것이다.

국가가 제공하는 유료도로(우리나라의 경우 한국도로공사가 관리하는 국가 고속도로)의 경우, 하나의 타당성 기준에 의해 구축되는 것으로 서비스 체제를 달리할 이유가 없는 것이고 요금을 달리할 명분이 없는 것이다. 이것이 한국도로공사가 유료도로를 운영하면서 견지해 오고 있는 이유이기도 하다. 즉, 경부고속도로와 같이 채산성이 우수한 도로가 건설, 유지비용이 완전히 상환된 뒤에도 계속해서 유료도로로 유지하기 위해 채택한 이론이었다. 즉, 다른 채산성이 낮은 유료도로를 함께 같은 수준으로 관리 운영하기 위하여 상환이 끝난 도로에 대해서도 유로로 운영할 필요가 있다고 주장한 근거였다.

국가 유료 고속도로로 건설하기에는 우선순위가 떨어지거나 민간의 창의력을 활용하여, 민간의 힘을 빌려서 유료 고속도로를 구축할 경우 고급서비스를 국가 경제적으로 타당성이 담보되는 시기보다 앞당겨서 이용자에게 제공하는 것이고, 그 도로의 이용자는 자기의 자발적 선택에 의해 이용하는 것이므로 국가 고속도로와 「동일 서비스·동일 요금」이라는 말은 성립하지 않는 것이다. 왜냐하면 이 사업은 국가의 투자우선순위에 들지 않고 있는 사업으로 국민 전체가 감당하는 국가사업이 아닌 것이다. 이 경우 자기 청산체제를 갖추어야 하고, 사업계획에서부터 건설, 운영 전반에 걸쳐 이 기준에 따라 검토와 협의 과정을 거치는 것이므로 이 사업 자체의 내부 청산 기준을 따르는 것이 옳은 이해인 것이다. 이것을 받아들이지 않는다면 애초에 이 유료도로는 건설해서는 안 되는 것이다.

이를 무리하게 국가의 일반 고속도로와 같은 요금으로 강제할 경우, 사용기간 연장 등 조치를 하여 당장의 재정 부담은 줄인다고 하더라도 사업우선순위를 왜곡하게 되는 것이다. 그리고 민간 체제의 우수성을 적용할 환경을 없애게 되어 장기적으로 도로 발전을 저해한다고 밖에 볼 수 없다. 민간의 창의성은 어디에도 발붙일 곳이 없어지고 그냥 국가 재정을 민간에게서 빌린다는 궁색한 조치에 불과한 것이다.

타다 택시에 대한 어설픈 타협 정책

　전통적인 택시는 우리나라의 대도시, 특히 서울에서 여러 가지 사회적 지탄을 받아온 이력이 있어서 이미지가 좋지 않은 것이 사실이다. 밤늦은 시간이나 출퇴근 때 등 수요가 몰리는 시간대의 승차 거부는 좀처럼 해소되지 않은 고질적인 문제라고 할 수 있다. 우리의 사회 여건과 택시에 대한 시장진입 및 요금 규제 등이 너무 경직되어 있어서 비롯된 문제인 것이다. 과거 정부가 정책적 당근으로 사용해 온 개인택시는 단순한 운송 면허를 넘어서 개인의 재산권화 되어서 수급 조절 기능을 극도로 경직시키고 있어서 문제를 더욱 어렵게 만드는 요인이기도 하였다.

　택시는 기능상 노선과 시간이 정해지지 않고 승객의 필요에 따라 목적지로 가는 개인 특화된 교통수단이지만, 정해진 요금을 받아야 하는 공공 교통수단이다. 그래서 준 대중교통으로 취급받고 있다. 허가된 운행 대수는 있지만, 실제 운행 여부는 택시회사나 택시 운전기사가 결정하게 된다. 따라서 인센티브가 없는 상황에서는 수요에 따른 탄력적인 대응이 어려운 특성이 있다. 수요가 급증하는 장소나 시간대에 탄력적으로 대응하기 위해서는 탄력적인 요금 정책이 필요한데, 택시의 공공성이 지나치게 강조되어 요금 구조 자체가 아주 경직되어 있었다. 일반택시에 더하여 값이 비싼 모범택시를 등장시키는 등 서비스와 요금에서 제한적인 차별이 도입되었고, 콜기능과 부가 요금의 제도화가 만들어졌지만, 여전히 기본적인 수급불균형과 그로 인한 승차 거부 또는 택시 잡기 어려운 현실이 개선되지 않고 있었다.

　이런 상황에서 2000년대에 들어오면서 활성화된 IT기술이 응용되면서 카카오택시가 등장하게 된다. 카카오택시는 2015년 4월 1일 처음 출범하였고, 2015년 11월 3일에 카카오택시 블랙, 2017년 10월 24일에 내비게이션과 대리운전 기능을 흡수하고 주차 기능을 추가해 카카오 T 택시로 발전하게 된다. 이렇게 도입된 카카오택시는 기존 택시회사와 영업 제휴를 하면서 예약제도를 정착시키고 콜제도를 활성화한 긍정적인 면이 많았으나, 택시의 고질적인 문제인 승차 거부 등은 시정되지 않았다. 기존 택시 영업 방식이 그대로 지속되었기 때문이었다.

이런 와중에 타다 택시가 등장하였다. 타다 택시는 쏘카의 이재웅 대표가 스타트업 VCNC를 인수하여, 2018년 10월에 모회사 쏘카 소유 차를 빌려서 렌터카 형태로 운영하는 시스템으로 시작하였다. 승차 거부 없음을 모토로 11인승 차량으로 택시 시장에 신규로 진입한 것이었다. 즉, 택시 영업을 하면서도, 형식을 달리하여 단기 렌터카 영업을 준용하여 시작하였다. 예약, 콜 등은 카카오택시와 같았으나, 수요에 탄력적인 요금 적용은 기존의 택시 영업에서는 인정되고 있지 않지만, 타다 택시에서는 렌터카 영업방식에 따라 할증제도를 채택함으로써 수요 탄력적인 영업환경을 만들어 이용자에게 상당히 긍정적인 영향을 미쳤다. 타다 택시의 인기가 높아지자, 기존의 택시업계가 반발하고 나섰다. 관련 법의 허점을 이용한 위법이라는 것이고, 검찰의 조사가 시작되어 사법 문제가 되었다.

2019년부터 논란이 시작된 타다 회사는 「타다의 서비스가 고객이 초단기로 대여하는 새로운 렌터카 시스템의 일종」이라고 주장했다. 즉, 타다는 자신들이 「차량대여사업자(렌터카사업자)」이며, 여객자동차 운수사업법 제34조(유상 운송의 금지 등) 2항과 그 시행령을 근거로 운영된다는 것이었다. 서울중앙지법 박상구 부장판사는 2020년 2월 여객자동차 운수사업법 위반 혐의로 기소된 이재웅 쏘카 대표와 박재욱 VCNC 대표, 그리고 각 법인 등에 무죄를 선고했고, 2023년 6월 대법원에서 무죄가 확정되었다.

대법원의 무죄 판단은 기본적으로 법률 조문상의 위반 여부와 그로 인한 비교 형량을 기준으로 한 것으로 보이지만, 보다 중요한 것은 교통 정책상의 해석과 개선책 마련일 것이다. 법률적 처분은 처분이고 정책적 개선책을 다듬는 노력이 필요한 것이다. 그런데 그 후 진행된 과정을 보면 문제를 덮기에 급급하여 미래 지향적 정책을 외면한 아쉬움이 남는다.

타다 택시가 법의 편법을 이용했다는 업계의 비판도 많았지만, 시장에서의 인기가 급상승하는 긍정적 현상도 나타났다. 즉, 기존의 택시 환경에 실망했던 소비자들이 「값은 비싸지만, 소비자에게 긍정적인 새로운 서비스가 왜 거부당해야 하냐?」고 주장하게 된 것이었다. 법의 편법을 이용한 것은 비판받을 수 있지만, 그것은 그것대로 처벌받으면 되고 새로운 서비스가 긍정적인 측면이 있다면 이를 시장에서 확대될 수 있도록 문호를 개방하는 미래지향적 정책이 필요하다고 보는 관점이다. 국회에서도 당장의 법의 미비점을 보완하는 폐쇄적인 조치만 취하고 만 것이었다.

타다 택시의 서비스는 수요자가 원하는 것이었으므로 상당한 반향과 지지를 받았다. 정책 당국은 기존 시장을 파괴하지 않는 범위내에서 점진적으로 고객의 요구에 부응하는 정책을 펴는 것이 보다 발전적인 자세일 것이다. 즉, 타다가 시도한 서비스를 새로운 택시 서비스로 발전시키는 장기적 종합적 방안을 수립하고, 시범 지역을 정해 시장 진입을 다양화하고, 지역적으로 확대해 가는 전략이 보다 현실적이고 미래 지향이라 할 수 있지 않을까!

실제로는 단지 당장의 법의 허점을 메우기 위한 개정 입법 노력이 있었을 뿐이었다. 그렇지만 이런 소동을 통해 새로운 서비스에 대한 이용자의 요구사항이 확인된 것이고, 그 결과 과거에는 상상도 할 수 없었던 다양한 할증제도가 허용되어서 수요 조절에 한 역할을 할 수 있게 된 것이 그나마 실적이라고 볼 수 있다. 타다 택시가 그동안 오래 계속된 다람쥐 쳇바퀴식의 택시 정책에 숨통을 틔워 준 것이라고 볼 수 있기 때문에 박수를 받을 자격이 있는 것이다.

서울-양평고속도로 노선 변경을 둘러싼 갈등

서울 송파구 오금동에서 경기도 양평군 양서면으로 계획된 고속도로였다가 후에 강상면으로 계획이 변경된 후, 야당의 의혹 제기와 정부의 백지화 선언까지 이른 고속도로 안이었다. 당초 변경안 기준 총연장은 29.0km이고, 나들목 4개소와 분기점 3개소가 계획되어 있었다. 그런데 더불어민주당의 정치적인 문제 제기로 2023년 7월, 원희룡 국토교통부 장관이 노선 계획을 백지화했다.

계획 노선은 서울특별시, 위례신도시, 교산신도시 남쪽을 통과해서 양평을 연결하는 도로이다. 서울과 양평을 잇는 6번 국도의 교통량이 많아 교통 정체가 심해 이 문제를 해결하기 위해 지역 정치권을 중심으로 지속적인 건설요청이 있었던 도로이다. 예비타당성 조사에서는 노선이 감일지구 인근을 지하로 관통하여 양평군 양서면으로 연결되는 것으로 되어 있었다. 그후 2023년 5월에 노선 변경안이 공개되었다. 더불어민주당이 노선변경에 대해 의혹을 제기했다. 당초 양평군 양서면으로 계획되었던 종점이 개정안에서 대통령실 고위 인사 일가의 선산이 있는 양평군 강상면으로 바뀌었다는 것이다.

국토부는 그동안 예타 이후 타당성 조사 등을 거치며 고속도로의 시점과 종점이 바뀐 노선이 14개에 달하는 만큼 서울-양평 고속도로의 노선 변경이 이례적인 것이 아니라는 점을 강조했다. 국토부는 예타 이후 타당성 조사 및 기본, 실시설계 과정에서 환경영향 평가, 관계기관 및 주민 의견 수렴, 기술 검토 및 지반 조사 등의 과정을 거치면서 노선 변경이 잦다고 설명했다. 이러한 변경은 주민 피해를 최소화하고 보다 효율적이고 안전한 도로를 만들기 위한 과정이라고 밝혔다. 더불어민주당은 서울-양평 노선의 경우 원안의 55%가 바뀌어 사실상 다른 노선이 됐다고 주장하였다.〖**별첨1-10.** 서울~양평 고속도로 노선〗

의혹을 제기하는 것은 원래 야당의 몫이라고 할 수 있다. 그런데 정부의 설명이 다 옳고 야당의 의혹 제기가 근거가 없는 것이라고 하더라도, 이 사업에 대한 정부의 설명 방식과 관련 전문가들의 역할에 대해서는 아쉬움이 남는다. 사업 책임자인 정부는 이 사업의 경제적, 정책적 타당성을 사실대로 설명하면 그만이다. 그리고 예타 이후 본 사업까지 필요할 경우 사업 내용이 변경될 수 있음을 설명하는 것이지 그런 경우가 14건이나 있었다느니 몇 건은 여기보다 더 많은 변경이 있었다는 식의 설명은 논점을 흐리기만 할 뿐이다. 지역사회와 국가적 교통망에서 타당성이 확보되었다는 사실만으로 충분한 설명이 되는 것이지 더 이상 무엇이 필요하다는 것인가!

도로의 노선을 결정하는 데 어느 것이 가장 타당한 노선인지 결정하는 일은 정교하게 정립되어 있다. 경제성, 교통 분담 효과, 기술적 문제, 환경 영향 등을 객관적으로 판단하고 여기에 주민들의 의견까지 수렴하기만 하면 되는 것이다. 타당성 조사는 그걸 확인하기 위해 하는 일이다. 당연히 누구의 땅이 어디에 있는지는 그리 중요한 문제가 아닌 것이다. 구체적인 사업 설명이 없더라도, 지도만 봐도 그 필요성이 있어 보이는 노선이다. 즉, 서울 동부의 일상화되어 가는 교통혼잡 상황에서 서울로 들어오는 또 하나의 연결로를 확보할 뿐만 아니라 건설 중인 중부내륙고속도로의 연장선, 안성-구리 노선을 연결하고 있어서 장래 이 일대의 교통 분산을 가능하게 하고, 수도권 제1 순환선과 건설 중인 제2 순환선을 연결하여 이 지역 일대의 교통망을 보다 촘촘히 하여 대안 노선을 제공하고, 교통혼잡이 극심할 경우 대체 노선을 제공함으로써 분산 효과가 클 것으로 보이는 노선이다. 단, 강서면으로 연결하는 것과 강상면으로 연결하는 것 중 어느 것이 더 효과적인가는 전문적인 분석 결과를 따르면 되는 것이다. 정부의 설명대로라면 당연히 변경안이 보다 효과적이기 때문에 변경한 것이라면 그것으로 설명은 충분한 것이다.

예타를 시행할 때에 비교노선을 충분히 검토하지 못한 것은 문제의 소지가 전혀 없는 것은 아니다. 그러나 예타의 특성상 비용과 시간을 줄여 가능한 한 간단히 검토하는 것이 본래의 취지이다. 따라서 예타를 거친 것이라고 해서 노선이나 기타 도로 제원을 변경하지 못한다면 이는 더 큰 문제의 소지가 될 수도 있다. 이후 본 타당성 조사까지의 과정에서 더 많은 시간과 비용을 들여 정밀한 분석을 실시하여 보다 나은 노선, 교차로, 공법 등 보다 정교한 검토가 이루어지므로 변경될 수가 있는 것이다.

1985년 무렵 중부고속도로의 계획이 완료되었을 때 당시 야당이었던 김정길 의원이 중부고속도로 주변에 골프장이 내인가 난 소문을 가지고 김성배 건설부 장관을 상대로 대정부 질문을 통해 끈질기게 의혹을 제기한 적이 있었다. 결국은 노선선정이 잘못되었다는 논쟁을 자정을 넘어서까지 이어갔지만, 김성배 장관은 노선선정에 대해서는 전문가의 판단을 믿어야 한다고 주장하면서 양보하지 않고 상황을 마무리한 기억을 떠올리지 않을 수 없다. 그리고 이런 전문적인 문제가 제기될 때 교통 전문가의 역할이 더욱 강조되어야 한다. 제기된 문제 중 정치적 의혹은 건드릴 필요가 없고, 전문적인 판단 기준을 분명하게 파악하고 국민에게 전달하는 노력이 필요하다. 그래야 논점을 흐리지 않고 불필요한 정쟁으로 인한 사회비용을 줄일 수 있다. 만약 전문가들의 명확한 설명이 있었다면, 정쟁과 문제 파악을 분리하여 이해하는 데 도움이 될 수 있었을 것이다.

판단의 기준은 도로 건설 목적, 교통량 분산, 교통처리 비용, 운영상 안전성, 환경피해, 주민 피해 등 제반 요소를 합리적으로 종합하여 평가한 결과인 것이며, 이를 알기 쉽게 설명해 주면 되는 것이다. 정치적 논쟁의 어느 쪽에도 설 필요가 없고, 전문적 분석자료에 의한 전문적 판단만을 가지고 변경안이 우수하다 아니다를 분명하게 설명해 주었어야 했다. 그래야 일반 국민들이 쓸데없는 논쟁에 휩쓸리지 않게 된다. 일부 토론회에서 이 문제를 다루기는 했지만, 여야의 극한 대립을 고려하여 구체적인 언급 없이 사업 추진의 법적 절차만을 설명하는 소극적인 토론으로 끝나 실망스러웠던 기억이 있다.

❱ 향후 연구 희망

고속도로와 국도, 지방도 등에 대한 보다 명확한 성격 규정

우리가 농업 사회였던 과거에는 효율적인 도로의 필요성에 대해 눈 뜨지 못했기 때문에 전국적인 도로망의 건설이 국가적 의제가 되지 못했다. 1930년대 농산물 후방 수송과 보급로 확보 차원에서 일본이 전국적인 도로망 계획과 구축을 추진하였다. 이들은 후에 해방과 함께 우리 국도의 초기 근간이 되었다. 그러나 6·25를 겪으며 그나마 가지고 있던 기초적인 도로망이 파괴되었다. 이어서 터진 4·19 혁명, 5·16 군사혁명을 거치면서 1960년대가 되어 비로소 국토 전체에 대한 개발계획이 이루어지기 시작했다. 공산주의 국가에서나 사용하던 국가 주도의 경제개발 5개년 계획이라는 용어도 그때 등장하였다. 1961년에 시작된 제1차 경제개발 5개년계획이 성공적으로 달성되면서 초기 산업화가 시작되었다. 물동량 이동이 증가하고 빈약한 도로망에 대한 불편함을 체감하게 되었고, 경제에서 수송의 중요성을 인식하게 되었다. 제2차 경제 개발 5개년계획 2차년도인 1968년에 시작된 경부고속도로의 건설로 그보다 낮은 수준의 국도 정비 및 개량이 이루어지기 전에, 최첨단 고속도로의 건설부터 시작하게 된 것이다. 이 계획의 4차년도인 1970년에 경부고속도로가 준공되어 우리나라에 고속도로 시대가 열렸다. 그리고 고속도로를 활용할 국가의 공업단지 건설계획이 함께 추진되었다. 경제개발 5개년계획이 연이어 성공적으로 추진되었고 그 결과 물동량 이동이 눈에 띄게 늘어나기 시작하였다.

1960년대 초 세계 최빈국 수준의 국가 경제가 1971에 1인당 GNP가 900불에 육박하면서 늘어나는 물동량을 소화하기 위해 IBRD와 ADB 차관으로 국도의 개량과 포장 사업을 체계화하기 시작했다. 1971년 당시는 경부, 경인 두 고속도로가 개통되어 관리연장이 457.5km였으나 1973년에 호남·남해고속도로 358km가 준공되고 영동고속도로의 일부인 신갈-새말까지 완성되어 총연장이 900km에 달했다. 1975년에 영동고속도로의 남은 구간과 동해고속도로가 준공되어 고속도로 총연장은 1,000km를 넘게 된다. 이후 고속도로는 국가 경제의 신장과 함께 2000년대 초에 3,000km에 달하고, 2010년대에 4,000km를 넘는 급격한 신장세를 보인다. 1970년대의 빈약한 고속도로망이 지금은 촘촘한 그물망을 형성하여 국토를 종횡으로 연결하여 선진국형 도로망으로 변화한 것이다.〖별첨1-11. 1970년대의 고속도로망〗〖별첨1-12. 2000년대의 고속도로망〗

1990년대에 들어오면서 일반국도의 정비와 개량도 함께 대대적으로 이루어지게 된다. 문제는 과거의 불량한 선형을 가진 국도를 개량하면서 선형 개량을 무리하게 하느라 터널이 늘어나고 대량 성토 구간이 많이 만들어지게 되어 도로로 인한 지역 분리 현상이 심각하게 이루어진 곳이 많다. 가뜩이나 가용토지가 부족한 우리 여건에서 도로로 지역 분리가 심화되면 생활의 불편이 가중되고 삶의 질이 훼손될 수밖에 없다. 산지가 대부분인 우리나라의 지형상 선형을 우수하게 하려면 피할 수 없는 문제이긴 하지만, 보다 본질적으로 모든 도로가 다 이렇게 우수한 선형을 가져야만 하는가 하는 질문을 하지 않을 수 없는 것이다.

모든 도로가 다 고속도로처럼 선형이 우수할 필요는 없는 것이며 그렇게 되어서도 안되는 것이다. 교통은 그 목적에 따라 여행거리도 다르고 여행 목적도 다른 것이 보통이다. 그리고 이런 다양한 형태의 교통이 한결같이 다 중요한 것이다. 교통목적에 맞게 필요한 도로가 필요한 만큼 갖추어져야 훌륭한 교통체계가 구성되는 것이다. 고속도로는 수송 효율이 중요한 것이므로 비용을 들이더라도 지역 분리를 극복하여 우수한 선형을 유지할 필요가 있다. 그러나 그 이외의 도로는 고속도로를 진입하거나 진출하는 차량을 모아서 배출하는 집·분산 기능을 갖는 도로가 많이 필요하다. 그리고 도시 간을 단순히 연결하는 기능을 갖는 일반 생활 도로가 더욱 많이 필요한 것이다.

집·분산 도로는 속도는 떨어지더라도 용량이 충분해야 하므로 일정 수준의 선형 수준과 도로 폭이 충분해야 한다. 그러나 일반 생활 도로는 주행 속도보다는 연결성과 주행 안전에 중점을 둘 필요가 있다. 그러므로 무리한 선형 개량보다는 지형 조건을 최대한 따라가면서 안전한 주행 조건을 만드는 것이 중요하다. 이러한 도로의 기능별 분류가 중요한데 우리의 도로분류는 행정 체계상 분류를 기능분류에 맞추어 의존하고 있는 느낌이다. 크게 고속도로, 국도, 지방도, 시·군도 등 관리주체를 지정하기 위한 도로분류인 것이다.

따라서 고속도로와 보조 간선형 국도는 수송 효율을 유지해야 하므로 선형과 도로용량을 충분히 고려해야 한다. 그리고 집·분산 도로는 간선도로를 출입하는 도로로서 교통량을 집·분산해야 한다. 따라서 속도보다는 충분한 교통 처리용량을 가질 수 있도록 일정 수준의 선형조건과 도로 폭을 유지해야 하고, 단순 도시 간 연결도로는 속도보다 환경성, 안전성이 강조되는 도로로서 행정관할과 관계없이 교통안전, 지형 순응, 속도제한 등 도로 설계기준에 대한 새로운 기준 설정이 필요하다. 특히 자율주행 시대를 고려한 간선도로 기준, 친환경을 강조하는 연결도로에 대한 설계기준, 도로 부대시설 등에 대한 연구 노력이 필요하다고 보인다.

도로의 계획은 보통 20년을 목표로 한다. 이는 사용 연수가 20년이라서가 아니라 가시적인 예측 기간을 20년으로 삼는다는 뜻이고, 실제로는 끊임없는 보수와 개량을 통해 거의 무한정 사용할 수 있는 내구재이다. 보수는 시설물의 안정을 위하여 주기적으로 수시로 이루어져야 하므로 모든 도로가 처음 건설될 때부터 보수 계획과 필요 예산의 할당이 필요한 것이다. 과거처럼 도로의 연장이 많지 않았을 때는 신규 건설비에 국가적 역량이 모아졌지만, 고속도로 연장만 해도 4,000km가 훨씬 넘어서고 있는 지금부터는 신규 건설만큼 유지 보수를 위한 계획과 기술개발, 필요 예산 충당 등이 큰 과제가 되기 때문에 연구의 대상도 이를 반영하여야 할 것이다.

고속도로의 상습 정체 구간 개선

고속도로 설계 시 전체 구간이 일정한 교통처리 용량을 갖도록 시공되었으나 실제 운영 과정을 보면, 교통처리 용량이 일정하지 않아 부분적인 상습 교통정체가 발생하는 경우가 많다. 물론 중간에 출입 시설이 있어서 나가고 들어오는 교통량의 차이가 커서 실제 도로상 교통량의 크기 차이가 나므로 교통속도가 떨어지고 교통서비스 수준이 현격히 저하

될 수 있다. 아니면 상당 구간 출입 시설이 없거나 이의 영향이 크지 않음에도 불구하고 특정 구간에서 교통정체가 유발되고 지속되는 시간이 반복적으로 일어나는 경우가 있다. 교통사고나 기상 조건, 특정 저속차량의 합류 등으로 인한 것이라면 일시적인 정체로 끝나지만, 이런 정체가 거의 일정 시간대에 반복적으로 발생하는 것이라면 해당 구간의 교통량 처리 용량이 떨어지기 때문이라고 볼 수 있다.

물리적으로는 같은 시설량, 즉 차선폭, 포장 상태, 차선수 등이 동일하지만, 실제 운전자가 느끼는 상태는 다를 수가 있다. 종단 구배도 영향을 미칠 수 있고, 미세하지만 포장 상태에도 영향을 받을 수 있고, 도로 옆 부속시설의 형태, 크기 및 이격 거리에도 영향을 받을 수 있다. 이런 것은 구체적으로 계량할 수 없더라도 집학적으로 그로 인한 부정적 영향이 주행속도의 하락으로 나타날 수 있는 것이다.

이의 부정적인 영향의 대체적인 것은 도로용량 산식에서도 고려하고 있다. 그러나 실제 현장에서는 이보다 더 미세한 조건 변화가 주행속도에 생각보다 많은 영향을 줄 수가 있다. 그래서 외관상 같은 도로이지만 미세한 외부 조건에 따라 주행속도가 현저하게 떨어지는 구간이 나타날 수 있다. 이는 계획이나 운영평가를 위한 도로용량 산정식으로는 파악하기 어려운 경우가 많다. 그러므로 실제 운영 중인 도로에서 교통량에 따른 주행속도의 변화를 측정하여 심각한 영향이 있는 경우에는 별도의 개선책을 세울 필요가 있는 것이다.

도로상에서 교통 지체 등 문제가 발생하면 무엇보다 주행속도의 변화를 측정하는 노력부터 시작해야 한다. 주행속도가 평균적으로 어떻게 하락하고 있는가를 측정하기 위해서는 지점 속도 관측으로는 파악이 어렵고, 일정 구간에 대한 거리 가중 평균속도(space mean speed)를 사진 촬영 등의 방법으로 확인할 수 있다. 이를 기준으로 도로용량을 검증하여 현저한 차이가 날 때는 도로 확장, 우회로 확보, 일정 속도 이상 유지토록 촉구하거나 경고, 또는 상류측 출입 교통량 통제 등의 조치가 필요하다.

고속도로 휴게소를 활용한 지역개발

고속도로 휴게소는 도로 주행 시 휴식, 차량 서비스 등을 위한 용도로 고속도로 일정 구간마다 설치하여 운영하고 있다. 이곳에서는 차량과 관련된 정비, 주유 등의 서비스와 여행자를 위한 식음료, 휴식 등의 역할을 제공한다. 휴게소를 벗어난 이면 지역은 보통 산지이거나 오지로 인가와 거리가 멀다. 이러한 지역들을 관광이나 휴식 시설로 개발하면 휴게소를 활용한 편리하고 접근성이 용이한 관광자원이 될 수 있다.

이렇게 되면 산간 오지가 상당수 고속도로에서 접근이 용이한 편리한 지역으로 바뀌어 차량 이용자들이 쉽게 이용할 수 있는 오지 속 휴게시설이 될 수 있고, 오지에 살고 있는 산간 주민들에게는 외부 세계와의 연결이 쉽게 되어 국토 전체의 효용이 증가하게 된다. 휴게소에 인접한 이면 산간 지역을 도로 운영사의 부대 사업화하게 되면, 날로 증가할 도로 관리 비용을 부담해야 하는 도로 이용자의 부담을 줄여 나갈 수도 있게 될 것이다.

고속도로와 관련된 중요한 시설 중 하나는 물류단지이다. 지금은 경제 규모가 커지면서 복잡한 물류체계가 많이 요구된다. 물류시설의 적지는 우선 고속도로에서의 접근이 용이하면서 일반주민 생활에 지장을 주지 않아야 한다. 그러면서 지가가 비싸지 않아서 보관 비용이 싸게 들어야 물류비용을 줄여 시장 가격을 낮게 유지할 수 있다. 이런 점에서 고속도로와 연결된 산간 지역이 물류 시설의 입지에 중요한 거점이 될 수 있다. 민간투자 고속도로 사업에서 부대사업으로 활용할 수 있고, 기존의 고속도로에서도 가능한 적지를 활용할 수 있을 것이다.

제 2 장

고속전철

과거 경부고속도로의 건설 과정에서 찬반이 엇갈렸듯 경부고속전철의 건설 과정에서도 찬반이 엇갈렸다. 되돌아보면 두 프로젝트 모두 당시 의사 결정권자들의 탁월한 판단이 놀랍다. 그들의 결정도 결국은 정확한 정보와 데이터에 근거한 것이었다.

오늘날, 「고속전철은 누가 그 자리에 있었어도 결국은 다 이루어졌을 것이다」라고 쉽게 말하는 사람들이 있다. 그것은 경제발전 과정에서 시간의 소중한 의미를 모르고 하는 말이다. 고속전철 건설에 반대하던 사람들은 「왜 기초 기술도 없고, 국가 재정도 부족한데 졸속으로 그 일을 추진하려 하느냐」고 했지만, 고속전철 선진국들이 누리던 시간적, 경제적 혜택을 곁에서 지켜봐야만 했던 우리와 같은 후발주자들에게는 당치 않은 주장처럼 생각되었다.

고속도로의 혜택을 그 누구보다 성공적으로 누려온 우리가 경제성장과 함께 급증하는 교통수요를 반드시 해결해야 할 시점에서 고속전철을 구상하는 것은 자연스러운 일이었다. 이 과정에서 필자는 선행 연구에 참여하여 선진국의 고속전철 사례를 접했고, 경부고속전철 사업 초기부터 확정까지의 쉽지 않은 여정을 함께 하게 되었다.

경부고속전철 기술조사를 막 시작한 1989년 당시의 우리나라는 고속전철은 고사하고 일반철도의 제조 능력은 물론 설계 전문회사조차 단 두 곳밖에 없는 초라한 환경이었다. 그러나 이런 환경 속에서도 세계적인 첨단기술을 활용하려는 높은 이상을 가진 선배들이 있었다. 1970년대 중반, 당시로는 이론과 모형으로만 존재하던 자기부상열차를 도입하여 새로운 교통체계를 수립함으로써 좁은 우리 국토를 효율적으로 이용하자는 제안을 하기도 했다.

지금은 거의 모든 선진국에서 고속전철 건설 붐이 일고 있고, 중국은 고속전철의 건설은 늦게 시작했지만 가장 적극적인 나라가 되어 있다.

이렇듯 오늘날 고속전철은 한 나라의 기술력과 재정력의 척도가 되고 있다. 이제는 우리나라도 산천, 해무 등 고유브랜드를 갖고 해외시장 진출을 추진할 정도로 기술력이 크게 발전하고 있다. 그리고 전국의 모든 지방이 고속전철의 건설을 요구하고 있는 시대를 맞았다.

하지만 과거를 되돌아보면 아찔한 생각이 든다. 만약 경부고속전철 사업에 관심이 적었던 김영삼 정부에 이어 김대중 정부도 무조건 반대하던 입장을 고수하면서 호의적으로 돌아서지 않았더라면, 그리고 또 이 일을 맡은 이정무 장관이 확실한 추진 의지를 가지지 않았더라면 이 사업은 십중팔구 중단되었을 것이다. 이 글을 읽고 있는 독자들은 이 말이 잘 믿기지 않겠지만, 김대중 정부 초기인 1993년 3월 국회 예결위의 대정부 질문에서, 김대중 대통령에게 본 사업을 중단하고 새로운 대안을 건의하는 감사원장의 말이나 사업 추진을 재고하는 게 어떠냐는 정우택 의원의 질의 내용을 보면, 그때의 분위기가 어땠을지 간접적으로 실감할 수 있다. 만약 그 상황을 극복해 내지 못했더라면 우리는 지금도 고속전철을 가지고 있지 못했을 것이다.

몇 년 전 필자가 태국에 갔을 때, 과거 민간투자로 건설이 중단되어 흉물스럽게 방치된 전철을 본 적이 있다. 자칫하면 우리도 그렇게 되었을 것이다. 그래서 국가사업에 종사하는 사람은 애국심으로 냉철한 판단력을 유지할 필요가 있다. 고속전철에 대한 일반의 좋은 이미지 덕에 이제는 시속 200km 수준의 고속전철 건설 요구가 높아지고 있다. 경춘선에 이어, 지금 건설 중이거나 계획 중인 GTX 노선들이 다 이 범주에 속한다. 이제는 정치권이 앞장서서 밀어붙이고 있어서 철도망의 구성이 너무 난립하는 느낌마저 든다. 앞으로의 인구 감소 추세와 장래의 유지관리비 및 운영비 증가를 생각하면 좀 더 세심한 검토가 필요하다. 지금은 오히려 철도의 약점인 단말부의 교통체계를 정비하여 철도의 전체적인 효율을 높이고 역 주변 토지이용의 고도화에 노력해야 하는 시점이다. 고속전철의 등장 이후 그동안 정부가 보여온 자세는 철도 전체의 효율을 높이기보다는 정치권의 요구에 부응하여 당장의 철도 건설 요구에만 끌려온 경향이 있다. 철도 전체의 효율을 높이기 위해 앞으로 반드시 추진해야 할 몇 가지 실천 사항이 있다. 첫째, 철도역으로 오는 도시 교통체계를 정비하여 쉽게 철도역으로 접근할 수 있게 해야 한다. 둘째, 철도역 안에서 다른 수단으로 쉽고 안전하게 갈아탈 수 있도록 환승 체계를 개선해야 한다. 그리고 이러한 효율적인 철도 시스템의 이점을 충분히 갖추고 있는 철도역 주변을 고밀·고효율의 도시개발을 추진하고, 기존의 복합환승센터 정책의 실효성을 높이기 위한 제도의 보완과 함께 인식의 전환이 필요하다.

1. 경부고속전철사업의 진행 대강

경부고속전철과 같은 거대사업은 어느 날 갑자기 이루어진 것이 아니다. 고속전철 사업은 기술의 원숙과 함께 국내의 경제적, 사회적, 정치적 여건이 어느 정도 뒷받침되었을 때, 결단력 있는 지도자의 의지가 보태어져서 비로소 가능해진 것이다.

❯ 경부고속전철 사업의 약사

1970년대 자기부상열차(Maglev) 구상
- 풍한방적(주) 김영구 회장 주도

- 시속 400km 자기부상열차로 남한 전체를 크게 순환하는 노선 구상
- 100km 마다 역을 설치하고 신도시를 건설
- 박정희 대통령께 보고. 그러나 이때는 기술적 이론 토대는 완성되어 있었지만, 실물 제작이나 실천 정책을 추구하기에는 10여 년을 더 기다려야 하는 시점.

1981 교통 투자 최적화 방안 연구 KIST 지역개발연구소(연구책임 강위훈)

- 경부축 수송능력 증강 방안 연구
- 신설 전철의 건설 필요성 제기 및 과업 지시서 준비

1981.6 제5차 경제사회 발전 5개년 계획에 서울-대전 간 고속전철 건설 타당성 조사 반영

1983.3~11 서울-부산 축의 장기 교통 투자 필요성 검토 및 서울-대전 간 고속전철 타당성 연구

- 연구책임 Ray MacDonald, 이건영, 수요분석 차동득, 화물 문동주
- 4차선 고속도로 신설, 기존철도 개량, 고속전철 신설 등 대안 비교 후 고속전철 신설안 건의
- 개통연도(1991) 수요 21.8만 명/일
- 내부수익률 15.7%

1989.7.15 경부고속전철 기술조사 착수

- 20개월 소요
- 경제성, 노선, 기본설계, 차량 선정 기준, RFP 준비

1989.10 고속전철 국제심포지엄

- 참가국 프랑스, 독일, 일본 외 7개국, 참가자 국내 531명, 외국 100명

1990.6.15 경부고속전철 노선 발표

- 서울-천안-대전-대구-경주-부산, 409km
- 차륜식, 최고 운행속도 시속 300km

1991.2.18 고속전철 사업기획단 발족

1991.2.28 경부고속전철 기술조사 준공

- 건설비 4조 6천억 원, 차량비 1조 2천억 원
- 경제성 B/C = 1.55(할인율 13%), IRR = 19.4%
- 최적 개통 시기 1998년, 191천 명/일
- 중간역: 천안, 대전, 대구, 경주의 4개소 + 오송역(청주권의 인구가 100만이 될 때 개설)
- 설계 최고속도 시속 350km, 최소곡선반경 7,000m

1991.8 경부고속전철 RFP, 3국(프랑스, 독일, 일본)에 발송

1992 경부고속전철 시험선 구간(천안-대전) 착공

1993.6 대전, 동대구 등의 지하역 계획을 취소하고, 서울-안양 구간을 지상철로 수정하면서 광명역 설치를 계획

1993.8.20 차량 TGV로 선정

1995.4 효율성 문제로 대전, 대구 도심 구간의 지하화 계획을 회복

1995 상리터널 지하 폐광의 안전성 문제 제기

1997.3 상리터널 부근 노선 변경 시행

1998.7 총사업비 18조 4,000억 원, 1, 2 단계로 구분 건설계획 확정

2003 노무현 정부 세종시 건설 계획, 오송역 확정, 이후 김천역, 울산역 추가

2004.4.1. 1단계 개통
- 서울-대구 신설 + 대구-부산 전철화
- 서울-부산 간 2시간 34분 소요

2014.8 서울-부산 전 구간 신선 고속전철 준공
- 서울-부산간 2시간 10분 소요

이상의 고속전철 관련 주요 역사를 역대 정부별로 당시의 경제력(1인당 GDP)과 대비해 보면 다음 표와 같다.

표2-1. 정부별 주요 고속철도 정책

정부	년도	1인당 GDP (USD)	주요 고속철도 정책
제4 공화국	1980	1,715.4	대량화물 수송 체계 및 교통 투자 최적화 방안 연구, KIST 지역개발연구소
제5 공화국	1981	1,883.5	제5차 경제사회 발전 5개년계획에 고속전철 타당성 조사 반영
	1982	1,992.5	
	1983	2,198.9	서울-부산 축의 장기 교통 투자 및 서울-대전 간 고속전철 타당성 연구
	1984	2,413.3	
	1985	2,482.4	
	1986	2,834.9	제6차 경제사회 발전 5개년계획에 경부고속전철 기술조사반영
	1987	3,554.6	
노태우	1988	4,748.6	88 하계올림픽 개최
	1989	5,817.0	경부고속전철 기술조사 착수, 고속전철 국제심포지엄
	1990	6,610.0	경부고속전철 노선, 차륜식 자량 형식 발표
	1991	7,637.0	고속전철사업기획단 발족, 경부고속전철 기술조사 완료, RFP 발송
	1992	8,126.7	천안-대전 시험선 구간 착공
김영삼	1993	8,884.9	고속전철 차종 프랑스 TGV로 선정 발표
	1994	10,385.3	
	1995	12,564.8	대전, 대구 지상 통과를 지하 계획으로 복원, 상리터널 안전성 문제 제기
	1996	13,403.0	
	1997	12,398.5	상리터널 부근 노선 변경 시행
김대중	1998	8,281.7	총사업비 18조 4,358억 원 1, 2단계 구분 건설계획 확정
	1999	10,672.4	* 1단계: 서울-대구 간 신설, 대구-부산 간 전철화
	2000	12,257.0	* 2단계: 대구-부산 간 신설 고속전철
	2001	11,561.2	
	2002	13,165.1	2002 월드컵대회 개최
노무현	2003	14,672.9	오송역, 김천역, 울산역 등 추가
	2004	16,496.1	4월 1일 KTX 1단계 완공으로 서울-부산 2시간 34분 소요

우리 고속전철의 설계기준을 보면, 설계 최고속도 시속 350km, 최소 곡선반경 7,000m로, 10년 뒤에 착공한 중국 고속전철의 설계수준과 같고, 당시 일본 신칸센의 최소곡선반경이 2,500~4,000m인 것을 고려하면 산악지대인 우리나라의 환경에서 볼 때 상당히 파격적인 설계 수준이었다. 당시 설계수준이 가장 높은 고속전철은 독일의 ICE였고, 장래 세계의 표준이 될 가능성이 컸다. 그리고 계획 당시부터 운행 효율을 엄격하게 반영하였음을 알 수 있다. 영구 중간역을 가능한 4개소 이하로, 장래에 역을 추가할 경우에는 격역정차(skip/stop) 방식을 도입해서 운행 효율을 떨어뜨리지 않도록 건의했다. 중간역 설치는 원래 계획에서 장래 인구 증가 요인이 있을 때 추가하도록 조건부로 설정된 오송역이 행정중심복합도시가 노무현 정부에서 확정되자 추가되었다. 그 후에도 지역의 민원이 급증하자 김천역, 울산역이 추가되어 오늘에 이르고 있다.

❯ 경부고속전철과 역대 정부의 자세

고속전철은 시작 당시의 여건과 그 후 진행되는 과정이 결코 간단하지 않았다. 당시 논쟁의 초점은 남북 길이가 400km에 불과한 작은 국토에서 시속 300km 이상의 고속철도가 왜 필요한 가부터 고속철도 보다는 미래 교통수단인 자기부상열차로 검토하는 것이 좋다는 의견까지 백가쟁명식의 논란이 있었다. 새로운 기술에 대한 전문 지식도 부족하고 국가 재정도 미약한 불확실한 시기에 당시 정부가 취한 자세들을 돌아봄으로써 앞으로 마주할 불확실한 미래를 보는 우리의 자세를 가다듬는 데 도움이 되었으면 좋겠다.

노태우 정부

노태우 대통령은 선거공약으로 경부고속전철 건설을 제안하였고, 88 올림픽의 성공적 개최와 1인당 GDP가 6,000불에 육박하는 경제 성장에 따른 자신감으로 첨단 대형 사업에 착수하게 된다. 1988년 취임한 김창근 교통부 장관이 21세기 선진 한국을 위한 교통 대책으로 영종도 신공항과 경부고속전철 사업의 추진을 공표했다. 그리고 이듬해인 1989년에 우리나라의 경제 중심축인 경부고속전철 기술조사를 착수하면서 다음과 같이 말했다.

"급증하고 있는 교통수요를 효율적으로 처리하기 위해서는 그동안 추진해 온 공로 위주의 투자 정책으로는 한계가 있고, 장래의 소득수준 증가는 고급 교통수단에 대한 선호를 높일 것이다. 이러한 종합적인 전망 즉, 장래의 교통수요 규모, 국토공간의 효율적 이용, 고급교통수단 선호에 대처하기 위해서는 철도를 포함한 종합 교통망의 구축이 필요하고, 급속히 발전하고 있는 빠르고 안전한 고속철도 기술을 통한 새로운 철도 서비스의 제공이 필요하다."

그러나 야당은 경부고속전철 사업을 끈질기게 반대했다. 경부고속전철 사업 초기에는 여소야대 정국이었으며, 재정 소요가 많은 고속전철과 같은 거대정책을 추진하는 일은 필연적으로 많은 어려움에 부딪힐 수밖에 없었다. 김창근 장관의 이력을 보면, 정치적 박해를 견디고 4선 국회의원을 지냈으며, 야당의 김영삼과 함께 민주화추진협의회(민추협)에 참여한 이력이 말해주는 강인함이 있었다. 그래서 당시 여소야대의 어려운 상황에서 야당의 반대가 극심했던 경부고속전철 사업을 일관성 있게 밀어붙일 수 있었던 것이다. 그는 장관 취임식에서 이미 신공항(인천공항)과 경부고속전철 사업에 대한 소명 의식을 가지고 국가 장래의 청사진으로 추진 의지를 피력하였다. 그 결과 노태우 정권 임기 내에 시험선 착공을 할 정도로 체계적인 사업 추진이 이루어졌다. 1990년에 경부고속전철 사업을 정부 정책으로 확정하고, 기본 노선을 발표하였고, 곧이어 건설추진을 위한 고속전철사업기획단을 출범시키고, 차량 선정을 위해 고속철도 기술 보유 3국에 RFP를 공식 송부하였으며, 시험 선로인 천안-대전 구간의 착공까지 일사불란하게 추진했다.

김영삼 정부

YS(김영삼)는 DJ(김대중)와 함께 오랜 야당 생활을 하면서 중요한 국가 사업에 대해 전국적인 반대를 이끌었던 분들이다. 경부고속도로 사업이 그랬고, 월남전 파병 정책에 대해서도 반대의 선봉에 서 있었다. 그래서 집권하자마자 그동안 추진해 오던 정책을 안정화시키기보다는 정치적 숙청에 더 많은 시간을 보냈다. 이러한 분위기 속에서 전 정부에서 출발한 경부고속전철 사업에 대해 적극적으로 고민하는 모습을 보여주지 않았다. 문제가 제기되면 그 문제를 해결하기 위해 노력하기보다는 비판론에 따라 이리저리 휘청거리는 모습을 보이기도 했다. 집권 5년 동안 경부고속전철에 관해서는 문제 제기와 논쟁의 와중에 휩쓸려서 눈에 띄는 진척을 이룰 수 없었다. 취임 직후인 1993년 8월에 경부고속전철 차량을 TGV로 선정했지만, 이것은 이미 이전 정부에서 확립된 평가 체제에 따라 형식적인 노력만 했을 뿐이었다. 그리고 전문가들을 활용하기보다는 정치적 이해관계에 끌려다니는 경우가 더 많았다.

노선을 경주-울산이 아닌 밀양으로 기존 경부선을 따라가면 예산을 크게 절약할 수 있고, 그 돈으로 부산 발전 전략을 세워야 한다는 황당한 주장을 펼치는 사람들도 있었다. 공사비가 급증하자, 기존에 계획되어 있던 대전, 대구의 지하 통과를 지상으로 변경했다가 운행 효율의 문제로 인해 나중에 다시 원안대로 환원하기도 했다. 그리고 급기야는 경기도 화성 부근 상리터널 일대에 지하 폐광이 다수 발견되어 고속전철의 안전성 문제가 제기되었고, 결국 2년 뒤에 노선변경을 일부 시행하게 된다. 이렇게 국가적 사업을 앞에 두고 다양한 문제로 씨름하느라 눈에 띄는 진전을 보지 못하고 다음 정부로 넘어가게 되었다.

김대중 정부

평민당 총재 시절의 DJ는 경부고속전철 사업을 당론으로 반대하였다. "부산 가는 차표 값이 30만 원이나 한다는데 그걸 누가 타겠느냐!"로 시작하는 반대편 선봉장에는 늘 평민당이 서 있었고, 그 당의 총재가 DJ였다. DJ는 평민당 총재 시절에는 경부고속전철을 극렬하게 반대했지만, 대통령이 되고 나서는 고속전철의 필요성을 이해했다. YS와는 완전히 반대의 행보를 보인 것이다. 그리고 초대 이정무 건설교통부 장관의 확신이 더해져 본 사업이 다시 궤도에 올랐다.

1998년 총사업비 18조 4천억 원으로 1, 2단계로 나누어 건설 계획을 확정했다. YS정부 기간 중 고속전철 사업에 대한 문제가 많이 제기되었기 때문에 DJ정부 첫 해 국회 대정부 질문에서 정우택 의원이 경부고속전철 사업을 전면 재검토할 용의가 없는지, 당시 감사원장이 대통령에게 경부고속전철 사업을 전면 재검토로 한다는 보고를 했다는 언론 기사를 인용해 질의했다. 이에 대해 이정무 장관은 경부고속전철 사업은 경부축 교통난 해소에 가장 효율적인 대안이라고 생각하며, 감사원의 사업 재검토에 대한 의견은 사업 추진 주체가 건교부이므로 우리가 판단할 사항이라고 일축할 정도로 강한 입장을 표명했다. 이러한 확신이 있었기 때문에 결국 DJ정부에서 1, 2단계로 나누어 서울-동대구 구간을 우선 추진하는 변경 계획을 확정하게 된 것이다.

노무현 정부

2003년 등장한 노무현 정부 때는 그동안 일사불란하게 추진되어 온 경부고속전철 사업이 마무리되는 단계였고, 2004년 1단계 개통이 추진되면서 고속전철 시대가 열렸다. 1989년 초기 사업계획은 1990년에 착수하여 1998년 개통을 목표로 했고, 실제로 1990년에 착공은 하였으나, YS정부 5년간 지지부진한 진척을 보이다가, DJ정부때 다시 사업체계를 다듬어 노무현 정부 2년째인 2004년 4월, 계획보다 6년이나 지연되어 역사적인 개통을 하게 된 것이다.

노무현 정부는 민원에 관대한 좌파 정부의 특성이 강했으므로 중간역 추가 민원을 적극적으로 받아들였다. 마침내 2004년 드디어 1단계 사업이 완료되어 서울-부산 간 역사적인 첫 고속전철이 운행에 들어갔다. 경부고속전철은 1990년에 착수하여 14년간의 우여곡절을 겪은 후에 2004년에 첫 운행을 시작한 셈이다. 새로운 고속의 철도 서비스를 접한 이용자들의 반응은 대단히 좋았다. 이전에 철도에 대해 가지고 있었던 느리고 불편한 교통수단이 아닌, 쾌적하고, 빠르고, 편리한 교통수단이라는 인식 변화가 생기기 시작했다.

이명박 정부

경부고속전철은 초기의 우려와는 달리, 운영을 시작하자 마자 일반인들의 호의적인 반응으로 점차 수요가 늘었고, 철도사업에서 흔히 겪는 개통 후의 수요 부족에 대한 걱정은 하지 않아도 되었다. 2014년에는 그동안 기존 선의 전철화로 운영되던 대구-부산 구간이 완전 신선으로 대체되고, 2017년에는 실제 이용객이 하루 17만 명을 넘어서게 되었다. 당초에는 개통 후 10년 후에는 하루 19만 명의 이용객을 상정했었는데, 계획 대비 거의 90%에 달하는 증가를 보이게 된 것이다.

표2-2. 경부고속전철 수요(인/일)

년도	2004	2006	2008	2010	2012
수요	49,575	89,605	93,652	98,664	105,386
년도	2014	2016	2017	2018	2023
수요	114,422	149,573	172,086	166,608	197,607

2008년 이명박 정부의 초대 국토해양부 정종환 장관은 철도에 대한 확신이 남달랐다. 그는 1983년 경부고속전철 초기 타당성 조사 때부터 담당과장으로 재직하면서 우리나라에 고속전철이 반드시 필요하다는 신념을 가지고 있었다. 그 후 철도청장을 지내고 드디어 초대 국토해양부 장관이 되자, 철도 투자 확충에 열정을 쏟아부었다. 3년이 넘는 장수 장관을 하면서, 그의 신념과 경부고속전철이 가져온 좋은 인상, 수요 증가가 합쳐져 우리나라의 교통 투자 정책이 과거의 도로 중심에서 철도 중심으로 바뀌는 계기를 만들게 된다.

고급 철도서비스의 등장은 필연적으로 철도역으로의 손쉬운 접근과 철도역에서의 원활한 환승에 대한 욕구를 초래하게 된다. 이를 염두에 두고 2008년에 교통 결절점에 대한 환승연계시스템 개발을 위한 국가 R&D 사업이 발주되었고, 한국교통연구원의 오재학 박사(후에 연구원장을 지냄)가 사업 책임자가 되었다. 이 사업의 결과, 환승연계체계에 대한 평가 기준이 수립되고 제도화를 위한 방안이 마련되었다. 이러한 노력은 철도수송이 많은 선진국에서는 일찍이 시행되어 온 정책이다. 즉, 철도는 거점 간 연결은 어떤 수단보다 안전하고 대량으로 신속하게 할 수 있는 장점이 많은 수단이지만, 단말부 교통 처리에 어려움이 있는 수단이다. 그래서 철도역에서의 교통 처리를 원활하게 하는 일이 무엇보다 중요하다. 즉, 최종 연결 교통의 문제(the last mile problem)를 어떻게 처리하느냐에 따라 철도의 경쟁력이 좌우되는 것이다. 그래서 선진국에서는 일찍부터 철도역을 중심으로 환승의 편의를 증진하려는 노력이 있어 왔던 것이다.

철도역의 환승 편의성을 객관적으로 평가하기 위하여 미국연방도로청(FHWA)이 1994년 9월에 펴낸 연구보고서 『환승시설의 평가(Evaluation of Intermodal Passenger Transfer Facilities)』에서 연구자인 호로위츠(Horowitz)와 Thompson은 환승 경로의 특성별로 기후 조건, 승객 조건에 대하여 심리적인 영향을 고려한 환승 편의성 평가 모형을 정리하여 실제 환승시설의 평가에 활용하고 있었다. 그래서 우리 정부에서도 R&D 연구를 통하여 철도역 등 교통 결절점에 모이는 교통수단 간의 연계 체계를 개선하여 갈아타기 쉽게 만드는 복합환승센터 정책을 수립하였다. 환승 연계시스템 개발을 위한 국가R&D사업의 결과를 바탕으로 당시 국토해양부 종합교통정책과의 구본환 과장(후에 인천공항공사 사장을 지냄)은 2009년 6월에 국가통합교통체계효율화법을 전면 개정하여 복합환승센터 정책을 위한 법적 근거를 마련하고 평가 체계를 제도화하게 된다.

이 무렵, 2010년 11월 2차 국가 철도망 기본계획 공청회가 있었다. 당시 계획안에서 고속철도 강남선이 수서-평택으로 되어 있어서, 필자가 이의 문제점을 지적하고 향후 미래의 서울 접근 체계 확립의 차원에서 이를 수서에 종착시키지 말고 최소한 2호선, 9호선 지하철이 연결되는 삼성역 및 그 이후로 연장하도록 건의하였다. 다음 해인 2011년 2월에 한국교통연구원이 주관하여 정책토론회를 개최하였고, 여기서 삼성역 복합환승센터 건설의 필요성을 제기하고 관계기관에 건의하게 된다. 2011년 11월 국토해양부는 내부토론회를 통해 "KTX를 삼성역으로 연장하는 방안은 GTX 설계 시 고려하고, 삼성역 복합환승센터는 거론하지 말자"고 하여 이 문제를 뒤로 미루어 버리게 된다. 그 후 2012년 9월에 서울시가 수서역 개발을 위한 그린벨트 해제와 관련하여, 국토해양부에 KTX를 삼성역으로 연장해 줄 것을 공식 건의하게 되고, 국토해양부는 장기적으로 그 타당성을 검토하겠다고 얼버무려버린다. 그러다가 이 문제는 2012년 12월 제18대 대통령 선거공약에 포함되었다.

박근혜/문재인 정부

이때쯤 GTX A 노선의 평택-수서 구간은 고속전철과 겸용하는 방안이 사실상 확정되어 가고 있었다. 따라서 GTX C 노선이 계획될 때, A 노선과 마찬가지로 고속전철과 겸용하여 운영할 수 있으며 삼성역에 고속전철역이 필요하다는 논리가 만들어지고 당시 대통령 선거공약으로 채택된 것이다. 선거대책 본부장이 김종인 전 의원이었고, 교통부문 책임자가 당시 최연혜 전 의원이었다. 그리고 곧이어 2013년 고속철도 강남선 수서-평택 구간 건설계획이 확정되면서 GTX A 노선과 고속전철이 공유하도록 계획된다.

그러나 2017년 5월에 박근혜 대통령이 탄핵을 당하게 되고, 이어 치러진 선거에서 문재인 정부가 취임하게 된다. 탄핵 후폭풍으로 사회 전체가 혼란스러운 가운데 2018년 3월 당시 박원순 서울시장이 국토교통부와 협의하여 강남권 광역복합환승센터 개발계획 수립을 추진하고, 지하 4층에 GTX C의 역과 함께 별도의 KTX 역을 설치하는 것을 포함하였다. 이 계획은 추진 과정에서 2019년 6월 국토교통부의 요구로 KTX 별도 역을 취소하고 GTX C 역과 공용하도록 축소 변경하여 복합환승센터 지정과 승인이 이루어진 채 오늘에 이르고 있다.

이 문제는 지금이라도 재검토가 필요한 중요한 사안이다. 지금 삼성역 일대는 기존의 지하철 2호선, 9호선, 그리고 앞으로 들어올 위례-신사선, GTX A, C 노선 그리고 GTX와 노선을 겸용하는 KTX까지 6개의 철도 서비스가 한 곳에 모이게 된다. 이를 활용하게 될 주변 개발사업의 규모와 수준이 엄청나다. 즉, 삼성역 일대의 재개발, 그리고 기존의 코엑스몰을 포함한 거대 업무, 상업, 국제기능 지역으로 바뀌게 되고 따라서 이용객과 방문객의 수요가 많이 증가할 것이 예견되는 지역이다.

연구에 의하면, 삼성역에 대한 장래 철도 이용객이 줄잡아 50만 명/일이 될 것이라고 보고 있다. 주변 일대의 대규모 복합개발 계획이 동시에 검토되고 있다. 그렇다면 방문객을 합쳐서 일평균 이용객이 100만 명 이상이 될 것을 전제로 한 환승 및 시설계획이 필요할 것이다. 그리고 변경된 역 설치 계획에서 장거리 지역 간 교통과 단거리 도시교통으로 성격이 다른 두 철도 서비스인, KTX와 GTX를 한 곳에서 겸용해서 처리하는 것은 장래에 심각한 문제를 야기할 수 있다. 더욱이 이들 역의 위치가 지하 40m에 있으므로 처음부터 제대로 설계하지 않으면 추후 보완이 상당히 어려운 상황에 부닥쳐질 것이므로, 지금이라도 재검토하여 대책을 강구할 필요가 있다.

2. 경부고속전철 정책의 태동

우리나라 최초의 철도는 1899년 9월에 개통한 제물포-노량진 간 33.2km였으며, 그 이듬해인 1900년 7월 한강철교의 완성으로 서울까지 연결된 경인선 철도였다. 1945년에 우리가 보유했던 철도망은 2,725km였다. 그러다 해방 후 어수선한 혼란기가 채 가시기도 전에 6·25 전쟁이 발발하여 그 당시 주력 교통망이었던 철도도 황폐해질 수밖에 없었다. 1953년 휴전, 1960년 4·19 학생혁명, 1961년 5·16 군사혁명이 숨 가쁘게 전개되었고, 1962년에 시작된 경제개발 5개년 계획의 성공과 함께 1970년 경부고속도로의 건설을 계기로 현대적 수송망 확충의 방향이 고속도로 중심으로 옮겨갔다.

서울 지하철 1호선이 1971년에 시작하여 1974년 8월 서울역-청량리역 간 7.8km에 처음 운행을 시작하였다. 그러나 1990년이 되어도 우리나라의 철도 연장은 별로 증가한 것이 없어서 3,091km에 머무르고 있었다. 45년 동안 철도 연장의 순 증가분이 360여 km에 불과하여 평균 일년에 8km씩 거북이걸음으로 증가했다. 따라서 철도를 설계하는 철도기술사도 최소한으로 양성되고 있어서 철도 전문 설계회사가 1990년까지 「유신설계공단」, 「철도협력회」 등 두어 곳밖에 없었고, 실제 업무에 종사하는 전문가 숫자도 각 사에서 5~6명 정도에 불과한 아주 열악한 환경이었다.

❱ 고속철도 관련 선행 연구 노력

KIST의 대량화물 수송 체계 연구

1981년 세계은행 사업으로 「대량화물 수송 체계 및 교통 투자 최적화 방안 연구」가 당시 KIST 내의 지역개발연구소 강위훈 책임자를 중심으로 진행되었다. 이 연구에서 1991년까지 교통체계의 애로 구간이 분석되었고, 서울-부산 간 교통축에 우선적인 교통 투자가 필요하며, 기존의 경부선은 화물열차 전용으로 하고, 새로운 고속 신선 철도를 건설하여 여객 수요를 전담할 필요가 있다는 건의가 있었다. 따라서 고속전철이라는 용어를 사용하지는 않았지만, 경부고속전철의 기원을 따지면 사실 이때부터라고 볼 수 있다.

국토개발연구원의 경부고속철도 타당성 연구

교통량이 급증하고 있던 경부축 교통 대책에 대해 세계은행과 협의하여 정부는 서울-부산 간 장기 교통 투자 필요성을 검토하고 특히 교통량이 많은 서울-대전 간 고속전철 건설의 타당성 검토를 위해 1983년, 「서울-부산 축의 장기 교통 투자 필요성 검토 및 서울-대전 간 고속철도 타당성 연구」 사업을 발주하였다. 본 연구 사업의 책임자는 루이스 버저(Louis Berger International)의 맥도날드(Raymond MacDonald)가 맡았고, 공동 연구진으로 국토개발연구원(연구책임자 이건영, 수요부문 차동득, 화물부문 문동주)과 현대정공 그리고 캠프삭스의 합동팀에서 수행했다. 《별첨 2-1. 경부고속철도 타당성 조사》

당시 고속전철을 운영하거나 개발 중인 나라는 일본을 비롯해 프랑스와 독일이 대표적이었고, 이외에 영국, 이탈리아, 스웨덴, 캐나다 등에서도 활발한 연구가 진행되었다. 고속철도 기술에 대한 광범위한 자료 확보를 위해 루이스 버저의 해외정보망을 활용하기도 하고, 연구진이 프랑스 철도청인 SNCF, 독일 철도청과 과학기술부, 일본 운수성과 오늘날 JR의 전신인 JNR, 미국 운수성 철도청 등을 직접 방문하여 고속전철 관련 기술자료 및 정책 방향 등을 협의하고 연구에 참고하였다.

1983년 독일을 방문했을 때 독일 과학기술부의 협조로 미래의 교통수단으로 세상을 떠들썩하게 했던 최초의 자기부상열차인 트랜스래피드(Transrapid)를 보러 갔다. 당시 기술개발을 완료하고 시운전을 하는 현장인 독일의 엠즈란트(Emsland) 시험센터를 방문하였으나 독일 철도 당국에서는 자기부상열차에 큰 관심을 가지고 있지 않았다. 기술적으로 아직 미흡했고, 기존 철도망과의 호환이 어려워 당장 실용화되기는 어렵다고 생각하고 있었다.

그 후 미국을 방문하여 운수성 철도국장에게 "세계의 많은 선진국들이 고속철도 개발에 열을 올리고 있고, 미국도 LA-라스베이거스 구간에 고속철도 부설을 민간에서 많이 논의하고 있는데 연방정부는 왜 가시적 조치가 보이지 않느냐?"는 질문을 했었다. "우리는 고속철도 계획이 없다. 미국의 동서 길이가 3,000마일이 넘는 거리인데 시속 300km 기술로 대응하는 것은 미래의 기술이 될 수 없다. 우리는 그 대신 진공 펌프 속에서 초음속으로 달리는 자기부상열차를 2000년대 사업으로 구상하고 있다"는 답을 들었다.

1983년 우리가 고속철도 타당성 연구를 수행할 당시, 세계은행의 한국 담당은 프랑스 출신 발레로였고, 연구 사업 감독관은 교통부의 정종환 과장(훗날 국토해양부 장관을 지냄)이었다. 발레로는 한국이 기존 철도망도 제대로 정비되어 있지 못한데 무슨 고속전철이냐며 상당히 비판적인 시각을 갖고 있었다. 당시 그의 조국인 프랑스가 1981년에 처음으로 파리-리용 간에 TGV를 운행 개시한 터라 개발도상국에 불과한 한국이 고속철도 타당성 조사를 하는 건 너무 앞서간다는 생각을 한듯하다.

반면에 정종환 감독관은 세계적 추세를 보면, 우리의 미래를 위해 고속전철은 꼭 필요한 수단이며, 이를 통해 교통부의 위상을 제고해야 한다는 생각을 갖고 있었다. 그는 경부축에서 장래 발생하는 총 교통량을 교통수단 간에 배분하는 조사 과정에서, 기존 도로망과 고속버스를 포함한 채, 교통비용과 시간의 함수로서 시장원리에 따른 이론적 배분을 한 것을 두고 필자에게 상당한 불만을 표시하였다. 즉, 고속철도의 타당성을 높이기 위해서는 정책적 강제배분 즉, 고속버스를 배제하거나 대폭 축소한 조건하에서 장래 교통량 배분을 해야 철도 이용객이 그만큼 증가할 수 있지 않느냐는 무리한 주장을 하기도 했다. 그만큼 고속철도에 대한 남다른 의욕을 보인 것이다. 그가 이렇게 철도에 대한 강한 애정이 있었기 때문에, 훗날 이명박 정부에서 최장수 국토해양부 장관을 지내게 되고, 철도에 대한 투자 비율을 유례없이 급격하게 늘리는 전기를 만들게 된 것이다.

1970년대를 일관한 급격한 경제성장으로 인해, 본 연구에서는 국가경제의 장기 전망을 장밋빛으로 보고 있었다. 1991년까지는 연평균 7.5%, 2001년까지는 6.3%, 2011년까지는 5.0%씩 증가할 것으로 예측했다. 1981년 기준 2011년의 경제 규모는 6.2배 증가하고, 인구는 1.45배가 늘어난 5,600만 명으로, 1인당 GNP 수준은 1981년의 1,546달러에서 4.3배 증가한 6,619달러(1980년 가격)로 유럽 선진국의 60% 정도에 이를 것으로 예측했다.

이와 함께 전체 자동차 보유량은 1983년 65만 대에서 2011년 900만 대에 이를 것으로 보았다. 유럽이나 미국의 자동차 보유 수준과 비교하여 우리가 선진국에 진입하는 2011년의 인구 5,600만 명을 기준으로 한 자동차 보유량 추정이었다. 즉, 1,000명당 승용차 보유를 100대 수준으로 상정하였다. 이 당시 유럽 선진국의 승용차 보유율이 대략 300대 수준이었는데, 우리는 승용차 보유를 유류세 및 차량 가격 등을 통해 억제하고 대중교통 중심 정책을 추진하던 정책이 지속된다고 가정한 것이다.

이러한 장기 전망에 따라 경부축의 도로와 철도를 합한 총통행량 발생은 1982년 기준 하루 150만 통행에서 1991년에 2배, 2001년에 1991년 통행량의 2배가 될 것으로 예측하였다. 1980년대 초의 경제적, 정치적 불안에 따른 침체 경제를 고려하더라도, 과거 10년간의 연평균 증가율이 13.5%라는 경이적인 증가세를 반영한 장기 증가추세 전망이었다.

경부축의 주요 구간별 교통량 분포를 보면, 고속도로 교통량은 1982년 현재 전 구간 평균으로 볼 때는 하루 14,500대 수준에 불과하였지만, 가장 교통량이 많은 서울-수원 구간은 하루 33,000대 수준이었고, 가장 교통량이 적은 대전-대구 구간이 하루 10,000대 수준이었다. 이러한 교통량의 구간별 분포를 반영한 장기 예측을 통하여 구간별 시설용량의 도달 시기를 예측하였다.

아래 표에서 기존 경부선 철도의 선로용량과 경부고속도로의 구간별 용량을 보면 서울-수원 구간의 경우, 철도는 1991년에 용량에 달하고, 고속도로는 이미 조사 당시 용량의 78%에 이르고 있음을 알 수 있다. 1982년에 비하여 경부축의 총통행량 발생이 2배로 증가할 전망을 고려할 때, 철도 이용객의 증가와 함께 차량 보유량의 급증으로 인한 도로 교통량이 함께 증가일로에 있는 추세를 상정할 수 있었다. 따라서 철도에 대한 과감한 투자와 함께 도로에 대해서도 지속적인 투자가 필요할 것으로 예측하였다.

(편도 1일 열차 횟수)

구분	현재 용량	'82	'83	'84	'85	'86	'91	'96	2001
서울 수원	266	120	132	146	160	177	207	333	551
수원 천안	137* 101	71	75	80	85	91 ('87)	124	172 ('92)	237
천안 대구	109* 102	60	63	67	72	77 ('90)	105	145 ('91)	192
대전 대구	107* 94	45	49	51	54	58	80 ('94)	105	148 ('96)
대구 부산	107* 88	46	49	51	55	59	81	109	151

* CTC화 후의 용량

주 : 서울-수원 간에는 4개의 선로가 있어 1일 편도 276회의 교외 전기(서울-구로 276회,
구로-수원 75회)와 102회의 디젤 열차가 운행되어 총 열차 횟수는 378회이다.

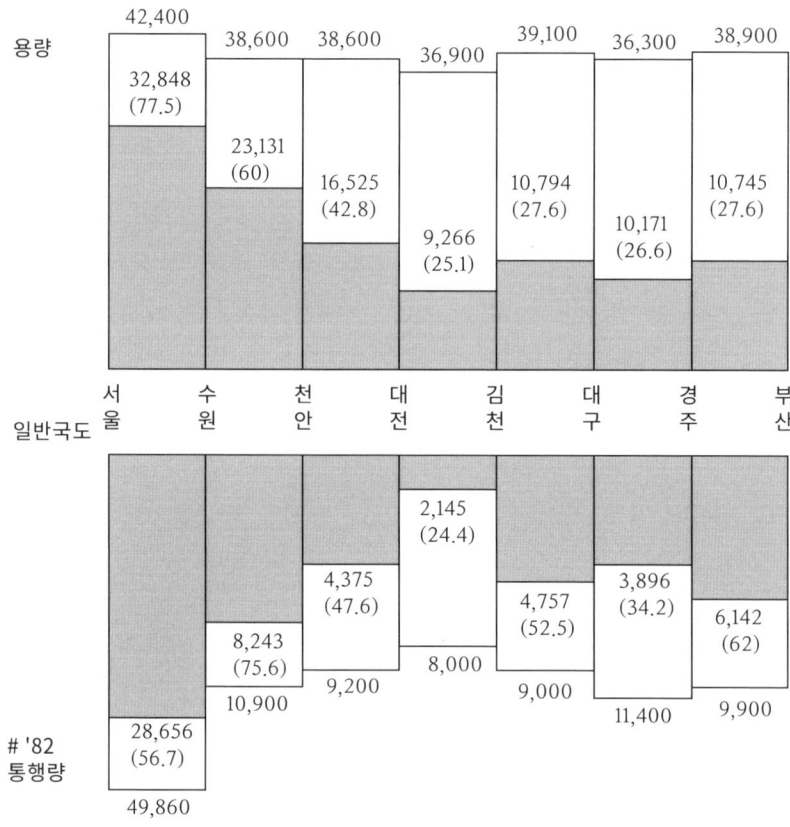

그림2-1. 경부선의 선로용량 및 경부축 도로의 시설용량

이렇게 급증하는 교통량을 효과적으로 수용하기 위한 투자 대안을 철도를 중심으로 점진적으로 늘려가는 방안을 포함한 여러 가지 투자 조합을 고려하였다. 구체적으로는, 먼저 철도를 중심으로 선로개량, 전철화, 고속화하는 대안들을 상정하고, 각 경우에 필요한 고속도로 확충안을 조합하여 대안을 만들고, 각 경우의 경제성을 평가했다.

경부축의 장래 교통량 예측치에 대해, 투자를 위한 비교 안을 최소 투자에서 점점 늘려가는 방식으로 대안을 만든 것이다. 첫째 그룹은 고속전철은 전혀 투자하지 않고 기존철도를 여러 수준으로 복합 개량하는 안, 둘째 그룹은 서울-대전 간에는 고속전철을 투자하고, 그 이남 구간은 여러 수준으로 기존 선을 복합 개량하는 안, 셋째 그룹은 서울-부산 간 전 구간에 고속전철을 건설하고 기존 선은 고속전철 운행 시까지 개량하는 안으로 구성하였다. 첫째 그룹에 3가지, 둘째 그룹에 3가지 그리고 고속전철 전 구간 신선으로 구성하였다. 철도에 대해서는 비교적 상세 분석을 하고 세밀한 투자 대안을 만들었지만, 고속도로에 대해서는 다소 총량적인 검토만 하여 철도 투자 대안들의 상대적 우수성을 파악하는 데에 초점이 맞춰져 있었다. 철도 투자를 많이 하게 되면 상대적으로 도로 투자 규모가 줄어들 것이고, 도로교통의 혼잡비용이 그만큼 감소할 것이다. 그렇지만 각 경우의 도로 부문의 한계비용 추적이 연속적으로 이루어지지 않고 일정 기간을 단위로 계단식으로만 검토되므로, 도로 부문의 경우 그렇게 정밀한 비교가 이루어지지 않는다는 문제가 있을 수 있다.

철도 투자 대안을 좀 더 살펴보면, 1그룹의 기본 대안(IA)에서는 우선적으로 ABS 운행 체계에서 열차 운행 횟수를 편도 120회까지 증대시킨다. 1986년부터는 객차를 14량까지 늘리고, 1988년부터 CTC를 설치하여 편도 174회로 늘린다. 1993년에 열차를 16량, 1995년에 20량 편성 열차 운행, 1997부터 2층 열차(double-deck coach) 운행 등 단계적으로 철도

용량을 늘려서 증가하는 수요를 감당하고, 2000년부터는 전철화를 통해 열차 운행회수를 200회/일로 증대시키는 안이다. 즉, 1그룹은 기본적으로 신선 건설을 하지 않고, 열차 길이 확장, CTC를 통한 열차 운행 편수 증가, 전철화를 통한 열차속도 향상을 통한 선로 용량을 증가시켜 늘어나는 철도 이용 수요에 부응하는 안이라고 할 수 있다.

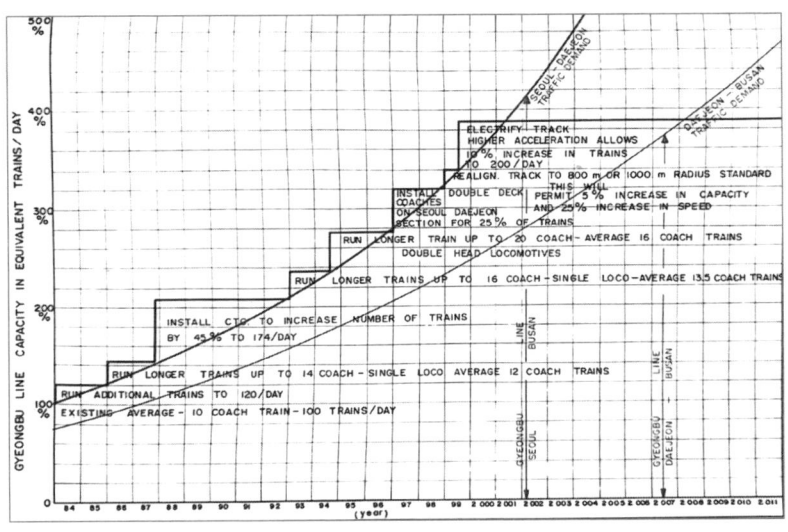

그림2-2. 기존선 개량으로 대처하는 방안

둘째 안은 기존선 개량과 함께 1996년에 서울-대전 구간에 고속전철을 운행하는 안이다. 1996년 서울-대전간에 고속전철이 개통되기 이전까지의 기존선 개량은 앞의 대안 IA와 마찬가지이다. 즉, 열차 길이를 늘이고, CTC를 설치하여 열차 운행 횟수를 늘려나가면서 수요 증가에 대처하다가 1996년부터는 수요가 가장 많은 서울-대전 구간에 고속전철을 개통하는 방식이다.

셋째 대안 III은 1991년까지 신선 고속전철을 서울-부산 전 구간에 개통하는 방식이다. 상기의 철도 투자 대안들에 대해, 경부축 교통수요 전체를 감당하기 위한 도로와 철도의 투자 요구량을 함께 비교하여 본 결과, 기존 경부선 철도를 점진적으로 개량하는 안, 고속도로(4차로)를 추가 건설하는 안, 고속전철을 신설하는 안인 것이다. 기존 경부선 철도는 노후화되어 선로개량에 최소 2조 원이 소요될 것으로 추정했다. 4차로 고속도로를 추가 건설하기 위해서는 3조 3,500억 원이 소요되고, 처리용량이 하루 25만 명 정도로 상당한 효과가 기대되지만, 급증하는 2000년대의 교통량을 감당하기에는 많이 부족한 것으로 나타났다.

표2-3. 경부축 수송 능력 증강 방안

구분	수송 능력 증가량 (명/일)	비용(원)	최고운행속도 (km/시)
기존철도 개량	4만	1조 8천5백억	150
고속도로 신설(4차원)	25만	3조 3천5백억	110
고속전철 건설	52만	4조 6천3백억	300

본 연구 사업의 결론은 1991년에서 1997년 사이에 서울-부산 구간에 새로운 고속철도를 건설하는 안이 전체적으로 가장 경제성이 높은 것으로 제안하였다. 이렇게 할 경우 내부 수익률이 11%가 넘고, 고속도로를 비롯한 도로 투자량을 획기적으로 줄일 수 있는 것으로 평가하였다. 그러나, 당시에는 고속철도에 대한 정부나 사회의 관심은 극히 저조했다. 1980년 초반의 정치적 불안과 경기침체의 영향으로 대규모 투자사업에 대한 부담과 철도에 대한 인식 자체가 전반적으로 부정적이었으므로 고속전철을 현실적 투자 대안으로 받아들일 수 있는 환경이 아니었다. 당시의 사회 분위기는 고속전철은 우리의 현실에 맞지 않는 선진국에서나 고려할 수 있는 미래의 교통수단으로만 막연하게 생각할 정도였다.

따라서 고속철도의 연구 결과는 공식 보도와 정책토론회까지 거쳤지만 참고만 하는 사회 분위기 때문에 언론에서도 거의 다루지 않고 묻히게 되었다. 이후 6년의 세월이 경과하고, 88 올림픽 개최 후 국가 경제가 다시 살아나면서 1989년 교통개발연구원의 「경부고속전철 기술조사」 사업이 진행되면서 우리나라의 장래 철도교통망에 대한 장밋빛 청사진을 다시 그려볼 수 있게 되었다.

일본은 이미 1964년에 신칸센을 개발하여 도쿄-오사카 축에서 고속철도를 성황리에 운영해 오고 있었고, 프랑스도 이를 더욱 발전시켜 1981년 파리-리용 간에 TGV의 운행을 막 시작하고 있었다. 독일도 1991년 운행을 목표로 ICE(Inter-City Express)와 자기부상열차인 트랜스래피드(Transrapid)를 개발하던 시기였다. 이때의 경부 고속철도 타당성 연구 사업은 비록 사업 추진으로까지 이어지지는 않았지만, 이 연구를 통해 고속전철에 대한 세계적인 동향과 이미 개발된 개별 기술의 특징을 어느 정도 파악할 수 있었고, 현장 방문을 통해 그 실체적 모습을 보고 현실적 감각을 익히는 계기가 되었다.

❱ 초기 보고서 이후의 상황 전개

비록 연구 보고에 대한 후속 조치는 구체화되지 못하고, 당분간 더 이상 거론조차 되지 않았다. 그러나 1980년대 중반을 넘어서면서 경제 호조와 자동차 급증으로 인한 도로교통의 혼잡이 가중되었다. 부산항은 선박이 접안할 수 있는 선석(berth)이 부족해 월평균 55척이 체선되고 있어서 수출입 화물의 적기 선적에 큰 지장을 주고 있었고, 경부선 철도도 시설용량이 거의 포화되어 열차 투입용량이 하루 138회인데 이미 136회가 운행하고 있어 열차 승차권 구입을 10일 전에 하지 않으면 승차권 확보가 어려운 상황이었다. 화물차가 주로 이용하는 고속도로의 상황을 보면 경부고속도로의 적정 통행 가능 대수를 하루 4만 8천 대로 보고 있었는데 반해, 대도시 부근에서는 이미 7만 8천 대의 차량이 이용하고 있었고, 서울에서 부산에 가려면 10시간 이상이 소요되어 이미 고속도로의 고속 기능을 잃어가고 있는 형편이었다.

차량등록 대수도 급속하게 늘기 시작했다. 1985년에 처음으로 1백만 대를 기록한 차량등록 대수는 1988년에 2백만 대, 1990년에 3백만 대로 갈수록 가파른 상승세를 보이면서 전국의 교통 상태가 전반적으로 크게 악화되기 시작하였다. 교통혼잡이 도를 넘는 심각한 상황이 되자 1987년 말 대통령 선거공약에서 경부고속전철 사업이 채택되기에 이른다.

회고해 보면, 1981년 7월 KIST의 「대량화물 수송 체계 확립과 교통 투자 최적화 방안」에서 이미 경부축에 고속(시속 200km) 전철의 필요성을 적시했고, 제5차 경제사회 발전 5개년계획(1982~1986)에서 고속전철 타당성 조사계획이 반영되었다. 이러한 조치에 따라 앞서 언급한 1983~1984 세계은행의 경부축 고속철도 건설에 대한 타당성 조사 보고서가 있었다. 이러한 노력이 축적된 상태에서 경부축의 교통상황이 심각해지자, 1987년 12월 노태우 대통령의 선거공약으로 경부고속철도 사업이 구체화된다. 그 후 국가 경제가 호조를 보이고 88 올림픽의 성공적 개최로 국가 위상이 높아지고 자신감도 커지고 있었고, 선진국들이 앞다투어 고속철도 개발에 나서기 시작했기 때문에 그동안 꿈만 꾸고 있었던 고속전철 사업을 드디어 실천에 옮기기 시작한 것이다. 그 첫 단추가 1989년의 「경부고속전철 기술조사」였다. 경부고속전철 사업은 아무 준비 없이 갑자기 시작된 것이 아니라 많은 사람들이 꿈꾸었고, 국운이 상승할 때, 한 사람의 영웅적인 장관이 나타나 이를 실현한 것이다.

3. 김창근 교통부 장관의 등장과 경부고속전철

❱ 김창근 교통부 장관

1987년 노태우 정부 초기는 88 올림픽과 경기 활성화로 국민들의 자신감이 고조되어 있었다. 1988년 12월, 김창근 교통부 장관이 취임했고, 김장관은 이전 인사들과는 이력이 다른 정치인 출신이었다. 영주 출신으로 민주공화당 정책위의장까지 지냈으나, 1980년 11월 전두환 정부의 정치 활동 규제 대상자가 되었고, 그 후 민주화 투쟁에 합류하여 YS와 함께 민추협에 참여했고, 1981년 부의장을 지냈다. 당시 권력 실세인 금진호 상공부 장관의 추천으로 발탁되었다고 한다. 정치적으로 여당과 야당을 넘나드는 이력으로 비판적인 평가를 받기도 했지만, 나름대로 민주화와 원칙론적 신념이 있는 분이었다. 후일 경부고속전철의 추진 과정을 보면, 판단이 정확하고 강한 추진력을 가진 분이라는 걸 알게 되었다.

김창근 장관은 취임사에서 "내가 교통정책은 여러분들만큼 잘 알 수 없으니, 국민편의에 지장이 없도록 여러 간부를 중심으로 차질 없이 추진해 주기를 바란다. 나는 우리 국가가 21세기를 맞아 반드시 준비해야 할 두 가지 사업, 경부고속전철과 신공항 사업을 추진할 테니 이 일에 관해서는 여러분 모두가 한마음으로 지원해 주기를 바란다"라고 말했다. 그리고 그동안 토요일마다 진행되던 교통부 장관 주관의 산하기관장 회의를 축소하고, 2대 국책사업 추진을 위한 준비모임을 시작했다. 이 모임은 장관을 중심으로 고속철도에서는 철도청 전기국장, 시설국장, 그리고 필자, 신공항에서는 항공국장, 서울지방항공청장, 그리고 송희연 해운산업

연구원장 이렇게 7명으로 구성되었다.

경부고속전철에 관해서는 충분하지는 않았지만, 1983년에 세계은행 사업으로 국토개발연구원에서 수행한 타당성 조사보고서를 비롯해 당장 필요한 기초자료는 어느 정도 확보되어 있었다. 그러나 신공항에 관해서는 선행 연구가 없었기 때문에 기초자료가 부족한 상황이었다. 그러나 장관의 결심은 확고했다. "2000년대에 들어서면, 보잉사에서 개발하고 있는 첨단 초음속 여객기가 일반 취항하게 되고, 그렇게 되면 뉴욕에서 서울까지 3~4시간 정도면 되니까 현재 12시간이 넘게 걸리는 여정이 획기적으로 단축되어 일본이나 동남아시아 여행객들이 서울로 와서 환승하는 일이 많아질 것이다. 즉, 우리가 동북아시아의 허브공항이 될 수 있고, 이 지역에서 정보와 경제의 중심이 이루어질 것이니 우리의 서울 근방에 초음속 여객기의 이착륙이 가능한 활주로 길이 4km 이상의 국제공항을 서둘러 준비해야 한다"라고 말했다. 그리고 덧붙여, "지금 깊은 바다를 20m 이상 매립해서 건설하고 있는 일본의 간사이공항을 보라. 건설이 어렵기도 하겠지만, 건설 후에도 문제가 많을 것이고 편리한 공항이 되기는 애초에 그른 것 같다. 일본 국민의 공항에 대한 민원이 너무 커서 좋은 기회를 놓치고 있다. 그리고 중국은 아직 개방 전이어서 국제사회에서 제대로 활동하기까지 더 긴 시간이 걸릴 것이다. 따라서 우리가 이 기회를 놓치면 안 된다"고 강조했다.

그리고 경부고속전철에 대한 장관의 생각은 경제적, 기술적 타당성은 기존의 연구에서 확인하였으나 "21세기가 되면 우리는 국제시장에서 무한 경쟁을 해야 하는데, 우리에게 필요한 첨단기술이 상당수 첨단 고속전철에 포함되어 있기 때문에, 장래 국제적 경쟁력 확보를 위해서도 고급 첨단기술 확보가 담보된 고속전철을 서둘러서 추진하지 않으면 안 된다"는 말로 의지를 다졌다.

❱ 경부고속전철 기술조사 사업의 착수와 진행

김창근 장관은 취임 직후부터 정부 내 공감대 형성을 위해 관계부처 설득을 위해 노력했다. 1989년 7월, 경부고속전철 기술조사 사업이 시작되었고, 필자가 사업 책임을 맡게 되었다. 우리 환경에 적합한 기술 방식을 파악하고 안전하고 효율적으로 운영할 수 있는 노선을 설계하여, 최선의 차량을 선정할 수 있는 기본계획과 설계를 수행하기 위한 사업이었다. 그리고 투자 규모가 방대하고 기술의 복잡성과 첨단성이 타 사업과는 비교도 할 수 없는 미증유의 사업이었으므로 정부 내에 정책을 심의하고 의결하기 위해 관련 부처가 모두 참여하는 추진위원회가 구성되었다. 그리고 장관은 필자에게 "차 박사는 다른 일 다 그만두고, 지금부터는 내 지시를 받아 고속전철사업에 전념하라"고 지시했다. 필자는 장관과 함께 그해 6월에 일본, 프랑스, 독일을 방문하여 기술 협조를 협의하였다. 그리고 곧이어 그해 10월에 서울에서 3국을 포함한 세계 11개국의 전문가 1백여 명을 초청하여 「고속철도 국제심포지움」을 개최하여 1주일 동안 각국의 기술정보와 정책 환경을 비교할 기회를 가졌다. 〖별첨2-2. 김창근 장관께 고속전철 추진 방향을 설명하고 있는 필자〗

1990년 6월에는 서울-천안-대전-대구-경주-부산으로 이어지는 노선이 확정되고 발표되었다. 이어서 차량구매를 위해 3국 해당 기관에 보낼 RFP안을 준비하여 관계 부처와 전문가 검토에 들어갔다. 1991년 2월에는 사업 추진을 위한 전담 조직인 「고속전철사업기획단」이 발족되었다. 1991년 8월에 「고속전철 및 신국제공항건설 추진위원회의 심의」를 거쳐 경부고속전철 차량 선정을 위한 RFP를 확정하고, 바로 일본, 프랑스, 독일의 고속전철 회사에 발송하고, 1991년 12월까지 제안서를 제출해 주도록 요청했다. 그리고 제의서 평가 후 협상을 통해 최종 결정할 수 있도록 기본 방향을 설정함으로써 공식적으로 경부고속전철 사업이 출발하게 된 것이다.

지금 되돌아보면, 이때 장관이 가지고 있던 전망, 즉 이들 사업의 중요성과 착수 시기에 대한 판단은 아주 정확했다고 볼 수 있다. 지금 전 세계가 고속전철 시대를 열어가고 있고, 우리도 온 국민이 고속전철의 고급 서비스를 누리며 살고 있다. 고속전철과 함께 영종도 신공항이 있어서 급격히 늘어난 항공 수요를 효과적으로 감당하고 있으며, 공항서비스의 첨단화가 가져온 국제사회의 한국에 대한 신뢰도를 생각하면 이들 두 가지 사업이 21세기에 들어오면서 이루어진 선진 한국을 대표하는 산업이라고 하지 않을 수 없다.

그렇지만 이들 사업의 추진에는 엄청난 정치적 반대가 있었고, 전문가들까지도 정치적 논쟁에 가세하고 있었던 것을 생각하면, 국가적 사업에서 추진 당사자들의 확신과 신념이 얼마나 중요한지를 새삼 느끼게 된다. 그 당시에 이 사업들을 시작하지 못했다면, 그로 인한 오늘날 우리가 누리고 있는 국가의 명성과 신용을 확보하지 못했을 것이고 사업의 후광효과 또한 많이 놓쳤을 것을 생각하면 아찔한 생각마저 든다. 정치적으로, 사회적으로 반대 분위기가 강했던 어려운 상황임에도 불구하고, 먼 훗날을 정확히 예견하고 불굴의 자세로 설득하고 추진했던 사업 최고책임자 김창근 장관의 선각자적인 모습은 지금도 잊히지 않는다.

그 뒤 사업 추진을 계속해서 완성한 분들의 노력도 중요하지만, 아무것도 없는 불모지나 다름없는 환경에서 사업 착수를 성공시킨 그의 공을 후배들은 기억하고 인정하는 마음을 갖길 바란다. 앞으로도 국가의 장래가 걸린 어려운 정책은 늘 있을 것이고, 그때마다 그 일을 추진하는 공직자는 선배보다 더 좋은 환경에서 더 잘하겠다는 각오와 자신을 가질 수 있어야 우리의 미래가 희망이 있다고 여겨지기 때문이다.

우리나라 철도 역사를 다시 쓰게 된다면 이때가 중요한 하나의 분수령이 될 것이다. 왜냐하면, 과거의 낡은 재래식 철도와 어려운 국가 경제 상황에서 조금씩 익혀온 전철화 경험밖에 없던 철도 후진국이었던 우리나라가 이 경부고속전철 사업을 성공적으로 추진함으로써 지금은 최신 고속철도차량의 고유 브랜드를 개발하여 세계와 경쟁할 수 있는 수준으로까지 발전해 온 것이다.

2000년대에 들어와서 전북에서 고속철도사업 관련 회의가 있어서 참석했을 때 당시 전북 지사가 고속전철을 일주일에 5번을 이용한다는 말을 들었다. 회의가 끝나고 저녁을 먹을 때 필자가 "경부고속전철 추진 당시 호남 사람들이 사생결단하고 반대했는데, 지금 전북 지사께서 그토록 많이 이용하신다니, 가장 그 혜택을 많이 보는 사람들 아닌가?"라고 물었더니, 어느 교수가 하는 말이 "그때 호남고속전철을 하자고 했으면 반대하지 않았겠지요"라고 말해 웃고 넘어갔다. 경부고속전철이 추진 명분이 없었다면 호남고속전철은 더욱 말이 안 되는 것이었기 때문이다. 전문가는 전문적인 판단을 해야지 전문가든 정치인이든 모두 정치적인 관점으로만 이야기하면 국가의 이익은 누가 지키나!

❱ 경부고속전철 기술조사 주요 내용

본 기술조사 사업이 추진되고 있을 당시, 경부축에 연한 서울, 대전, 대구, 부산권을 포함하면, 인구는 우리나라 전국 인구의 60%를 점하고 있었고, 지역총생산은 전국의 69%를 차지하고 있었다. 지난 10년간 (1979~1988) 전국 고속도로의 교통량 증가율이 연평균 17% 가까이 급증해 오고 있었을 뿐만 아니라, 전국 교통수요에 대한 경부축 분담률이 32%에서 47.3%로 15.3% 포인트 증가하고 있어서 장기적으로 특별한 대책을 세우지 않을 수 없는 상황이었다.〖별첨2-3. 경부고속전철 기술조사〗

표2-4. 경부축의 교통수요(1988년) (천 명/일)

수단	철도				버스	승용차	항공	계
	새마을	무궁화·통일	비둘기	소계				
인원	13.3	134.3	26.3	173.9	371.5	238.7	5.6	789.7
비율(%)	1.7	17.0	3.3	22.0	47.0	30.3	0.7	100.0

위의 표와 같이 1988년 현재 경부축의 고급 교통량이 하루 약 40만 명에 달하고 있으며, 이는 2000년대에 들어가면 현재의 2.5배가 늘어 100만 명 수준에 달할 것으로 전망하였다. 경부축 철도 이용객을 보면 이 당시 통일호 이상만 하루 14만 7천 명에 이르고 있었다. 장래 고속전철이 도입될 경우의 교통 수요는 여러 가지 변수, 즉 최고 운행속도, 노선, 운행방식, 운임 등에 따라 달라질 수 있지만, 기본 대안에 대해 기존 철도는 그 이후에도 화물 수송 등으로 계속하며, 운임은 잠정적으로 새마을 요금인 32원/인·km을 가정하여 추정하였고 그 결과를 보면 다음 표와 같다.

표2-5. 경부축의 장래 교통수요 추정 (천 명/일)

대안		1998	%	2001	%	2011	%
Base - Case	새마을	19	1.6	21	1.6	32	1.7
	무궁화·통일	202	17.0	230	17.1	331	17.0
	승용차	401	33.8	472	35.2	809	41.5
	버스	547	46.2	600	44.7	750	38.5
	항공	17	1.4	19	1.4	26	1.3
	계	1,186	100	1,342	100	1,949	100
중앙 노선	고속철도	178	15.0	203	15.2	305	15.6
	기존철도	107	9.0	121	9.0	175	9.0
	승용차	381	32.1	448	33.4	764	39.2
	버스	512	43.2	560	41.7	692	35.5
	항공	9	0.7	10	0.7	13	0.7
	계	1,186	100	1,342	100	1,949	100

이러한 급격한 수요 증가를 고려하면, 기존선 개량이나, 고속도로 확충 등 점진적 교통 투자로는 감당할 수 없게 될 것으로 파악하였다. 따라서 고속전철을 건설하게 되면 철도수송 용량의 증대와 철도 교통 수요의 증가로 고속도로의 주행속도가 평균 12km/h 향상되어 그로 인한 차량운행비 절감액이 연간 1조 원에 달하는 것으로 추정하였다.

이때 우리 사회는 고도산업사회를 지향하고 있었으며, 발전이 계속될수록 토지이용과 교통의 밀접한 상관관계를 고려하여야 한다고 보았다. 대규모 공단이나 주택단지는 편리한 교통요지에 유치되어야 하며, 이러한 합리적인 국토개발을 위하여 도로와 철도가 적정 분담률을 가지고 균형적으로 개발되어야 한다고 보았다.

외국과의 비교를 통해서 우리가 가야 할 길을 제시하였다. 우리의 철도시설은 인구 규모에 대한 비율 기준으로 75km/백만 인으로서 일본의 1/3에 불과하고, 영국, 프랑스, 독일에 비해서도 현저하게 낮았다. 이를 국토 면적과 비교하여 보면, 우리는 1,000km²당 32.6km의 철도를 보유하고 있는 데 반하여 일본 및 영국은 2배, 프랑스는 2배 이상을 보유하고 있었다.

또, 우리의 경우에는 철도에 비해 도로가 거의 4.5배의 연장을 가지고 있지만, 선진국의 경우 미국을 제외하면 도로가 철도의 2배가 넘는 나라는 거의 없었다. 그동안 우리의 수송 체계가 도로 중심으로 확충되어 왔음을 보여준 것이다. 따라서 경부고속전철을 계기로 우리나라는 철도망의 확충에 더 집중해야 하고, 장래의 고부가가치 사회를 고려하면 고속전철을 중심으로 하는 수송 효율이 뛰어난 고속 수송 방식을 중심으로 확충할 필요가 있다고 보았다. 따라서 경부고속전철을 국가의 기본 수송 골격의 형성에 선도적 역할을 하는 중요한 사업으로 인식하였다.

미래의 고부가가치 사회에서는 시간가치가 당시와 비교해서 현저하게 높아질 것이며, 이러한 경부고속전철에 대한 미래 기대 가치를 달성하기 위한 기술적 요구사항을 충분히 마련하는 일이 무엇보다 중요한 것이다. 경부고속전철 기술조사에서 우리가 기대할 수 있는 교통 효과는 전국을 반나절 생활권으로 만드는 것이었다. 전국이 사실상 하나의 일일생활권이 되어야 21세기의 빠른 생활 패턴을 충족시킬 수 있는 것이다. 이런 관점에서 특별히 중요하게 다룬 사항들은 다음과 같다.

우선 최고 속도를 얼마로 해야 할 것인가? 신칸센이 처음 개통되었을 당시의 최고 운행속도는 230km/h였다. TGV의 최고 운행속도는 270km/h였는데, 우리가 현지로 출장 갔을 당시에 시험 운영 중인 신형 기관차는 시속 350km였다. 독일은 미개통 상태였지만 시험 운영 속도가 최고 300km였다. 그래서 우리는 향후 10년 뒤의 기술개발 상황과 미래의 시간가치를 고려하여 최고 운영속도 300km/h(설계속도 350km/시)로 결정했다. 물론 이러한 최고 운행속도에서 경제적 운영이 가능하도록, 여러 가지 구체적인 설계기준, 역 간 간격 등 종합적 고려가 필요했다. 중요한 첫 번째 질문은 역수를 몇 개로, 그리고 어디에 둘 것인가였다.

서울역 설치 방안

출발역인 서울역을 어디에, 어떻게 배치할 것인가는 아주 큰 영향을 미치는 변수이다. 서울을 중심으로 수도권은 우리의 경제, 사회 모든 면에서 중요한 역할을 하므로 고속전철의 특혜를 가장 많이 받을 수 있고 따라서 이 거대사업의 경제성에도 지대한 영향을 미칠 수 있기 때문이다. 그래서 서울 지역의 인구를 흡수하기 위해 서울역 단일 역보다는 주변 지역 인구를 흡수하기 위한 복수역으로 대처하는 방안까지 검토할 필요가 있었다.

역 입지 선정에 영향을 미치는 변수는 다양하다. 그러나 정량화가 가능한 변수로 이용자 입장에서 보는 접근 시간, 접근 운행 비용, 타 수단과의 연계, 그리고 운영자의 입장에서 본 건설비, 용지보상비, 역세권 개발 이익, 열차 운행 비용 등이 중요한 변수이며, 이 외에 더 광범위하고 포괄적인 환경영향, 도시 성장 기여 등도 중요하지만, 계량할 수 있는 항목들을 중심으로 평가하였다. 단일 역을 두는 경우, 단연 서울역이 가장 우수하지만, 개통 기준 연도인 1998년의 예상 이용객이 하루 15만 6천 명이나 되었기 때문에 기존의 연계 체제로 처리하기에는 무리가 많다고 보고, 2개 역 체제를 구상하였다. 즉, 서울역 + 영등포, 서울역 + 양재, 서울역 + 구로를 설치할 때 계획 기간 중 총비용, 즉 건설비, 용지비, 에너지 소모, 운행 시간, 도시부 접근 비용, 운영비의 총합이 가장 적은 서울역 + 양재역 체제로 파악하고 건의하였다. 그러나 나중에 건설단계에서 서울 시내 구간을 기존선을 활용하는 방안이 채택되었기 때문에 결국 서울역 + 광명역 체제로 진행되었다.

노선, 중간역과 적정 역 개수

우선 고속전철의 최고 운행속도는 기술 수준, 속도에 따른 추가 공사비, 운행 효율성을 고려하여 시속 300km로 하고, 설계 기준 속도는 장래의 속도향상을 감안하여 시속 350km로 정하였다.

노선은 고속전철이 구체적으로 어느 도시를 통과해서 갈 것인가를 가리키는 것이며, 정거장의 위치 및 수와도 밀접한 관련이 있어서 정책적으로 가장 중요한 사항이다. 경제적인 측면에서 보면 건설비는 가능한 한 적게 들이면서 편익은 최대로 하는 대안일 것이다. 경부고속전철은 통과 도시를 중심으로 그 영향 지역에 사회·경제적으로 커다란 파급효과를 장기적으로 가져오게 되므로 국가의 장기 발전 방향에 부합하는 정부 정책을 반영해야 하는 것이다.

중간역의 수는 이용객의 수와 운영 효율에 영향을 미치는 변수로서 여러 가지 상황에 대한 시뮬레이션을 거쳐 중간역 4개 이하로 하고 정책적 필요성이 있어 추가 설치를 할 경우에는 격역 정차(skip/stop) 방식으로 운영할 것을 건의하였다. 그리고 단말부 역인 서울역과 부산역의 경우에는 이용 규모와 도시교통의 복잡성을 고려하여 종합교통센터를 설치하여 교통정보의 교환과 이용에 어려움이 없도록 건의하였다.

우리가 계획한 열차 중량은 한꺼번에 약 천 명의 승객을 수용할 수 있어야 해서 가감속 거리와 열차 운행비에 영향을 미치는 요소가 많다. 따라서 열차 운행 시뮬레이터 프로그램을 구입하여, 가감속과 열차 운행비, 시간가치를 포함한 종합 비용이 최적이 되는 방안으로 결정했다. 서울역에서 출발하여 천안에서 처음 정차하고, 대전, 대구, 경주에 정차한 후 부산까지 2시간 이내에 도착하는 것을 표준으로 하고, 중간역 정차 횟수를 달리하는 격역 정차 운행을 통해 더욱 일찍 도착할 수 있는 프로그램을 계획하였다.

정거장을 추가할 때는 추가하는 비용보다 발생하게 될 편익이 더 클 때만 정당화되는 것이다. 일반적으로 정거장의 수가 늘어나면 고속전철이 서비스할 수 있는 교통 수요는 커진다. 그렇지만 정거장의 수가 많아지면 가·감속 및 정거로 인한 고속 운행의 상대적인 장점이 떨어지게 된다. 이러한 영향의 크기는 최고 운행속도와도 밀접한 관련을 갖는다.

최고 운행속도가 증가하게 되면 각 지점 간의 여행시간은 줄어든다. 여행시간이 빨라지면 그만큼 고속전철의 수요는 커지게 되는 효과가 있다. 반면에 높은 최고속도는 큰 최소곡선반경을 요구하게 되어 공사비의 증가를 유발하고, 일반적으로 에너지 소비도 증가하게 된다. 에너지 소비는 속도의 제곱에 비례하며, 유지보수비도 증가시키게 된다. 이들은 서로 긴밀하게 영향을 미치는 변수이므로 개별로 검토하기보다는 조합으로 검토하는 것이 필요하다.

우선 노선 대안을 살펴보면, 서울에서 부산까지 구간에 대해서 그림에서 보듯이 서울-천안 구간에 2개 안, 천안-대전 구간 2개 안, 대전-대구 구간은 1개, 그리고 대구-부산 구간은 3개 안을 최종적으로 선정하였다. 이들을 조합하면 12개 안(2×2×1×3 = 12)으로 상정할 수 있다.

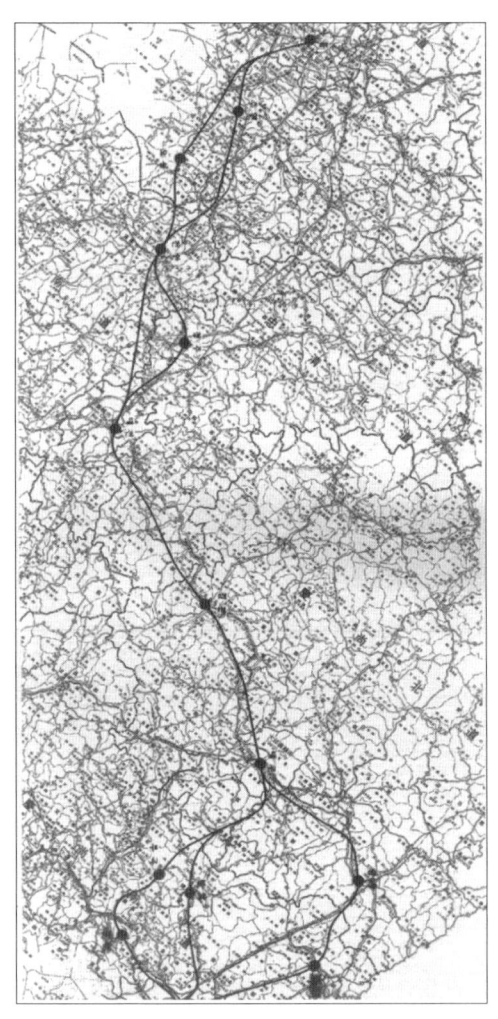

그림2-3. 경부고속전철 최종 비교노선도

정거장의 수에 대한 대안은 크게 3가지로 생각할 수 있다. 첫째는 중간역을 대전, 대구의 2개만을 설정하는 것이고, 둘째는 각 노선 대안에서 검토된 모든 역에서 정차하는 안이며, 3번째는 앞의 2가지 안에서 증감시키는 방안이다. 즉, 서울-수원-천안-대전-김천-대구-밀양-부산 노선을 예로 들면, 첫 번째는 중간역 2개만 설치하는 안이고, 둘째는 중간역 모두에서 정차하는 안이며, 마지막 셋째는 2개 안에서 남은 역들을 이용객이 많은 순서로 하나씩 증가시키는 안이다. 이럴 경우 정거장 수에 대한 안은 16개까지 가능하다. 이렇게 해서 12개 노선 모두에 적용하면 전체 대안의 수는 480개에 이른다.

최고 운행속도를 얼마로 할 것인가에 대해서는 그 당시의 실용적인 최고 운행속도뿐만 아니라 가시적인 장래의 속도 목표를 포함하기로 하였다. 그래서 당시 일본의 신칸센 최고 운행속도인 시속 250km를 저점으로 하여, 당시로서 최첨단 시스템인 TGV 대서양선과 독일의 ICE 최고 운행속도인 시속 300km, 그리고 이들이 향후 속도향상 목표를 시속 350km로 잡고 있는 것을 고려하여, 이 세 가지 속도 대안을 상정하였다.

최고 운행속도 대안 3개를 기존의 조합 대안 수인 480개와 연결하면 이론적으로 가능한 조합 대안의 수는 무려 1,440개에 이른다. 이 중에는 거의 중복효과가 있거나, 실용성이 없는 대안들을 예비검토를 통해 걸러내고 상세 분석을 위한 최종 조합 대안을 33개로 상정하였다.

상대적인 효율성 평가를 위해서 편익으로 고속전철이 도입될 경우의 경부축에서 도로 및 철도 전체 교통량에서 발생할 시간 절약 및 운행비 절감액을 고려하고, 비용으로는 공사비, 고속전철의 유지관리비, 운영비, 에너지 소모를 반영하였다. 전체적으로 중간역의 숫자가 적을수록 효율성이 우수하고, 최고 운행속도가 시속 300km일 때가 상대적으로 우수하게 나타났다.

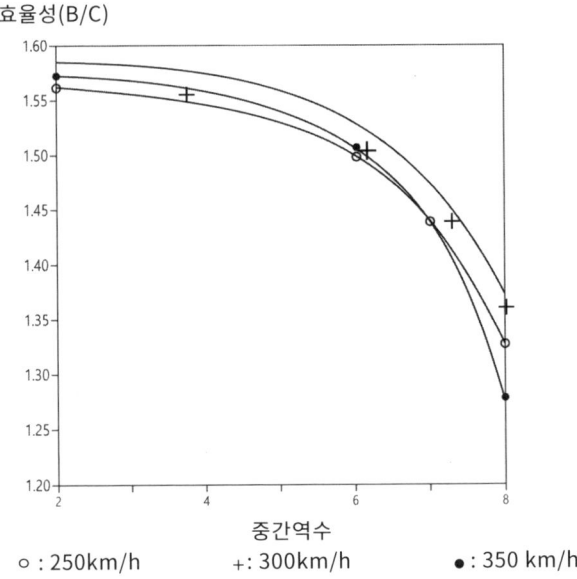

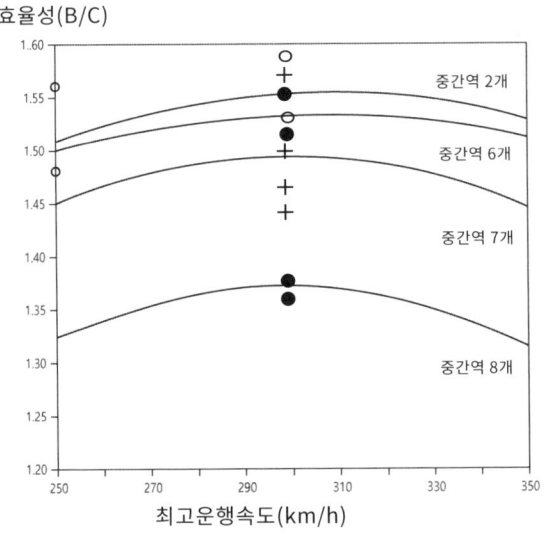

그림2-4. 최고속도와 효율성 관계

즉, 상기 그림에서 보듯이 중간역의 수가 늘어날수록 효율성이 감소하는 경향을 보였다. 감소 폭은 최고 운행속도가 높을수록 더 커지는 경향을 보인다. 전반적으로 보아 중간역 수가 4개까지는 감소 폭이 완만하다가 6개가 넘으면 급격히 효율성이 떨어지는 것을 보여준다.

이러한 효과는 최고 운행속도 중심으로 보여주는 그림을 보면 더욱 명확해진다. 즉, 그림에서 맨 위에 있는 2개 곡선(중간역 2개 및 6개)의 경우 효율성이 거의 평평하게 유지되면서 시속 300km일 때 가장 극대가 되고, 이후 시속 350km까지도 효율성이 대체로 그대로 유지됨을 알 수 있다. 그리고 맨 아래 곡선(중간역 8개)은 중간역이 상대적으로 많아지는 경우이며, 이때는 가장 효율적인 시속 300km를 지나 최고 운행속도가 너무 높아지면 효율성의 하락이 상당히 가팔라진다. 따라서 이 경우 시속 350km 대안이 시속 250km 대안보다 운행 효율성이 더 나빠질 수 있음을 보여주고 있다. 이렇게 하여 중간역 4개인 서울-천안-대전-대구-경주-부산으로 연결되는 노선에 최고 운행 속도는 시속 300km로 계획하도록 최종 건의를 하게 된 것이다.

경제성 및 재무 타당성

경제성 평가 타임프레임은 기준 연도를 1990년으로, 그리고 고속전철 개통 연도를 1998년으로 하여 개통 후 30년이 되는 2028년까지로 하였다. 사업의 편익은 계량화에 문제가 없는 운행비 절감과 시간 비용 절감액을 중심으로 하였다. 사업의 내부 조건으로 당시 계획된 고속도로 사업을 전부 포함하고, 경부축에 연한 철도와 공로 전체를 포함하는 종합 교통망으로 총운행비를 계상하였다. 고속전철을 투입하였을 때와 그렇지 않을 때의 공로 전체 차량의 운행비 차이를 추정하였다. 그리고 고속전철을 통해 전체 승객이 누리는 시간 절약분에 대한 가치를 계상하여 사업의 편익으로 삼았다. 그리고 비용으로는 고속전철의 공사비, 차량비, 운행비를 계상하였다. 이러한 조건 하에서의 경제성은 아래와 같이 파악되었다.

- 할인율 13% 시 B/C= 1.55 IRR = 19.4%로 경제성 우수
- 최적 개통 시기는 1998년으로 평가

즉, 1992년에 착공해서 1998년에 개통할 경우, 열차 용량은 1,100석, 최대 4분 간격 운행할 경우에 하루 이용객이 18만 명에 달해, B/C = 1.55 및 IRR = 19.4%로 경제성이 우수한 것으로 판단하였다. 재무성 평가를 위해 가능한 재원 조달 방안을 충분히 검토하여 다음과 같은 최적 조합을 구성하였다.

- 재무구성 : 국고 35%, 합동 개발 10%, 차관 10%, 공급자 대부 20%, 국내 차입 25%
- 개통 후 7년째인 2005년에 단년도 흑자
- 개통 후 17년째인 2015년에 원금 상환 완료

즉, 재원 조달 방안으로 장기차관, 일부 국민주 발행, 국공채 차입을 활용하고 정부 직접투자는 1조 2천억 원 정도로 한정할 경우, 조기에 운영 흑자를 낼 수 있다고 전망하였다. 하루 이용객 18만 명을 기준으로 매년 약 5% 증가를 예상하고, 당시의 새마을 요금인 인·km당 32원을 적용하였다. 이렇게 될 경우, 개통 후 6년이 지나면 이자, 감가상각비를 포함한 단년도 흑자가 예상되고, 개통 후 16년이 지나면 원리금 전액 상환이 가능한 것으로 전망하였다.

흑자 운영 시기는 정부지원금의 수준과 승객 요금 수준에 따라 달라지는 것이지만, 정부지원금의 비율이 35% 정도를 유지한다면 상기 흑자 전망을 유지할 수 있다고 본 것이다.

기존 경부선의 운행 방안

고속전철 노선이 신선으로 건설되면 기존 경부선은 전 구간을 전철화해서 기본적으로 화물열차 전용 운행 노선으로 활용하여 경부축의 고속도로 부하를 줄여서 물동량 이동을 원활하게 하도록 계획하였다. 그럴 경우 기존 컨테이너 수송 능력인 연간 35만 개를 300만 개까지 늘릴 수 있을 것으로 전망하였다. 그리고 나머지 여력은 중간 무정차 도시에서 가장 가까운 고속전철 정차 도시로 이동할 수 있는 지역 간 전철 수단으로 활용하도록 계획한 것이다. 물론 이 계획은 상당히 변경 시행되었다. 우선 수도권 진입부가 신선이 아닌 기존 경부선을 그대로 이용하게 되어서 수정 운행이 불가피해졌다.

노선설계

위에서 언급된 고속전철의 노선에 대해서 최고 운행속도 시속 300km를 담보하기 위하여, 교량이 9개소 138km, 터널이 9개소 102km를 포함하여 공사비 총액 5조 8천억 원으로 추산하였다.

노선 선정 과정에서 우리 사업단의 설계팀과 철도청 관계부서와의 기본설계 과정에서 야기된 갈등도 잊을 수 없는 일화 중 하나이다. 철도청은 대형 노선 건설사업을 해 본 경험이 없어서 구체적인 본 설계에 들어가기 전에 예비 노선을 찾는 단계에서 대안 노선 탐색 과정의 중요성에 대한 이해가 부족하였다. 그래서 20만분의 1 지형도에서 주요 통제 지점을 선정하고는 그 사이를 연결하는 것을 육안으로 등고선과 확인된 지장물을 고려하여 노선을 그리는 전통적인 방식을 고집하고 있었다. 소규모 사업에서는 이런 방법을 쓰는 것이 흔한 관행이었다. 그러나 전국을 연결하는 대규모의 중요 국가 발전 축에 대해서 이렇게 할 경우 시간이 많이 소요되기 때문에 많은 대안을 충분히 검토하기 어렵다. 그래서 노선 계획가의 개인적인 선험적 판단이 많은 역할을 할 수밖에 없다.

용역단 전체 회의에서 이 문제를 논의하였다. 루이스버저 설계팀에서는 지형 조건을 수치화하여 컴퓨터로 여러 비교 노선을 쉽게 평가하여 봄으로써 보다 합리적인 노선을 찾을 필요가 있다고 건의하였다. 나는 사업 책임자로서 중요 통제점을 몇 군데 먼저 정한 후 수치 지도위에서 가능한 여러 노선을 컴퓨터로 시험해 본 후 더 큰 지도와 현지 확인을 통해 확정해 가는 컴퓨터 설계를 할 경우, 설계 변수의 조정이나 국부적인 노선 변경 등 필요한 변경에 대한 설계값을 손쉽게 확인할 수 있기 때문에 컴퓨터에 의존하는 설계가 보다 유리하다고 믿었다. 그래서 우리 설계팀에게 루이스버저의 의견을 받아들이라고 권유했었다.

그러나 이들은 철도청의 의견은 중요하게 여겼지만 내 의견은 듣는 시늉만 내고 있었다. 왜냐하면 철도청의 눈 밖에 나면 철도청에서 발주되는 일을 하기가 어려운 형편이 되기 때문이었다. 따라서 최초 노선안은 철도청 내부에서 이미 200,000:1 지형도상에서 거의 완성되어 가고 있었기 때문에 이것을 가져다가 더 큰 지도로 옮기고 현지 확인만 해서 보완해 간다면, 일이 훨씬 수월하기 때문에 이것을 거절할 이유가 없는 것이었다. 그러나 필자는 사업 책임자로서 조금이라도 더 나은 노선을 찾고 싶은 욕심이 있었다. 그래서 항공측량까지는 못하더라도, 25,000:1 지형도를 수치화하여 그 위에서 컴퓨터로 예비 노선들을 찾는 노력을 하도록 추가 예산을 투입하여 별도 과제를 주었다.

문제는 이 결과가 나오고 난 후에 벌어졌다. 별도의 설계안 작업을 정리해서 철도청에 보고하고 본 설계에 참고하도록 건의하였다. 그러나 철도청은 이 안을 본 설계에 반영할 생각이 없었다. 오히려 나한테 "이 노선은 나중에 KTX 강남선을 할 때 검토하도록 하겠습니다"라고 해서 나도 이쯤에서 대안 노선에 대한 주장을 접을 수밖에 없었다.

이런 과정이 있었기 때문에 우리 팀의 설계 능력에 대하여 회의가 들었다. 후일 고속철도 기술 보유 3국에 보낼 RFP를 준비하는 과정에서 필자는 "3국으로 하여금 자기들 차량을 제안할 때 우리의 노선 설계 자료를 함께 보내어 차량 운행에 특별히 고려하여야 할 설계 요소를 점검하여 함께 제출하도록 하자"라고 정부에 건의하였다. 그러나 이는 우리의 건설업계로부터 엄청난 반발을 초래하였다. 즉, "5대양 6대주를 종횡무진으로 활약하고 있는 우리의 건설업인데 무슨 매국적 행위냐"라는 원색적인 반발이 있었다. 그래서 더 이상 이런 주장을 할 수 없게 되어 버렸다.

장기 철도망 구상

경부고속전철의 건설 계획은 우리의 국가철도망의 중심을 구축하는 일이었다. 그래서 이를 중심으로 고속전철의 주요 정차 도시마다 도시전철망을 구축하여 고속전철 이용을 촉진하도록 제안하였다. 우선 장기적으로 고속전철로 전국을 연결하는 광역 고속전철망을 구상하였다. 서울-강릉 축, 호남·남해 축 고속전철을 계획하여 전국을 고속전철로 사통팔달 하는 안을 계획한 것이었다. 그리고 기존 철도를 활용한 접근 철도 체계를 고려한 것이었다. 이렇게 해서 아래 그림에서 보인 것과 같이 기존철도의 개량 및 전철화를 포함한 장기 철도망 구상을 제시하여 고속전철을 중심으로 하는 국가철도교통망체계를 구축하도록 제시한 것이었다.

즉, 경부고속전철의 건설은 전국을 명실상부 반나절 생활권으로 묶게 되고, 실질적으로 전국을 수도권화하는 효과를 가져올 것이라고 보았다. 즉, 다른 도시들이 수도권의 우수한 문화적, 경제적 환경을 쉽게 접할 수 있는 계기가 될 것이고 결과적으로 수도권 집중보다는 지방 도시의 육성에 더 크게 기여를 할 것으로 전망하였다.

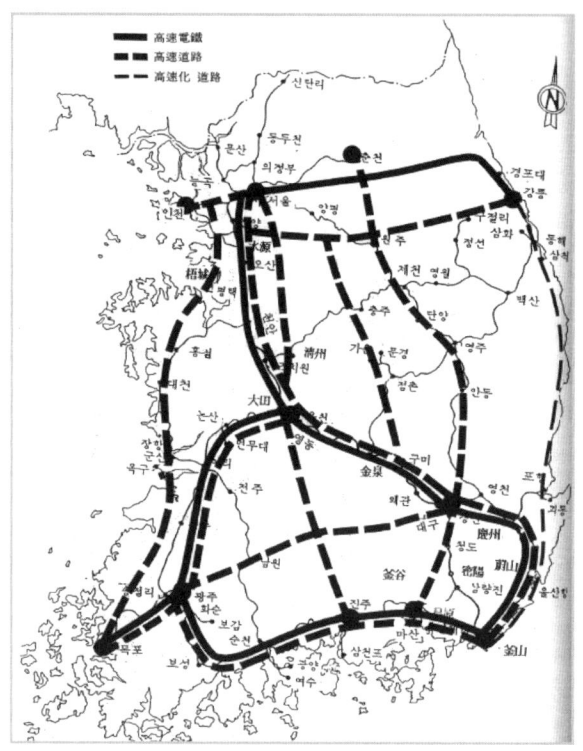

그림2-5. 장기철도망 구상, 경부고속전철기술조사

↘ RFP와 차종 선정

기술적으로 취약한 초기의 여건

일본의 신칸센 고속전철이 1964년에 출현한 이후, 초기의 첨단 고속철도 기술의 도입과 개발을 한 프랑스와 그 후 연이어 독자적인 개발을 한 독일의 예에서 보듯이 각기 자기 나라의 특성과 요구 조건에 맞게 기술 체계를 개량하고 발전시키는 노력을 아끼지 않았음을 보게 된다. 그래서 각국의 고속철도 시스템이 나름의 특색을 갖추고 있어서 경쟁력을 갖고 있음을 알 수 있었다.

그 당시 우리의 형편을 보면, 일제가 남겨둔 일반철도 2,725km에 더하여 도시부에서 일부 철도를 전철화하거나 석탄 개발 등 광산 접근을 위한 산업선 몇 개를 건설한 것을 제외하고는 철도 건설 경험이 거의 전무하다 해도 과언이 아니었다. 그렇다 보니 설계 전문가의 양성에도 극히 소극적이어서 당시에 철도기술사를 확보하고 있는 엔지니어링 회사는 단 두 곳, 유신설계공단 과 철도협력회뿐이었다. 따라서 경부고속전철 기술조사 사업에서 고용한 기술자도 토목 설계 부분은 이 두 곳에서 각기 필요한 인력을 간신히 충당하였고, 철도차량 관련 기술 인력은 당시의 대우중공업 철차부와 현대정공 이 두 곳에서 충당하여 외국 기술 인력과의 협력 작업 체제를 간신히 확립할 수 있었다.

이렇게 낡은 재래식 열차 운영에 급급하던 우리의 철도 기술력이 경부고속전철사업을 통하여 바로 세계 최첨단의 고속전철 시스템을 도입하고, 이를 바탕으로 우리의 독자 기술 체계를 개발하는 데까지 이르렀다는 것은 우리 기술자들의 도전정신이 뛰어났기 때문이기도 하지만, 보다 중요한 것은 이러한 정책 결정을 제때 올바르게 할 수 있도록 뛰어난 지도자가 있었고, 그리고 정책 결정 과정에서 사심 없이 국익만을 보고 애쓴 영웅적인 일꾼들이 있었기에 가능한 일이 아니었나고 회상해 본다. 마치 1970년에 현대적 도로에 대한 경험이 거의 없이 하루아침에 바로 경부고속도로를 건설함으로써 우리의 도로 건설 기술, 나아가서 현대적 건설산업을 이루어내고 역사상 다시없을 중동 건설 붐을 적기에 활용할 수 있어서 오늘의 부강한 한국의 토대를 만든 위대한 선배들의 데자뷔를 보는 것 같다.

물론 취약한 기술 기반 때문에 학습비용을 만만치 않게 지불한 것도 사실이다. 기술조사 결과를 바탕으로 1990년에 서울-부산 간 고속전철 기본 노선이 확정되고, 곧이어 1992년에는 건설을 담당할 한국고속전철 사업기획단이 발족되었다. 그리고 이어서 천안-대전 간 시험선 착공에 들어갔다. 이때부터 본격적인 의혹 제기, 비판, 논쟁 등으로 추진이 갈팡질팡하게 된다. 일부 노선변경, 건설 방식 변경, 물가 상승 등 여러 요인이 겹쳐서 사업비도 상승일로로 커졌다. 즉, 처음 1990년 5조 8천억 원으로 시작했던 사업비가 김영삼 정부(1993.2~1998.2)가 들어선 1993년에는 10조 7천억 원, 그리고 김영삼 정부가 끝날 즈음인 1997년 9월에는 17조 6천억 원으로 크게 뛰었다.

이렇게 된 데는 노선변경, 사업방식 변경 등으로 시간이 오래 경과하고 설계 물량이 증가하는 등의 외적 영향도 있었지만, 근본적으로는 기술조사에서 설계 물량이 너무 과소하게 추정된 원인이 크다고 본다. 고속전철 기술 체계에 대한 이해가 거의 없었기 때문에 우리의 철도 기술사들이 고속전철의 동력학에 대한 이해가 없이 과거 일본이 했던 전근대적 방식을 그대로 답습했기 때문이라고 보인다. 즉, 과거 일본이 처음 고속전철 노선을 설계할 때 고속기관차의 동력학을 제대로 파악하지 못하였기 때문에 설계 물량을 재래식으로 계산해서는 일정한 증가계수, 예를 들어 1.7을 곱하여 고속전철 노선 건설비를 계산하였다는 얘기가 그 당시 우리 기술진들에게 전해지고 있었기 때문이다.

고속전철의 기초 기술에 대한 인식 부족을 나타내는 일화가 많이 있다. 당시에는 필자도 고속전철에 대한 기술적 이해가 많이 모자랐다. 한번은 이 분야 외국 전문가에게 "고속전철과 일반전철이 어떻게 다른 겁니까?"라고 물었더니, "뉴턴의 동력학을 사용한다는 것만 같고, 그 이외의 모든 것이 다 다른 겁니다"라는 답을 들었다. 그러고는 미국의 워싱턴 디씨에서 뉴욕을 가는 동북 교통축(the Northeast Corridor)에서 웨스팅하우스가 미국 정부의 의뢰로 미국식 고속전철인 시속 150마일(240km)의 개량된 철도차량의 시험운행을 할 때의 얘기를 들려주었다. 고속으로 인한 충격에 견디기 위하여 노반을 아주 튼튼하게 건설한 후 고속주행 시험을 하였는데 그때마다 탈선이 일어나게 되었었다. 그래서 노반 강도에 대한 여러 가지 시험을 하다가 노반의 강도가 너무 강해도 약해도 안 됨을 시험으로 밝혀내게 되었다는 설명이었다. 즉, 너무 약하면 무거운 차량을 지탱할 수 없는 것은 직관으로도 알 수 있지만, 너무 강하게 되면 고속 주행 시의 충격파가 겹쳐서 아무리 튼튼하게 건설된 선로라도 견딜 수가 없게 된다는 사실이었다고 한다. 즉, 열차가 고속 주행 시의 동력학을 분석하면, 열차의 강철 바퀴 하나하나가 엄청난 힘으로 지반을 강타하게 되며, 이때 만들어지는 충격파가 사방으로 전파되는데, 수많은 바퀴의 충격파가 서로 겹쳐지지 않도록 노반의 강도를 적절히 조정하여야 한다는 얘기였다.

따라서 당시의 우리 설계진 들은 이런 설계를 해본 적도 없었고, 고속전철의 고유한 동력학을 이해하지도 못하였기 때문에, 고속전철의 고유한 특성을 설계에 반영할 이론적 배경이 취약했던 것이 사실이다. 더 큰 문제는 이러한 문제를 누가 전해주더라도 당시에 우리는 그런 이해가 가능한 일반적인 철도기술사조차도 충분히 확보하고 있지 못했던 것이 우리의 현실이었다.

사업 발주를 위한 준비의 하나로 기술이전 대상과 방법에 대한 연구도 필요한 분야였었다. 기술이전 대상을 선별하고 정리하는 일은 그 분야 전문가들이 동원되어서 만들었지만, 필자는 고속전철용 에어컨이 기술이전 대상에 포함된 것을 보고 깜짝 놀랐었다. 그래서 "에어컨은 한국 시장에 지천으로 널려 있는데 왜 이것이 기술이전 대상이냐?"라고 항의 섞인 질문을 한 적이 있었다. 그랬더니, "여기에서의 에어컨디셔너는 가정용이 아니고 터널을 고속으로 지나갈 때처럼 고압 속에서도 외부와 공기 교환이 가능한 첨단제품으로 잠수함에서 사용되는 수준의 기술이다"라고 하는 설명을 듣기도 하였다. 이처럼 고속전철과 관련해서 새로이 배우거나 확인해야 할 내용이 많았다.

그럼에도 불구하고 이런 과정을 거치는 동안에 고속철도 설계 능력이 향상되어 온 것 또한 사실이다. 구더기 무서워 장 못 담그면 장맛은 볼 생각 말아야 하는 것 아닌가! 우리의 기술력이 부족해서 초기의 비용추정이 증가한 것은 받아들여야 하는 당연한 사실인 것이다. 또 그만큼 기술력이 향상되었기 때문에 증가된 공사비를 계산할 수 있게 된 것이니 오히려 다행스럽게 받아들여야 하는 것이다. 이걸 그냥 무턱대고 비난만 할 일인가? 그럼 그런 비난자들께 어떻게 했어야 하나 라고 묻고 싶다. 시간이 간다고 실력이 느는 것도 아니고, 새로운 기술 체계를 접할 기회가 있어야 배우든지 베끼든지 할 수 있을 것 아닌가!

제의요청서(RFP)

기술조사를 수행하면서 고속전철의 복잡한 기술 체계에 대한 시방과 제안을 받기 위해서는 RFP를 우리의 여건에 가장 유리하게 만드는 것이 무엇보다 중요한 일이라는 것을 알게 되었다. 그러나 RFP에 대한 용어조차 생소했던 것이 당시의 환경이었다. 그래서 외국 기술진을 통해서 영불 해저터널의 RFP에서 고려되었던 사항들을 얻어서 참고할 수 있어서 많은 도움이 되었다. 고속전철의 속도, 수송 능력, 가격, 기술이전, 합작

생산, 공급자 금융조건 등을 포함하는 체계적인 요구사항을 우리의 RFP에 반영하도록 노력하였다.

경부고속전철의 시스템을 구매하기 위한 절차를 규정하는 일이 필요하였다. 즉, 이를 위해서는 우리가 필요로 하는 철도 운행 조건을 규정하고, 이를 토대로 고속철도 기술 보유국이 자기들 시스템을 우리 정부가 제시하는 시방 조건에 맞게 제안하도록 해야 하는 것이었다. 고속전철 기술은 당시 우리는 가지고 있지 못한 것이었고, 일본, 프랑스, 독일 등 몇몇 주요국들이 보유 또는 개발 중인 첨단 기술 체계였다. 따라서 우리가 이들 기술을 우리의 환경에 접목시키기 위해서는 운행 조건을 명시하고 각국이 자기들 시스템을 제안할 때, 우리 정부가 제시한 조건에 엄격하게 맞추어 제시하도록 방향을 구체적이고 명확하게 전달하여야 할 필요가 있는 것이었다. 기본적으로 우리가 설계한 노선 설계자료를 기초로 역의 위치, 수요조건, 최고 운행속도에 대한 기준을 만족시킬 수 있는 철도 운행계획을 제출하도록 할 필요가 있었다.

이때까지 보통의 정부 발주 사업은 발주자의 요구사항을 명기한 과업지시서(Terms of Reference)에 따라 입찰 참여를 공지하고, 그 기준에 맞추어 가격 설계를 해서 입찰하는 것이 관례였다. 이런 경우는 발주자와 입찰자 쌍방이 발주 사업의 내용에 대해서 서로 명확히 이해하고 있을 때는 별 어려움 없이 적용이 가능하다.

그러나 고속전철처럼 기술 체계가 복잡하고 아직 접해 보지 않아서 이해가 서로 다를 수 있는 새로운 기술 체계에서는 단순한 과업지시서로는 부족한 것이다. 즉, 구체적인 사업계획서를 담은 제안서가 있어야, 이를 토대로 사업의 우수성, 경제성 등 제안의 상대적 우수성을 명확히 평가할 수 있는 것이다. 따라서 발주자는 사업 참여자가 사업의 내용과 요구 조건을 명확히 이해할 수 있도록 사업 요구 사항을 사업의 분야별로 자세히 기술하여서 제안자가 구체적인 제안을 할 수 있도록 사업에 관한 구체적인 사업계획서를 제출하도록 요청서를 만들어야 하는 것이다. 이것이 RFP인 것이며, 이보다 몇 년 전에 시행한 영불해저터널사업(the Eurotunnel)에서 본격적으로 적용된 개념이었다.

우리의 RFP에는 경부고속전철에 사용될 첨단기술인 차량, 캐티너리(catenary), 열차자동제어장치(ATC) 등의 공급, 기술이전, 국산화 계획, 재원조달에 관한 제안서를 제출하도록 이들 3개국에 요청하는 것이었다. 그리고 이 요청서의 핵심은 장차 고속전철의 독자적인 개발 능력을 확보하는 데에 초점이 맞추어졌다. 따라서 기술이전 및 국산화의 극대화를 요구하였으며, 차량 등에 필요한 소요 자금의 적기 조달과 최선의 외화 자금 공급 조건에도 주력하였다.

여기에 담긴 설계기준은 대체로 준수되었지만, 훗날 실제 시행된 것은 조금씩 변형되어 시행되었다. 최고 운행속도와 설계기준은 계획한 대로 이루어졌지만, 중간 역수는 많이 증가되어, 오송역, 김천역, 울산역이 추가되었다. 대신 정차역을 열차마다 다르게 하여 운영 시간을 조정하는 방식으로 변경되었다.

아주 중요하게 생각되었던 마지막 부분, 우리 설계서에 대해서 고속전철 운행 시 추가 검토가 필요한 부분을 지적받을 수 있으면 본 설계 시 문제점 개선을 더욱 쉽게 할 수 있다고 본 것이다. 그래서, RFP에 해당국의 고속전철을 운행하는 데에 따를 설계상의 문제점을 지적받자는 조항을 넣자고 제안하였었다. 그러나 이 조치는 우리의 기술 능력에 대한 자존심의 문제라고 업계로부터 강력한 반발을 불러일으켜서 무산되었다. 결과적으로 그 후에 벌어진 각종 안전 문제에 대한 확실한 대응 방안을 찾지 못하고 정치적인 논쟁에 휩싸여 김영삼 정권 기간 내내 논쟁에 휘말려서 사업 추진이 거의 답보상태에 빠질 수밖에 없는 상황으로 가는 원인의 하나가 되었다. 즉, 후일 건설단계에서 많은 문제가 제기되었지만, 권위 있는 해결책을 제시할 수 있는 전문성의 부족으로 문제 해결은커녕, 정쟁에 휘말림으로써 사업 진척에 지장을 크게 초래하는 원인이 되기도 하는 것이었다.

이렇게 하여 만들어진 RFP(안)는 1991년 7월에 각 분야의 전문가와 관련 기관이 참여하는 「고속전철의 효율적 추진 방향」에 관한 정책 토론회를 통하여 미진한 부분을 보완하여 정책에 반영하였다. 1991년 8월에 정부의 추진위원회의 심의를 거쳐서, 마침내 일본, 프랑스, 독일에 고속전철 건설에 따른 RFP를 최종적으로 발송하게 된다.

경부고속전철 차종 선정

고속철도 기술 보유국인 일본, 프랑스, 독일은 기술조사가 본격 시작되기도 전인 1989년 10월에 개최된 고속전철 국제심포지엄에서부터 열띤 홍보와 상대 기술 비판에 나서고 있었다. 이 기회를 활용하여 각국은 우회적으로 상대방의 기술을 비판하고 자국 기술의 강점을 부각하려고 노력하는 모습을 보였다.

원천 기술에 대한 종합적 평가를 보면 아래와 같이 아주 추상적이긴 하지만 고속화 기술에 대한 대결의 장을 선보이고 있었다. 자기부상식 주창자들은 "레일 방식인 고속철도는 프랑스, 일본에서 검증받은 기술로 건설비는 싸나 속도에 한계가 있으며, 미래에는 낡은 기술이 될 가능성이 있다"고 주장하였다. 그러나 레일방식 기술의 옹호론자들은 "자기부상식은 시험 기술에는 성공했지만, 상용화가 되지 않았고, 건설비용이 비싸다. 그러나 소음, 정숙성, 속도에서 레일보다 우수하다고 볼 수 있다"고 하면서 당장의 실용적 기술이 되지는 못한다고 주장하였다.

고속철도 기술의 가장 오랜 역사가 있는 일본의 신칸센은 안전성을 내세워 접근하였다. 그동안 수십 년간 운행 중 무사고를 자랑하고 있었지만, 기술이전에는 소극적이었으며 그동안 확보한 국내의 정·재계 연줄을 이용한 로비에 열중하는 모습이었다. 신칸센의 경우, 1964년 10월 도쿄-오사카 간 515.4km 구간에 첫 운행을 시작하였고, 초기에는 시속 210km로 운행하였으나, 기술조사 당시 막 개발이 완료되어 투입을 목전에 두고 있던 슈퍼 히카리 열차의 경우는 최고속도 270km/시로 프랑스 TGV의 300km, 독일 ICE의 250km 와 비교되는 초고속열차이며, 대량 수송과 안전성에서는 타의 추종을 불허하는 월등한 능력을 갖추고 있다고 주장하고 있었다.

독일의 ICE는 가장 늦게 개발한 기술인 만큼 세계 최신의 고속철도 기술이라고 자랑하였다. 특히 산악지형을 잘 활용할 수 있는 기술이며, 장래 화물차 겸용 운영도 고려하고 있어, 산지가 많은 한국에 가장 맞을 것이라고 소개하였다.

프랑스는 TGV가 세계 최고 속력을 가지고 있는 기술이며, 기술이전과 건설비 부문에서 독일과 일본의 기술보다 앞서고 있다고 자랑하였다. 그리고 미테랑 대통령은 한국에 규장각 도서를 영구 임대 방식으로 돌려주겠다는 제안을 해 오기도 하였다.

이렇게 고속철도 국제심포지엄에서 시작된 각국의 자기 기술 자랑은 1991년 8월 해당 3국에 차량 선정을 위한 RFP가 발송되고, 1992년 경부고속전철 착공을 앞둔 시점이 되자 치열한 수주 경쟁이 시작되고 있었다. 이때의 언론보도를 보면 아래와 같이 각국의 입장과 접근 방법들이 비교적 자세히 드러나고 있었다.

그 후 차종 선정은 1992년 6월에 결정하기로 하였다가, 여러 차례 연기하는 과정을 거치게 된다. 즉, 그해 6월18일 한국고속철도건설공단(김종구 이사장)은 3국의 기술 조건에 대한 종합 평가 결과 아주 비슷하다고 하면서, 가격, 기술이전 및 국산화, 금융지원 등에서 유리한 조건을 찾기 위하여 3국 동시 협상을 추진할 것이며, 최종 결정은 4개월 정도 늦어질 것이라고 발표한다. 그러나 공단은 경부고속전철 건설 일정에는 차질 없으며, 천안-대전 구간 노반공사에 참가할 국내 건설업체를 현대산업개발, (주)대우 등 7개 업체를 선정하여 발표하였다.

그 후 1992년 대선에서 김영삼 대통령이 당선되었고, 따라서 고속전철 사업자 선정은 새 정부로 넘어가게 되었다. 당시 교통부는 3국으로부터 고속철도차량에 대한 최종 수정 제의서를 제출받아서 차량 형식 선정 검토 작업에 들어갔다. 김영삼 정부 인수위가 구성되자 장상현 교통부 차관은 "가격과 기술 조건이 가장 좋은 1개 사가 결정되면 인수위와 사전협의를 거쳐서 계약 시기를 결정하겠다"고 정원식 인수위원장에게 보고했다. 이에 대하여 인수위는 "임기를 불과 1개월 남겨둔 현 정부에서 추진하는 것은 무리이며, 새 정부에서 차종 선정을 하는 것이 바람직하다"고 하였다.

이 당시 고속전철 차량 선정 과정에서 일본 기술이 선정되는 것을 우려하는 여론이 비등하고 있었다. 일례로 1993년 1월 고속전철 차량 선정이 대중의 관심을 받고 있을 때 한 언론의 논평을 보면 다음과 같다.

"... 지난 역사가 말해주듯 한국민의 희생 위에 번영을 구가했던 일본의 희망은 우리의 절망이며 슬픔이었기에 엔화를 앞세워 감언이설로 접근하는 일본의 요구에 우리 정부가 쉽게 응했다가는 또 어떤 낭패를 보게 될지 알 수 없다. 그러므로 경부고속전철의 차종은 기술 축적이 오래되고 안전성이 높은 프랑스나 독일의 차 중에서 선택하고 신칸센을 제외하는 것이 일본의 불순한 기도를 사전에 좌절시키고 우리의 자주성을 살리는 길이라고 생각한다."

체질적으로 일본을 싫어하는 김영삼 정부의 비위에 맞춘 기사라고 생각되지만, 우리 국민 중 상당수는 여기에 동조하는 분위기도 있었다고 생각한다. 그러나 국가 대사를 결정하는 데에 이런 자세는 바람직하지 않다고 본다. 우리의 기술 발전에 어느 방향이 도움이 될 것인지가 가장 중요한 잣대이지 과거의 정치적 상황에 얽매여 미래를 어렵게 해서는 안 되는 것이다.

필자의 생각은 결론은 같았지만, 이유는 전혀 달랐다. 과거 우리의 지하철 기술이전을 되돌아보면 한 번도 제대로 기술이전을 받은 적이 없어서 문제가 생길 때마다 늘 일본의 기술진에 의존하는 관행을 벗어나지 못하고 있었다. 물론 이는 일본의 잘못이라기보다 우리가 값싼 조건을 고집하였기 때문이었지만. 그뿐만 아니라, 당시 우리의 철도 기술인들의 자세 또한 너무 일본 편향으로 되어 있어서 세계가 어디로 가고 있는지를 보지 못하고 있는 것을 안타깝게 여기고 있었다. 그래서 기술적으로 문제가 없다면, 또 기술 이전 조건이 비슷하다면 가능하면 다른 기술 체계를 선정함으로써 우리의 철도 산업계에 새로운 바람을 불어넣는 것이 좋겠다는 생각을 가지고 있었다. 결과적으로 같은 결론이었지만 그 이유는 전혀 다른 것이었다.

경부고속전철 차량에 대한 수주전은 경쟁 3국이 서로 견제하면서도 자국 기술의 우수성에 중점을 두고 점잖게 접근하는 것이 초반의 분위기였다. 그러나, 제안서를 제출하고 난 이후부터는 경쟁이 과열되어 갔다. 당초 결정 시점이었던 1992년 6월에 가서 3국의 제안 조건을 보다 구체적으로 요구하기 위하여 최종 결정 시기를 연기하면서 수정 RFP를 보내게 된다. 이때부터 수주전이 더욱 치열하게 전개되었다. 자그만 문제에도 민감하게 반응하였고, 우리 정부의 보완요구도 여러 차례 제기되었으며, 따라서 결정 시기가 여러 차례 연기되기도 하였다. 이러한 분위기 속에서 1993년 6월에 들어오면서부터는 벌써 일본의 기술은 평가대상에서 제외되고 있다는 소문이 나돌고 있었다.

1993년 6월15일 그동안의 평가 결과에 따라 신칸센이 경쟁에서 탈락하고, 정부는 TGV와 ICE에 대하여 6차 RFP를 발송하였다. 이날 자의 경향신문 보도를 보면 신칸센 평점 85%선 미달이라는 제하에서 신칸센은 ICE, TGV에 비해 속도가 느리고 기술개발도 느리기 때문에 탈락하였다고 탈락 이유를 설명하고 있다. 이후 정부는 다음 달 15일까지 수정제의서를 받아서 8월 중으로 차량 선정을 완료하기로 하였고, 이때부터 ICE와 TGV간의 수준전이 더욱 치열해졌고, 결국 TGV로 결론 나게 된다.

1993.8.20. 한국고속전철건설공단(박유광 이사장)은 단순 가격보다 경제성 등 종합 평가에서 앞섰기 때문에 TGV를 우선협상대상자로 선정하였다고 발표하였다. 즉, 경제성, 금융 조건, 계약 관계 특히 운영 경험이나 사업계획 등에서 프랑스의 알스톰사가 유리했다고 설명하였다.

한국이 TGV를 선정한 데 반하여 그 후 중국은 독일 ICE와 일본 신칸센과 손잡고 중국식 고속전철 기술을 개발하고 건설을 시작하였으며, 베이징 올림픽을 앞두고 베이징-텐진 구간을 일차로 개통하고, 곧이어 베이징-상하이 구간을 개통한다. 이후 중국은 세계 최장의 고속철도 시장을 구축해 오고 있다.

4. 경부고속전철 추진 일화

❱ 경부고속전철 사업의 정책적 논의의 출발

고속전철사업의 추진 의지가 구체화되어 가던 1989년 봄 어느 날 퇴근 무렵에 장관으로부터 전화가 왔다. 내일 아침 7시에 팔레스호텔 일식집 다봉에서 고속전철 관련 장관님들 조찬회가 있으니까 2000년대의 교통상황과 우리의 철도 정책 방향 주제로 10페이지 내외의 간단한 설명자료를 만들어 오라는 지시였다. 그래서 우리의 장래 경제 상황에 맞는 철도 정책으로 고속전철의 역할과 세계적 철도 정책 방향에 관한 자료를 만들어 현장에 나갔다. 철도청 신영국 차장도 미리 장관의 지시를 받고 경부고속전철 추진을 위한 준비 조치를 준비하여 현장에 나와 있었다.

이날 아침 조찬회 현장에 가보니, 김창근 장관을 비롯하여, 문희갑 청와대 경제수석, 이한동 내무부 장관, 이승윤 재무부 장관, 박승 건설부장관, 그리고 조순 경제부총리가 참석하였다. 전원이 참석하자 김창근 장관이 저보고 먼저 우리의 장래 철도 상황을 설명하라고 해서 준비해 간 자료를 간단히 설명하였다. 곧이어서 신영국 차장이 고속철도 추진 방향에 대해서 설명하였다. 그러자 아침 가져오라고 주문하였다. 아침 들어오느라 잠시 어수선했던 분위기가 가라앉고 식사를 시작하자, 김창근 장관이 "지금 보고 받은 대로 장래 우리 경제에는 고속전철이 없으면 안 됩니다. 세계가 전부 이 방향으로 가고 있고 우리도 이 사업을 통하여 교통문제도 해결하고 21세기 우리나라가 필요로 하는 많은 첨단 기술을 확보하지 않으면 안 됩니다. 장관님들 지원 부탁합니다"라고 운을 떼었다.

이어서 참석자들이 돌아가면서 발언하였다. 필자가 기억하는 당시의 대화 내용을 정리하면 대략 다음과 같았다.

문희갑 : "장관님들, 재정이 몹시 어려우시겠지만, 나라 장래를 생각하여 어떻게든 이 사업이 잘 진행될 수 있게 노력해 주기 부탁드립니다."

이한동 : "우리야 잘 알지 못하지만, 교통부 장관님께서 좋은 사업을 하시니까 무조건 찬성입니다."

이승윤 : "재정이 어렵기는 하지만 국가적 사업이니, 노력해 봐야지요."
박　　승 : "교통부가 좋은 사업을 하시니 다른 의견은 없고 부동산투기가 우려되니 발표하시기 전에 저하고 상의 바랍니다."

　이때의 분위기는 참석 장관들이 직접, 간접으로 본 사업에 대한 사전 정보를 가지고 있었으며, 이 모임이 사실상의 의견 수렴인 것을 대충 이해하고 나온 것 같았다. 그러나 특이하게도 당시 조순 경제부총리는 들어올 때도 다소 경직된 분위기로 들어왔고, 끝나서 헤어질 때까지 구체적인 언급을 전혀 하지 않았던 것으로 보아서 사전 설명이 없어서 기분이 상해 있었던 것 같았다. 그리고 박승 건설부 장관이 이 정도로 얘기한 것은 그동안 건설부 간부들이 하던 비판성 언행을 보면 많이 순화된 것이라는 느낌을 받았다. 그동안 교통부에서 경부고속전철 건설사업을 추진할 것이라는 신문 보도가 있고 나서부터 건설부의 고위 관료들은 공공연히 "교통부가 운수사업체나 감독하는 기관이지, 어떻게 건설사업을 할 수 있나? 그것도 첨단 철도사업을.." 하고 비아냥거리기 일쑤였기 때문이다.
　이날의 조찬회의에 참석한 면면을 보면 청와대의 경제수석을 포함하여 당시 정부의 경제 부처가 다 참석한 것이므로 사실상의 국무회의와 다름없었다. 그동안 교통부에서 논의하고 발표하던 경부고속전철사업이 국가적 정책 논의가 시작된 것이었다. 이날 조찬회의에서 경부고속전철의 추진 의지에 대한 합의가 사실상 이루어진 것이었다. 훗날 국무회의에 경부고속전철사업이 상정될 때는 그전에 청와대를 비롯하여 관계 요로에 대한 설명과 동의가 이루어진 뒤이기 때문에 공식 의결 과정에서는 큰 문제 없이 추진될 수 있었다. 그런 측면에서 보면 김창근 장관의 용의주도함과 정치력을 보여주는 일화라 하겠다.

❯ 경부고속전철 기술조사 용역단 선정

곧이어 경부고속전철 사업을 추진하기 위한 실천 방안(건설기본계획) 마련을 위하여「경부고속전철 기술조사」용역이 철도청에서 발주되었다. 건설부 실무자들 주장처럼 당시 교통부는 철도에 대한 건설 예산이 없는 형편이었기 때문에 조사용역비도 철도청 예산에 반영되었고, 철도청에서 본 사업을 발주하였다.

당시 청장은 경주 출신의 김하경이었고, 차장이 신영국이었다. 고속철도에 대한 기술 설계에 대해서는 국내에서는 전혀 경험이 없었고, 철도기술사를 보유한 용역회사도 당시는 유신설계공단과 철도협력회의 단 두 곳뿐이었다. 그래서 용역팀의 구성은 사업계획 수립과 관련 정책개발은 교통개발연구원과 외국의 실력 있는 회사와의 합작으로 추진하고 현장 조사를 포함한 노선 및 철도시설에 관한 기술적 설계는 상기 2곳의 국내 철도 설계회사, 그리고 차량 기술 관계는 현대정공과 대우중공업의 기술진을 활용하는 방식이었다. 그래서 교통개발연구원으로 전체 사업을 수의계약하고, 연구원에서 국제입찰에 붙이게 되었다. 경쟁입찰이었고 몇 개 외국회사가 응찰하였다. 그래서 우리 조사팀은 같이 일할 해외 사업자 선정을 하는 절차에 들어가게 되었다. 그때는 해외에서도 우리나라의 고속전철사업에 관심이 높아져서 많은 용역회사가 관심을 표하기 시작했다. 대표적으로 미국회사와 영국회사가 경쟁하고 있었는데, 평가를 앞둔 어느날 필자에게 장관실에서 온 쪽지라며 ○○영국회사를 선정하면 좋겠다는 내용이었다.

필자는 이해가 가지 않았다. "장관이 부탁한다면, 나한테 업무상 자주 전화하는 분인데 직접 얘기하지 누굴 시켜서 이런 것을 보내나? 아마도 중간에서 누가 장난하는 것일지도 모른다. 그리고 설혹 장관의 뜻이라고 하더라도 국가의 대사를 나한테 맡겼으면 내가 일 잘할 수 있도록 내 말을 잘 듣는 팀이라야 하지 높은 사람 찾아다니는 회사라면 앞으로 내 말을 잘 안 들을 텐테.. 그러면 내가 어떻게 이 일을 할 수 있겠나?"라고 생각하고는 이 쪽지를 밑에 전달하지 않고 버려버렸다. 미국회사는 6년 전인 1983년 국토개발연구원에서 세계은행 사업으로 경부고속철도 타당성 조사를 할 때 함께 했던 회사이고 그때 문제가 생겼을 때 비용과 체면을 생각하지 않고 일을 완수하기 위해서 전력을 다했던 그 회사 사장인 데리시 울프(Derish Wolf)에 대한 좋은 경험을 가지고 있던 터였다.

그러고는 이 일은 까맣게 잊어버리고 일에 몰두하고 있었다. 용역단 선정은 필자의 바람대로 미국의 Louis Berger, Inc. 가 선정되었고, 사업 책임자로 Mr. McDonald가 오게 되었다. 지난 1983년 세계은행 차관사업으로 시행한 고속전철 타당성 조사 때 참여했던 회사로서 사업 추진에 문제가 생기니까 사장이 직접 뛰어와서 문제를 완수하고 사업 정리에 만전을 기한 인연으로 회사의 책임감과 실력에 대해서 필자는 상당히 좋은 감정을 가지고 있었다. 이 회사라면 실력도 있고, 경험도 있으며, 내가 어려운 일을 시키더라도 불평하지 않고 최선을 다해 줄 것이라는 믿음이 있었다. 〚별첨2-4. 기술조사용역단 구성〛

맨 처음 필자가 이들로부터 배운 것은 우리가 그때까지 공공사업 발주에서 관행적으로 시행해 오던 과업지시서(Terms of Reference)를 경부고속전철 차량 선정과 같이 평가 항목이 많고 항목별로 달성하여야 할 목표가 구체적이어야 할 경우에는 훨씬 구체적인 과업지시인 RFP가 필요하다는 것이었다. 몇 년 전에 시행되었던 영불해저터널(the Channel Tunnel) 공사 발주를 예로 들면서 복잡한 사업의 경우 간단한 과업지시서로는 안되고 RFP로 발주자의 요구사항을 정확히 전달하고 평가할 수 있어야 함을 설명해 주었다. 이 내용은 본래의 기술조사 연구 내용에 포함되어 있지 않았지만, 사업의 중요성을 고려하여 철도청과 협의하여 우리도 차량 선정을 위한 RFP를 준비하기로 하였다.

지금은 이 제도가 우리나라에서도 일반화되어 있지만, 본격적인 적용은 경부고속전철사업에서부터라고 할 수 있다. 이렇게 하여 경부고속전철 기술조사 사업의 해외 파트너로 미국회사(Louis Berger, International)가 선정되었고 함께 사업팀을 순조롭게 구성했다. 그리고 아무런 다른 의견이 내외부에서 제기된 적이 없었기 때문에, 이 일이 나중에 장관과 같이 해외 출장을 갈 때 문제를 일으킬 줄 이때는 전혀 상상도 할 수 없었다.

해외 출장 일화

해외출장 비행기에서의 해프닝

경부고속전철과 신공항 건설 추진을 위한 준비회의 성격의 장관과의 7인 회의는 김창근 장관 취임 직후 만들어져 계속 이어지고 있었고, 중요한 지시사항이 이 회의에서 많이 이루어졌다. 6년 전인 1983년에 세계은행 사업으로 경부고속전철에 대한 조사가 있었지만, 그 후 아무런 진전이 없었고 아무도 관심을 가지고 있지 않고 있었기 때문에, 당시는 아직 고속철도에 대한 실질적인 이해가 거의 없었던 것이 우리의 현실이었다.

이때 김창근 장관이 경부고속전철사업을 위한 준비로서 제일 처음 내린 조치는 그 당시의 고속철도 기술 보유국인 3국(일본, 프랑스, 독일)을 방문하여 해당 국의 장관과 집행 기관을 만나서 협의와 협조를 구하기 위한 해외출장을 가는 일이었다. 그렇지만, 우리는 깜짝 놀랐다. 이 사업이 본격적으로 시작되기도 전인 데다가, 사업에 대한 찬성보다는 근거 없는 반대 목소리가 더 크게 나오기 시작하던 때여서 우리 모두 노심초사하고 있었기 때문이었다. 이런 대형 사업의 추진 부처가 처음부터 사업자를 접촉하겠다고 하면 고운 시선으로 볼 리가 없을 것이기 때문이었다.

1989년 6월 장관이 청와대의 해외 출장 허락을 받자, 세간에서는 여러 가지 의혹 섞인 소문이 돌기 시작했다. 아니나 다를까 일부에서는 장관이 일 시작도 하기 전에 잿밥에 신경 쓰는 것 아닌가 하는 흑색선전이 돌기 시작하였다. 한마디로 우리가 고속전철 기술 「바이어」인데 그들을 왜 미리 찾아가느냐는 것이었다. 이 사업을 실무적으로 추진하던 필자도 처음에는 사실 장관의 의도를 잘 알지 못했다. 아직 젊었었고 미국에서 공부하고 온 지 얼마 되지 않았을 뿐만 아니라, 6년 전에 세계은행 사업으로 고속철도 타당성 조사 사업에 참여하면서 고속철도에 대해서 어느 정도 정보를 가지고 있었기에 어렵지 않게 할 수 있다고 다소 오만한 생각을 가지고 있었다.

그러나 나중에 알게 되는 것이었지만, 이것은 너무 무지한 탓에서 나오는 의욕이고 독선일 뿐이었다. 고속철도 기술은 그 당시 우리가 아직 확보하지 못했거나 접해 보지 않아서 그 특성을 이해하지 못하는 것이 대부분인 첨단 기술의 집합 체계이며, 국가마다 그 특성이 차이를 크게 보이고 있는 기술이었다.

그러므로 이 국가적 사업을 실수 없이 추진해 가기 위해서는, 사전 정보를 많이 확보해야 하고 그것을 평가할 수 있는 전문가들을 충분히 확보하여야 객관적인 기술평가가 가능하고, 결국은 우리가 원하는 목적에 충실한 기술 체계를 선정할 수 있는 것인데도 말이다.

그러나 장관은 이러한 우려에는 눈도 깜짝하지 않고 우리한테 출장지에서 확보해야 할 사항들을 점검하고 준비하라고 지시하는데 바빴다. 그리고 필자에게도 주문이 많았다. 그중에서도 출장 다녀오자마자 바로 고속철도에 대한 국제심포지엄을 그해 10월까지는 개최하라는 것이었다. 고속전철 보유국인 3국을 포함하여 전 세계의 고속철도 전문가, 정책가를 전부 찾아서 심포지엄에서 발표토록 하고 발표자에게는 왕복 여비, 체재비, 원고료 등 조금도 인색하지 말고 충분히 주고, 기술보유국인 3국에게도 문호를 완전 개방하여 완전한 경쟁체제를 구축하라고 지시하였다. 이때가 출장 떠나기 전인 6월 초였고, 10월이면 3~4개월밖에 남지 않았는데, 이 기간이면 국내 회의 개최도 빠듯하다고 하였더니, 자기가 도와줄 테니 나보고는 그냥 계획을 세워서 가져오라고만 하였다.

이런 의혹의 시선이 있음에도 불구하고 장관은 출장 준비를 하였다. 철도청의 전기국장, 시설국장, 필자, 그리고 수행원으로 당시 김세호사무관(후일 철도청장, 건설교통부 차관을 역임)으로 출장 팀을 구성하였다. 드디어 그 해 6월, 3국 출장 길에 오른다. 국장들은 여비 규정상 일등석을 못 타기 때문에 필자가 장관과 함께 대한항공 일등석에서 함께 앉아 파리행 비행기에 올랐다.

이 당시에는 서울에서 파리로 가는 비행기는 앵커리지에서 급유를 받은 후 가는 여정이었다. KAL을 타고 가는데 다른 이들은 이코노미석으로 탔고, 필자는 일등석에서 장관과 함께 앉아 가고 있었다. 일등석 스튜어디스는 항공사의 감독관청인 교통부 장관이 타고 있었기 때문에 바짝 긴장하고 있었다. 좌석은 대부분이 공석이었고 1/3 정도만 승객이 있었다. 장관과 함께 장시간 비행을 해야 하므로 고속전철사업과 관련한 이런저런 얘기를 나눈 끝에 장관이 불쑥 기술조사 외국 용역단 선정과 관련한 얘기를 꺼냈다.

"차 박사, 너는 맥도날드인지 햄버거인지 그 사람하고 그렇게 친하냐?" 기술조사 해외용역단에 선정된 루이스버저의 사업책임자인 맥도널드(Mr. McDonald) 이름을 불쑥 꺼낸 것이다. 이 말을 듣자 바로 과거 용역단 선정 시 장관실 쪽지를 무시한 것이 생각났다. 그래서 그동안 아무 말이 없었지만, 속으로 아주 괘씸하게 생각하고 있었겠구나 하고 걱정하지 않을 수 없었다. 그렇지만, 그때의 상황으로 돌아가서 왜 그렇게 하였는지를 필자가 생각한 대로 솔직하게 그대로 설명하였다.

"지금부터 우리가 해 나가야 하는 사업이 정말로 객관적이어야 하며 헌신적으로 일할 준비가 되어 있어야 한다고 생각합니다. 외국회사 책임자가 제 말을 잘 안 듣고 자기 고집만 세우면 사업 책임자인 필자가 일하는 데에 지장이 많이 생길 수 있습니다. 그리고 혹시 장관이나 기타 힘 있는 사람의 추천으로 사업에 참여하게 되면 문제가 있을 때마다 힘 있는 사람을 찾아가고 필자의 말을 잘 듣지 않게 될 것이고, 그러면 제가 일 추진하기가 정말 어려울 수 있기 때문이었습니다. 그리고 그 쪽지를 장관님이 보냈다고도 생각하지 않았습니다. 중간에서 누가 장난을 할 수도 있다고 생각했습니다. 그래서 그 쪽지를 전하지 않고 실무자들이 알아서 평가하라고 했습니다. 선정된 루이스버저 회사는 신뢰할 수 있는 회사입니다. 지난 1983년 세계은행 차관사업인 경부고속전철 타당성 조사 시에 함께 일하면서 책임 있는 자세를 직접 경험한 바 있습니다"라고 자세히 설명했다.

잘 이해한 것처럼 들렸고 그 얘기는 거기서 접어두었다. 그런데 한두 시간 다른 얘기를 하면서 가다가 장관이 다시 그 얘기를 끄집어내었다. "차 박사, 맥도날드가 네 형님이라도 되나? 그렇게 열심히 챙기게.." 이때는 필자도 화가 머리끝까지 났으며 이 일에서 손을 뗄 수밖에 없다고 생각하였다. "아, 장관이 오해를 정말 크게 하였구나! 그리고 상황을 솔직하게 설명하였는데도 오해를 계속하고 있다면, 이 일을 같이 할 수 없겠다"는 생각을 할 수 밖에 없었다. 그래서 "그토록 상세히 당시의 상황을 설명해 드렸는데도, 계속해서 오해를 풀지 않으면, 저도 그런 장관님하고 어떻게 같이 일할 수 있겠습니까?"하고 벌떡 일어나서 다른 자리로 가서 씩씩거리고 있었다. 일등실이었기 때문에 여기저기 빈자리가 많이 있었다. 이때는 필자가 아주 젊었었고 자기 일에 자신이 있었기 때문에 걱정보다는 돌아가면 사표를 내고 다른 일을 알아볼 생각을 하고 있었다.

몇 분 간의 시간이 흘렀다. 저쪽에서 장관이 "차 박사, 차 박사" 하고 두어 번 불렀다. 그러나 아무 대답 없이 앉아 있었다. 세 번째 장관이 부를 때에야, "예"하고 대답하였다. "인마, 이쪽으로 안 올 거야?" 하길래 마지못한 듯이 자리로 돌아가 말없이 앉았다. "장관이 그 정도도 말 못하나?"하고 핀잔 섞인 달램을 하기에, "장관님, 제가 그렇게 자세히 상황을 설명해 드렸으면, 이해를 해 주셔야지. 그걸 계속 되풀이하면 그걸 듣는 제 입장은 뭐가 되겠습니까?" 하였더니, "자, 자 이제 그 얘기는 그만하고 일 걱정이나 하자"고 해서 이일은 이쯤에서 일단락 하고, 이후 별 얘기 없이 파리까지 갔다.

프랑스에서 에스코트 대접, 조르쥬 생크 호텔

파리의 샤를드골 공항에 도착해서 특별 출구로 장관 일행이 수속을 마치고 밖에 나가니 프랑스 측 인사들이 마중 나와 있었다. 그들의 안내로 파리 시내로 들어가고 있는데 시내로 들어가는 길이 많이 막히고 있었다. 앞에서 경찰차가 에스코트하고 있었다. 특별 영접이라는 느낌이 들었다. 한참을 가다가 길이 너무 막히자, 에스코트 차량이 왱왱하고 갑자기 경적을 울리며 반대 차선으로 우리를 안내했다. 반대쪽은 차가 적었기 때문에 경찰차가 에스코트하면서 빨리 갈 수 있었다. 나중에 필자가 "프랑스 사람들, 손님을 대접하는 건 좋지만, 자기 국민들 놀라게 하면서까지 하는 거 보니 민주화가 좀 덜된 거 같습니다"라고 장관께 인상을 애기하자, "뭐, 그런 거 너무 심각하게 생각해... 기분 좋게 해 주려는 거잖아"라는 장관의 말에 너무 솔직하다는 생각이 들었다.

우리 일행은 장관과 함께 파리 시내에 있는 조르쥬 생크라는 호텔에서 묵었다. 영어로 조지 5세 호텔이라고 들었다. 옛날 빅토리아 양식의 건물로 천장이 엄청 높고 아주 고풍스러웠지만, 우리 젊은 사람들께는 엄청 불편하기도 한 호텔이었다. 초여름이기는 하지만, 에어컨도 잘 나오지 않았고, 모든 게 불편한 옛날식이었다. 그렇지만 장관이 좋아해서 정해진 호텔인 것 같았다. 아마도 과거에 낭인처럼 외유할 때 돈이 없어서 묵지는 못하고 구경만 하던 호텔이었는가 보다고 생각했다. 그래서 일부러 그리던 이 호텔에 묵은 것 같다는 생각이 들기도 하였다.

프랑스 TGV의 운영 책임사인 SNCF와의 회의에서 장관의 첫 일성은 오는 10월의 국제심포지엄에 고속전철 선진국인 프랑스가 정책, 기술 방면 전문가를 보내어 TGV의 진면목을 설명해 주도록 부탁하였다. 이 분야에서 비교우위를 가지고 있다고 생각했던 프랑스는 협조를 흔쾌히 약속하였다.

그날 저녁 만찬을 TGV 차량 제작사인 알슈톰회장이 주최하였다. 만찬 모임에서 최고급 와인이 나왔지만, 그즈음의 우리들은 와인에 대해서 완전 까막눈이었다. 프랑스 파트너가 자기네들도 이름만 들었지 마셔보지 못한 최고급 와인이라며 마셔보라고 자꾸 권했다. 그러나 우리들에게는 그게 그거여서 좋은지 어떤지 전혀 알 수 없었다. 좋은 것이라도 어느 정도껏 해야지, 사람의 욕심은 끝이 없기 때문에 적당한 선에서 만족하는 법을 익히는 것도 좋은 것이라는 생각을 해 본 순간이었다. 보통의 와인으로도 얼마든지 기분을 낼 수 있다면 그것으로 좋은 것 아닌가! 필자는 아직도 이 생각에는 변함이 없다. 어쨌든 이 만찬에서 함께한 프랑스 파트너들은 TGV의 기술적인 우수성을 입이 닳도록 자랑하였으며, 10월에 개최할 우리의 국제심포지엄에 대해서도 적극적으로 지지하면서 협조 의사를 보였다. 3국 출장의 첫 모임에서 적극적인 지지 의사를 듣게 되어 필자는 10월 국제심포지엄 준비에 상당히 고무되고 자신감을 갖는 계기가 되었다.

출장 중 장관은 저녁 후 호텔에 들어갈 때도 함께 들어갔었고, 아침에는 충분히 일찍 아침을 한 후 호텔 로비에 모이게 해서 우리들 한 사람 한 사람의 개인행동으로 일정에 차질이 나지 않도록 직접 챙기고 있었다. 이튿날 공식 모임에 나가기 전에 아침에 로비에서 다들 미리 모여서 프랑스 측 안내자가 데리러 오는 것을 기다리고 있었다. 그때 로비 저쪽 멀리에 서서 얼쩡거리는 잘생긴, 한국인처럼 보이는 여성을 우연히 보게 되었다. 당시 40대 초반인 필자의 눈에도 잘생긴 미인형의 여인이었다. 장관의 눈에도 띄었고, 장관이 필자에게 누군가 하고 궁금해했다. 그래서 내가 알아보기로 하고 그녀에게 갔다. 내가 가서 물어보았더니, "한국에서 교통부 장관 일행이 와 있다는 소식을 듣고 인사차 왔다. 파리 근교에서 서울식당을 하고 있어서 가능하면 장관 일행을 모시고 싶다"고 했다. 그래서 필자가 그녀를 장관께 소개하고 간단히 서로 인사를 나누었다. 그래서 파리에서 독일로 떠나기 전 마지막 날 저녁을 서울식당에서 일행과 함께하게 되었다. 나중에 안 일이지만 그녀는 강귀희씨로 프랑스에서 일하고 있던 로비스트였다. 그후 우리나라 신문에서 자주 이름이 오르내리는 프랑스 정부를 위한 로비스트의 한명이었다. 그러나 당시 교통부 장관과는 아무런 다른 인연이 없었다. 필자가 이런 에피소드를 얘기하는 것은 겉으로는 너무 강직하고 결단력 있는 강한 분이었지만, 더러는 우쭐해하기도 하고 다정다감한 인간적인 면도 가지고 있는 대목이었기 때문이다.

독일 교통부, 철도청, 과기부

파리에서 독일은 철도를 타고 갔다. 가는 길에 라인강변의 어느 식당에 잠시 들러 점심을 하게 되었다. 이때가 아스파라거스가 막 나오는 계절이라 싱싱한 아스파라거스를 적당히 익혀 녹은 버터를 뿌려 내오는 음식이었는데, 어찌나 부드럽고 맛이 있었던지 평생 아스파라거스를 보기만 하면 그때 생각이 난다. 훗날 기회가 있을 때마다 아스파라거스를 먹어보았지만, 그때의 맛이 다시 느껴지지 않았다.

독일에서는 교통부와 철도청 관계자들과 회의하고, 10월의 국제심포지엄 참석을 부탁하고 약속을 받았다. 독일 교통부의 협조가 적극적이라 우리 방문단들이 많은 질문을 할 수 있었다.

우선 독일이 고속전철 개발이 프랑스에 비해서 왜 그렇게 늦었느냐고 물었다. 왜냐하면 프랑스는 TGV를 이미 1981년에 파리-리용구간에 취역하여 운행하고 있었는데 반해, 독일은 우리가 방문한 1989년에도 아직 개발 단계에 있었고 그 당시 설명은 그다음 해인 1990년에 만하임-슈트트가르트 구간에 독일식 고속전철인 ICE를 운영할 계획을 추진하고 있었기 때문이었다. 독일의 답변은 "2차세계대전에서 패한 후, 연합국이 독일의 부흥을 더디게 할 목적으로 독일을 동서로 분할함으로써 전통적인 동서 교통축이 거의 단절되게 되어 과거의 기존 교통망을 연결 재정비해야 했다. 즉, 망가진 기존 철도망을 연결하고 개선하는 데에 집중 노력을 기울여야 했기 때문에 프랑스보다 늦을 수밖에 없었다"는 설명이었다.

그렇지만 독일은 "승객 중심의 프랑스 시스템과 달리 화물/여객 겸용 열차를 개발하고 있으며, 터널 단면적을 키워서 고속주행에 무리가 없도록 배려하고 있다"고 하면서, 산악지형이 많은 한국에는 독일식 시스템이 더욱 맞지 않겠느냐는 말도 했다.

그리고 필자는 독일 과학기술부가 개발 중인 자기부상열차 트란스라피트(Transrapid)에 관해 물어 보았다. 세계 최초의 자기 부상열차이며 나름대로 장점이 많다고 들었는데, 독일 정부의 채택 계획을 물었다. 독일 교통부는 "우리는 자기부상열차 채택계획이 없습니다. 기술적 완전성을 담보하기도 아직 어렵지만, 기존의 방대한 철도와 호환이 안 되므로 별도의 시스템으로 구축해야 하는 부담이 크기 때문입니다"라고 분명하게 선을 긋고 있었다. 이런 내용은 나중에 국내에서도 과기처를 중심으로, 자기부상열차로 하여야 한다고 주장할 때 우리 교통부의 입장을 설명하는데 독일의 경험을 활용하게 된다.

일본의 운수 대신과 관련 인사들 간의 모임

이제 유럽 출장을 마치고 일본에 도착하니 그동안 출장지에서의 긴장으로 몸은 지쳤지만, 일본은 한국과 가깝다는 생각에서 마음만은 가벼웠다. 일본 운수성 대신과의 회의를 위해 회의실에 들어가니 일본 특유의 분위기가 느껴졌다. 커다란 방에 크게 4각형 모양으로 좌석을 배치하고 4각형의 중심 한 변의 중앙에 양국 장관이 가까이 앉고, 나머지 일행은 4각형의 다른 변에 각각 마주 보며 회의를 하는 식이었다. 일본은 고속전철에 관한 한 자기들이 선진국이라는 자부심이 아주 강하였다.

유럽의 관민 일체형 협조 체제와는 달리 관청의 입김이 아주 강하고 하부기관들이 관의 영향 아래 활동하는 식이었다. 그날 저녁 모임은 철도차량 제작 관련 회사의 하나인 가와사키 중공업이 주관하였다. 그러나, 참석자들 간의 의견 교환과 친목 도모에는 역시 일본의 해외철도협력회의 간부들 역할이 컸다. 그날 저녁 만찬장에서 있었던 일인데, 가와사키 중공업 회장인 것으로 기억되는 백발의 노신사가 한 행동이 필자에게는 두고두고 잊혀지지 않는다. 일본 운수성의 젊은 기획관(초임 국장 정도로 보였음)과 백발의 회장이 인사를 할 때 노회장이 젊은 국장에게 일본 특유의 90도로 절하는 모습이 필자에게는 유별나게 보였다. 그래서 좀 시간이 지나 필자가 그 회장을 보게 되었을 때 통역을 통해 "운수기획관이 중요한 분이기는 하지만, 회장님은 그보다 훨씬 연배도 위이고, 더 중요한 일을 하시는 분인데, 그렇게까지 정중하게 대할 필요는 없지 않습니까?"라고 물었다. 그랬더니, "그렇지 않습니다. 나는 아무리 중요한 일을 하더라도 우리 회사 하나를 책임지고 있지만, 이분은 일본 전체를 책임지고 있는 분입니다"라고 답하는 것이 아닌가! 물론 이 이야기를 액면 그대로 믿지는 않았지만, 외부인에게 자기들을 서로 이렇게 감쌀 줄 아는 모습, 그것만으로도 충분히 감명받을만 했다. 이때의 기억은 그 후 늘 필자의 머리에서 떠나지 않은 깊은 충격으로 각인되었다.

5. 해외 출장의 마무리와 심포지엄 준비

◥ 출장 마무리와 국제심포지엄의 준비

　3국 출장은 파리에서 시작해서 프랑크프루트를 거쳐 도쿄에 이르기까지 여유없는 강행군이었다. 아침 식사 후, 바로 짐을 챙겨 로비에서 해당국 인사가 데리러 올 때까지 그날 일정을 다시 한번 점검하고, 낮 일정을 소화하고, 저녁 모임 후 호텔에 돌아오면 보통 밤 9시가 넘었다. 우리 수행원들이 잠시도 한눈팔 여유가 없었다. 해당국 교통부 장관과 관련 인사들 회의에서는 우리 장관이 무조건 우리가 그해 가을에 고속전철 심포지엄을 개최할 테니 해당국의 정부 당국자, 업계 관계자, 관련 전문가들을 보내 자국의 기술 체계나 정책의 우수성을 발표해 주면 우리 쪽에서 체재비와 원고료를 다 지급하겠다고 약속하고 상대방의 확답을 받는 것을 제1의 의제로 삼았다. 그리고 장관은 한국 쪽 창구는 필자라고 소개했다. 마지막 날 드디어 일본에서의 일정이 끝나고 호텔 방으로 돌아오니 밤 9시가 되었고, 내일이면 서울로 돌아가야 하는 시간이었다.

몸과 마음이 다 피로한 상태에서 다음 날 귀국을 위해 짐을 정리하고 있었다. 잠시 뒤, 방문을 노크하는 소리가 들려 문을 열었더니, 장관이 서 있었다. 장관은 "왜 아직 방에 있나? 술 한 잔들 하고 오지 그랬어?"라고 말했다. 이에 필자도 "술 마시러 보내주시려면, 일찍 보내주셔야지 아홉 시 넘어서 어디 가서 마십니까? 서울 가서 마시겠습니다"라고 투정 섞인 말투로 대답하였다. 그랬더니 장관이 필자의 어깨를 두드리면서, "그동안, 수고 많았다. 자네들이 있어야 이 어렵고 중요한 일을 해낼 수 있을 것 아닌가? 지금까지 있었던 안 좋은 일들은 다 잊어버리고 우리 열심히 일 하자"라는 격려를 해 주었다. 아마도 다른 사람들 방에도 갔겠지만, 필자와는 출발 비행기 안에서의 해프닝도 있고 해서, 장관으로부터 직접 이런 말을 들으니 감정의 응어리가 다 날아가고 열심히 일을 챙겨야겠다는 각오와 새로운 용기가 솟아올랐다.

이러한 과정을 거쳐 서로에 대한 신뢰가 쌓였기 때문에, 이후 사업 추진 과정에서 어떤 외부의 압력이나 유혹이 있어도 장관은 필자를 믿어주고, 필자는 원칙을 철석같이 고수 할 수 있었다. 이러한 믿음이 없고 외부 압력에 흔들렸다면 아마도 이 사업은 출발부터 어려움이 많았을 것이다. 왜냐하면 이 새로운 기술 체계에 대한 이해가 충분하지 않은 상황에서 자기들 이해에 따라 기술 방식, 사업 추진 방식, 사업의 이해타산 등 수많은 복병이 정치적 이해에 따라, 지역적 이해에 따라, 정부안에서도 부처의 이해에 따라서, 전문가들 조차도 이러한 외부 입김에 자유롭지 못한 상황이 그 후 벌어지게 되었으니까..... 그야말로 콜럼버스의 달걀이 생각나는 험난한 사업이었음을 회상하지 않을 수 없다.

필자가 해야 할 가장 중요하고 시급한 일은 3개월 뒤인 10월에 개최할 고속전철 국제심포지엄 개최를 준비하는 것이었다. 3국을 중심으로 전세계의 고속전철 관련 전문가를 파악하고 그들에게 초청장을 보내고, 회의장을 섭외하고, 회의 준비를 하는 일이 발등의 불이 되었다. 함께 일하는 미국의 루이저버저의 세계적 네트워크와 3국 출장 중 받은 명함을 중심으로 연락망을 구축하는 일이 급선무였다. 요즘처럼 인터넷이 있어서 바로바로 연락이 가능한 시절도 아니었다. 편지를 보내야 하고 급하면 전화라도 해야 했다. 더 시급한 일은 회의장을 물색하는 일이었다. 10월은 각종 회의가 많아 쓸만한 회의장을 갖춘 시설이 몇 군데 되지 않던 시절이라 무슨 일이든 쉽지 않았다. 그리고 국제회의를 대행하는 전문회사가 전무했고, 더욱이 철도 관련 일은 전문적인 일이라 용역회사를 고용하더라도 주최하는 측이 전력을 기울이는 것이 중요했다.

일단 일이 진척되기 시작하자 빠른 속도로 국제시포지엄 준비에 들어갔다. 전체 일정을 요약하면 다음과 같았다.

1989.6.13~20 - 교통부 장관 일행 3개국(일본, 프랑스, 독일) 방문
- 상대국 장관과 심포지엄 개최 논의
- 기술정보 교환
- 고속전철 조사 활동을 위한 협조 약속

1989.6.22 - 교통부 장관으로부터 심포지엄 추진 지시
- 교통개발연구원

1989.6.30 　- 추진계획(안) 작성

1989.7.6 　- 관계기관 협의

　▪ 참석기관 : 교통부, 철도청, 교통(연), 기계(연)

1989.8.28 　- 심포지엄 준비위원회 발족

1989.9.28~30 　- 관계 기관 회의 및 각종 프로그램 확정

　3개월 만에 세계적 관심을 불러일으켜 관련 전문가들을 한자리에 모을 수 있었던 것은 전적으로 교통부 장관이 우리를 데리고 3국의 해당 장관을 만나 직접 심포지엄 참석을 요청하고 협조를 받아내었기 때문이었다. 출장 중 장관이 가장 먼저 한 일은 그들의 기술개발 경험을 듣고, 그해 10월에 서울에서 개최할 고속전철 국제 심포지엄에 해당국 정책 전문가, 기술전문가, 재정 전문가들을 파견하여 발표하고 토론에 참여해 줄 것을 부탁하고, 관계자 파견을 약속받는 일이었다.

　이렇게 귀국하기도 전에 그해 10월에 서울에서 열리게 될 고속철도 국제심포지엄이 세계적 핫 이슈가 되어가고 있었다. 고속철도 기술보유 3국이 적극적이었으므로 세계에 흩어져 있던 고속철도 관련 전 분야의 전문가들로부터도 문의가 쇄도하게 되었다. 장관이 해외 출장 시 직접 상대국 장관에게 우리의 고속전철 건설계획을 설명하고 그 사전 조치로 시행하는 국제심포지엄에 해당국의 관련 전문가들이 직접 참석하여 기술 체계를 공개적으로 논의해 주기를 부탁했기 때문에, 3국 사이에서는 기술적 우위성을 자랑하는 경쟁체제가 서서히 만들어져 가고 있었다.

　국제심포지엄 준비에 허용된 3개월이라는 시간은 필요한 분야별 전문가를 섭외하고, 회의장 준비를 해야 하는 우리에게도, 또 원고를 준비하고 외국에서 열리는 회의를 위한 출장 준비를 해야 하는 외국 전문가들에게도 터무니없이 촉박한 시간이었다. 장관이 그 부탁을 하면서 우리

쪽 창구로 필자를 지명했으므로 많은 상대국 실무자가 필자에게 "너무 시간이 촉박한데 일정을 좀 연기 할 수 없느냐?"는 문의가 빗발쳤다. 그러나 여기서부터 경쟁이 촉발되고 있었기 때문에 못 하겠다는 말은 아무도 하지 않았다. 이때쯤 이미 한국이 고속철도를 도입하려 한다는 소문이 세계 철도 시장에 파다하게 퍼지고 있었다.

그러자 그동안 별 관심을 보이지 않던 나라의 전문가들, 예를 들어 고속철도 요소기술을 갖고 있는 미국의 기계 기술, 캐나다의 전기 기술, 체코의 토질 기술 등 전 세계의 고속철도 전문가들로부터 참석을 해서 역할을 하겠다는 제의가 쏟아져 들어오기 시작했다. 이들 제3 국가에서 오는 고속철도 전문가들은 특정 국가의 기술에 편중되지 않고 객관적인 평가를 해줄 수 있다고 여겨 분야별 세션에서 주로 좌장을 맡아 부족한 질문과 답변을 보완하도록 하는 임무를 부여하기로 하였다.

고속철도의 노선과 운영 정책을 다루는 교통정책 분야뿐만 아니라 철도차량, 전기, 신호 및 통신 등 관련 기술 체계 전반을 다루어야 했기 때문에 관련분야가 모두 참여하는 심포지엄 준비위원회를 발족시켜 업무의 분담과 협조 체계를 효율적으로 만들어 나갔다.

이렇게 하여 심포지엄 열기는 달아오르고, 성공할 것이라는 예감이 든 우리 실무자들은 사기가 충천하였다. 이제 서둘러야 할 일은 회의 장소 확보와 구체적인 일정 확정, 팀을 구성하여 참석자 연락 및 참석 확인 등을 하는 일이었다. 회의가 개최되는 10월은 사전에 예약된 다른 회의 일정들 때문에 회의장 확보가 쉽지 않았다. 장관이 그렇게 열정적으로 도와주고 있는데 회의장을 확보하지 못한다는 게 말이 안 되는 상황이었다. 회의장 알아보느라 동분서주 하다가 문득 그때 막 새로 오픈하는 대형 호텔이 있다는 소식을 듣게 되었다. 『별첨2-5. 심포지엄 현수막』

홍제동에 있는 스위스그랜드호텔(지금의 그랜드힐튼서울)이었다. 당시만 해도 홍제동은 오래전부터 화장터가 있던 곳이라 느낌도 좋지 않았고, 많은 사람들이 모이기에 교통이 매우 취약한 곳이었다. 그러나 새로 개관하는 특급호텔로 시설이 훌륭하고, 충분한 공간 확보가 가능한 곳이라 이것도 감지덕지할 수밖에 없었다. 보통은 호텔 측이 국제회의 경험이 많아서 회의 진행이나 통역, 기록, 의전 등 도움을 많이 받을 수 있는데, 여기서는 그런 서비스를 기대할 수 없었다. 그래서 우리 팀이 회의 진행팀을 섭외하고 하나에서 열까지 지침을 만들고 준비할 수밖에 없었다.

10월 개최를 목표로 전체 프로그램을 만드는 일, 발표 주제와 발표자를 3국 별로 안배하는 일, 그리고 해당 3국 이외 각국에 흩어져 있는 고속전철 전문가들을 섭외하여 주제별로 좌장을 맡기고 객관적인 평가를 시키는 일, 특히 이 부분은 루이스 버저의 도움이 컸다. 왜냐하면 루이스 버저의 세계적 인적 네트워크를 총동원할 수 있었기 때문이다.

회의 운영을 위해 준비위원회를 조직위원회로 변경 운영하였다. 필자가 위원장이 되고, 위원으로 교통개발연구원의 서선덕, 교통부의 김세호, 철도청의 서상교, 한국기계연구소의 윤창현으로 구성하고 행정적, 기술적 지원체계를 수립하였다. 주관기관은 교통개발연구원, 공동 주관기관으로 한국기계연구소, 한국전기연구소가 참여하고, 후원기관으로 교통부, 과기처, 철도청으로 하여 추진 팀을 구성하였다.

발표 항목은 각국의 시스템 특성을 잘 파악할 수 있도록 선정하여, 이 분야에 전혀 경험이 없는 우리 기술진, 정책 담당자들에게 참고가 될 수 있도록 조직위원회에서 선별하였다. 빠르게 발전 중인 고속전철에 대한 기술 체계, 그리고 미래의 교통수단으로 부상하고 있던 자기부상열차, 그리고 교통 정책으로서 고속전철의 위상, 기술 수준이 취약한 우리 산업계에 대한 기술 이전 방식, 각국의 기술 개발, 운영 경험, 그리고 무엇보다 도입하게 될 기술 체계에 대한 재원 조달 방안으로 프로젝트 파이낸싱의 조건 등 생각할 수 있는 모든 관심 사항을 항목별로 담을 수 있도록 노력하였다.

  ○ 주관 : 교통개발연구원
  ○ 공동주관 : 한국기계(연), 한국전기(연)
  ○ 후원 : 교통부, 과기처, 기재부
  ○ 전담 조직 <추친위원회>

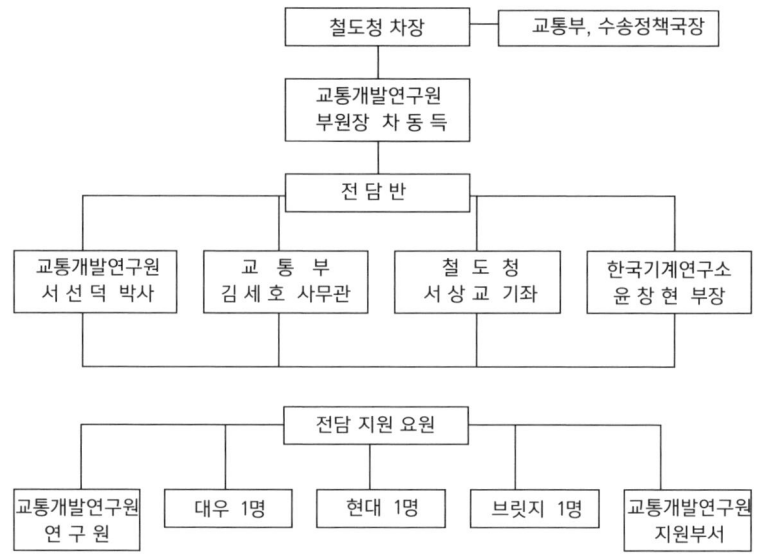

그림2-6. 고속철도 국제시포지엄 준비위원회 구성

이렇게 회의 준비를 갖추고 전 세계와 연락을 하기 시작하자, 전 세계에서 전문가, 공무원들이 자기가 갖고 있는 시스템의 장점을 자랑하고, 상대국 시스템의 문제점을 부각하기 위해 노력하였다. 그리고 중요한 것은 제3국 전문가들이 각 시스템의 문제점이나 장점을 객관적으로 평가하여 정리한 것을 우리 진행팀에 알려오는 등 회의가 시작되기도 한참 전에 정보가 홍수처럼 밀려 들어오고 있었다.

❱ 고속철도 국제심포지엄

당초 걱정과는 달리 심포지엄에서의 발표 신청도 충분히 확보되었고, 세션별 좌장 섭외도 마칠 수 있었다. 거의 외국에서 오는 참석자들이고 5개 세션을 소화하기 위해 월요일부터 금요일까지 빽빽한 일정으로 1989년 10월 16일~10월 20일 발표와 토론, 그리고 종합 미팅 후 폐회하고, 마지막 토요일은 기술 답사를 하는 일정 계획을 확정했다. 드디어 교통부 김창근 장관, 과기처 이상희 장관, 3국의 고속전철 대표들, 그리고 정치권 인사들이 참석했고, 필자의 개회 사회로 고속철도 국제심포지엄이 시작되었다.〖별첨2-6. 고속철도 국제 심포지엄〗

첫날 오전은 초청 인사 연설과 소개가 있었고, 오후부터 발표와 토의에 들어갔다. 좌장은 우리에게 개별적으로 신청한 제3국의 전문가나 루이스 버저가 추천한 전문가 중에서 선별하여 세션에 적절한 인사로 배치함으로써, 질문과 토론을 원활하게 진행할 수 있었다. 그리고 이들은 심포지엄이 끝난 후에도 계속 우리 조사팀과 연락을 유지하고 있었기 때문에 나중에도 우리가 필요로 하는 전문가 섭외나 자료 확보를 위해 활용할 수 있는 인적 자원이 되어 우리의 사업 추진에 간접적으로 많은 기여를 하게 된다.

물론 나중에 사업이 실제로 발주될 때는 따로 사업 평가와 진행을 도와줄 전문 자문단으로 미국의 벡텔사를 채용하게 되고 그들이 주요 자문역을 맡았기 때문에 사업 추진에 어려움이 없게 된다. 그러나, 그 당시에는 루이스 버저의 지원이 대단히 큰 도움이 되었다. 그 때의 우리 철도산업은 고속철도를 이해하기 충분한 기술력도 없었고, 대형 철도사업에 대한 경험도 없던 상태에서 갑작스럽게 추진한 대형 첨단 철도사업이었다. 이 사업은 우리가 한 번도 경험해 보지 못한 복잡한 기술 체계였다.

그리고 대형 사업의 재정 경험도 없었고, 대형 민간 투자사업에 대한 국제 관행이 무엇인지도 잘 몰랐다. 그래서 차량을 구매하기 위한 절차인 RFP를 어느 범위로 어떤 수준으로 만들어야 하는지, 어떤 형식으로 만들어야 국제적으로 인정받을 수 있는지 모든 것이 생소했다. 이 국제 심포지엄을 진행하면서 세계적 동향 파악과 전문가 풀의 확보가 가능해졌다. 그리고 각국의 기술 체계에 대한 전반적인 비교가 가능해졌고, 대형 사업의 프로젝트 파이낸싱 사례 등 많은 것을 새로 접하고 배우게 되었다.

심포지엄 참석자는 외국의 전문가, 정책관, 정부 인사 등 100여 명을 포함하고, 국내의 정치인, 정부 인사, 언론인, 전문가 등을 포함하여 전체 631명이 참석했다. 구체적인 참석자 분포는 다음과 같다.

- 내국인 : 행정부(18), 입법부(12), 주한 외교사절(10), 언론계(20), 연구소(50), 산하단체(125), 학회(36), 업계(현대, 대우 등 260)
- 외국인 : 일본(22), 프랑스(42), 독일(14), 미국(6), 스페인(2), 캐나다(1), 스웨덴(1), 중국(4), 스위스(1), 이탈리아(4)

각국으로부터 상당한 양의 논문이 왔다. 고속전철 기술 분야에서 일본이 가장 포괄적인 발표 자료를 보내왔는데, 고속철도의 기술 체계를 비롯해, 기관차 추진 체계, 신호/통신, 객차, 전력공급, 하부 구조 등 10개의 논문이었다. 프랑스가 5개, 독일이 8개의 논문을 발표하였다. 그리고 자기부상열차부문에서는 당시 기술을 가지고 있던 독일과 일본에서 논문을 발표했다. 독일은 거의 개발이 완료되어 가고 있던 트랜스래피드(Transrapid)를 중심으로 기술 체계 소개, 개발 현황, 향후 적용 방안 등 4개의 논문을 발표했고, 일본은 개발 초기의 상황이라, 초전도 자기부상열차의 현황, 미야자키시험소의 시험 결과 등 2개 논문을 발표했다.

정책 및 운영 분야에서도 일본은 신칸센 네트워크 확충 계획과 정책, 신칸센의 운영 경험 등 3편의 논문을 발표했고, 프랑스는 TGV의 정책, 자국의 기술 개발 경험 및 유럽 철도망에의 기여 등 3편의 논문을 발표했다. 독일은 서울-부산축에 대한 독일의 추천사항을 비롯해, 독일의 기술 체계 및 철도 정책 및 운영 등 3편의 논문을 발표했다.

그리고 기술이전 체계 분야에서도 3국은 나름대로의 적합한 기술이전 방식을 제안했다. 일본은 기술이전 체계와 함께 성공적인 고속전철 건설을 위한 제안을 발표했고, 프랑스는 SNCF(프랑스 철도청)의 기술을 소프라레일(SOFRERAIL)을 통한 기술이전 방식과 산업체간의 협력방안을 제시하였고, 독일은 고속전철 사업을 위한 독일과 한국간 협력방안을 골자로 하는 기술이전 체계를 발표하였다.

4번째 세션에서는 3국 이외 나라들의 고속전철 기술 체계에 대한 발표가 있었다. 이탈리아가 3편, 스웨덴은 21세기를 위한 스웨덴 및 미국식 전망을 다루었고, 스페인도 스페인 고속전철 관련 논문 2편을 발표했다. 그리고 캐나다도 LA - 라스베이거스 구간에 대한 고속철도와 자기부상열차의 비교 평가 논문을 발표했다. 특히 캐나다의 J.H. 파커(Parker) 씨는 이 분야의 전문가로서 본인의 관심도 크고 각국의 시스템에 대해 비교적 많은 정보를 가지고 있어, 심포지엄에서의 좌장을 맡기도 했고, 이후 우리가 비교 평가에 어려움을 겪었을 때, 정보 확보 등에 크게 기여를 하기도 했다.

마지막 5번째 세션에서는 재정 지원을 다루었다. 이 분야는 우리 정부가 특히 관심을 가진 부문이었다. 막대한 건설비가 소요되는 대형 사업에서 합리적인 재정 지원프로그램을 파악하는 데 관심이 쏠렸다. 우선 차량을 비롯한 주요 기술 체계에 대해서는 기술이전 방식과 연계한 프로젝트 파이낸싱에 대한 제안을 받고 싶어 하였다. 그렇게 제안이 들어오면 추후 협상에서 유리한 입장을 확보하고 싶었기 때문이다. 각국이 저마다의 재정지원 방안의 원칙을 제시하였다. 충분한 정보는 되지 못했지만, 향후 상황이 닥쳤을 때 우리가 취할 수 있는 범위를 정리하는 데 도움이 되는 내용이었다.

기본적으로 영불해저터널(the Channel tunnel)에서 활용한 방법이 많이 토의되었다. 대형 복잡한 사업에서 민간 제안을 받는 방식으로 영불해저터널 사업에서 구체적으로 적용되었던 RFP의 방향과 주요 내용이 중심이었다. 이때까지는 RFP 자체가 우리에게는 아주 생소한 접근방식으로 이전의 정부 사업에서는 다루어지지 않았었다. 그러나 이 심포지엄에서 논의된 영불해저터널 사업의 RFP에 대한 발표와 토론 과정을 통해 요청서의 구체적인 방법과 범위 등을 참고할 수 있었고, 경부고속전철 사업의 RFP를 구상하고 정리하는 데에 큰 도움이 되었다. 프로젝트 파이낸싱을 대형 사업에서 적극 검토한 계기가 되었다고 할 수 있다.

이 세션에서 주로 다룬 내용은 대형 인프라 사업에서 민간 투자가 감당하는 원리와 이점, 민간 재정의 조건으로서 경제 상황, 양도 합의 조건, 민간 투자의 분야와 범위 등 민간 재정의 활용에 따른 방법과 문제점을 다루었다. 그리고 영불해저터널사업에서 실제 적용 시 겪었던 문제점을 포함하여 광범한 경험 등이 제안되고 토의됨으로써 우리가 나중에 3국과 차량 구매 협상을 할 때 합리적인 요구를 할 수 있는 정보를 확보하는 계기가 되었다.〖별첨2-7. 고속철도 심포지엄 보고서〗

고속전철 국제 심포지엄은 준비 기간이 많이 모자랐지만, 고속 철도 기술 전 분야에서 당대 최고 수준의 전문가들이 한자리에 모여 열띤 토론과 홍보전이 치열하게 전개된 자리가 되었다. 결과적으로 우리가 의도했던 정보의 확보, 기술개발의 동향, 그리고 무엇보다 각 분야 세계 최고 전문가들에 대한 네트워크가 만들어져 훗날 정부의 고속전철 사업 추진에 필요한 자문과 전문적 판단을 할 수 있는 기반이 마련된 것이었다. 이것이 우리의 고속 전철 사업이 성공적으로 이루어진 배경이라고 할 수 있다. 앞으로 해외에 고속전철을 수출할 때, 이러한 우리의 경험이 기술 수입국들에 큰 비교 우위가 될 수 있는 부분이므로 강조되어야 할 부분이다.

훗날 고속전철 차량이 TGV로 선정되고 난 후, 기본적으로는 TGV의 기술이전 프로그램에 따라 진행했지만, 건설 시작 과정에서부터 제3의 독자적인 기술력을 갖춘 벡텔의 감리와 자문을 받아 우리의 입장을 최대한 반영하게 된다. 그래서 처음부터 우리의 기술력 확보를 위한 객관적 체제를 구축하였고, 철도기술연구원과 같은 전문 기술 집단을 설립, 육성하여 지금은 설계 및 건설 경험도 충분히 갖추게 되었고, 개량된 고속철도인 산천, 해무와 같은 고유 브랜드를 갖추는 수준에까지 이르고 있다. 그러나 아직 제3국에 우리의 고속전철 시스템을 본격적으로 수출하지 못한 것은 큰 아쉬움으로 남는다. 우리의 가장 큰 장점은 첨단 기술 체계를 우리 스스로 확보해 본 경험이며, 이것은 외국의 고속철도 기술을 도입하려는 개발 도상국들이 가장 필요로 하는 것이다.

돌이켜보면, 김창근 장관이 장관 취임후 반년 가까이 이것 저것 파악하고 확인해 보았지만, 구체적인 사업 추진을 위해서는 모르는 것이 너무 많고, 가지고 있는 정보도 정확하지 않아 고속철도를 개발하고 운영한 나라의 책임 있는 당국자의 이야기를 직접 들어 보는 것이 필요하다고 느꼈을 것이다. 그래서 고속철도 기술 보유국을 방문해 해당국 전문가들의 의견을 직접 파악하는 과정이 필요하다고 생각한 것이다. 그래서 필자에게 "10월에 국제심포지엄을 준비하라"고 지시하면서 나름대로 앞으로 진행 과정을 마음속으로 확실하게 그리고 있었다.

이러한 확고한 결심 때문에, 장관은 외부의 따가운 시선을 의식하면서도, 무리를 해서 해외 출장에 나섰고, 모든 출장지에서 처음 꺼낸 화두는 10월 국제심포지엄이었다. 각국의 장관을 비롯한 당사자들은 자기 시스템을 팔기 위해 최선을 다해 협조하기로 약속해 주었기 때문에 이 모든 것이 순조롭게 이루어진 것이다. 그 자리에서 장관은 "심포지엄 관련 사항은 하나에서 열까지 여기 있는 차 박사하고 상의해서 진행하라"는 말을 회의 때 관련국 당사자들에게 공개적으로 언급하였다. 그러자 직접 발표해야하는 전문가들이 내가 귀국하자마자 일정이 너무 촉박하니 조정을 해줄 수 없느냐는 연락을 많이 받았다. 내 입장에서는 "우리나라의 정책 추진 일정이 있어 연기는 안 되고, 무리를 해서라도 발표 자료를 만들어 보내달라"고 사정할 수밖에 없었다.

지금 그때를 되돌아보면, 힘이 들기는 했지만, 이 심포지엄을 통하여 사업단에게 얼마나 든든한 인적 네트워크와 정보가 확보되었던가! "이 국제심포지엄을 시간이 촉박하다고 해서 늦추거나 빼먹고 진행하였더라면, 그 후 추진 과정에서 제기된 수많은 기술상의 어려움은 물론, 제기된 많은 반대 여론과 정치적 비판을 감당하기 어려웠을 것이다. 이때 확보한 정보로 전문 기술이 거의 없었던 우리가 고속전철의 도입 계획을 제대로 수립할 수 있었고, 이러한 사전 준비가 있었기에 고속철도 추진이 다소 삐걱거리기는 했지만 결국 성공할 수 있었다.

만약 주변을 의식해 장관이 출장을 가지 않았다면 무슨 수로 그 방대한 정보와 전문가 채널을 단시간에 구축할 수 있었겠는가. 김창근 장관의 결단이 세계 첨단 고속전철 기술을 우리 기술로 발전시킬 수 있는 발판을 만든 것이다. 국가적 사업을 추진하는 사람은 세상의 소문으로부터 초연하게 오로지 국가의 장래만을 바라보고 걸어야 함을 다시 한번 깨닫지 않을 수 없다. 가보지 않은 길을 걸을 때는, 미리 걸어본 사람들의 이야기를 듣고 그 경험을 깊이 참고하는 것이 참된 자세라는 것을, 역사를 통해 배우게 된다.

　DJ정부 이정무 장관 시절, 손학래 실장이 준비한 경부고속전철 자문회의 때, 한 젊은 교수가 "차 박사님, 현재 공사비가 10조가 넘었는데, 어떻게 그 당시 5조 8천억이라는 엉터리 계산을 하셨습니까?"라는 질문을 한 적이 있다. 그래서 "우선 공사비 추계가 당초 5조 8천억에서 현재 10조 5천억이 되었다면 우리의 실력이 그동안 그만큼 향상된 것입니다. 이 공사비는 산출 당시 우리 정부가 인정하는 최고의 철도 기술사들이 일본의 경험을 참고하여 최선을 다해 산출한 것입니다"라고 애써 침착하게 대답했지만, 마음이 좋지는 않았다. 어렵게 여기까지 끌고 온 선배들의 노력을 잘 알지도 못하면서 너무 함부로 이야기하는 건 아닌가 하는 마음이 들었기 때문이다.

6. 경부고속전철 반대여론과 설득 노력

　김창근 장관이 취임하면서 경부고속전철을 건설하겠다는 발표를 하자, 가장 먼저 건설부가 반대 의견을 제기하였다. "교통부는 운수 사업관리가 주 업무인데 대형 건설사업을 어떻게 할 수 있겠냐?"는 우려였다. 당시 철도 건설은 철도청 주관이었고, 교통부는 철도청의 감독기관이기는 했지만, 주 업무가 도시 교통을 비롯한 각종 교통수단의 관리가 중심이었다. 따라서 교통시설의 건설 경험을 갖고 있지 못하니 이런 반대 의견이 나오는 것도 무리가 아니었다. 그러나 철도 건설을 건설부가 나서서 왈가왈부하는 것도 이치에 맞지 않은 것이다. 경험도 없는 교통부가 국가의 장래에 큰 영향을 미칠 대형 사업을 한다고 하니 사촌이 논을 사 배가 아플 지경이었다. 당시 관련 장관의 조찬 모임에서 "투기 우려가 큰 사업이므로 발표전에 건설부와 상의하기를 바란다"고 건설부 장관이 우회적으로 이러한 걱정을 나타냈고, 실무자들은 좀 더 노골적인 태도를 보인 것이었다.

 1990년, 기본 노선이 확정되고부터는 본격적인 비판과 반대 논쟁이 터지기 시작했다. 주로 야당인 평민당이 중심에 섰고, 뒤이어 전문가들이 합세한 정치적, 지역적 편파적 논쟁이 일었다. 국회 예산심사위원회에서는 평민당 위원들이 경부고속전철이 시급하다는 자료를 내기 전에는 예산 심의를 거부한다고도 했고, 당시 과학기술처가 주장하는 자기부상식 기술을 채택하는 것이 옳다는 주장까지 나왔다. 다시 말해 "우선은 도시교통난 해소에 주력하고 경부고속전철은 나중에 우리 기술로 하자 또는 호남선부터 먼저 해서 지역 균형개발 하자"고 하면서 어깃장을 놓고 있었다. 이렇게 각계의 비판과 야당의 추궁이 너무 도를 넘고 있어서 연합뉴스에서 "일부 교통부 직원들은 차라리 본 사업을 포기하면 좋겠다고 하소연하기도 했다"라고 당시의 어려운 상황을 전하기도 했다.

 이러한 정치적 반대는 그럴 수 있다고 이해할 수 있지만, 일부 전문가나 사회단체의 비판에는 일반 시민들이 동조하기 때문에 더욱 곤혹스러울 수 있는 문제였다. KBS, MBC 등 언론 매체들이 앞다투어 반대의견을 기사로 내고 있었기에 더 그랬다. 제기된 주요 반대의견을 정리하면 대략 다음과 같다.

 (1) 왜 낡은 기술인 고속철도인가? 지금은 차세대 기술인 자기부상열차로 해야 한다. (과기처 이상희 장관, 기계연구원)

 (2) 시속 300km는 너무 첨단 기술이 많아 우리 산업계가 받아들이기 어렵다. 최고속도를 낮춰 시속 200km 체계가 맞지 않나? (

상공부)

(3) 큰 예산을 들여 고속전철을 건설하더라도 하루 이용객이 3만여 명 에 불과할 것이니 경제성이 떨어진다. 부산 가는 차표 값이 30만원이나 할 텐데 누가 타겠는가? (평화민주당, 일부 교통 전문가)

(4) 경부축 길이가 400km 남짓에 불과한데 시속 300km가 왜 필요한가? 작은 우리 국토에 비추어 실용성이 없다. (일부전문가, 일반적 비판)

정치권 특히 호남에 기반을 둔 당시 평민당은 모든 반대 이론을 다 동원해서 반대에 열을 올렸다. 당시 「물태우」라고 세상에 회자되던 당시 노태우 정부는 이러한 야당의 조직적 반대에 대처할 능력이나 의지를 보여주지 못했으므로, 이 사업을 추진하는 교통부는 장관의 열성은 강력했지만, 일반 부서원들은 고속전철에 대해 잘 알지도 못했고, 기존 교통부가 가지고 있던 운수사업체 관리부서의 소극적 자세에서 벗어나지 못하고 있었다. 그러나 이 사업에 직접적으로 관련된 필자를 비롯한 교통부 공무원들은 해명과 설명 자료를 만들어 설득하러 뛰어다니느라 정신이 없었다.

❱ 교통부의 출입기자단 설득 노력

늘 그렇듯 반대는 진위가 확인되지 않은 원론적인 질문을 던지기만 해도 그럴듯하게 들리지만, 그러한 질문에 답하는 것은 일반인도 쉽게 이해할 수 있는 자료로 입증해야만 설득력이 있다. 예를 들어 서울-부산 간 거리가 400km 남짓한데 왜 비싼 돈 들여서 시속 300km 고속전철을 고집하는가? 이 당시 서울-부산 간 가장 빠른 새마을 특급이 4시간 30분이고, 고속도로도 6시간밖에 걸리지 않아 나름대로 만족하고 이 정도만으로도 호사스럽게 여겨지던 시대였다. 그런데 고작 2시간 더 빨리 가자고 그렇게 엄청난 재정 투입이 필요한 고속전철의 정당성을 합리적으로 설명하는 일이 쉬울 리가 없는 일이었다.

그래서 이런 근본적인 질문에 대해 설득이라기보다 우리가 선진국이 되려면 반드시 가져야 하는 기본 수준으로써 필요한 것이라고 선진국의 고급 교통서비스의 예를 들어 설명할 수밖에 없었다. 그래서 반대론자들이 제기하는 의문 중 틀린 숫자, 왜곡된 숫자를 집중적으로 설명하여 그들의 반대주장이 잘못되었음을 입증할 수밖에 없었다. 그중에서도 가장 대표적인 반대 주장이 서울-부산 간 차표 값이 30만 원이나 하고, 개통되더라도 이용객이 3~4만 명에 불과하리라는 것이었다.

이렇게 단순하고 충동적인 반대는 쉽게 할 수 있고 그럴듯해 보이지만, 그에 대한 해명은 미래 상황에 대한 예측과 함께 선진국의 경험을 빌려와서 설명해야 하므로 이해와 설득에 시간이 걸리는 것이다. 장래에 우리 경제도 선진국에 진입할 것이고, 국민 전체가 느끼는 속도감이 지금과는 전혀 다르기 때문에 그때는 2시간도 너무 멀다고 느낄 것이므로 이러한 빠른 교통수단이 필요하다고 아무리 이야기를 해 봐야 그 당시의 국민들로서는 체감하기 쉽지 않은 것이다.

경부고속전철 기술조사가 착수되자, 교통부는 가장 먼저 부서에 출입하는 30여 명의 기자단부터 설득했다. 제주도에 있는 중문골프장으로 기자단을 초청하여 본 사업에 대한 정부의 입장과 현재 제기되고 있는 각종 반대에 대해 해명하는 자리를 가졌다. 그 후 저녁 식사와 함께 단합을 위한 소주 파티를 가졌는데, 한창 젊은 기자들이라 술을 엄청나게 많이 마셨다. 밤이 깊어 취흥이 최고조에 올랐을 때 기자단 대표와 조경식 교통부 차관이 맥주컵에 소주를 가득 부어 서로 팔짱을 끼고 러브샷을 하고 "고속전철을 위하여"라고 소리치자 모두 박수를 치며 화답했던 기억은 아직도 생생하다.

그다음 날 아침 6시부터 시작된 골프에는 전날 저녁 그렇게 많이 술을 마셨는데도 한 사람도 불참하지 않고 전원 참석한 것이 신기할 정도였다. 이렇게 기자단을 설득하기 위해 노력했지만, 여전히 강하게 반발하는 반대 여론을 잠재우기에는 턱없이 부족하였다.

❱ 경부고속전철의 타당성 홍보

경부고속전철에 대한 각종 반대 여론은 계속 확대되고 있었다. 이들 반대 주장에 대한 해명과 설명 자료를 만들었지만, 주요 언론에서 다루기에는 자료가 너무 방대하였다. 우선은 주요 월간잡지를 활용해 보기로 했다. 필자와 인연이 깊었던 중앙일보의 최혁민 기자에게 지원을 요청하여 월간중앙의 김동호 주간을 통해서 20여 페이지를 할당받아 그동안 제기된 문제들을 중심으로 경부고속전철의 타당성과 추진 방향을 게재했다. 유력 언론사의 월간지에 실린 내용이라 파급력이 있어서, 이 내용은 별책으로 만들어져 정부와 각계의 경부고속전철 설명 자료로 중요하게 활용되었다. 〚별첨2-8. 경부고속전철 홍보책자〛

각종 언론이 반대 여론에 대해 자주 다루었으므로 사업 추진본부나 정부 관계자들을 곤혹스럽게 만들었다. 그 당시는 고속전철이라는 새로운 교통수단의 기술적인 면은 잘 알지 못했고, 경제적인 면, 사회적인 필요성에 대해서는 우리와는 상관없는 선진국의 일이라고 생각하고 있었으므로 여러 의문점을 그럴싸하게 포장하여 제기하기만 해도 일반인들은 쉽게 동요하던 시절이었다. 그래서 일반 시민들과 직접 소통하는 방송의 협조가 절실했다. 우선 급한 대로 필자는 정부의 시책에 비교적 협조적이었던 KBS 김충환 기자에게 반박 기사를 내보내달라고 요청하거나 직접 방송에 필자를 출연시켜 달라는 협조를 구하기도 했다. 게다가 이대섭 보도국장이 필자의 학교 동기생이어서 고속전철의 반대 여론에 대한 해명 기사나 방향에 대해 자주 필자로부터 자문을 받아 방송으로 자주 다루어 주었다. 그러나 KBS가 당시에는 정부 편이라는 인식이 있어서 이를 통한 설득이나 설명은 MBC나 다른 언론에서 한 번에 깎아내릴 수 있을 정도로 취약한 상황이었다.

그래서 모험을 하기로 하였다. 당시 가장 인기 있는 시사 토론 프로그램이 MBC의 「100분 토론」이었다. 그 당시만 해도 일반 국민들은 KBS는 못 믿어도 MBC는 믿을 만하다는 인식이 있었다. 이 프로그램은 정부와 상관없는 민간 방송인 MBC에서 진행하는 것이었고 정부에 호의적이지도 않았기 때문에 여기서 제대로 다루어 주기만 하면 효과가 클 것이라는 생각을 하게 된 것이었다. 그러나 MBC가 교통부의 이야기를 들어줄 리가 없었고, 필자도 MBC와 특별한 연이 없어서 접근 자체가 쉽지 않았다. 다행히 내부적으로 상당한 영향력을 가지고 있던 MBC 장명호 실장의 아내와 필자의 아내가 학교 동창이라 부부가 함께 만나 고속전철 추진 상황과 반대 여론, 그리고 정부의 입장과 근거 없는 비판 내용으로 국가 대사가 그르쳐서는 안 된다며 최선을 다해 설명하면서, MBC의 「100분 토론」에서 이 문제를 다루어 달라고 부탁했다. 장 실장은 내 의견에 상당히 공감을 하지만 우리가 원하는 다음 주 금요일에는 이미 당시 사회적으로 문제가 되고 있던 일부 인사들의 곰 발바닥 취식 고발 프로그램으로 설정되어 있고, 당시 보도본부장인 이득렬은 동물애호가로 널리 알려져서 확정된 프로그램의 변경이 너무 어렵다는 얘기였다. 내가 끈질기게 설득하니까 나를 이득렬 본부장에게 소개해 줄 테니까 직접 설득해 보라고 하였다.

그래서 필자가 직접 이득렬 본부장을 만나게 되었고, 그 자리에서 다시 고속전철의 필요성과 중요성에 대해 설명하고 우리의 홍보 능력이 모자라 근거 없는 반대 여론에 밀려서 까딱하다가는 국가장래에 중요한 사업이 좌초할 위험이 있다고 설명하였다. 그리고 국가적인 중요 사업에 대한 공정한 판단을 국민들이 할 수 있도록 권위 있는 「100분 토론」에서 반대와 찬성 의견을 공정하게 펼칠 수 있는 토론의 장을 만들어 달라고 부탁했다. "곰 발바닥 취식문제도 사회적으로 중요하기는 하지만 일주일 뒤에 한다고 해서 크게 달라질 것은 없지 않은가? 그렇지만 경부고속전철 문제는 현재 상황으로 볼 때 일주일 더 이 상태로 가다가는 어떻게 될지 모르는 상황이 될까 걱정이다." 라고 하면서 꼭 반영해 주도록 재삼 부탁하였다. 한참을 숙고한 후, "우리가 내부적으로 협의한 후 연락드리겠다. 그리고 한다고 하더라도 토론자 선정은 MBC가 한다"라는 대답을 듣고 돌아왔다. 바로 다음 날, 다음 주 금요일 100분 토론 주제로 "경부고속전철 어떻게 할 것인가"라는 주제로 방송을 진행하기로 했다는 연락을 받았고, 출연진(반대토론)에 대한 설명도 들었다. 이렇게 MBC에서 경부고속전철의 당위성과 반대의견에 대한 토론이 이루어지게 된 것이다.

필요성과 타당성은 주로 필자가 맡아 정부 입장을 설득력 있게 알리려고 노력했다. 반면 반대론자들은 이미 반대가 힘을 얻고 있는 분위기라고 생각해서인지 별 준비 없이 나와 "엄청난 예산을 들여서 추진하더라도, 경부고속전철을 이용할 수요가 기껏 3만여 명 수준에 불과할 것이고 부산 가는 차표 값이 30만 원이나 할 것이므로 경제성이 없다"고 예의 그 주장을 자신 있게 말했다. 이에 대해 필자는 이 수치는 근거 없이 왜곡되었다는 점을 실증자료를 열거하며 상세히 반론했다. "현재 새마을호를 비롯한 경부축 고급 철도 승객만 하루 5만 명이 넘습니다. 정부의 정책은 경부고속전철을 일등석과 이등석으로 구분하여 한 사람이라도 더 많은 국민이 이용할 수 있도록 하고 있습니다. 일등석은 항공과 새마을호의 중간 요금, 이등석은 새마을호와 완행의 중간 요금을 부과할 계획입니다. 그러면 완행 승객의 절반인 7만 명이 추가되어 10만 명 이상이 이용할 수 있을 것입니다. 그렇게 되면 본 사업이 완성되는 10년 후에는 우리 경제도 훨씬 더 크게 성장할 것입니다. 최근 5년 중 최저 성장률(7.1%)로 보더라도 10년 뒤의 경제 규모는 지금의 약 2배가 됩니다. 그러면 이용 수요도 20만 명을 크게 웃돌아 18만 명으로 예측한 정부의 전망은 결코 과다한 추정치라고 볼 수 없습니다. 따라서 장래 이용 수요가 기껏 3만여 명에 불과할 것이라고 보는 관점은 근거 없는, 그야말로 반대를 위한 반대에 불과합니다"라고 반박했다.

이튿날, 이 프로그램을 시청한 사람들로부터 반대론자들의 논리가 근거 없고, 필자의 설명이 설득력 있다는 평이 나오면서 여론 분위기가 급작스럽게 긍정적으로 바뀌기 시작했다. 지금은 당시의 상황을 기억하고 있는 사람은 거의 없지만, 당시는 말 그대로 풍전등화같은 절체절명의 순간이었다. 그동안 반대 여론이 득세하고 언론도 반대 의견을 집중적으로 보도하는 분위기 속에서 노태우 정부는 소극적으로 대응하고 있었다. 사업을 책임지고 있는 교통부와 우리 사업단은 당시의 상황을 우려와 긴장 속에서 이대로 가다가는 사업 자체가 좌초될 수도 있다는 위기감이 팽배했을 때 진행된 「100분 토론」은 분위기를 전환시키는 데 큰 기폭제가 되어 주었다. 무조건 정부편을 드는 것이 아니고 반대도 서슴치 않고 주장할 수 있는 공정한 언론의 자세가 국가의 장기 발전에 엄청난 영향을 미친다는 것을 실감한 경우였다. 결국, 이러한 홍보 덕분에 1991년 하반기에 경부고속전철 사업 추진이 탄력을 받기 시작했고, 곧이어 사업 발주의 사실상 첫 단추인 RFP를 확정하고, 3국에 발송하면서 본 사업이 본격적으로 시작된 것이다.

7. 경부고속전철사업 추진의 회고와 반성

❥ 경부고속전철사업의 주요 지휘자

노태우 정부의 김창근 장관

장관은 자신이 속한 분야에서 한 나라의 비전을 만드는 사람이다. 그러나 보통은 이런 거창한 일 보다는 당장의 현안에 매달리다 물러가는 것이 보통이다. 그러나 노태우 정부 때의 김창근 장관은 처음부터 영종도 신공항과 경부고속전철이라는 큰 꿈을 갖고 취임하였고, 임기 내내 그 꿈을 이루기 위해 전력을 다했다. 그는 강한 의지와 통찰력 그리고 지도력이 있었기에 관련 기술도 없고 재정도 빈약한 국가 형편이었지만, 곧 닥칠 21세기 선진 한국의 미래를 보고 사업을 착수할 수 있게 만든 분이다. 전체적인 추진 방향을 설정하고 관련 자료와 인적 자원을 확보한 후, 사업 착공까지 이룬 후에 건강상의 이유로 물러났다.

김영삼 정부와 경부고속전철

1993년 2월, 김영삼 정부가 시작되고 그동안 요직에 있었던 소위 TK(대구, 경북) 인사들의 축출이 시작되었다. 필자가 일한 곳은 권력 기관이 아님에도 불구하고 경부고속전철사업 추진 과정에서 워낙 많은 언론 노출과 항변으로 자주 회자되었고 반대자를 많이 만든 탓이었는지 정권이 바뀌자 바로 보직 해임이 되었다. 정권의 캐치프레이즈였던 「신

한국」이 이런 것이냐고 항의를 하였다. 그 무마책으로 교통부 장관 자문관 자리를 신설하였고, 필자가 그 자리로 보임 받아서 교통부로 파견 나가게 되었다. 이계익 장관(1993.2)을 비롯하여 정재석 장관(1993.10), 오명 장관(1993.12~1995.12, 1994.12에 건설교통부로 바뀜) 세 분의 장관을 보좌하게 되었다.

이계익 장관

김영삼 정부가 들어서고 가장 먼저 부임한 이계익 장관도 잊히지 않는다. 이 장관은 교통과는 별 인연이 없는 관광공사 사장을 역임했는데, 부임하자마자 교통부문에 대한 초장기 국가 비전을 만들자고 했다. 당시 정부의 법정 계획은 장기계획이 20년, 보통은 5년 중기계획이 보통이었는데, 비록 법정은 아니지만 교통부로서 내부 장기전망이 필요하다고 보고, 50년, 100년 구상 계획을 만들어야 한다고 생각하고 있었다. 미래가 멀면 멀수록 막연하고 추정하기가 어렵다. 그러나 꿈을 그리되 현실에 바탕을 둔 꿈을 만드는 것이므로 당장의 국가 정책이 될 수는 없지만 우리가 지금 추진하는 정책의 지향점을 분명히 한다는 점에서는 아주 중요한 관점이라고 필자도 이 장관의 생각에 동의하였다.

이와 관련하여 1980년대 초에 필자가 미국 교통부로 출장 갔을 때가 생각난다. 당시는 프랑스가 일본의 신칸센을 개량하여 TGV를 취항시키면서 온 유럽이 이 일로 떠들썩할 때였다. LA-라스베이거스 구간에 민간 투자로 TGV형 고속열차 도입을 검토 중이라는 소문이 무성했다. 그러나 미국 정부는 이 소문에 전혀 관심을 보이지 않고 있어서 관련 국장과 대담하면서 전 세계가 고속철도 정책으로 논의가 많은데 미국에서는 일부 민간회사를 제외하고 정부에서는 왜 고속전철 얘기를 전혀 안 하냐고 물었다. 이에 대해 담당 국장은 "미국은 대서양 연안에서 태평양 연안까지 약 3,000마일인데, 시속 300km 고속전철로 비행기를 대신할 수 있나? 그래서 우리는 2000년대의 계획으로 진공 터널 초음속 자기부상열차를 구상하고 있다"고 했다. 이 분야 기술개발이 아직 실용화까지는 먼 이야기라 선뜻 와닿지는 않았다. 그런데 오늘날 이러한 진공 터널 고속열차 기술개발이 활발히 추진되고 있는 것을 보면 당시의 미국 정부의 말이 허황된 것이 아니라 미래를 내다본 장기 구상의 하나였다는 생각이 들면서, 꿈의 소중함을 다시 한번 깨닫게 된다.

이계익 장관은 그 후 얼마 안 가서 바로 정재석 장관으로 교체됨으로써 안타깝게도 장기 전망을 구상해 보려던 꿈이 실현되지는 못했지만, 선진국이 되는 과정에서 당장의 정책도 중요하지만, 초장기 정책 전망을 준비하고 다듬어 나가는 것도 병행하여 현재의 정책 방향 설정을 위한 지표로 삼는 일은 아무리 강조해도 지나치지 않을 것이다. 이런 일이야말로 정부가 해야 할 일 중의 하나가 아닌가 생각한다. 법정 계획이 아니더라도 50년 뒤에 우리나라가 어떤 위치에서 무엇을 하고 있을 것인가 하는 전망 말이다.

김영삼 정권 시절은 부산 세력들이 대거 등용되었고 이들은 그전에 당론으로 반대했던 평민당 의원들보다 고속전철에 대한 이해가 적었던 것 같다. 경부고속전철 사업에서 자그만 문제점이 제기되어도 해결하려는 생각보다 확대해서 사업 방향을 수정하고 싶어 하였다. 결과적으로 끊임없이 문제 제기가 이루어지고 해결은 되지 않은 채로 답보상태에서 사업 추진이 어려워지는 처지를 만들고 말았다.

오명 장관

정재석 장관은 별 특징 없이 몇 개월 되지 않아 지나가고, 바로 이어 취임한 오명 장관은 그 당시 교통부의 역점 사업이면서 구설수와 비판에 휩싸인 경부고속전철 사업과 영종도 신공항 사업을 원만하고 면밀하게 추진했다. 그 당시 건설 중인 영종도 신공항에 이어 보세 구역 쪽에 국제자유도시 건설 기획을 장관 지시로 김석균 항공국장과 함께 자문관으로 필자도 함께했었다.

당시에는 국제자유도시가 일종의 유행처럼 세계 각국에서 추진되고 있었다. 말레이지아의 라부안섬의 신도시가 1990년 국제 자유무역 지대로 지정되었고, 미국 텍사스의 라스 콜리나스 신도시도 유명했다. 그 당시 공항 건설을 위해 얕은 서해안을 매립하여 택지를 조성하고 있었는데, 국제공항은 그 성격상 에어사이드 쪽은 그 자체로 보세구역이므로, 영종도 공항 에어사이드 쪽을 추가로 1,800만 평 정도 매립하여 국제자유도시로 조성해서 세계적 금융, 기술, 정보의 도시를 만들어 우리가 필요로 하는 세계 최고의 금융, 정보, 기술을 쉽게 확보할 수 있게 하자는 뜻이었다.

남북이 분단된 어려운 현실에서 세계적 이해를 갖는 자유도시를 구축한다면 국가안보를 반석 위에 놓을 수 있는 이점이 있음도 부각하였다. 이 안을 가지고 오명 장관이 당시 김영삼 대통령에게 보고하였지만, 그 뜻이 제대로 전달되지 못해서 수출자유지역을 만드는 것으로 오해되는 바람에 흐지부지되었다. 이는 국가적으로 너무나 아쉽고 소중한 기회를 날려버린 것 같아 두고두고 아쉽다는 생각이 든다. 그때는 아직 중국이 개방되기 전이라 여기에 국제자유도시가 형성되었더라면 동북아의 실질적인 허브 경제권이 형성될 수도 있었는데 말이다.

고건 총리

경북고속전철과 같은 대규모 국가사업에서 문제가 있으면 실력 있는 기관의 연구를 토대로 정리해 가는 성숙한 모습을 보여야 하는데, 이때 우리 사회의 모습을 보면 정략적인 소모전으로 일관하는 안타까운 상황이었다. 정치가들은 정치적인 이해에 휩쓸리고, 언론이나 전문가들도 정치적 공방에 끌려다녔다. 언제나 논쟁의 양상은 문제를 해결하기보다는 무작정 진행을 방해하려고 문제 제기에만 매달렸다. 필자가 이런 이야기를 하는 이유는 지금도 나라의 장기적 이해에 입각한 논쟁보다는 당장의 정치적 이해에 온 나라가 다 몰두하고 있는 모습이 자주 반복되는 것 같아서 걱정스럽기 때문이다. 경부고속전철사업이 다행히 성공적으로 건설되어 온 국민이 그 혜택을 누리게 되고 국가 발전에 기여한 것은 참으로 다행한 일이지만, 당시 상황으로 거슬러 올라가서 누가 이런 장기적 걱정을 하고 힘을 보탰는지 반성하는 것도 우리의 미래를 위하여 필요한 일이다.

김영삼 정부가 들어선 지 3년이 다 되어가는 1995년이 되어서도 여전히 경부고속전철 사업에 대한 근거 없는 문제 제기와 비전문적인 답변이 되풀이되는 상황이 계속되었다. 예를 들어 화성군 일대 상리터널 부근 지하에 대규모 지하공동(폐광)이 있어 고속전철 운행에 안전 문제가 야기된다는 주장(1995.9 언론 보도)에 대해, 국내외 능력 있는 전문가를 통한 구체적인 안전 진단을 하는 대신, 당시 고속전철 건설을 맡고 있던 고속철도건설공단은 공동을 메워 공사하면 문제없다는 등 능력있는 전문가의 자문을 받는대신에 근거없는 가능성만을 주장하느라 반대론자들과의 소모적 논쟁으로 추진에 동력을 잃고 있었다.

이와 같은 지리한 공방이 이어지던 1996년 10월 국정감사 건설교통위에서는 노선 변경, 상리터널 문제, 대전, 대구 지하화 문제, 시발역 미결정 문제 등과 함께 사업비가 10조 7천억 원으로 증가한 데 대해 대책을 촉구했고, 당시 평민당의 한화갑 의원은 지하 공동으로 인한 안전 문제에 대해 대 토론회를 하자는 주장을 하기에 이르렀다. 이렇게 뒷걸음만 치고 있던 사업에 한 가닥 서광이 비친 것은 고건 총리가 부임하고 나서이다. 고건 총리(1997.3~1998.3)는 당시 부실 공사 논쟁으로 사업 추진이 안 되고 있을 때 총리 공관에 전문가 등 관계관 회의를 3번이나 개최하여 문제를 정리하려고 애썼다. 만약 고건 총리의 이런 노력이 없었다면 이 사업은 더 이상 가지 못하고 이때에 벌써 좌초되었을지도 모를 일이다

이러한 소모적 논쟁은 여기서 끝난 것이 아니라 한참 후 노무현 정부 시절에도 되풀이된 경험이 있다. 천성산 도룡농 서식지를 하부 터널이 망쳐서 자연환경 훼손이 우려되니 안 된다고 단식 농성을 하여 사업 추진을 방해하기도 하였다. 지금 돌이켜 보면 경부고속전철이 완공되고 운행된 지 벌써 14년이 지났지만 천성산 일대가 환경파괴가 되었다는 얘기는 어디에도 없는데도 말이다. 과학적인 연구 없이 감성적인 논쟁을 정치적으로 이용함으로써 또 한 번 위기를 맞았던 때라고 할 수 있다. 우리 사회가 국가적 문제를 풀어가는 방식이 미숙하다고 할 수밖에 없는 시기였다. 2000년이 되어도 당시 국민일보 보도에서 보듯 "경부고속철도 사업 끝없는 말썽"이라고 하면서 국가적 대사업에 힘을 보태기는커녕 끝까지 뒤로 잡아당기는 어깃장만 놓고 있는 현실이었다. 이런 어려운 여건에서도 묵묵히 본 사업을 추진해 가면서 드디어 2004년 4월에 역사적인 준공을 하게 된 것은 어쩌면 기적에 가까운 일이었다는 생각마저 드는 것이다.

경부고속전철사업과 DJ

1995년 민선 1기 시대가 시작되어 지방 도시가 선거를 통해 장을 뽑게 되었다. 정치를 한 번도 생각해 본 적이 없었던 필자가 그해 5월에 갑자기 주변 TK 인사들의 분위기에 휩쓸려 고향인 영천에서 시장 출마를 하게 되었다. 너무 늦게 결심하게 되어 정당 공천은 받을 수 없었지만, 인연이 닿아 당시 서석재 장관의 사조직 멤버인 이종혁(그 후 박근혜 정권 시 국회로 진출함)과 임용덕 등의 적극적인 도움을 받았다. 그러나 시골 민심을 하루아침에 바꾸기에는 정치 문외한인 나에게는 무리였다. 낙선하고 오명 장관께 인사차 들렀더니 다시 복귀하라는 권유를 받았지만, 마침 문희갑 전 경제수석이 대구 시장에 당선되었고, 대구에서 고등학교까지 나온 필자로서는 대구시 교통개선기획단을 맡아 고향의 교통정책을 만드는 것도 의의가 있겠다 싶어 대구에 남기로 했다. 그러던 중에 김대중 당시 평민당 총재가 대통령 선거운동 차 대구를 방문했을 때 대구시 범어 로타리에 있는 그랜드호텔에서 당시 비서실장인 유재건 씨만 배석한 채 필자는 김대중 총재를 약 2시간가량 독대를 할 기회가 있어 그 자리에서 경부고속전철 추진의 중요성에 대해 설명하게 되었다. 필자로서는 이 설명이 중요하다는 생각이 들었다. 왜냐하면 본 사업에 반대 의견이 없었던 김영삼 씨도 대통령이 되고 나서는 온갖 반대 의견에 끌려다니느라 어려움을 겪었기 때문이다.

김대중 씨는 평민당 총재 시절, 당론으로 평민당이 경부고속전철 사업을 반대하고 각종 토론회 등에 당시 한화갑 의원을 보내 반대 의견을 내게 하는 등 걱정스러운 분이었기 때문이다. 그래서 본 사업이 국가의 장래 교통 문제해결뿐만 아니라 우리나라가 필요로 하는 첨단 기술의 확보 측면에서도 꼭 해야 할 사업임을 설명해야겠다는 생각이 들었다. 그런데 인사를 마치고 필자가 경부고속전철 이야기를 꺼내자마자 대뜸 "여보! 서울에서 부산 가는 차표 한 장에 30만 원이나 한다는 데 누가 그걸 타겠소?"라는 말을 했다. 필자는 "왜 그런 근거 없이 반대만 하는 사람들의 터무니없는 주장을 믿으십니까? 그 사람들은 깊이 생각하지도 않고, 고속전철을 하게 되면 당시 새마을호 승객의 일부인 하루 3만 명 정도밖에 타지 않을 거라는 전제로 하는 이야기이고, 우리 정부의 계산은 새마을호뿐만 아니라 일등석, 이등석을 만들어 일반 열차 이용객도 가능한 한 많이 흡수할 수 있게 하여, 개통 후 10년이면 하루 18만 명 정도가 이용할 것으로 전망한 것입니다. 이용 요금의 수준도 일등석은 새마을호보다 조금 비싸지만, 이등석은 이보다 싸게 하는 것으로 가정하고 세운 계획입니다. 이 숫자에 틀림이 있으면 실무 책임자인 저를 문책하십시오. 터무니없이 반대하는 사람들의 말은 이제 그만 믿으십시오. 그리고 이제 조만간 대통령이 되실 거니까 국가 장래를 위한 사업이니 긍정적으로 생각해 주십시오"라고 말했다. 그 후 경부고속전철 사업을 가장 격렬하게 반대했던 김대중 씨가 대통령에 취임하자, 김영삼 정부에서 지지부진했던 경부고속전철 사업이 본격 추진되게 되었다.

❱ 이정무 장관의 경부고속전철에 대한 소신

김대중 정부의 초대 건교부 이정무 장관은 필자의 학교 선배였고, 필자와도 개인적으로 잘 아는 사이였다. 이 장관은 고속전철에 대한 확신을 가지고 있었고 이를 실천에 옮길 수 있는 분이라 그의 등장으로 그동안 지지부진하던 경부고속전철 사업이 다시 진척되기 시작하는 계기가 되었다.

노태우 정부 후반에 시작한 경부고속전철 사업이 김영삼 정부 5년 동안 추진 방향이 정리되지 못하고 많은 문제가 제기되고 있어 정권 말에는 계속 추진이 될지 걱정될 정도로 흔들렸다. 이때의 절박했던 상황을 제대로 전달하기 위해 실제로 벌어졌던 이정무 장관을 상대로 한 정우택 의원의 국회 대정부 질문을 국회 기록(1998. 3.21. 국회 예산결산특별위원회)에서 그대로 옮겨 적는다.

건설교통부 이정무 장관

"다음으로 존경하는 정우택 위원님께서는 경부고속철도의 부실, 안전 문제, 경제성 문제, 현재 책정된 공사비의 적정성 여부와 향후 공사비의 증가 문제, 또 일본의 예를 드시면서 자기부상열차와 관계된 여러 가지 문제에 관해서 근본적으로 고속철도 사업의 전체적인 문제에 관한 장관의 견해와 앞으로의 사업 추진 계획에 관해 물으셨습니다.

경부고속철도 건설 문제는 국가적으로 매우 중요한 현안 과제이기 때문에 제가 취임한 이후에 직접 현장에도 가 보고 그동안 논란이 되었던 각종 문제와 관련한 자료도 나름대로 충분치는 못합니다마는 검토하고 있고 앞으로 할 예정입니다. 앞으로 보다 면밀한 검토를 거쳐야 하겠습니다마는 지금까지 제가 파악한 바로는 경부고속철도는 심각한 경부축의 수송난을 타개할 수 있는 가장 효율적인 대안이라고 생각해서 시작되었고 사업 효과를 제대로 달성하기 위해서는 서울-부산 전 구간을 다 건설하는 것이 바람직하지 않은지 생각하고 있습니다.

다시 말씀드려서 서울-부산까지의 고속철도가 아니라면 처음부터 사업을 시작할 필요도 없을 뿐만 아니라 해서도 안 될 문제였다고 생각을 하고 이 문제에 관한 검토를 시작했습니다.

경부고속철도는 막대한 투자비가 소요되고 국가 경제에 미치는 영향도 지대한 만큼 앞으로 정부에서도 투자의 효율성이나 재원 조달 가능성 또 사업비의 적정 산정, 현재 17조 5,000억으로 되어 있는 사업비가 과연 적정한지 여부 등을 면밀하게 검토하고 전문가들의 의견도 충분히 수렴하여 경제 상황에 맞는 바람직한 사업 추진 방향을 조속히 확정할 예정이고 모든 사업 추진 과정을 투명하게 하고 품질과 안전에 역점을 두면서 사업을 본격적으로 추진해 나갈 것임을 말씀드리니 이해해 주시기를 바랍니다."

정우택 위원

"간단하게 하나만 묻겠습니다. 11시에 하는 모 방송국에 장관님께서 나가셔서 말씀하실 때 사업을 추진하는 것을 전제로 놓고서 하시는 감을 제가 받았습니다. 그래서 그것이 제 생각하고 조금 틀리기 때문에 질문드린 것인데 추진 계획할 때, 건교부 자체에서만 건교부의 조직 가지고 타당성을 하실 것인지 타스크 포스든지 어떤 팀을 만들어서 전문가와 전반적인 검토하실 계획을 가지고 계신지 한번 여쭤보고요, 또 한 가지는 오늘 6시에 여기서 뉴스를 들으니까 감사원장 서리께서도 대통령께 전면적인 재검토를 말씀하셨다는 보도를 접했습니다. 그래서 그것을 감안하셔서 잘 선정을 해주셨으면 좋겠습니다."

건설교통부 이정무 장관

"감사원장께서 대통령께 보고한 내용은 저도 간접적으로 듣고 있습니다마는 원천적으로 감사원이 감사 결과를 전제로 해서 이 사업을 결정하는 것은 바람직하지 않다고 생각합니다. 일단 이 문제에 관해서는 건설교통부가 주관이 되어서 사업의 최종 결정을 하는 부서라고 생각하고 있습니다."

이 대정부 질문의 요지를 보면, 이 당시 경부고속전철 사업에 대한 국민적 불신이 얼마나 컸었는지를 미루어 짐작할 수 있다. 위의 내용은 김영삼 정부가 끝나고 김대중 정부가 막 들어선 직후인 1998년 3월 21일에 열린 국회 예산 결산 특별위원회에서 발언한 내용이다. 당시 건교부 장관이 방송에서 대국민 설명을 하는 것을 듣고 "…사업을 추진하는 것을 전제로 놓고 하시는 감을… 그것이 제 생각하고 조금 틀리기 때문에…"라고 예산결산특별위원회의 정우택 위원이 질의를 하고 있는 것이다. 다시 말해 사업을 전면 재검토해야 하지 않느냐고 묻고 있다. 이것은 당시의 잘못된 여론을 반영하고 있는 것이라고 할 수 있다.

오늘에 와서 되돌아보면, 이때 반대하던 분들은 긴 안목에서 우리가 무엇을 해야 하고 어떻게 힘을 모을 것인가를 생각하는 것보다 그들 마음속에 무슨 생각을 하고 있었는지 모르지만, 당시의 고속전철 사업을 어떻게 해서든지 무산시키려고 애를 쓰고 있는 것 같다는 안타까운 마음을 지울 수 없다. 국가사업을 추진하는 사람들은 언제나 오해하는 세력이 있기 마련이므로 자기 확신을 가져야 하며, 제대로 성사시켜서 소기의 목적을 달성할 수 있도록 전력을 다해야 함을 다시 한번 깨닫지 않을 수 없는 일화이다.

❥ 주요 반대 이론에 대한 회고와 반성

경부고속전철 사업은 앞서 설명한 대로 1981년부터 간헐적으로 국가계획에서 다루어져 오다가 노태우 정부가 들어서면서 국가 경제가 도약하고 세계 도처에서 고속전철 붐이 일면서 정책 현안이 된 것인데, 1989년 김창근 장관이 사업 추진 의지를 발표하자, 계획 단계에서부터 엄청난 정치적 반대에 맞닥뜨리게 된다. 몇 가지 중요한 반대들이 어느 정도 사실이었는지 지금 회고해 봄으로써 향후의 교훈으로 삼는 것도 가치가 있을 것이다.

1) 부산 가는 차표 값이 30만 원이나 될 것인데 누가 타겠나?
(평민당 및 김대중 총재, 일부 전문가 반대자)

"이용 수요가 당시 새마을호 3만 명 정도에 불과해서 부산 가는 차표가 30만 원이나 될 것인데 그걸 누가 이용하겠나? 그리고 무엇보다 수요가 적어서 경제성이 없으며 사업 우선순위가 맞지 않다"라고 반대하는 전문가들이 자주 인용한 말로, 이를 당시 야당인 평민당이 그대로 받아서 대정부 투쟁의 명분으로 사용했다.

이것은 결과적으로 터무니없는 주장이었음을 알 수 있다. 이 책의 원고를 쓰고 있는 현재 KTX 차표 값은 서울-부산의 경우 일반실 59,800원, 특실 83,700원이니까 그때의 반대론자들이 한 말이 황당한 거짓 주장이었다는 것이 증명되었다.

그리고 경부선 고속전철 수요는 하루 3만여 명에 불과하여 경제성이 없다고 주장하였다. 주로 교통 전문가 중에서 반대하는 사람들의 논지였다. 그러나 현재 경부선 고속전철 수요는 하루 도착 및 출발 기준 18만 명을 넘어서고 있다. 물론 당초 계획은 개통 10년 후의 수요를 기준으로 했으니까, 2004년에 개통하였으므로 2014년의 수요는 이보다 다소 적지만 큰 차이는 없는 수준이다. 결과적으로 이 또한 근거 없는 거짓 주장이었다고 할 수 있다.

2) 왜 시속 300km의 최첨단 철도가 필요한가?

(정치권, 일부 정부 관계자, 전문가)

속도가 우리들 생활에 미치는 영향은 분명하지만, 구체적으로 설명하기가 어려운 측면이 많은 것 또한 사실이다. 경험해 보지 않으면 체감하기가 몹시 어려운 것이기도 하다. 고속전철 사업 추진 초기에 많은 반대 의견이 있었지만 가장 답변하기 어려웠던 질문은 남북의 총거리가 400km밖에 안 되는 자그만 나라에서 왜 시속 300km나 되는 고속열차가 필요한가? 였다.

물론 장래에는 경제 규모의 신장과 함께 시간 가치가 더욱 중요해지고, 그러기 위해서는 결국 고속철도로 가야 하지 않느냐고 대답은 했었다. 지금은 고속철도가 국민들이 선호하고 편리한 수단의 하나가 되었고, 지방 도시들이 더 빠른 고속철도를 앞다투어 요구하고 있는 시대가 되었지만, 그때는 부산까지 6시간내에 가는 고속버스로 만족하고 있던 시대였기 때문에 고속철도의 이점을 실제로 느껴보지 못했고 따라서 몇 시간 빨리 가는 것이 왜 그토록 중요한지 설득하는 것이 너무 힘들었음을 고백하지 않을 수 없다.

오늘날은 모든 지방도시들이 앞다투어 고속철도 서비스를 직접 받기를 원하는 시대가 되었다. 지금 기준에서는 아무도 그때의 그 결정이 잘못되었다고 생각하는 국민이 없겠지만, 그 때로서는 반대론자들이 주장하는 "이 작은 나라에서 좀 빨리 가는 것이 왜 그렇게 중요한가" 라는 감성적 반대 주장에 힘이 실리기도 했기 때문에 추진 주체로서는 이를 극복하기 위하여 많은 힘을 들이지 않을 수 없었다.

3) 미래 기술인 자기부상열차로 하자

(과기처, 일부 야당 의원)

이 기술 방식 문제는 정부 내에서도 다른 목소리가 나와서 추진 부서인 교통부를 곤혹스럽게 하기도 하였다. 과기처는 당시 자기부상열차를 개발하여 시험 중에 있던 독일의 예를 들며, 미래 기술인 자기 부상열차를 해야지 왜 저물어가는 기술인 철도로 가야 하느냐며 반대했다.

과거 1983년 독일 출장 시 엠즈란트(Emsland)에서 독일 과학 기술부에서 자기부상열차를 이미 개발 완료하여 시험 운영하고 있었다. 그래서 독일 교통부에 이를 채택할 것인지 우리 출장팀이 물었을 때, 독일 교통부의 대답은 확고했다. 이 새로운 열차 시스템은 아직 기술적으로 보완해야 할 부분이 있고, 기존 철도 체계와의 호환이 불가능하므로 채택할 계획이 없고, 이미 개발한 ICE를 건설할 계획이라고 했다. 따라서 우리 교통부는 독일 정부도 채택하지 않는 미완성의 기술로 전 국민을 시험 대상으로 할 수 없다며 과기처를 비롯한 반대 부서를 설득하였다.

4) 기술이전을 고려할 때 시속 200km 시스템부터 해야 하지 않나?

(상공부)

이번에는 상공부에서 시속 300km 기술은 너무 첨단 기술이 많아서 우리 업계가 제대로 기술이전을 받기가 어려우니 시속 200km 고속철도로 시작해야 한다고 주장했지만, 상공부의 주장은 이미 1964년 도입된 일본의 신칸센 기술이며, 우리는 미래 기술을 확보해야 한다는 정부 목표를 설명하고 설득하였다. 그 당시 우리의 기술 수준을 고려하면 상공부의 주장이 이해되기도 했다. 우리는 지금까지 제대로 된 철도사업을 해본 적이 없고, 철도 기술자의 수도 제한적이라 철도 기술사가 있는 기술 용역업체가 당시 「철도협력회」와 「유신설계공단」 단 두 곳밖에 없는 아주 취약한 여건이었기 때문이다. 이러한 우여곡절을 거쳐서 1989년에 시행한 경부고속전철 기술 조사에서 제시된 고속철도 건설 계획이 다음 해인 1990년에 정부 정책으로 확정되는 절차를 거치게 된 것이다.

5) 왜 밀양으로 바로 가지 않고 경주를 경유해서 부산으로 가느냐?

(김영삼 정부 일부 부산 출신 국회의원)

밀양은 당시 인구가 12만 명에 불과한 작은 도시에 불과했지만, 경주로 우회할 경우, 울산이 80만 명, 경주와 포항을 합하면 50만 명 합계 130만명이 바로 경부고속철도를 이용할 수 있어서 우회하는 건설비, 유지관리비와 130만 명의 국민이 추가로 이용할 수 있는 편익을 비교한 결과, 우회하는 것이 더욱 타당한 것으로 밝혀졌다. 또 한 가지 우리나라의 고대 유적지 중 가장 대표적인 것이 경주 유적지이고, 해외에서 서울에 온 외국인들이 경주를 가보고 싶을 때 바로 당일로 갔다 올 수 있어서 경주를 더욱 효과적으로 알릴 수 있는 수단이 될 수 있다고 보았다.

다른 역들도 지역 공청회를 시행하였지만, 경주역의 위치 선정과 관련하여 경주에서 지역 주민 설명회를 할 때, 소위 말하는 문화재 위원들의 비상식적 논리는 우리가 보기에는 아무래도 이해하기 어려운 측면이 있었다. 원래 경주역의 위치는 북녘 뜰이라고 해서 경주의 남산 아래쪽 형산강과 경부고속도로 사이에 놓인 들판에 설정되어 있었다. 경주 남산에서 내려다보면 저 멀리 아래쪽에 보이는 형산강 들판에 놓인 곳이며, 경주 남쪽 끝이기 때문에 울산과도 비교적 가까운 거리여서 울산 연결 교통망이 수립되면 크게 불편하지 않을 곳이었다.

그런데 문화재 위원들이 이곳을 강력히 반대하고 나섰다. 그 대신 경주 북쪽 건천 쪽으로 옮겨야 한다는 것이었다. 그 이유는 형산강 지역은 통일신라 시대의 경주이므로 지하에 매장문화재가 많을 수 있으므로 안된다는 것이고, 건천 쪽은 삼국시대 때의 경주이므로 중요 문화재가 있을 확률이 적다는 주장이었다. 현지답사에 필자도 동행했는데, 건천 쪽

구릉지에 가면 아주 오래되어 허물어져 가는 고분들이 엄청나게 많았다. 그래서 필자가 옆에 있는 문화재 위원에게 "통일신라 유물은 발굴되어 박물관에 많이 있지만, 삼국시대 때의 신라유물은 상대적으로 별로 없잖아요. 그러니 건천 쪽이 문화재 가치가 더 큰 것 아닙니까?"라고 했더니 웬 미친 소리를 하느냐는 표정으로 필자를 바라봤던 기억이 있다. 당시 문화재 위원 중에는 경주 출신들이 많았고 영향력도 있어서 이들 주장 때문에 일 추진에 많은 지장을 받기도 했다. 그 당시에는 이들의 반대에도 불구하고 원래의 북녘 들 위치를 고수하였다. 그러나 이 문제는 나중에 노무현 정부때에 지역의 요구가 분출하면서 역의 숫자를 늘려 오송역, 김천역이 들어서고, 경주역도 건천 쪽으로 옮겨 가는 대신 울산역을 새로 추가하여 오늘에 이르고 있다.

❱ 오송역의 설치와 세종시 위치 선정에 대한 유감

이 사업을 추진하던 당시 충청도 출신 정치인들의 전방위 로비 노력은 정말 인상적이었다. 그 당시의 충청북도는 고속전철 역은 없고 노선만 지나갔으므로 주민들의 불만이 많았다. 서울-부산 간을 2시간대에 주파해야 한다는 운영 효율을 감안하여 중간역은 천안, 대전, 대구, 경주로 제한하여 검토할 수밖에 없었다. 충청도 출신 정치인들은 이 문제를 풀기 위해 동분서주했고, 우리 조사팀까지 찾아와 부당함을 호소했다.

결론은 충청도의 주장이 어느 정도 합리적이긴 하지만, 현재로서는 이용 수요가 충분하지 못해 역을 만들 수 없다는 것이었다. 그러나 장래 이용 수요가 증가하면 설치할 역으로 현재의 오송역을 검토했다. 기존의 경주역을 경주와 울산역으로 분리 설치하고, 또 당초에는 고려되지 않았던 김천역을 증설하면서 이 오송역도 함께 확정 짓게 되었다. 나중에 호남선 고속전철이 추가되면서 경부선과 합류하는 지점으로 오송역은 더욱 중요한 역이 되었다.

오송역 설치 문제는 이처럼 사업 초반부터 수면 아래에서 많이 논의되어 왔던 사항인데, 그 후 행정부를 충청도로 옮기게 되었을 때, 당연히 전국적 교통 요지가 가장 중요한 변수로 고려되어야 했고, 교통 요충지인 오송이 우선적으로 고려되었어야 했다. 그러나 충청남북도의 지역 간 이해 싸움으로 변질되어 교통 기반 시설이 만들어져 있던 오송이 아닌 20km가량 떨어진 지금의 세종시로 결정이 나버렸다. 결과적으로 교통 결절점인 오송역에서 세종시까지의 2차 연결 교통 문제를 남기게 된 것이었다.

오송은 이웃 도시인 오창의 산업단지와 함께 첨단 제약단지가 주를 이루고 있어 미래의 첨단 산업기지가 될 전망이며, 주변의 개발 여지도 비교적 많은 곳이다. 이곳이 우리나라 여객 교통의 중추인 고속전철 경부선과 호남선이 교차하는 교통 요충지이므로, 지금은 교통요지의 이점을 계속 확충해 나갈 수 있도록 각종 2차 연결 교통 정비에 노력을 집중하는 것이 당면한 교통 정책이 되어야 할 것이다.

그러나 이런 장기적인 대처 방안은 검토하지 않고 또 정치권의 싸움에 휘말려 고속전철 노선을 수정하여 세종시에 역을 추가 설치하는 문제를 제기하고 있음은 한번 잘못한 국가 정책을 또 되풀이하고 있는 것 같아서 안타까운 마음이 든다. 도로상의 승용차 교통처럼 문전 수송이 안 되는 철도의 특성을 고려한다면, 철도역으로부터 최종 목적지까지의 2차 수송을 수단별로 효율적으로 정비하여 환승에 불편이 없도록 만들어 주는 것이 우선일 것이다.

철도역을 역에서의 거리가 5km인지, 20km인지 보다는 접근하기 쉽고 갈아타기 쉽게 하는 것이 훨씬 중요하다. 따라서 정부 민원인의 불편을 해소하고 세종시가 장기적으로 균형적인 발전을 하도록 유도하려면 그 관문인 오송역을 제대로 접근하기 쉽고 편의시설이 제대로 갖추어진 복합환승센터로 발전시키는 일이 당면한 최우선 과제가 되어야 할 것이다.

8. 고속전철과 복합환승센터

우여곡절 끝에 경부고속전철이 2004년 4월에 역사적인 개통을 하고, 동대구-부산 간은 기존 선을 전철화하여 경부선 전 구간에 고속전철의 운행을 시작하게 되었다. 그동안 수많은 문제 제기와 반대 주장이 있었지만, 정부가 여러 번 바뀔 때마다 조금씩 정리하면서 전진한 결과, 우리에게도 드디어 최신 고속전철 서비스가 등장한 것이었다. 1989년에 기술조사가 시작되고 1990년 정부의 추진 정책 발표가 나온 지 거의 14년, 그리고 1992년 시험선 구간의 공사 착공을 한 지 12년 만이었다. 이후 10년이 지난 2014년에 재래선으로 이용 중이던 동대구- 부산 구간까지 완전히 신선으로 완료하여 전 구간을 고속전철로 완성하게 된다. 이 과정에서 우수한 기술자, 정책 전문가, 의사 결정자들의 헌신이 있었으며, 눈앞의 손쉬움보다 당장은 힘들더라도 장기적인 국가적 이익을 위해 노력한 분들이 있었기에 힘들고 긴 시간이 소요되는 대사업이 성공적으로 이루어진 것이다.

영종도 신공항(현재의 인천공항) 사업과 함께 경부고속전철 사업이 완성됨으로써 21세기를 여는 선진 한국의 시그니쳐 사업이 완성되었다. 경제적 성장과 함께 기술적 첨단 사업의 성공적 완성으로 국민적 자신감과 실력을 배양하게 된 것이다. 경제적 성장으로 시간 가치가 급성장한 사회적 배경은 보다 빠른 교통수단을 선호하게 되었고, 보다 편리한 운영 정책을 원하게 되었다. 지금은 거의 모든 지방이 고속전철의 서비스를 원하고 있어서 철도 건설이 너무 과열되고 있는 느낌마저 드는 상황이다.

회고하건대, 어렵고 힘든 과정을 거치기는 했지만, 경부고속전철이 2004년에 개통하였고, 이를 이용해 본 일반인들의 인식이 바뀌게 되었다. 이러한 사회 분위기와 2008년에 취임한 정종환 국토해양부 장관의 개인적 선호의 영향으로 철도에 대한 투자가 도로에 비해 상대적으로 크게 신장되었다. 우리의 경제 발전 초기에는 대응이 빠르고 단기 비용이 쌀 뿐만 아니라 중화학공업 정책과 맞물린 자동차공업의 육성 정책을 고려한 고속도로 중심 정책이 옳았다고 본다. 그리고 인구밀도가 높은 우리나라에서 그 후 경제발전이 가속화되면서 대량 수송 수단인 철도로 투자 중심을 옮겨간 것은 올바른 정책이었다.

우리가 1990년에 경부고속전철을 계획하면서 제시했던 장기 철도망 구상을 생각할 때, 철도의 노선 개발은 많이 했으나 우수한 철도의 기능과 역할을 최대한 발휘할 수 있는 철도역을 접근이 쉽고 편리하게 갈아타게 만드는 복합환승센터 정책에 너무 소홀했다. 복합환승센터 정책이 2009년에 제도화되었지만, 실천이 이루어진 것은 2024년 현재까지 동대구역이 유일하다는 것은 반성해야 할 일이다. 1990년 경부고속전철 계획 당시에 철도역 개발의 중요성을 함께 지적하고 건의하였었다. 그때는 관련 법이 제정되기도 전이었고 철도역 개발은 교통 영향 평가 대상이 아니었지만, 사업팀에서 자발적으로 교통 영향 평가를 시행하면서 주변 지역과의 연계 교통망 확충 방안과 함께 역 주변 부지의 복합개발 방향을 제시하였었는데, 이러한 철도역 중심의 복합개발 정책은 아직도 제대로 시행되고 있지 못하다.

　선진국의 예에서 보듯 철도는 역 주변 지역의 고밀 개발을 통한 장기 수익을 반영함으로써 철도 운영의 흑자 기조를 지원할 수 있을 뿐만 아니라, 교통이 편리한 철도역 주변의 고밀 개발을 통한 도시 개발의 정형화를 기할 수 있는 이점이 있다. 그런데 우리는 관련 제도도 불충분하고 그런 의지도 부족한 것이 과거의 현실이었다. 경부고속전철 계획 당시에 역 주변 상당수 부지를 확보해서 도시 개발을 선도하고, 철도 운영을 지원하자는 제안을 하였지만 무시되었었다. 여러 우여곡절을 거친 후, 지금은 KTX를 중심으로 하는 지역 간 고속 교통망이 확충되고 있고, 대도시권의 출퇴근 교통을 위한 GTX류의 광역 도시 고속철도 교통망이 시작되고 있다. 이러한 고속 교통축을 따라 철도역과 그 부근을 고밀 복합 개발하여 국토 공간의 효율화를 추구하여야 할 것이다.

　경부고속전철의 등장은 여러 가지 논란으로 추진에 어려움은 겪었지만, 국가 경제의 선진화와 함께 양질의 고속 교통을 요구하는 시대적 사명에 잘 부응하게 되었다. 새로운 첨단 철도 기술의 등장으로 이를 뒷받침하는 전문 연구기관인 한국교통연구원을 비롯해 철도기술연구원이 함께 성장하고 있으며, 철도 차량을 비롯한 전장품 산업이 크게 발전하고 있다. 초기에 2개 밖에 없었던 빈약한 전문 설계회사도 지금은 거의 모두 철도기술사를 보유하고 관련 사업을 수행하고 있다.

　지금은 고속전철을 중심으로 하는 국가 고속 교통의 뼈대가 완성되어 가고 있고, 대도시의 광역 교통 처리를 위한 도시고속전철인 GTX의 광역적 계획도 빠르게 이루어지고 있다. 이제 고속 교통을 국가 발전의 축으로 형성해 가기 위해, 철도역 주변에 대한 복합환승센터를 도시계획의 중심 전략으로 추진할 때이다.

❱ 복합환승센터 정책의 등장

철도는 그 특성상 거점 간 연결을 다른 수단보다 안전하고 신속하게 할 수 있는 장점이 있다. 그러나 단말부 처리를 어떻게 하느냐에 따라 철도의 경쟁력이 좌우된다. 그래서 일본을 비롯한 철도 선진국에서는 일찍부터 철도역을 중심으로 환승의 편의를 증진하려는 노력을 해왔다. 우수한 접근성과 편리한 환승 체계를 통해 철도역을 도시 개발의 중심으로 발전시켜 온 역사를 가지고 있다.

일본의 도쿄역은 신칸센을 중심으로 도쿄시를 순환하는 야마노테선, 지역을 연결하는 토카이도, 요코스카, 요코하마, 케이한큐선 등 많은 철도 노선이 있어서 도쿄 주변 및 전국을 원활하게 연결하고 있다. 프랑스의 파리는 파리 북역, 동역, 파리 리옹역 및 파리 몽파르나스역 등 6개의 역을 파리 도심지에 위치시켜 유럽 전역을 연결하고 있다. 영국도 유로고속철의 출발역을 초기에는 도심에서 다소 떨어진 워털루역에 위치시켰다가 후에 지하철이 많이 접속되는 세인트 판크라스역으로 이전하여 지하철과 통합 운영을 하고 있다. 미국 뉴욕의 롱아일랜드에 위치한 펜실베니아역은 전국을 연결하는 암트랙 노선 16개를 중심으로 지역 연결을 위한 롱아일랜드 노선 6개, 뉴저지 노선 6개 등이 층별로 배치되어 있으며, 노선 간 편리한 연결을 위해 엘리베이터, 에스컬레이터 등으로 신속하게 연결하고 있다. 더불어 전국을 연결하는 그레이하운드 버스터미널이 함께 배치되어, 말 그대로 종합 환승센터의 역할을 톡톡히 해내고 있다. 특히 홍콩은 인구가 많고 도시 면적이 협소하여 처음부터 대중교통 중심의 개발을 추진해 오고 있다. 철도역을 중심으로 고밀, 고층 개발을 하여 대중교통 활성화와 효율적인 도시 공간 구조를 이루고 있다. 이러한 철도와 도시 개발의 합동 개발을 위해 R + P(rail + property) 제도를 도입했고, 환승 불편을 줄이기 위한 노력도 하고 있다.

　이렇게 선진국은 철도역으로의 접근과 환승이 편리하고 효율적이 되도록 고밀, 고층으로 개발하고 여기에 도시가 필요로 하는 중심 기능을 부여하여 지역을 활성화하고 있다. 즉, 접근성을 우수하게 교통 계획을 하고, 환승이 편리한 철도역을 중심으로 주변을 고밀도로 개발하여 백화점을 비롯한 유통, 업무 시설, 병원, 심지어 학교와 같은 복합적 기능을 부여하고 있다.

　2004년 경부고속전철이 도입된 이후, 철도에 대한 부정적인 인식이 바뀌었다. 이제 본격적인 고속철도 시대를 맞아 정부는 철도의 전체적인 효율을 높이기 위해 본선을 수준 높게 만드는 것 못지않게 철도역의 접근과 환승이 쉽고 편리하게 하기 위한 노력을 하게 되었다. 2006년에 당시 한국건설교통기술평가원에서 철도역의 편의 증진을 위한 교통정보체계 구축을 위한 R&D 사업이 발주되었다.

　제안서 제출 과정에서 한국교통연구원(오재학)은 서울과학기술대학교의 김시곤 교수의 제안으로 당초 발주 기준인 단순한 정보 체계의 구축을 넘어 환승 체계의 정비와 주변 지역 개발을 통한 환승지원시설을 묶어서 복합환승센터를 구축하는 것으로 변경하여 제안하게 되었고, 발주처의 평가 결과, 변경 제안된 복합환승센터 개발안을 채택하게 된다. 이 연구가 철도역에 대한 종합적 개발 정책을 고민하는 체계적인 노력의 시작이 되었다.

　이 연구는 2006년~2009년 동안 이루어졌고, 당시 국토해양부의 구본환 과장이 이의 필요성을 인식하고, 2009년 국가통합교통체계효율화법으로 제도화하였다. 그리고 이어서 환승 체계의 상대적 효율성을 평가하는 평가 체계를 확립하여 2010년에 보완하여 입법함으로써 복합환승센터를 평가하는 체계까지 갖추어지게 된다. 그러나 그 후 역대 장·차관들이 이의 중요성을 제대로 인식하지 못하여 사업화가 잘 이루어지지 못하였다. 제도가 만들어진 지 10년이 훨씬 더 지났지만, 정책 추진을 위한 형식적인 노력은 있었지만, 제대로 된 복합환승센터가 구축되어 운영되고 있는 곳은 동대구역이 유일할 정도로 제도의 운영이 소극적이고 부실하였다고 할 수 있다.

이 기간 이명박 정부 때 우리의 교통 투자 정책의 방향이 과거 고속도로 일변도의 정책에서 철도로 옮겨간 것은 옳았다. 당시 정종환 장관의 철도에 대한 이해가 큰 영향을 미쳤고, 큰 방향에서 옳은 길을 선택하였다. 그러나 실무자들이 노력해야 하는 세부적인 효율 증진 정책이 제대로 뒤따라가지 못하였다. 철도의 특성인 장거리 운행의 장점과 최종 연결의 어려움인 단점을 잘 보완하는 정책이 뒤따르지 못한 아쉬움이 있는 것이다. 또 철도는 지나가 버리는 도로와 달리 철도역을 중심으로 도시가 발전하고 성장하는 토지개발의 정형성이 어떤 다른 교통수단보다 뚜렷한데도 이러한 장점을 살리지 못해 교통수단으로서 철도의 현대화는 이루었지만, 편리한 철도를 활용한 도시개발 정책이 적극적으로 추진되지 못한 아쉬움이 크다.

2009년에 만들어진 복합환승센터 제도는 출발하면서 시범 사업을 통해 활성화하려고 하였다. 과거 만들어진 지하철을 포함한 철도역들은 공사비 절감에 너무 민감했기 때문에 거의 모든 환승역이 하나같이 환승거리가 지나치게 길어 승객의 불편을 야기하는 것이 대부분이었다. 그래서 몇 개의 가장 불량한 환승역을 시범 사업으로 하여 민간 자본을 유치하여 환승 체계 개선과 도시개발을 하려고 한 것이었다. 그러나 이 법을 만든 사람과 후에 이를 집행하는 사람들의 인식 차이가 커서 본래의 취지를 이해하지 못해 사업 추진이 지지부진해져 버렸다.

즉, 민간 자본을 유치하려면 도시개발 사업이 사업성을 가질 수 있는 대도시 특히, 수도권을 중심으로 토지개발에 대한 확실한 지원정책과 함께 한두 개 시범 사업을 추진했야 했는데, 당시 정치권의 로비에 영향을 받아 이러한 사업성을 무시하고 전국의 지방 도시를 중심으로 안배하는 식으로 시범 사업을 시작하였다. 대구시의 동대구역, 부산시의 부전역, 울산시의 울산역, 광주시의 송정리역, 춘천시의 남춘천역 등이었다. 이 중에서 완성된 것은 동대구역 복합환승센터가 유일할 뿐이다. 대구시의 결단으로 대구시 부지를 사업자인 신세계에 매각하여 부동산 개발의 가능성을 높여줌으로써 바로 착수할 수 있었고, 동대구역복합환승센터는 예정대로 준공되어 대구시 발전에 기여하고 있다.

복합환승센터는 교통체계 개선을 통해 접근과 환승이 편리하게 하는 동시에 인근 일정 토지를 고밀 복합 개발하여 도심 기능을 부여하는 교통체계 + 도시개발의 TOD(Transit Oriented Development) 복합개발사업이다. 이러한 특성이 있기 때문에 도시개발 인허가의 어려움을 감안하여 종합 개발계획이 만들어지면 심의위원회를 거쳐서 승인권자의 일괄 재가를 받도록 되어 있다. 즉, 철도역 도시개발을 철도역 교통 체계의 개선과 묶어 종합 개발하도록 제정된 것이 "복합환승센터" 제도이다. 그동안 교통 부서에서 제도 운영을 전담하다 보니 개발 부분이 소홀히 다루어진 것이었다. 도시개발 부서와의 종합적 노력을 통하여 교통이 편리하게 갖추어진 복합환승센터에 도시 기능의 상당 부분을 떠맡을 수 있도록 도시계획되면 진정한 대중교통 중심 개발(TOD)이 이루어질 수 있을 것이다. 즉, 주요 철도역을 복합환승센터로 개발하여 도시개발과 교통 체계가 조화를 이룰 수 있도록 추진해 나가는 것이 21세기형 도시계획의 중심이 되어야 한다. 이런 노력은 정부의 교통 부서와 도시 계획 부서가 함께 협력적으로 해나가야 달성될 수 있는 정책이다.

❱ 우리의 복합환승센터 제도의 보완 방향

우리의 복합환승센터 정책은 2009년에 제도화된 이후 실제 적용되어 효과를 본 사례는 아주 제한적이다. 법의 취지가 철도역 등 교통 결절점의 환승 체계를 민간이 개발하고 편리해진 환승센터 주변을 일정분 도시 개발을 하여 비용 충당을 하게 되어 있지만, 현실적 어려움을 극복할 수 있는 수단이 없어서 실효성이 크게 떨어지기 때문이다.

이미 잘못 만들어진 환승 체계를 수정하고 새로운 수단을 추가로 접속하는 환승 체계의 개선에는 일반적인 교통시설 건설비와 비교해서 상대적으로 큰 비용이 소요된다. 이러한 비용을 충당하려면 환승지원시설의 용적률, 용도 등에 특별한 배려가 있어야 할 것이다. 홍콩은 이러한 문제를 집중개발 지역(CDA) 정책으로 구체화하고 있어서 홍콩 MTR 역에 대한 복합개발이 성공적으로 이루어지고 있다. 즉, 철도역에 연한 지역의 용도와 용적률 등을 해당 철도역 개발 비용을 충당할 수 있는 수준으로 정리하는 제도이다. 우리의 복합환승센터 심의위원회에 이러한 기능을 구체화하면, 현재 애매하게 규정되어 있는 도시계획과 교통계획 부서의 종합적 조정이 이루어질 수 있다. 장래의 도시 발전에 필수적인 복합환승센터의 성공을 원한다면 현 제도에 대한 연구와 보완이 필요하다.

환승지원시설을 위한 도시 계획적 특별 배려

복합환승센터 정책에서 환승지원시설의 목적은 크게 두 가지이다. 하나는 환승시설을 효율화하는 데 비용이 많이 들기 때문에 기피하는 경향이 있어서, 이를 방지하기 위해 환승지원시설(주거, 상업, 업무시설)을 개발하여 개발이익으로 늘어나는 환승시설 개선비에 충당하도록 하기 위한 것이다. 둘째는 보다 중요한 사항으로 효율적인 환승센터는 대중교통이 다른 어떤 곳보다 편리한 곳이다. 그러므로 누구든지 접근하기 쉬운 곳이므로 이곳에 입주한 상업, 업무시설의 상업적 가치가 크게 증대될 수 있다. 도시교통의 정체가 가져오는 환경 피해가 심각하게 되는 오늘날의 대도시에서 새로운 도시개발의 방향으로 고밀, 고층 개발이 철도역 중심으로, 분산적으로 이루어져서 도시의 형평적 개발에 기여할 수 있다.

다시 말해 복합환승센터는 환승 편의를 위한 단순 목적을 넘어서 편리한 교통 체계를 충분히 활용한 도시 성장을 촉진하는 상업, 업무, 주거 등 도시개발 사업으로 교통과 도시계획이 긴밀하게 연계된 정책이다. 현행법에서는 개발계획 수립 과정에 도시계획법에 의한 협의 조정을 거쳐서 개발계획의 승인 과정에서 확정되는 절차로 일반적인 도시계획 기준의 틀 안에서 이루어지고 있으므로, 복합환승센터의 정책 목표를 충분히 반영하기에 미흡하다.

따라서 도시계획 관련법에 복합환승센터 관련 규정을 두어서 복합환승센터 내의 도시계획은 특별관리 구역으로 용도와 용적률 등을 자유롭게 계획할 수 있게 위임하는 조항이 필요하다. 이러한 제도는 홍콩에서 'Rail + Property' 정책으로 집중 개발 지역(CDA)제도를 시행하여, 복잡한 환승 체계 건설의 고비용을 위한 재원 충당으로 활용하고 있는 방법이다. 우리 여건에 맞는 실용적인 방법을 찾는 노력이 필요하다.

복합환승센터의 계획을 뒷받침할 예산 제도

복합환승센터는 관련법에 따라 5년마다 기본계획을 수립하여, 향후 추진할 복합환승센터 대상 지역을 검토하도록 하고 있다. 교통 결절점 중에서 특별히 이용 수요가 많거나 복잡한 연결 체제를 수반할 경우에는 그 파급 효과를 고려하여 단계적으로 체계적인 환승 체계의 개발이 필요하기 때문에 이를 국가적으로 계획하는 체제이다. 그러므로 이곳에 직접 영향을 미치는 교통 시설을 계획할 경우에는 독립적인 판단을 하기보다는 종합적인 조정 계획이 필요하다. 그러나 현재의 제도는 관련 조항이 의무화되어 있지 못하고, 별도의 예산지원 제도를 갖고 있지 못하여 잘 지켜지지 않는 문제가 있다.

그러므로 개별 교통수단의 신설, 개량, 조정 등 조치 시에 기본계획상의 복합환승센터 대상 지역에 접속할 경우에는 해당 구간에 대한 계획, 설계, 시공 전 과정을 복합환승센터 관련법의 승인을 받도록 의제하여야 할 필요가 있다. 별도의 고려 없이 개별 시설물을 건설한 후에 복합환승센터를 별도로 개발하려면 기술적으로 어려워질 수 있고, 재정적으로 큰 부담을 줄 수 있기 때문이다.

정부 재정은 회계 과목에 도로, 항만, 철도 등으로만 되어 있는 것이 현실이다. 그러나 복합환승센터는 개별 교통시설물이라기보다는 여러 복합적인 교통시설이 어우러지는 결절점이다. 따라서 계획 단계에서부터 해당 부서와 협의하도록 조정되어야 한다. 그러기 위해서는 관련 법에 협의 조정 규정을 보완하고, 정부 재정 계정에서 복합환승센터 계정을 별도로 설치하고 시설물 설치 비용의 일정분, 예를 들어 2~3% 내외의 예산을 할당할 필요가 있다.

현실적인 환승 체계 평가 모형의 개발

환승센터에서 가장 중요하게 다루어져야 할 사항은 환승 거리를 최대한 짧게 설계하는 일이다. 환승 불편에 가장 직접적인 요소가 환승 거리이기 때문이다. 선진국에서는 일찍부터 대중교통 환승센터에서 연결

수단 간의 접속 거리를 단축하기 위한 노력을 많이 기울여 왔다. 우리의 제도에서도 이를 강조하여 환승 거리에 따른 서비스 수준을 등급화하여 시행해 오고 있다. 그러나 이 등급제는 너무 막연하여 환승 우수성을 평가하기에는 아주 부족하다.

환승센터의 설계에서 조그만 환승 편의의 차이가 이용자의 입장에서는 크게 영향을 미칠 수 있기 때문에 환승 거리의 평가는 단순한 물리적 거리가 아니라 이용자가 실제로 느낄 심리적 거리를 가능한 제대로 반영하는 노력이 필요하다. 이 제도가 처음 만들어진 직후인 2001년에 한국교통연구원에서 펴낸『환승시설 개발의 실효성 제고를 위한 복합환승센터 계획수립 지침』에서 이의 반영 방법을 구체적으로 제시하고 있었지만, 지금까지 추가 연구가 없고 더 발전되지 못한 것은 복합환승센터 정책의 확산에 걸림돌이 되고 있다.

우리의 현재 환승시설 평가 체계는 환승 거리를 기준으로 서비스 수준으로 정의하고 있다. 일반적으로 수용할 수 있는 서비스 수준 C를 만족하기 위해서는 주수단을 중심으로 한 접근 수단의 환승 거리의 가중평균 거리가 180m 이내일 것을 요구하고 있다. 거리 평가에서 보행거리, 계단 거리, 무빙워크/에스컬레이터 거리로 구분하고 가중치가 1:2:1/2로 되어 있다. 이것으로 충분한가? 제대로 환승 체계를 평가할 수 있나? 가중치는 적절한가? 초기 지침으로 현재의 복잡하고 민감한 이용자의 요구를 충분히 반영한다고 보기 어렵다. 따라서 추가 연구가 필요하고 달라진 이용자의 가치관이 반영되어야 한다.

환승하는 경우, 보통은 시간과의 싸움이니까 시간으로 표현하는 미국연방도로청의 「환승시설의 평가(Evaluation of Intermodal Passenger Transfer Facilities by Horowitz and Thompson, Universty of Wisconsin, FHWA)」에서 적용된 호로위츠(Horowitz)식 방식이 보다 현실적일 수 있

다. 보행 시간을 1로 볼 때 승차 시간을 1/2로 느끼는 것이 합당한가? 추가 연구가 필요한 부분이다. 그리고 현재의 모형은 짐을 소지하는 경우나 날씨에 대한 영향을 전혀 고려하고 있지 않아서 외부 환승 경로에 대한 평가를 제대로 하지 못하고 있다. 이러한 것들이 제대로 반영되어야 환승 체계 개선에서 비용/효과 평가를 제대로 할 수 있을 것이다. 〖별첨2-9. 같은 10분 여행의 상대적 불편성 예시〗

❱ 삼성역 복합환승센터에 대한 유감

이 책을 집필하고 있는 2024년 현재 지하철 삼성역 일대는 삼성역 광역복합환승센터의 2028년 준공을 목표로 지하굴착 공사가 한창 진행되고 있다. 매일 출퇴근을 위해 이 부근을 지나는 필자는 이곳을 지날 때마다 마음 한구석이 허전한 느낌이 든다. 지난 10여 년 정책 제안을 하고 설득하는 노력을 했음에도 불구하고 충분히 반영되지 못한 데 대한 서운함이 있기 때문이다.

우선 고속전철 강남선이 수서에서 종착된 것을 GTX A(동탄-킨텍스)와 노선 공유를 하는 김에 삼성역으로 연장 운행하자는 제안을 받아들이는 데에 너무 오랜 시간이 걸렸다. 그리고 한전 이전 후적지를 정부가 취득하여 복합환승센터로 종합 개발하자는 건의가 무시된 결과, 이 부지가 민간에 터무니없이 비싼 값에 매각되어 주변 땅값이 폭등하였고 복합환승센터의 부지가 옹색하게 되어 버렸다. 그리고 승객의 성격이 크게 다른 고속철도역과 GTX역을 플랫폼을 별도로 하지 않고 공유하도록 하여 장래 운영을 어렵게 하고 있다. 또한, 지하철 위례-신사선이 이곳을 통과하면서 여러 수단들을 연결하는 환승 수단의 역할을 하는데, 이용자들의 편의를 걱정한다면 조금이라도 더 편리하게 지상에서 가장 가까운 곳에 있어야 쉽게 드나들 수 있을 텐데 지하 가장 깊은 곳에 위치시킨 현재의 방법 이외에는 대안이 없었는지? 여러 가지 의문을 아직 지울 수가 없다. 후일 반성의 기초로 삼기를 바란다. 삼성역 복합환승센터의 추진 과정은 다음과 같다.

지하철 삼성역은 무역센터와 코엑스몰이 들어서 있어 인구 이동이 많고 각종 전시회가 열리는 강남의 요지 중 요지이다. 지하철 2호선 삼성역에 이어 지하철 9호선이 연결되어 있어서 영동대로와 함께 접근성 또한 우수하다. 금융기관을 포함한 업무지역으로 번창하는 테헤란로의 중심성이 강화되고 있는 지역이어서 장래의 성장 가능성을 보고 일찍부터 민간에서 위례-신사를 연결하는 도시철도가 삼성역을 통과하도록 서울시에 건설 제안을 했던 곳이다.

그리고 경기도가 2008년에 제안한 GTX 3개 노선 중 2개가 삼성역을 통과하게 되어 있었고, 고속철도 강남선(수서-평택)이 수서까지 오도록 계획되어 있었다. 여기에 더해, 그 한가운데 있는 한국전력공사(한전)의 본사는 2003년 공공기관 지방 이전 계획에 따라 2014년까지 부지 매각 시한이 정해져 있던 상황이었다. 2009년에는 삼성-포스코 컨소시엄이 한전 부지와 부근의 서울의료원 부지를 포함한 복합 상업단지 개발계획을 수립하여 추진을 건의하고 있었다.

그 후 교통망 확충안이 제기됨에 따라 2011년 4월에는 민간 컨소시엄이 새로 제정된 국가통합교통체계효율화법의 복합환승센터로 개발하는 안을 만들어 국토부에 건의했다. 즉, 교통망 확충안이 제기되고, 한전 부지가 이전이 확정되었으며, 관련 법률이 복합환승센터의 구축을 지원하고 있어서 이 지역에 대한 교통 체계의 정비가 새로운 쟁점이 되는 환경이 조성되고 있었다. 이러한 여건에서 고속철도를 삼성역까지 연장하고 삼성역을 복합환승센터로 구축하여 6개의 철도와 건너편에 있는 공항터미널까지 통합하여 주변 일대의 교통센터로 발전시켜야 한다는 주장이 나오는 것은 당연한 귀결이고 일반인도 쉽게 이해할 수 있는 정책이었다.〚별첨2-10. 민간 제안 삼성역 환승센터 개념도〛

지금은 우리 모두에게 익숙한 GTX는 경기도에서 2008년부터 내부 검토가 이루어지다가 2010년 김문수 경기지사의 선거 공약으로 공론에 부쳐졌던 정책이었다. 비록 경기도에서 시작되고 그 후 선거 공약으로 천명한 것이기는 하지만, 그 파급 지역이나 효과를 생각할 때 당연히 국가적 관심 사항이고 국토부에서 엄밀히 검토해야 마땅한 사업이었다. 경기도가 중심이 되어 여러 차례의 공청회와 사업 추진 촉구에도 불구하고 당시 국토해양부가 보인 미온적인 자세로 이후 추진되는 고속철도 강남선의 연장과 삼성역 복합환승센터 정책에 부정적인 영향을 미치게 된 것은 많은 아쉬움이 남는 일이 되었다.〚별첨2-11. 경기도가 제안한 GTX 노선〛

2009년에는 한국교통연구원이 중심이 되어 종착역이 수서로 되어 있는 KTX를 삼성역으로 연장하고, 삼성역에 있던 이전 계획이 확정되어 있었던 한국전력공사의 부지를 활용한 복합환승센터를 추진할 필요가 있다는 정책토론회를 개최하고 그 결과를 국토해양부에 보고했으나 구체적인 추진 움직임이 없었다.

그 후 2012년 대통령 선거에서 박근혜 대통령 후보의 선거 공약으로 GTX C와 고속철도를 수서를 지나 삼성역 및 의정부로 연장하는 안을 추가하였다. 이의 영향을 받아 그해 11월 대한교통학회의 세미나에서 KTX를 삼성역으로 연장할 필요가 있는 점이 제기되었고, 이어서 개최된 이노근 의원이 중심이 된 국회 토론회에서는 KTX를 수서-삼성-의정부로 연장할 필요성을 제기하고 정부에 이의 반영을 촉구하였다.

그러나 삼성역까지 KTX를 연장하고 삼성역 복합환승센터를 건설하는 문제는 계속 미루어지다가 서울시의 공식적인 반대에 부딪혀 2012년 9월에 가서야 "KTX를 삼성역으로 연장하는 문제는 타당성 검토 후 장기적으로 추진하겠다"라고 처음으로 연장 문제를 약속하게 된다.

2013년에 이르러 고속철도 강남선 즉, 수서-평택 고속선의 건설 계획이 확정되고, 이 구간을 공유하는 방식으로 GTX A노선 중 삼성-동탄 사업이 본격화되게 된다. 그러나 이때까지도 고속철도를 삼성역까지 연장하는 방침은 이루어지지 않고 있었다. GTX A노선 전체에 대해서는 2014년 3월에 국토부의 추진 방침이 확정되고, 2015년 기획재정부의 민자 적격성을 승인받게 되어 공식화되고, 2018년 12월에 가서 킨텍스역에서 기공식이 열리게 되어, 2023년 개통 예정의 건설이 시작된다.

한편, 2012년에 약속했던 KTX의 삼성역 연장을 포함하여 영동대로 지하 5개 철도사업에 대한 통합추진이 2015년 11월이 되어서야 비로소 결정된다. 2018년 2월에 서울시는 영동대로 복합개발의 기본설계를 시작하게 된다. 그러나 KTX 역사를 삼성역 내에 설치하는 문제를 두고 국토부는 다시 이견을 보여서 그해 5월 강남구청이 나서서 이의 필요성을 주장하는 정책토론회를 개최하게 된다. 결국 다음 해인 2019년 6월 국토부는 KTX 역 설치를 배제한 채 삼성역 광역복합환승센터 지정을 승인한다. 한편, 2018년 GTX C노선이 우여곡절 후에 기재부의 예비 타당성 조사를 통과하게 된다. 이어서 2019년에 민자 적격성 조사를 통과하고 사업 추진이 탄력을 받게 된다. 그리고 2021년 6월 현대건설 컨소시엄이 우선협상대상자로 선정되기에 이른다.

삼성역 광역복합환승센터는 각계의 계속된 KTX 역 별도 설치 건의에도 불구하고, 고속열차가 GTX C와 역을 겸용하는 어설픈 방식으로 2021년 6월에 2028년 완공 목표로 착공하게 된다. 2021년에 발표된 4차 국가철도망 구축계획에 GTX C노선과 추가로 제기된 D 노선의 일부가 변형된 형태로 반영되고 있다. 그러나 복잡한 철도역 배치에서 가장 중요한 역할을 할 KTX 별도 역을 배제한 채 도시교통의 성격이 짙은 GTX와 역을 공유하도록 한 불합리한 점과 이 교통센터를 중심으로 하는 지역교통망 체계화 노력에 대해서는 앞으로도 관심을 가지고 지켜보아야 할 사항이다.

제 3 장

서울시 교통 정책

1998년 7월에 고건 시장이 취임하고, 한 달 후 필자가 서울시 교통관리실장으로 부임하면서 서울시 교통 정책은 2002년 월드컵에 초점이 맞추어졌고, 이 기간은 서울시의 교통체계를 현대화시키는 과정이라고도 볼 수 있다.

그 무렵의 서울시는 만성적 교통 혼잡에 시달리고 있었다. 지하철 2기(5, 6, 7, 8호선)가 아직 건설 중이라 대중교통의 중심은 여전히 콩나물시루 버스였다. 승용차 이용은 늘었지만, 주차장이 턱없이 부족했다. 보도는 각종 공사와 도로 주변 가게들이 내놓은 물건들로 보행이 불편했으므로 이대로는 월드컵을 치르기 어려운 여건이었다. 그래서 이러한 서울시 교통 정책의 난제를 풀기 위해 다음과 같은 7개의 주요 정책을 추진하였다. 〖별첨3-1. 2001 새서울 시정백서〗

① 건설 중에 있는 내부순환도시고속도로와 2기 지하철망을 차질없이 조기 완공하고, 검토 중이던 지하철 9호선과 강남 순환 도시고속도로를 적기에 추진하여 고속교통 체계의 기반을 구축한다.

② 기존의 24개 간선도로축(433km)에 대해 차로와 교차로 정비를 중심으로 하는 TSM(Transportation System Management)전략을 추진하고, 실시간 교통정보 제공과 함께 도로 공사장 관리를 체계화하여 소통의 애로와 안전문제를 개선한다.

③ 이용객 감소로 인한 버스 회사의 경영난과 버스 운행 질서의 난맥상을 치유하기 위해 당시 86개에 달하던 버스 회사의 구조 조정을 통해 버스 산업의 정상화를 유도한다.

④ 버스와 지하철에 도입된 각기 다른 교통카드를 통합하고, 복잡한 버스요금 지불제도(회수권, 토큰, 현금, 버스카드 등)를 단순화하며, 환승 할인 제도를 도입하여 대중교통을 편리하게 한다.

⑤ 택시의 승차난을 개선하기 위해 거점 단속을 강화하고, 외국어 동시 통역기를 설치하여 외국 손님들을 위한 서비스 체제를 구축하고, 영수증 제도를 정착한다.

⑥ 주차장화 되어가는 주택가 골목길을 정비하고 일방통행제와 도로변 주택가 거주자 우선 주차면을 확대하여 주택가 주차 질서와 교통안전을 개선한다.

⑦ 보행자의 편의를 개선하기 위해, 지하철의 등장과 함께 대부분 사라졌던 횡단보도를 재정비하고, 학교 주변 통학로에 어린이용 안전 방호시설을 설치하여 어린이 교통안전을 개선한다.

이 당시 서울의 상주인구는 여전히 1,000만 명을 유지하고 있었고, 수송 분담률은 버스 28%, 지하철 35%, 택시 9%, 자가용 22%, 기타 수단으로 구성되어 있었다. 상주인구는 감소 추세에 있었지만, 서울 유입교통량이 증가하고 있어서 1998년 기준 하루 2,700만 통행을 넘고 있었다.

이 모든 정책은 2001년에 시민에게 공표한 「서울의 다짐」에서 구체적으로 정리 발표하고 있다.

1. IMF 체제하의 서울시 버스 교통정책

◥ 버스의 구조조정

「서울의 다짐」… "서비스가 불량한 버스업체는 퇴출시켜 서비스 수준을 한 단계 높이겠습니다"

1998년 당시의 버스는 지하철의 등장과 함께 갑작스러운 IMF 체제로 인한 경기 불황이 겹쳐, 가파르게 승객이 감소하고 있었다. 그러나 버스업계는 이러한 교통 변화에 적응하지 못하고 과거 버스 승객 홍수 시대의 안일한 경영으로 인해 부도업체가 속출했다. 당시 공사 중인 2기 지하철이 완성되면 버스 승객은 더욱 감소할 전망이어서 버스 업계에 대한 경영개선은 미룰 수 없었다. 86개에 달하는 버스회사와 8,500여 대에 이르는 보유 버스의 대수는 다가오는 지하철 시대에 비추어 너무 많은 숫자였다. 그러나 버스는 면허업이므로 버스회사와 서울시가 함께 노력해야만 풀 수 있는 문제였다. 〖별첨3-2. 서울의 다짐〗

1998년 필자가 한겨울 매서운 밤 추위를 견디며 버스정류장에서 버스를 기다리는데 아무리 기다려도 버스가 오지 않았다. 온몸을 덜덜 떨면서 '시민들이 당장은 기다려도 오지 않는 버스를 원망하겠지만, 결국 이 불만은 감독을 해야 할 당국의 관리 태만으로 이어질 것'이 분명하다는 생각이 문득 들었다. 후에 담당과장에게 물어보니 지정된 버스가 있지만, 버스가 임의로 승객이 더 많은 곳으로 노선 변경을 해버린다는 것이었다. 버스는 노선과 운행 시간이 지정된 면허업이므로 시민과 약속한 그대로 운행해야 할 책임이 있다. 그래서 "그런 불법 운행이 왜 일어나고, 왜 제재를 하지 않는가?"라고 따져 물었더니 다음과 같은 비상식적인 답변이 돌아왔다. "버스 회사가 이미 부도가 났고, 사주는 사라져 버렸다. 그래서 노동조합이 회사를 점거해서 불법 운행을 하고 현금 수입을 나누어 가진다. 적발해서 법에 따라 과징금 처분 등을 하기 위해 조치를 취하고 있다"는 것이다. 그 전 해인 1997년의 과징금이 12,600여 건에 37억여 원에 달하고 있었다. 그들은 과징금이나 과태료 처분에 대해 전혀 겁을 내지 않고 있었다. 자기네들이 사주가 아니니 과태료를 낼 필요가 없다고 생각하고 있는 것이다. 시민들이 이런 세부적인 사정을 모르니 당국만 욕하고 있었던 것이다. 그래서 "왜 이런 회사들의 면허를 취소시키지 않느냐"고 했더니 "면허를 취소할 수 있는 규정이 없다"는 이해되지 않은 답변에 어안이 벙벙해졌다.

　이러한 현실이 납득이 안 되어 답답한 마음에 관련 규정을 살펴보았다. 당시의 여객자동차 운수사업법 제76조(면허취소 등) 제2항에는 "사업 경영의 불확실 또는 자산 상태의 현저한 불량 기타 사유로 사업을 계속함이 적합하지 아니하여 국민의 교통편의를 저해할 때"라고 서비스 불량업체를 퇴출시킬 수 있는 규정은 있었지만, 시행령으로 내려가면 기껏해야 감차(차량 한두 대를 줄이는 것)하는 정도의 규정밖에 없다. 즉, 그동안 버스 호황 시기를 거치면서 버스 사업자들이 영향력을 행사해서인지 경영부실 상황이 되더라도 면허취소를 할 수 없도록 시행령에서 관련 규정을 없애버린 것이다. 문제는 상황이 이렇게 되도록 아무도 이를 바꾸려는 노력을 하지 않고 있다는 것이었다. 관련 규정을 바꾸는 것은 절차도 까다롭고, 관련 업계의 반발을 억누르는 것 또한 쉽지 않고, 법을 개정하더라도 무조건 약자 편만 들던 당시 사법부의 관행을 이겨나가는 것도 쉽지 않은 일이다. 이렇게 승산이 분명하지 않은 어려운 일을 누가 쉽게 손대려고 했겠나!

그러나 이러한 불법 관행을 고치지 않고서는 다가오는 지하철 시대에 대중 교통정책을 제대로 추진할 수가 없다. 그래서 서울시 버스 업계의 경영부실 자료를 첨부하여, 운수사업법 시행령을 개정하도록 관련 중앙 부처에 요청하였다(1998년 9월과 1999년 3월). 그런데 당시의 관행은 시행령에 면허취소 근거를 마련한다고 해도, 법원의 심리 과정에서는 피해자의 입장을 더 많이 고려한다는 점이다. 이렇게 피해자에게 유리한 재판부의 관행을 이기려면 판사를 설득할 수 있도록 시민 불편 사례를 충분히 모을 필요가 있었다. 그래서 노선 임의 변경 등 불법 운행을 대대적으로 단속하기 시작했다. 이렇게 단속 사례를 모아 두꺼운 책으로 만들어졌을 무렵, 공청회를 개최하여 면허 취소 처분을 위한 준비 태세를 갖추어 나갔다. 이렇게 노력한 결과, 1999년 7월 관계 법령을 개정하여, 서비스 불량 업체에 대한 운송 사업 면허를 취소할 수 있는 법적 근거를 확보하였다.

불량업체 퇴출은 버스조합도 찬성했지만, 직접 나서지는 못했기 때문에 서울시가 나서서 불량업체 퇴출이나 우량업체가 불량업체를 인수·합병하도록 종용할 수밖에 없었다. 그동안은 버스 산업이 호황기여서 버스 한 대의 면허 값이 수천만 원을 호가했는데, 면허취소가 되면 바로 버스가 고철값으로 전락하기 때문에 그 저항은 엄청날 수밖에 없었다. 서울시의 강력한 의지로 1998년 86개였던 서울시 시내버스 사업체가 2001년에 61개로 감소하였다. 이 기간에 경영개선을 이루지 못해 사업 면허가 취소된 업체가 10개, 자율적 인수·합병이 15개 등 25개 업체가 정리된 것이다.

이러한 시내버스 구조조정 과정에서 합리적이고 객관적인 절차와 기준을 준수하기 위하여 변호사, 공인회계사, 세무사, 주민대표, 교통 전문가 등으로 구성된 시내버스 노사정위원회와 시내버스 구조조정추진위원회를 구성하여 운영하였다. 법령 정비, 단속 강화, 불법 운행 사례 확보

등 충분한 준비 과정을 거쳐서 면허취소, 인수·합병 등 조치를 취하였지만, 재량권 일탈 또는 남용에 의한 위법한 처분이라면서 소송이 잇따라 제기되었으나 불량실태에 대한 충분한 자료수집, 취소 처분을 위한 청문 및 절차 이행에 노력함과 동시에 소송에 적극적으로 참여한 결과, 모두 서울시가 승소하는 결과를 이끌어낼 수 있었다. 이러한 과정을 통해 버스 업체의 경영난이 개선되기 시작했고, 버스의 법규 위반 건수도 구조조정 전인 1997년 13,000여 건/년에서 2000년 10,000여 건/년, 2001년 6,000여 건/년으로 해마다 현저하게 감소하였다.

❱ 버스 카드와 지하철 카드의 호환 통합

「서울의 다짐」… "교통카드 하나만 있으면 어디든지 갈 수 있습니다"

1996년경 서울시 버스조합에서 전자카드 형식의 버스카드를 도입했으나 처음에는 큰 호응을 얻지 못했다. 이 전자카드는 당시에는 특별한 장점이 없었으므로 그동안 사용해 오던 토큰, 회수권, 현금 등 여러 가지 지불방법중 하나에 불과했다. 당시의 버스카드는 사전 충전식으로 충전소에서 일정 금액을 미리 충전하여 버스를 탈 때마다 현장 결제하는 방식이었다. 그래서 사업자는 충전소를 따로 설치해야 하는 부담이 있었고, 이용자는 미리 금액을 선납해야 하는 부담이 있었다. 그러나 현장에서 거스름돈을 주고받는 번거로움이 없고, 버스회사는 수입의 투명성이 확보된다는 장점을 가지고 있었다. 『별첨3-3. 토큰과 학생 회수권』

그 이듬해인 1997년, 국민은행이 지하철 크레딧카드(후불)를 내놓았다. 그러나 지하철을 많이 이용하는 중고등학생에게 크레딧카드를 발급해야 하는 문제점이 있었다. 이렇게 버스 선불카드와 지하철 후불카드는 각각 나름의 장점이 있어서 실제 적용이 되긴 했지만, 기존의 지불 방식과 혼용되어 카드 이용률이 그리 높지 않았고, 서울시가 지향하는 대중교통정책에 미흡한 점도 있었다. 지하철이나 버스끼리 환승 할인을 적용하여 이용자들이 부담을 줄여 더 많이 대중교통을 이용하도록 유도하는 것이 서울시의 정책인데 각기 별도로 적용되고 있었기 때문이다. 그래서 각 카드를 통합하려고 노력했지만 여러 가지 이유로 진전을 보지 못했다. 1998년 7월에 취임한 고건 서울시장은 공약에서 교통카드 호환을 시행하여 시민 편의를 증진하겠다고 한 바 있었다.

필자가 교통관리실장으로 부임했을 때, 여러 가지 산적한 문제 중에서 이 교통카드 문제가 있었다. 버스 업계의 입장에서는 승객 감소로 인한 경영난과 함께 부실 업체들의 불법 운행이 큰 사회적 문제가 되고 있는 상황에서, 초기에 도입한 버스카드가 이용률까지 저조한 문제를 안고 있었다. 필자가 파악한 결과, 카드 통합문제는 결국 버스 사업자를 대표하는 조합과 지하철 당국의 이해관계로 생긴 문제였고, 각 카드를 서로 상대 시설에서 읽히는 호환 단말기를 부착하는 방식이나 비용 부담에서 합의가 잘 안되었던 것이다. 즉, 당시 호환 단말기는 약 9,000대의 시내버스 전체에 부착해야 하는데, 이에 드는 비용이 약 200억 원으로 추정된다. 그런데 지하철은 20억 원 정도밖에 들지 않는 것으로 파악되어, 합의서에 "버스 단말기는 버스조합이 책임지고, 지하철 단말기는 지하철공사가 책임진다"고 잘못되어 있는 걸 발견하고, 필자가 담당자를 불러 "이 합의서 내용이 잘못된 것 아닌가?"라고 물으니 "버스에 붙어 있으니, 버스가 담당하는 것이 맞는 것 같다"는 대답을 들었다. 그래서 "이 단말기는 소비재이며 버스를 위한 것인가? 지하철을 위한 것인가? 서울시 방침에 따라 지하철을 위해 버스 시장을 개방하는 것인데 왜 그 비용을 버스가 물어야 하나? 경영난에 시달리는 버스 업계에 막대한 단말기 설치비용을 물으라고 하니 그동안 사업에 진척이 없었던 것 아닌가. 내일 관계자들 회의를 다시 소집하고, 다시 합의하자"고 하였다.

다음날 다시 회의가 소집되었고, 관련 기관 대표자들이 모였다. 그 회의에서 필자는 "이 합의서에 문제가 있어 그동안 여러분들의 노력에도 불구하고, 아직 호환이 이루어지지 않고 있다"고 설명하면서 새로 만든 합의서를 보여 주었다. 거기에는 버스에 부착하는 호환 단말기는 지하철을 위한 것이니 지하철 카드가 부담하고, 지하철에 부착하는 단말기는 버스조합이 부담한다고 이전과는 정반대로 되어 있는 합의서를 보여주었다. 새로운 합의서에 서명하라고 하니 모두 서명하기를 꺼렸다. 그래서 필자가 "만약 여기에 서명하지 않으면, 누가 무슨 의도로 과거에 잘못된 합의서를 만들었는지 수사당국에 조사를 의뢰하겠다"고 하자 다들 마지못해 서명하고 돌아갔다. 그런데 새로운 합의서에 서명을 했으나 문제는 그때부터 더 복잡해지기 시작했다.

우선 필자가 교통카드 문제를 너무 일방적으로 밀어붙인다는 문제가 안팎에서 제기되었다. 시의회에서는 당시 까탈스럽기로 유명한 한 시의원이 국민카드가 좋은 카드인데 이 카드사가 불리한 방향으로 추진하는 것은 옳지 않다는 주장을 펼쳤다. 필자는 오히려 그동안 국민카드에 너무 일방적으로 유리하게 되어 있어서 지금까지 통합이 이루어지지 못한 것이라고 설명했다. 그런데도 시의원은 자기 소신이라며 주장을 굽히지 않길래 "의원님의 소신도 중요하지만, 저는 제가 결정한 일에 대해 책임을 져야 하는 입장입니다. 그러니 저도 소신대로 하겠습니다"라는 강한 태도를 보였다.

이렇게 시청 내부의 불협화음과 시의회의 간섭을 물리치고 내가 세운 원칙대로 추진하고 있던 어느 날, 시장실에 불려 간 적이 있었다. 방금 국민은행장을 만났는데 새로 발령받아 온 교통 실장이 다 정리된 교통카드 호환 문제를 들쑤시고 다녀서 문제를 일으키고 있다고 하소연하던데 대체 무슨 일이냐고 물었다. 그래서 필자는 "버스카드와 지하철 카드를 지금처럼 따로 사용해도 문제는 없지만, 갈아탈 때 할인을 해주는 환승 요금제를 시행하는 것이 우리 시의 목표인데, 그러기 위해서는 반드시 호환조치를 해야 합니다. 지금까지 노력했지만 완료하지 못한 주된 이유가 국민카드의 비협조로 인한 것으로 파악하였습니다. 지금 이를 바로잡아 조만간 완료하겠습니다"라고 설명하였고, 모쪼록 잘 추진하라는 말로 대화를 마무리하였다.

그런데 막상 일이 진행되자 엉뚱한 데서 문제가 생겼다. 설치 공사를 책임져야 할 지하철공사 담당자가 이러한 정책에 동의할 수 없다며 공사를 거부했다. 지하철 공사는 교통 실장인 필자의 업무 감독하에 있는 기관이었지만, 직접 업무 지시를 할 수 없어서 시장을 찾아가 자초지종을 설명하고 공사 사장에게 연락하여 담당자를 교체해야 일이 제때 끝날 것 같다고 했더니, 시장은 나의 요구가 너무 성급하다고 판단했는지 아무런 대응을 하지 않아 필자는 곧바로 김학재 부시장에게 가 자초지종을 설명하고 조치를 부탁했더니, 그 자리에서 공사 사장에게 전화해 이런 취지의 뜻을 전했다. 이튿날 출근하니, 사무실 앞에 지하철공사 담당자가 쭈그리고 앉아 있었다. 속으로 화가 치밀었지만, "하겠소? 안 하겠소? 다른 설명은 필요 없고 이 물음에 대답하세요" 했더니, "밤새워서 하겠습니다"라는 말을 하고는 돌아갔다. 카드 통합에 대해 반대하는 사람들이 많다 보니 이들의 지원만 믿고 실무자가 버티다가 필자가 강하게 나가니 이러다 본인이 힘들어지겠다고 판단하고 항복한 것이다.

그해 말까지 호환 설치 목표를 잡고 있었는데, 이런저런 저항을 극복하는데 필요 이상의 시간을 낭비했기 때문에 뒤늦게 서두르고 있었다. 이런 와중에 담당인 대중교통과의 윤준병 과장(후에 부시장을 거쳐 민주당의 재선 국회의원을 함)이 와서, "설치 공사는 끝났는데, 겨울철이라 전자제품의 안정화에 시간이 좀 필요합니다. 일주일만 시간을 더 주시면 차질 없이 완성하겠습니다"라고 하기에, "겨울철에 수고했습니다. 완벽하게 해야 하니까, 너무 서두르지 말고 3주를 더 줄 터이니 완전하게 하세요"라고 말하고 윤 과장과 함께 기자실에 가서 그간의 과정을 상세히 설명하고 원래 개통 예정일이었던 12월 31일이 이런 이유로 3주일 후인 2000년 1월 20일로 연기된다고 설명했다.

결국 2000년 1월부터 버스카드로 지하철을 탈수 있게 되었고, 그해 6월부터는 지하철카드로 버스를 타는 것이 가능하게 되었다. 그리고 2000년 4월에는 인천 지하철도 서울의 선후불 교통카드가 사용되게 되었다. 그리고 교통카드 호환이 가능해지자 2000년 9월부터는 환승 시 50원이 할인되는 환승할인제도가 시행되었다.

이렇게 교통카드의 호환 사용이 가능해지자 이제는 카드 이용을 늘리는 일이 급선무였다. 시민들은 지난 수십 년간 버스 토큰과 회수권, 현금으로 버스요금을 지불하는 데 너무 익숙해 있었고, 새로운 카드의 인센티브가 특별히 없었기 때문에 새로운 지불 수단에 적극적이지 않아 카드 이용률이 30~40%의 답보 상태에 머물러 있었다. 대중교통의 촉진을 위해서는 환승 시 할인을 해주는 환승요금 정책을 시행할 필요가 있었다. 또한 오랫동안 사용하면서 불편과 문제점을 많이 야기시킨 토큰과 회수권 제도를 폐지하고, 현금과 버스카드만으로 요금 지불 방법을 단순화하였다. 그리고 새로운 카드의 편리함을 느낄 수 있도록 충격요법도 필요해서 버스요금 인상 시 카드 이용객은 인상 전의 요금을 내게 하고, 환승의 경우에는 환승할인 정책을 시행한 결과, 교통카드 이용률이 급증하여 시행 6개월도 되기 전에 카드 이용률이 80%를 넘게 되었다. 그래서 2002년 월드컵 때는 월드컵 기념 교통카드를 발행하여 버스나 지하철을 마음껏 탈 수 있는 선진 요금 체계를 선보일 수 있게 되었다. 훗날 이명박 시장 체제에서 오늘날과 같은 새로운 통합 교통카드를 출범할 수 있는 기반이 이 때에 만들어진 것이다.

❯ 전자카드 시대를 대비한 버스카드의 이용률 증진 대책

버스요금 지불체계의 단순화 조치

과거 버스 사업 초창기에는 요금을 현장에서 현금으로 받았다. 당시 버스 회사들은 안내양의 현금 편취를 의심해 몸수색을 하는 등 자주 사회적 물의를 일으켰으므로, 이러한 문제를 해소하기 위해 버스 토큰과 학생 회수권 제도를 만들었다. 회수권과 토큰은 오랫동안 사용해왔기 때문에 너무 익숙해 있어서 이를 폐지하는데 따른 저항도 만만치 않았고, 오래 누적된 제도가 가지고 있던 현실적 문제도 적지 않았다. 그러나 이들 구 제도의 명분인 현장에서의 현금 취급에 따른 문제를 차단하는 것은 새로 도입된 버스카드가 완벽하게 대체할 수 있었다. 현장결제의 편리함, 업체의 경영 투명성은 버스카드 사용에서도 똑같이 담보할 수 있고, 추가로 환승할인을 지원하는 기능을 모두 완벽하게 갖추고 있었기 때문에 토큰이나 회수권을 계속 사용해야 할 이유가 없게 되어 버린 것이다.

그러나 오랫동안 사용해 오던 토큰과 회수권을 폐지하는 데도 문제는 많았다. 토큰의 경우, 20년 넘게 사용해 왔기 때문에 발행 토큰의 규모가 엄청나 통용되는 토큰의 수량 이외에 파악되지 않는 토큰의 양이 많아

이를 담보할 보증금의 규모를 가늠하기 어려웠다. 버스조합이 가지고 있던 보증금은 당시 유통되던 토큰의 환급에 충당할 정도에 불과했고, 그 이전의 발행분에 대해서는 오랜 경영부실로 소진되고 없었다. 그리고 자세한 발행 금액 등에 관한 상세 명세와 기록도 시간이 지나면서 유실된 것이 많았다. 엄청난 양의 토큰이 유통 중에 유실되거나, 개인 가정에서 사장되고 있어서 규모 파악이 되지 않는 형편이었다. 어느 가정이나 집 장롱 한구석에 토큰 한두 개씩은 가지고 있었던 것이 당시 서울 가정의 실정이었다. 토큰을 폐지하면 기간을 정해서 환급해 주어야 했기 때문에 이에 대한 대비를 하지 않을 수 없었다.

이 문제에 대해 공인회계사를 동원하여 관련 장부 대조와 관련자 진술 등 실태 파악에 집중한 결과, 미회수 토큰의 대부분은 유실된 것으로 보였고, 새로 파악되더라도 일시에 환급이 이루어지지는 않을 것으로 판단되었다. 마침내 1999년 10월에 토큰과 함께 회수권 제도를 폐기하기로 결정하여 20년 넘게 사용되던 서울시 시내버스의 요금 체계는 역사 속으로 사라지고, 전자카드와 현금만으로 지불되게 단순화되었다.

버스요금 인상 시 카드 사용자에 대한 배려

버스카드는 여러 가지 장점을 가지고 있지만, 도입 초기에는 이용률이 30%대에서 머무렀다. 어떻게 하면 카드 이용률을 높여 카드 본래의 목적을 달성할 수 있을까를 고민하던 어느 날, 필자는 주변의 학생들에게 버스카드의 존재를 알고 있는지 한번 물어보았다. 그랬더니 카드를 사려면 미리 돈을 준비해야 하고, 일부러 사러 가야 하니 귀찮아서 그냥 회수권이나 현금을 낸다고 대답했다. 그래서 필자는 무슨 특별한 대책을 세워야지 그냥 두고 보아서는 요금지불 정책이 복잡해지기만 하고 발전이 없겠다는 걱정을 하지 않을 수 없었다.

이때 필자가 취한 조치는 곧 있을 버스요금 인상에 맞추어 사업자들이 건의한 인상 요인을 충분히 반영해서 종래의 인상 폭을 크게 넘는 대폭 인상 하도록 하되 다만, 버스카드를 사용할 경우 미미한 인상률을 적용하는 조건으로 하였다. 이러한 버스요금 인상안을 시장께 보고한 후 시행하였다. 버스요금 인상은 언제나 그랬듯이 아주 민감한 반향을 보였다. 일반의 인식은 버스 사업자는 늘 경영을 속여서 시민을 골탕 먹이고, 감독관청인 서울시는 내용 파악을 제대로 못 하고 사업자에게 끌려다닌다는 부정적인 인식이 팽배해 왔던 사안이기 때문이다. 그래서 조금이라도 사업자에게 유리한 판단을 하는 정책이 나오면 온 언론이 벌떼처럼 들고일어날 것은 뻔한 일이었다. 우리는 나름대로 충분히 모든 여건을 고려하여 카드 사용자에게는 요금 인상을 억제하고 현금 사용자에게 적용되는 인상안으로 충격요법을 쓰기로 했다. 그랬더니 아니나 다를까, 일부 신문에서 서울시가 버스 사업자 편을 들어 한꺼번에 너무 많은 인상을 하였다고 맹비난하는 기사를 실었다. 그래서 담당과장과 함께 기자실로 가서 항의했다.

"우리 서울시는 기자 여러분들이 아시는 바와 같이 버스 사업자의 경영 투명성을 높이고 시민의 버스요금 지불을 편리하게 하기 위해 버스카드를 도입했습니다. 그리고 곧 환승할인 정책을 시행하여 버스이용을 촉진하는 정책을 준비 중입니다. 이건 기자님들도 알다시피 우리 서울시가 나아가야 할 방향이기도 합니다. 그런데 토큰, 회수권 등 재래식 지불 수단들이 여전히 많이 사용되고 있지만 조만간 도태될 수단들입니다. 시민들로 하여금 서울시의 의도를 이해하고 장래의 원만한 버스요금 지불 체제에 익숙해지도록 촉구하기 위한 전략이 필요합니다. 그래서 버스카드를 사용하면 미미한 인상 요금을 받고, 그렇지 않을 경우 현실을 최대한 반영하여 인상된 요금으로 낼 수밖에 없도록 하여 시민들이 새로운 지불수단에 빨리 익숙해지도록 해야 합니다. 시민들이 새로운 지불 정책인 버스카드를 사용하면 미미한 인상 요금을 내면 되니까 사실상 버스요금 인상이 없는 거 아닙니까? 그리고 버스 회사도 카드 사용률이 올라가면 경영비용이 줄어들기 때문에 단기적으로 이를 받아들이고 있습니다. 그런데 이것을 이해하지 못하고 오히려 서울시의 건전한 교통정책을 언론이 방해해서야 되겠습니까?"라고 설득했다.

이러한 노력이 모아져서 초기에 30%대 아래를 밑돌던 버스에서의 카드 사용 비율이 점차 증가하기 시작했다. 토큰과 회수권 사용을 중지하여 요금 지불 방법을 단순화시키고, 요금 조정시마다 카드와 현금 지불의 차이를 확대해 가면서 홍보를 강화한 결과, 월드컵이 개최된 2002년에 가까워지면서 80%를 웃도는 높은 사용률을 보이기 시작했다.

❱ 환승할인 제도의 도입

「서울의 다짐」… "대중교통 수단 간 환승 시 요금이 추가 할인됩니다"

시대의 흐름에 따라 각기 다르게 도입된 서울의 버스와 지하철 카드가 어려운 설득 과정을 거쳐 통합 운영된 것은 2000년 1월 20일부터였다. 이때까지의 교통카드는 단순히 정해진 대중교통 요금을 단지 전자카드로 쉽게 결제한다는 의미밖에 없었다. 버스요금의 경우, 오랫동안 사용해 오던 현금, 토큰, 회수권 등에 추가하여 결제 수단이 하나 더 늘어난 것에 불과했다.

우여곡절을 겪으면서 2개의 교통카드를 통합한 목적은 요금 지불을 편리하게 하는 것을 넘어 환승할인을 해줌으로써 대중교통을 더 많이 이용하도록 유도하고 운송회사의 수입 투명성을 높이고자 함이었다. 이로써 시민들은 두 카드중 어떤 카드로도 지하철과 버스 요금을 결제할 수 있게 되었다. 종래에는 지하철을 탈 때는 지하철 카드를, 버스를 탈 때는 버스카드를 사용했지만, 이때부터는 지하철 카드도 지하철과 버스에서 통용되었고, 버스카드도 버스와 지하철 양쪽에서 사용할 수 있게 되었다.

처음부터 하나의 카드로 도입되었으면 문제가 없었을 텐데, 다른 교통수단에서 서로 다른 카드를 도입했기 때문에 이를 통합하는 것이 어려웠다. 이는 기술적인 문제를 넘어 이해의 상충을 조정하는 데 많은 시간과 노력을 들일 수밖에 없는 일이었다. 그러다 결국, 우여곡절 끝에 2000년 6월에 버스와 지하철 어디든 2개의 교통카드가 사용될 수 있게 되었고, 2000년 9월에는 환승할인 요금제 도입계획이 확정되었다. 환승할 때 요금을 할인해 주게 되면 시민의 요금 부담이 줄어들어 대중교통 이용 활성화에 도움이 되기 때문이다. 당시는 버스 업계가 경영난으로 어려운 시기였기 때문에, 할인 금액을 서울시가 지원함으로써, 경영난을 겪고 있던 버스업체 경영에 도움을 주고, 장기적으로 지역 간 적용 범위를 넓히고, 교통카드에 여러 가지 부가 기능을 부여하여 대중교통 이용자들의 편의를 제고하고자 하였다.

이러한 계획을 2000년 중순에 확정하고, 프로그램 개발과 현장시험을 거쳐 전체 서울 시내버스에 하차 시각 입력기기를 설치 완료한 것이 2001년 6월이었다. 곧이어 2001년 7월 1일부터 전체 서울 시내버스에서 환승할인 요금제를 시행하였다. 이로써 버스에서 내려 한 시간 이내에 다른 버스로 갈아타게 되면 50원의 요금 할인을 받게 되었다. 그리고 2001년 11월 1일부터는 지하철에서도 환승 할인제를 추진하였고, 이어서 수도권 전철, 인천 지하철로 확대 시행하였다. 적용 대상도 초기에는 일반인과 지하철, 시내버스가 대상이었고, 학생과 마을버스는 이미 할인 혜택이 주어져 있었으므로 적용하지 않은 채 추진되었다. 환승 시간 간격은 60분 이내에 환승하는 경우, 할인을 적용하는 것으로 제한하였으나 환승 횟수는 제한하지 않음으로써 시민들의 대중교통 이용 증진을 유도하였다.

점진적으로 적용 지역을 확대하고 교통카드에 여러 가지 부가 기능을 부여하는 조치를 추진해 나갔다. 기능 확대를 먼저 서울 시내버스, 마을버스, 지하철에 적용하였고, 점차 수도권 전 지역으로 확대하도록 조치하였다. 그리고 지역별 교통카드의 환승 호환을 유도하고, 각종 생활편의 카드(크레딧카드)에 교통카드 기능을 제휴하여 발급하도록 유도함으로써 오늘날 보는 일반 카드에 교통카드 기능을 탑재할 수 있게 된 것이다.

환승 할인의 수준은 처음 50원부터 시작해서 매년 2배씩 확대해 나가기로 했다. 버스의 경영난을 타개하기 위한 구조조정을 가속화하면서 환승 할인 보전을 위한 예산지원도 늘려갔다. 2002년 기준 예산확보는 시비 170억 원과 국비 지원 110억 원, 합해서 280억 원의 환승할인 지원액을 계상하게 된다. 지원액은 매년 2배씩 상향하여 대중교통 이용증진 정책을 가속화하도록 계획하였다. 당시의 계획은 2003년 560억 원, 2004년 1,130억 원 등을 예상하였다.

이렇게 요금지불 정책을 개선함과 동시에 버스의 구조조정과 노선 조정을 통해 버스의 역할을 종래의 주력 대중교통수단에서 지하철을 보조하는 종적 수단으로 역할을 변경하기 시작했다. 그리고 버스와 지하철 간의 환승할인을 제도화하여 대중교통 활성화 정책을 확립할 수 있었기 때문에 오늘날 보는 대중교통체계의 토대를 만들 수 있었다.

환승할인 제도의 도입과 관련한 일화

　　대중교통 카드를 통합하고, 버스요금의 차등 인상 조치를 통해 교통카드의 이용률을 획기적으로 늘릴 수 있었으나, 대중교통의 요금 정책을 완성하기 위해서는 환승 시 할인을 해주어 이용자의 요금 부담을 줄여줄 필요가 있었다. 환승할인을 위해 지원 금액을 추산한 결과, 첫해에 약 300억 원, 그다음 해부터 매년 2배 이상 소요될 것으로 예측되어 월드컵을 앞두고 중앙정부에 보조금 지원요청을 하게 되었다.

　　그 당시 버스카드의 이용률이 80%를 웃돌고, 버스 환경이 엄청나게 달라지고 있었지만, 과거의 버스에 대한 이미지, 즉 시민의 발을 담보로 이윤추구에만 열을 올리고 서비스 개선에는 무신경하고, 면허업의 특성상 관련 기관을 부당하게 로비하여 문제를 일으킨 적이 빈번하였던 버스사업에 대한 나쁜 이미지 때문에 정부 지원을 얘기하면 무조건 부정적인 시각을 드러내는 것이 당시 일반 언론이나 감독기관이 가지고 있던 분위기이었다. 이런 상황에서 당시 건설교통부를 통하여 재무부에 보조금 지원신청을 하고 아무리 촉구하고 기다렸지만, 대답을 들을 수 없었다.

　　그러던 어느 날 고건 시장이 "차 실장, 오늘 점심에 장관들하고 환승할인 보조금 신청 건으로 만나기로 하였으니 준비해서 같이 가자"라고 하였다. 나갔더니 진념 기획예산처 장관과 재무부에서는 전윤철 장관이 권오규 실장을 데리고 와 있었다. 실무책임자로서 필자가 이 모임에서 버스의 환승할인 지원 필요성을 설명하였다. 월드컵을 앞두고 세계의 손님들께 첨단전자 교통카드를 이용하여 환승할인을 실행하여 대중교통을 촉진하고 있는 우리의 우수한 대중교통체계를 선보이고 싶은데, 할인 보조금이 만만치 않아서 정착될 때까지 중앙정부의 지원이 필요함을 설명하였다.

설명을 다 들은 후 서울시의 요구사항에 대하여, 진념 장관은 "서울시장님이 좋은 일을 하시려고 하는데 중앙정부가 힘닿는 데까지 도와드립시다"라고 지원 발언을 하였다. 그러나, 재무부 장관은 "아무리 좋은 일이라고 하더라도 시민들에게 이미지가 별로 좋지 않은 버스 사업자를 지원하는 일이라서 설득력이 많이 떨어집니다"라고 부정적인 얘기를 하였다. 이때 필자가 나서지 않으면 안 된다고 생각하고, "장관님, 과거 버스회사에 대한 이미지가 안 좋았던 것은 사실입니다. 그러나 지금은 교통카드 이용률이 서울 시내버스의 경우 80%가 넘고 있습니다. 이제 서울에서는 버스 회사의 수입 투명성이 80%를 넘고 있습니다. 정부가 지원하는 민간사업장의 경영 투명성을 80%까지 파악하고 있는 곳이 몇 군데나 됩니까? 서울의 버스 회사는 이제 경영 투명성에 관해서 걱정하지 않으셔도 됩니다. 월드컵을 목전에 두고 서울의 발전된 모습을 세계에 알려야 하는데 이 정도 지원은 꼭 필요합니다. 도와주십시오"라고 설명하였다. 전윤철 장관은 권오규 실장에게 "서울시 담당 실장하고 협의해서 이 일을 잘 처리하기를 바라오"라며 이 일을 정리해 주었다.

　다음날 필자에게 권오규 재무부 담당 실장으로부터 전화가 와서 광화문 서울경찰청 부근의 한 요정에서 만나 점심을 먹으며 이야기를 나누었다. 내가 농담으로 "재무부가 돈을 많이 만지니까 이런 고급 식당에서 점심을 다 할 수 있네요. 아무튼 어제 장관님이 한 얘기를 둘이 빨리 매듭지었으면 좋겠습니다"라고 말을 꺼냈다. 나로서는 건설교통부를 통해 오랫동안 기다렸지만, 아무 결과를 받지 못하다가 어제 장관 모임에서 방향이 서고 오늘 바로 실장과 합의하는 상황이라 한시름 마음이 놓였다. 이렇게 환승할인 정책을 재원 걱정 없이 체계적으로 수립할 수 있게 되었다. 돌이켜보면, 영향력 있는 고건 시장이 있어서 서슬 퍼런 재무부를 설득할 수 있었고 환승할인 정책을 시행할 수 있었던 것이다. 이처럼 개인적 영향을 이런 국가적 정책 추진을 위해 쓸 수 있다면 얼마나 좋겠나!

이렇게 서울시는 IMF 사태와 같이 어려운 환경에서도 버스의 역할 변화와 대중교통 활성화를 위해 최선을 다했다. 그 당시 경영이 부실해지고 있던 버스회사들을 면허취소나 인수/합병을 통해 줄여나가고, 복잡한 버스 요금지불 방법을 버스카드 중심으로 단순화하고, 버스노선과 대수를 줄여 지하철 보조수단으로 방향을 수정하고, 대중교통 간에 요금 부담이 줄도록 환승할인 정책을 시행했다. 이런 정책의 변화를 말은 쉽지만, 작은 변화라도 이해 충돌이 항상 존재하는 시민 생활에 밀접한 정책은, 개선을 위해 혼신의 힘을 다해 설득하고 조정하는 노력을 하지 않으면 성사시키기가 어려운 일들이다.

이와 함께 오늘날 너무나 익숙한 버스 도착 안내 시스템의 시범 사업을 시작하였다. 지금과 비교하면 다소 어설프기는 하지만, 2000년에 벌써 민간 투자 제안을 받아 주요 노선에 버스 도착 안내 시스템을 설치하기 시작했다. 이때 시작된 많은 버스 관련 정책들이 지금은 보다 완전한 형태로 일상에서 구현되고 있다. 그 당시 월드컵을 앞두고 서울시 대중교통체계의 현대화 골격이 확립되었었는데, 오늘날 그를 토대로 점점 발전해 오고 있는 서울시 대중교통체계를 보면 감회가 새롭다.

◥ 중앙정부와 다른 서울시의 현장 응급정책

2001년 2월 15일, 서울에 기록적인 폭설이 내렸다. 그것도 한밤중이 아니라 아침 출근 때부터 시작하여 한낮까지 계속된 폭설이었다. 이날의 적설량은 23.4cm에 달했고, 도로교통은 완전히 마비되었다. 그날 퇴근길 지하철을 무료 운행하고, 공영주차장도 전부 무료 개방하도록 비상조치 하였다. 중앙정부의 정책은 큰 방향을 만드는 것이고 당장의 일보다 앞으로 벌어질 일에 대한 준비의 성격이 크다. 그러나 일선 행정을 맡고 있는 서울시의 정책은 반복되는 기존의 틀을 잘 유지하는 정책도 있지만, 더러는 일선에서 벌어지는 상황에 기민하게 바로 대응해야만 하는 경우가 자주 있다. 그래서 지휘자에게는 상황에 따른 결단이 필요하고, 이를 효과적으로 추진하기 위해서는 협력 부서와의 긴밀한 유대가 필요하다.

이날은 사전에 대비할 시간이 없었다. 통상 눈이 내리기 시작하면 처음에는 도로국장이 바쁘게 된다. 주요 도로에 대한 염화칼슘 살포도 해야 하고 특별히 미끄러운 길은 인력으로 치우기도 해야 한다. 그러나 눈이 계속 내려 염화칼슘으로도 처리할 수 없는 한계에 다다르면, 도로부서에서는 달리 손쓸 방도가 없다. 이때부터는 교통 부서에서 수송 대책을 고민해야 한다. 이날의 상황이 바로 이렇게 전개되었다.

아침 일찍 출근하는데 눈이 내리고는 있었다. 그러나 그렇게 심하지 않았기 때문에 출근길의 시민들은 평소와 크게 다르지 않게 출근하였다. 그런데 출근 후에도 눈발이 약해지기는커녕 계속해서 굵은 눈송이가 그칠 줄 모르고 내리고 있었다. 출근해서 10시경이 되어도 눈은 그치지 않고 계속 내리고 있었다. 이제 도로부서의 제설대책은 진작에 포기되었고, 교통관리실이 시민들의 퇴근길을 걱정하여야 하는 시간이 된 것이다. 그래서 담당과장들을 불러 모아놓고 귀갓길 교통대책을 점검하고 수립하기 시작하였다.

우선 도로가 소통 불능 상태이므로 지하철로 수송하여야 하고, 아침 출근 때 가지고 온 자가용은 공영주차장에서 무료 주차를 할 수 있도록 조치할 필요가 있었다. 그리고 평소와는 달리 지하철로 한꺼번에 승객이 몰릴 것에 대비하여 안전사고 예방에 만전을 기해야 했다. 그래서 지하철 출입구는 통제를 풀어서 완전히 개방하고 안전요원들을 배치하여 이용객들이 질서 있게 움직일 수 있도록 유도하게 했다. 그런데 문제는 서울시 지하철은 무료 개방하더라도 수도권 전철이 문제가 되었다.

퇴근길 교통 대책을 책임져야 할 필자는 점점 걱정이 많아지면서, 이미 수립한 대책에 허점은 없는지 여러 번 검토하고 있는데, 11시쯤 시장으로부터 전화가 와서, 눈이 그치지 않는데, 퇴근길 교통 대책이 필요하지 않은지 물었다. 필자는 직원들과 퇴근 교통 대책을 수립하고 있으니, 점심 후에도 계속 눈이 오면 바로 시장님께 보고하러 가겠다고 말했다. 직원들과 함께 점심 먹으면서도 퇴근길 교통 대책으로 마음을 놓을 수가 없었다. 빨리 눈이 그치기를 마음속으로 빌었다. 그러나 점심시간이 한참지났는데도 폭설은 계속되고 있었다. 한 낮이라 눈은 물이 되어 바닥은 질척질척해져서, 걸음을 옮길때마다 발목까지 푹푹 빠졌다. 이제는 상황을 되돌릴 수 없게 되어, 바로 퇴근길 교통대책을 마련해서 시장실로 갔다.

"퇴근길은 전부 지하철을 이용하도록 시민에게 알린다. 지하철은 무료 개방하고, 지하철 안전을 위해 안전요원을 배치하고, 차단기를 전부 개방한다. 아침에 가져온 차량은 서울시 공영주차장에 주차하고 내일 찾아가도록 하며, 주차 요금은 무료 조치한다. 그리고 수도권 시민을 위하여 대전에 있는 철도청과 협의하여 수도권 전철의 무료 개방도 동시에 시행할 수 있도록 협조를 구한다."

이렇게 퇴근 수송 대책을 보고하자, 시장이 직접 대전 정종환 철도청장에게 전화하여, 서울의 상황을 설명하고 수도권 전철의 동참을 요청했다. 그런데 전화기 너머 정 청장이 무료 개방은 좀 곤란하다고 말하는 것 같았고, 이에 시장의 언성이 좀 높아진 것 같았다. "당신이 지금 서울 상황을 몰라서 그러는 거 같은데, 여기는 무료 개방하지 않으면 차를 가지고 온 시민들 퇴근길이 막막한 상황이고, 도로는 현재로는 꼼짝할 수 없는 상황이오. 여기는 지금 절체절명한 상황이니, 너무 좌고우면하지 말고 바로 협조하세요. 필요하면 내가 책임지겠소"라며 단호하게 대응하여 수도권 전철도 동시에 무료 개방하기로 방침을 정하였다. 그리고 최대한 빠르게 시민들에게 서울시의 방침을 알리고 귀갓길 걱정을 하지 않도록 해 주어야 해서, 시청 기자실에 내려가서 기자들한테 퇴근길 교통대책을 긴급 브리핑하였다. 특히 방송 3사에 상세히 내용을 전달하고 최대한 자세히 보도해 주도록 부탁했다.

이와 같은 무임승차는 퇴근 시간인 오후 6시부터 새벽 1시 30분까지 계속되었고, 약 300만 명 이상의 시민이 이용했다. 다음 날 아침 출근길은 어제 차를 주차장에 놓고 간 많은 시민이 한꺼번에 지하철로 모였지만, 다행히 아무 사고 없이 상황이 종료되었다.

당시 많은 서울 시민이 이날의 경험을 생소했지만 기분 좋게 잘 받아들었다. 그동안 매년 파업으로 시민들에게 나쁜 이미지를 주던 지하철이 처음으로 많은 시민들로부터 수도없이 고맙다는 인사를 받았다. 그동안 발표되었던 수많은 교통정책에 대해서는 별 반응을 보이지 않던 시민들이 이 작은 배려에 대해 크게 감격해 했다. "처음으로 서울시로부터 사람대접을 받아서 기쁘다"고 감사 이메일을 많이 보내왔다. 그동안 힘들게 일했지만, 일한 보람을 느낄 수 있었던 순간이었다.

2. 서울시의 ITS 정책

지능형교통체계(Intelligent Transportation System, ITS)는 지금은 일반화되어 교통체계의 모든 영역에서 반드시 고려되고 있는 기술로서, 정보통신과 센서 기술을 교통체계에 응용하여 교통의 효율과 안전을 높이기 위한 것이다. 정보통신기술을 교통체계에 적극적으로 적용하기 시작한 것은 1980년대 말 미국 운수성(USDOT)의 지능형 차량 도로체계(Intelligent Vehicle Highway System, IVHS) 정책의 추진에서 비롯되었다. 정보통신기술을 활용하여 도로의 효율을 높이고, 교통안전을 개선하여 교통체계의 생산성을 높이고자 한 것이었다. 이 정책은 1990년대에 이르면 가속화되고 있는 정보통신 기술을 도로와 차량뿐만 아니라 대중교통, 보행자 등 모든 교통 영역으로 그 적용 범위가 확대 적용되기 시작하면서 지능형교통체계(ITS)로 발전되었다.

1990년 초 필자가 미국 출장을 갔을 때, 지능형 차량 도로체계(IVHS)가 제안되고 적용 사례에 대한 평가와 논의가 활발히 이루어지고 있었다. 이러한 논의 과정을 지켜보면서 당시에는 우리로서는 꿈도 꾸지 못할 이야기로 여겨졌지만, 필자는 교통정책을 전문적으로 연구하는 교통개발연구원에서 이 연구를 시작할 가치가 있다는 생각을 하였고, 기본 과제로 세계적인 동향을 파악하는 연구부터 시작하도록 지시했었다. 이렇게 초기부터 ITS에 관심을 가졌었기 때문에 서울시로 발령을 받았을 때 4년 후에 치러질 월드컵을 위한 교통체계 정비를 준비하는 과정에서 이를 실현할 좋은 기회로 보고 적극적으로 그 실행을 지원하였다.

「서울의 다짐」... "24개 교통축의 흐름을 선진국 수준으로 개선하겠습니다. 내부 순환로에 과학적인 교통관리시스템을 설치하여 빠르고 편안하게 운전하도록 하겠습니다. 남산 3호터널의 교통정보시스템을 구축하겠습니다."

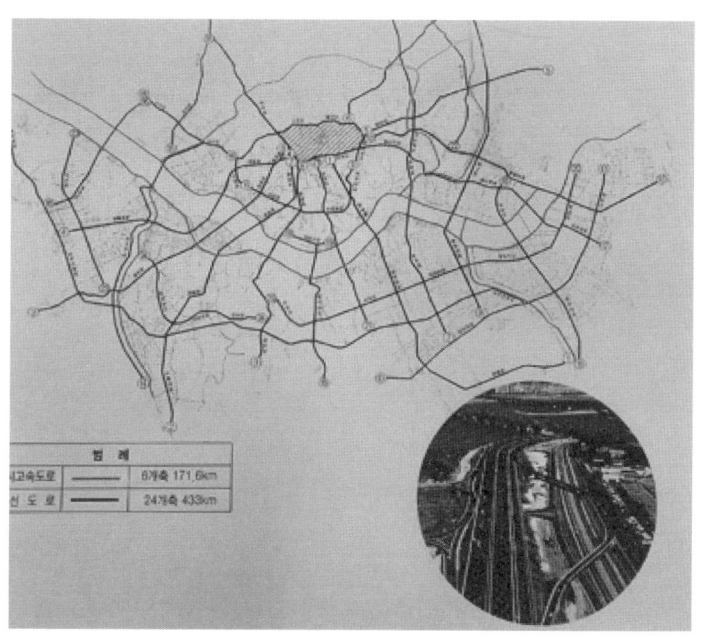

그림3-1. 교통소통 개선 대책을 집중 실시한 간선도로망

╲ 내부 순환 도시고속도로 교통관리시스템

내부 순환 도시고속도로는 1989년에 착공하여서 10년 만인 1999년에 개통되었다. 총연장 40.1 km의 도심 순환 도시고속도로로 도심 통과 교통량을 우회시키는 기능을 확보하기 위한 것이었다. 그리고 강변북로,

올림픽대로 및 그 후 건설된 강남 순환 도시고속도로와 함께 서울의 강남과 강북 도심을 순환하는 8자 형태의 도시 고속도로망을 형성하기 위한 것이었다.

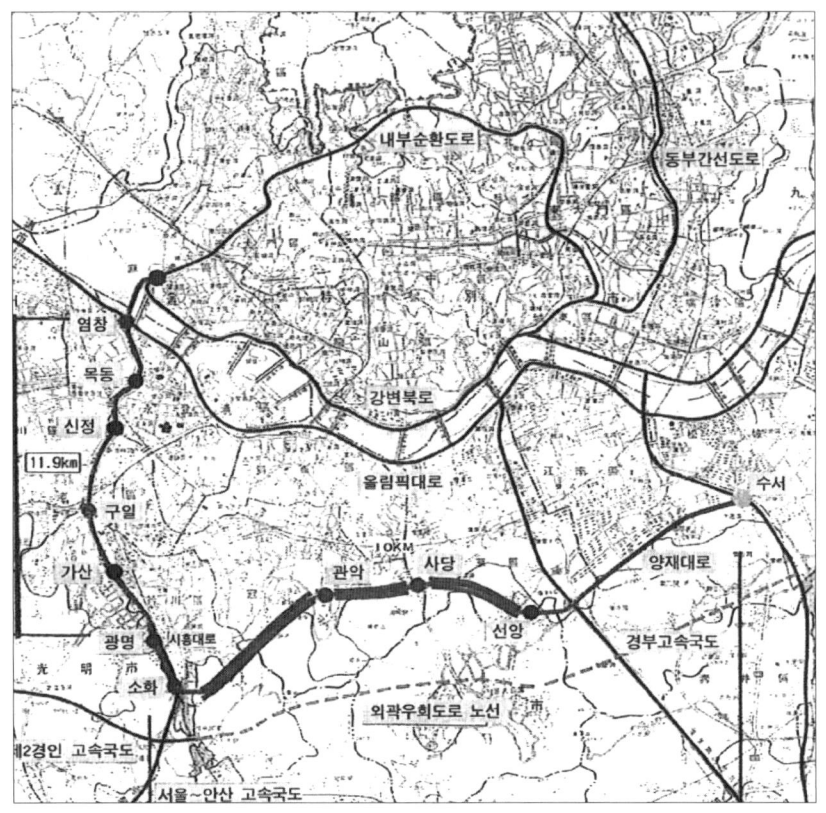

그림3-2. 8자형 서울시 도시고속도로망 구축

편리한 분산 기능으로 강변북로의 하루 20만 대 교통량과 함께 14만 대/일의 교통량을 담당하게 되었다. 그러나 이 고속도로는 도심을 가까이에서 우회하고 있어서 필요한 도로부지 확보가 어려웠기 때문에 하천 노선과 도로 노선을 어렵게 따라가면서 설정된 고가 고속도로였다. 따라서 선형이 불량한 곳이 많아 곡선반경이 최소 기준을 채택하여 차량주행이 어려운 곳이 산재했다. 그래서 건설국에서 일방적으로 도로 건설의 준공 처리를 하던 과거와는 달리, 내부순환 고속도로의 준공계획을 확정하는 과정에서 교통관리실에서 안전 점검 문제 제기를 하고 최소한의 안전시설을 확보한 후에 준공하도록 요구했다. 이를 받아들여 수개월에 걸친 안전시설 점검을 하고 필요한 안전시설을 설치하도록 한 후에 준공하도록 조치하였다. 그리고 선형이 불량한 도로의 안전운행을 지원하기 위한 장기적인 준비를 하여야 했다. 도로를 안전 주행하기 위해서는 속도 통제와 함께 교통상황을 미리 알려주는 교통정보시스템이 필수였다. 선형이 불량한 만큼 전방의 교통과 도로 상황을 각종 규제표지판과 함께 정보전달시스템으로 보완하고자 한 것이다. 그래서 이 도로를 따라 첨단 교통관리시스템(ITS)을 설치하기로 하였다. 〚별첨3-4. 소요시간 표시 전광판〛 본격적인 고속도로 첨단교통관리시스템으로서는 처음으로 시작한 내부순환 도시고속도로 ITS 사업은 1999년 5월에 설계·시공 일괄 입찰방식으로 발주하여 2002년 4월에 완공되었다. 무리한 곡선반경으로 인한 안전 문제를 해결하기 위해 제한속도를 70~80km/h로 조정하고 무인 단속 카메라를 설치하였다. 전방의 교통상황을 알려주기 위하여 영상검지기, CCTV와 함께 이를 표출할 전광판을 충분히 설치하였다.

이렇게 첨단 정보통신기술을 적용하여 내부순환 도시고속도로 전 구간에 대한 교통상황을 실시간으로 모니터링하고 도로 군데군데에 설치한 전광판을 통해 표출하여 운전자들이 사전에 전방의 교통상황을 파악하고 안전운전을 하도록 유도하는 기능을 수행하였다. 현장에 설치한 주요 장비는 영상검지기 216대, CCTV 30대, 도로전광표지판 65기, 무인 단속카메라 30대, 램프미터링 12식을 포함했다. 그리고 이들을 자가 통신망으로 한데 묶어서 종합적인 분석과 표출을 하기 위해 서울 도시고속도로 교통관리센터를 당시 서울시설관리공단 19층과 20층에 설치하고 운영에 들어갔다.

실제 운영을 통하여 각종 돌발상황 처리, IC 출입 교통량을 통제하는 램프미터링, 무인단속 처리 등 업무를 효과적으로 수행하기 위해 관련기관인 서울시와 서울경철청이 교통관리센터에서 합동 근무를 하도록 하였다. 시설의 유지관리는 서울시설관리공단에 위탁함으로써 3개 기관이 자기 업무를 서로 협조하면서 수행하는 체제를 갖춘 것이었다. 이러한 합동 근무 체제는 당시의 경험상 아주 효율적이고 기능이 우수함이 입증되었다. 즉, ITS 운영기관, 교통의 흐름을 감시하고 단속하는 기관, 그리고 각종 도로시설물 관리기관이 한곳에서 함께 근무할 때 필요한 조치를 바로바로 처리할 수 있기 때문이었다.

이러한 노력의 덕택으로 교통사고가 감소하고 인명구조 등에 큰 효과가 입증되어서 도시고속도로 교통관리시스템을 단계적으로 확대해 나가는 계획을 수립하여 추진하였다. 즉, 올림픽대로, 동부간선도로, 서부간선도로 및 청계 고가도로를 2005년까지 순차적으로 갖추어 나가도록 계획한 것이다. 서울시의 도시고속도로 교통관리시스템 설치와 종합관제센터의 효과가 입증되고 순차적으로 확대해 나가는 서울시 ITS 확대 정책은 그 후 한국도로공사 등 관련기관의 첨단교통관리시스템 설치에도 큰 영향을 미치게 된다.

내부순환도시고속도로 교통관리시스템 설치 효과

내부순환도시고속도로는 도심을 우회하는 도시고속도로로서 교통분산과 지역연결에 중요한 역할을 담당하는 노선이다. 주변지역으로 교통을 분산하고 지역으로부터의 내부순환도시고속도로로의 진입을 위하여 입체교차로가 곳곳에 만들어져 있는데, 하부의 시가도의 교통관리가 함께 이루어져야 그 기능을 제대로 유지할 수 있는 것이다. 즉, 내부순환도시고속도로의 입체교차로가 연결되고 있는 하부도로의 교통관리와 함께 교통정보를 함께 관리하여야 효과를 극대화할 수 있는 것이다.

상부 내부순환도시고속도로상에서 하부 시가도의 교통상황을 알려주는 노력과 함께, 하부도로에서도 상부 내부순환도시고속도로의 교통상황을 알려주어야 운전자의 램프 이용 결정에 참고가 될 수 있는 것이다. 내부순환도시고속도로 진입램프가 있는 곳에 전광판을 설치하여 상부의 내부순환도시고속도로 교통상황을 알리는 조치를 하였다. 이와 함께 상부 내부순환도시고속도로 교통량이 하부 시가도로 원활하고 안전하게 빠져나갈 수 있도록 하부도로의 교통 애로상황과 교통안전을 함께 개선하는 노력을 하였다.

도심통과차량 하루 154만대중 약 10%가 내부순환도시고속도로로 우회함으로써 도심 교통의 개선효과와 함께 장거리 차량의 속도를 개선시키는 것으로 조사되었다. 동서간 장거리 이용차량은 과거에 비해 26% 증가하였고, 전체 진출입 교통량은 초기보다 44% 증가를 보임으로써 도심 우회기능을 분명하게 보이고 있었다.

진출입로의 개선과 설치로 교통처리 용량을 개선하고 교통안전을 증대시키는 노력을 기울였다. 마장과 길음 진출로에서 불법 유턴 방지 시설을 하고, 대기차로를 증설하여 처리 용량이 13% 이상 증가하였다. 1999.12.13에 정릉진출로를 개통하게 되자, 길음 진출로를 이용하던 차량이 20%이상 전환된 것으로 조사되었으며, 새 진출로의 개통으로 길음 진출로 이용차량이 크게 완화되는 효과를 가져왔다.

교통상황 정보의 실시간 전달과 함께 속도 제한 조치와 과속 단속 장비의 운용, 그리고 무인감시카메라의 설치효과로 시간이 지나면서 교통사고율이 23% 개선되는 효과를 보이는 것으로 나타났다.

❱ 도시고속도로 교통관리시스템 설치 중기 계획

내부순환 도시고속도로의 교통관리시스템이 교통소통 개선과 교통안전에 긍정적인 효과를 보이고 있었으므로, 다른 주요 도시고속도로에 대한 교통관리시스템 설치계획을 수립하고 단계별 추진 계획을 확정하였다. 1단계 내부순환 도시고속도로에 이어, 2단계 강변북로 및 올림픽대로, 3단계 동부간선도로, 4단계 청계고가 및 서부간선도로로 순차적으로 추진하여 서울의 고속간선도로망에 대한 첨단 교통관리시스템을 단계적으로 완전하게 갖추어 나가도록 하였다. 그 결과가 오늘날 서울의 도시고속도로에서 일상 접하는 교통정보 시스템으로 발전되어 온 것이다.

❱ 남산권 교통정보관리시스템

서울 도심과 강남권을 연결하는 주요 도로축에 위치한 남산 1호터널과 3호터널은 강남개발이 성숙되면서 만성적인 교통혼잡에 시달려온 시설이다. 그래서 1996년부터 도심 교통수요 관리 차원에서 이들 터널을 이용하는 자가용 차량에 대하여 혼잡통행료를 징수해 오고 있었다. 혼잡통행료 징수 조치 후 교통수요의 감소와 교통량의 분산 효과로 교통상황이 개선되어 왔다. 이러한 교통량 분산 효과는 그러나 IMF 경제 충격이 가시면서 1999년부터 다시 전반적인 교통량의 증가와 함께 터널 이용 교통량이 다시 증가하고 있었다. 특히 1호터널은 강남권과 바로 연결되는 축으로서 차량 이용자들이 교통상황을 알지 못한 채 터널 구간에 진입하여 통행료를 지불하였는데도 심한 교통정체에 시달리고 있어서 불만이 크게 고조되고 있었다.

이용자들의 이런 불만을 해소하기 위해 적어도 통행료 구간에 대한 교통정보를 실시간으로 터널 진입 전에 전달함으로써 사전에 우회할 수 있는 선택 기회를 주는 것이 필요했다. 이를 실행하려면, 터널 내부와 주변 연결도로의 교통상황을 실시간으로 파악해서 운전자에게 전달하는 시스템의 구축이 필요했다. 2000년 12월부터 남산 1호터널 교통관리시스템을 운영하기 시작했다. 이때의 상황은 2000. 12. 21 자 한국경제신문의 기사에 잘 설명되어 있다. 〖별첨3-5. 남산1호터널 교통상황판 1〗〖별첨3-6. 남산1호터널 교통상황판 2〗

"남산 1호터널의 교통상황을 알려주는 전광판이 21일 오전 10시부터 정상 운영된다. 이에 따라 그동안 2,000원의 혼잡통행료를 내고도 교통체증으로 불편을 겪은 운전자들이 교통상황을 미리 파악, 우회도로를 이용하는 등 도움을 받을 것으로 기대된다. ... 제공되는 교통정보는 터널 안과 주변 진출입로의 교통 소통 상황, 터널 통행속도, 터널 통과시간, 터널 진출입로의 차량 정체길이, 터널 내 교통사고 등 돌발상황, 교통정보 안내 전화번호, 기상정보 등이다."

교통정보 파악을 위해 터널 구간과 주변 도로에 64개의 루프 검지기를 설치했다. 그리고 현장 운전자들이 직접 실시간 교통상황을 확인하여 필요한 조치를 취할 수 있도록 터널 내에 10개의 CCTV, 그리고 가로변에 1개의 CCTV를 설치했다. 그런데 운전자를 위한 도로변 전광판에 관련 교통속도 표출이 당시로서는 상당히 어려운 문제중에 하나였다. 운전자가 잠시 뒤에 도착할 하류의 교통속도를 표출하기 위해서는 구간 평균속도(space-mean speed)를 알아야 하는데, 검지기를 통해 올라오는 속도는 그 지점의 순간 속도 뿐이었다. 그리고 교통정체 시에는 정지상태가 자주 발생하고, 그때는 지점 순간속도가 0인 것이다. 그러나 그것을 속도 0으로 표시할 수는 없는 것이었다. 그 당시의 형편으로는 구간평균

속도를 구하는 것이 쉽지 않았다. 그래서 이를 위해 일정한 짧은 구간을 묶어서 평균속도를 구하기 위해 노력했다. 검지기를 설치하는 기술 전문회사는 이런 문제를 파악하고 대처하는 능력까지는 갖추지 못했기 때문에, 이경순을 비롯한 당시 서울시 교통관리실 직원들이 이들을 도와서 직접 구축했다.

터널 진입 전에 터널 내부의 교통정보 전달을 위해 터널로 진입하는 여러 도로의 요소요소에 전광판을 세워 터널 내 교통상황을 알려주었다. 그래서 터널 내 교통정보를 파악하고 미리 노선 변경을 할 수 있도록 퇴계로, 삼일로, 삼일고가 및 한남로 등 5개소에 전광표지판(가변정보판)을 세워 운전자에게 교통정보를 제공했다. 운전자의 반응을 조사한 결과를 보면, 이용자들은 터널 내 교통상황에 비교적 민감하게 반응한 것으로 나타났다. 즉, 전광판의 표출 정보가 터널 내 교통이 「소통 원활」에서 「지체」로 변경될 때는 터널 내 교통량이 23% 정도 감소했고, 「소통 원활」로 나타나면 터널 내 교통량이 29% 증가했다. 전체적으로 약 25% 정도가 터널을 이용할지 여부를 결정하는 데에 전광판 정보를 참고한 것으로 나타났다. 이렇게 교통정보에 이용자들이 상당히 민감하게 반응하는 결과를 보인 것이다. 따라서 이 결과를 이용하여 다른 터널 즉, 2호 및 3호터널에 대해서도 터널과 주변 연결도로를 네트워크로 연결하여 정보 전달체계를 갖추어 노선 선택에 참고할 수 있도록 추진하였다.

지금은 현장의 교통정보를 얻고 전달하는 기술이 당시와는 비교도 안 될 정도로 정교하지만, 당시는 이론은 확립되어 있었지만, 기술이 뒷받침되지 못하는 경우가 많아서 이를 구현하는 데에 여러 가지 편법을 동원해야 했으므로 실무자들의 고생이 이만저만이 아니었다. 그러나 이러한 노력이 있었고, 그 유용성이 입증되었기 때문에 오늘날의 선진 교통정보체계가 발달되어 올 수 있었음을 잊어서는 안 될 것이다.

↘ 보행자 신호등

지금은 보행자들이 횡단보도를 건널 때, 거의 모든 신호등에서 남은 시간을 표시해 주어 안전에 도움을 주고 있다. 그러나 보행자 신호등을 처음 도입할 당시에는 많은 논란이 있었다. 2001년 11월, 상암동 월드컵 경기장이 완공되면서 주변 도로와 보도 체계를 정비하는 과정에서 경기장 주 출입구 방향의 횡단보도에 처음으로 보행자 신호등을 시범·설치하였다. 이 당시 민간사업자가 서울시에 건의한 보행자 신호등 방식은 두 가지였다. 하나는 막대그래프가 하나씩 줄면서 남은 시간을 표시하는 방식이었고, 다른 하나는 남은 시간을 숫자로 표시하는 방식이었다. 문제는 이러한 교통안전시설에 대한 결정권이 교통경찰 당국의 규제심의위원회를 거쳐 결정하는 체제였으므로, 실용성, 안전성, 수용성 등을 종합 검토하여 추진 여부를 결정하게 되기까지 보통 너무 오랜 시간이 소요되었다.

사업자도 이런 문제를 알고 있었기 때문에 경찰 당국의 결정을 기다릴 수 없어, 서울시로 바로 이 문제를 가지고 왔다. 그래서 서울시에서는 교통관리실 김대호 교통운영 과장을 비롯한 전문가들이 협의하여, 어떻게든 이 보행자 신호등을 월드컵을 대비한 교통 개선 사업에 포함해, 경찰의 심의 조치가 완료되기 전에 상암동 월드컵경기장 주변 교차로에 우선적으로 시범·설치했다. 이렇게 하여 월드컵 과정에서 이 보행자 신호등의 효능이 인정받게 되고, 이후 전체로 확대 설치를 한 결과 오늘에 이른다. 〖별첨3-7. 보행자 신호등〗

❱ 버스 도착 안내시스템(Bus Information System, BIS)

「서울의 다짐」… "버스를 무작정 기다리지 않도록 하겠습니다"

서울과 같은 대도시라면 늘 겪는 문제 중 하나는 개인 승용차 교통이 너무 많아 아무리 길을 넓히고 건설해도 교통혼잡을 획기적으로 줄이기는 어렵다는 것이다. 그래서 많은 선진 대도시는 대중교통의 질을 높이고 편리하게 만들어 자가용보다 대중교통을 더 많이 이용하게 만드는 도시 교통정책을 펴고 있다.

서울의 경우도 예외 없이, 경제가 발전하면서 지하철에 대한 투자를 계속 늘리고, 버스 교통이 좀 더 편리해지도록 노선, 배차간격, 버스의 질, 요금 정책 등 가능한 모든 노력을 기울여왔다. 물론 대중교통의 중심은 선진도시에서는 지하철이다. 그러나 지하철 노선이 도시 구석구석 전체를 맡을 수는 없으니 그 빈자리를 버스를 비롯한 다른 대중교통수단들이 보조하는 역할을 해 주어야 한다.

버스는 서울시에서 가장 오랫동안 시민들의 발이 되어 왔던 대중교통수단이다. 그런데 지하철이 등장하면서 점차 승객이 줄기 시작하고, IMF 사태로 경제가 위축되면서 버스 운영 서비스가 불량해짐에 따라 이에 대한 획기적인 대책이 필요했다. 가장 문제가 되는 버스 운영 서비스는 지금 내가 기다리는 버스가 어디쯤 오고 있는지, 언제쯤 이 정류장에 도착할지의 문제와 늦은 밤에 타는 경우에는 막차가 아직 떠나지 않았는지 여부를 알려줄 정보시스템이 전무한 답답한 현실이었다. 당시는 IMF 체제로 경제가 어려운 상황이라 경영이 부실한 버스회사들이 많았고, 불법이나 편법 운행으로 시민들을 불편하게 하는 일이 자주 일어나 더욱 이러한 정보전달 체계가 절실했던 시절이었다. 지금은 버스 도착 안내시스템이 전 버스 정류장에 설치되어 버스 도착시간이 실시간으로 표출되고 있기 때문에 불법 운행은 상상도 할 수 없는 일이 되었다.〖별첨3-8. 버스도착안내시스템〗

1998년 겨울, 불량한 버스 업체들이 노선을 마음대로 바꾸어 운행하는 바람에 그 사정을 모르는 시민들이 한량없이 추위에 떨며 버스를 기다리던 일이 발생했다. 이에 대한 시민들의 항의를 받고, 대책을 고심하던 때에 마침 민간에서 막 태동하기 시작한 정보통신 기술을 활용한 버스도착 안내시스템 설치 제안이 들어와서 관심을 두지 않을 수 없었다. 아직 기술적으로는 완벽하지 않았지만, 기본적인 기능을 실현하여 버스 도착시간을 알 수 있고, 늦은 시간에는 막차가 아직 있는지도 확인되기 때문에 시민들의 편의성과 신뢰성이 증진될 수 있을 것으로 생각되었다. 그리고 버스 회사의 입장에서도 운행 중인 버스에 대한 실시간 모니터링이 가능해져 배차 간격의 유지나 적정 운행 차량의 산정 등을 통한 경영 개선에 도움이 될 수 있을 것으로 내다봤다.

이를 실현하려면 버스 내 안내단말기, 정류소 안내단말기, 그리고 인공위성을 통한 위치 확인을 포함한 종합 조정을 위한 중앙관제소가 설치되어야 한다. 그래서 민간의 협조를 받아 2000년 2월부터 당시 415번 공항버스에 대해 이러한 BIS 시험 운영을 시작하였다. 시험 초기에는 현장 실사에서 제안된 기능이 잘 구현되지 않아 어려움을 겪기도 했다. 한번은 이 새로운 시스템의 시범 운영 시간에 유용성을 설명하기 위해 시장을 모시고 나간 적이 있었는데 하필 그때 통신장애가 발생하여 제대로 시범을 할 수 없어 주관자인 필자가 아주 낭패스러운 상황에 부닥친 적도 있었다.

그러나 이 시스템이 가능할 것이라는 믿음이 있어 점차 확대해 나갈 수 있도록 민간 제안 사업을 허가하고 격려하는 노력을 했다. 그 결과, 그해 3월 ㈜한국밴으로부터 정식으로 민간투자 사업 제안서를 접수받고, 9월에 국토개발연구원의 검토를 마쳤다. 그 후 2001년에「교통정책상임위원회」의 검토를 거쳐 2002년까지 정류소 안내기 600개, 버스 안내기 1,500개, 관제소 1개소 설치를 비롯하여 2003년까지 완성하는 계획으로 사업을 시작한 것이다.

지금은 서울 전 버스 정류장에 버스 도착 안내 시스템이 설치되어 시민들이 편리하게 이용하고 있지만, 도입 초기에는 현장에서 어려움이 많았고, 기술적 제약도 있기 마련이라 절뚝거리면서 발전할 수밖에 없었다. 그러나 그런 노력이 있었기에 오늘날과 같은 버스 도착 안내시스템이 시민편의에 제공될 수 있는 것이다.

이제 와 생각해 보면, 당시에는 관련 기술이 완숙하지 못했지만, 가능한 기술 체계를 최대한 조합한 신기술을 다소 무리할 정도로 시도하였다. 이런 시도가 가능했던 원동력은 월드컵을 위해 방문한 외국 손님들에게 한국의 발달된 대중교통 체계를 선보이겠다는 목표 의식이 있었기 때문이다.

3. 서울시의 주차 정책

「서울의 다짐」…"전 이면도로에 주차구획선을 설치하고, 일방통행제를 실시하여 주차 질서를 확립하겠습니다"

현대의 발전된 어느 나라, 어느 도시든 마찬가지지만, 서울도 발전 과정에서 주차장 부족과 문란한 주차 질서가 크게 사회문제로 대두되었다. 시청을 중심으로 도심에 수입 주차미터기를 설치한 적도 있었지만, 퇴근 후 관리자가 없는 시간에는 방치되다가 점차 해이해진 주차 질서가 낮시간대로 이어지면서 결국은 설치한 주차미터기를 전부 철거하기도 했다.

한 국가의 경제적 발전 과정에서 가장 두드러진 교통 문제의 하나가 바로 주차장 건설과 관리의 과학화를 어떻게 확보하느냐 하는 것이다. 경제 발전이 이루어지면 도시의 지가가 급등하고 주차장을 확보하기 위한 비용이 천문학적으로 상승하기 때문에 차량증가 속도에 맞춘 주차장 확보란 사실상 불가능한 숙제가 되기 마련이다. 우리의 수도 서울도 예외가 될 수 없었다. 과거 차가 몇 대 없었을 당시의 주차장 계획은 경제가 발달하여 자동차 보유가 급증하게 되면 전혀 도움이 되지 못한다. 시간이 지나면서 급속히 차량이 늘면서 바로 주차 전쟁이 시작되는 것이다. 주차장이 보유 차량 대수에 비해 너무 부족해져 주차단속이 점점 어려워지고, 단속 현장에서의 충돌은 일상이 될 수밖에 없다. 결국은 시민은 주차 질서를 지킬 엄두를 내지 못하고, 단속원은 충돌 현장을 기피하려고 하니 무질서한 주차 환경이 되어버리는 것이다.

월드컵을 앞두고 서울의 교통정책에서 두드러진 문제 중 하나가 주차 질서를 확립하는 것이었다. 기본적으로 주차장이 너무 부족하고, 질서정연하게 주차장 관리가 이루어지지 않아 주요 밀집 지역은 늘 주차 전쟁, 단속 전쟁이 벌어지고 있었다. 그러다 보니 지역 상권에 있는 주차장은 단속 사각지대가 되고 공공주차장의 사유화 현상까지 일어나 가뜩이나 부족한 주차장 이용을 더욱 어렵게 만들고 있었다.

"주차장이 부족하면 더 지으면 되지!, 불법주차가 많으면 우선순위를 세워 체계적으로 단속하면 되지!" 하고 쉽게 생각할 수 있다. 그 당시에는 주차장을 지을 예산도 턱없이 부족하고, 부지 확보도 어렵고, 시민들은 차를 가진 지 얼마 되지 않아 주차장은 당연히 공짜로 이용할 수 있다고 생각하고 있었다. 지금도 그런 경향이 아직 남아 있어서 여전히 자기 집 앞 도로는 자기 주차장이라고 여기고 있고, 볼일을 보기 위해 아무 데나 주차해서 주행 차량을 방해하고 사고 위험을 야기하고 있다.

그때도 공공주차장이 상당수 있었다. 시영주차장도 있었고, 구에서 운영하는 구영주차장도 있었다. 규모가 큰 주차장은 서울시에서 시설관리공단에 관리비를 예산으로 보조하고 위탁관리를 하고 있었다. 그러나 공단 직원들의 주차장 관리는 소홀하기 짝이 없었다. 퇴근 후는 거의 방치되기도 하였고 특정인 중심으로 편파적으로 관리하기도 하였다. 소규모 주차장의 경우는 관리가 더욱 부실하였다. 지역의 개인사업자에게 관리하청을 주어 경영상황이 파악도 되지 않은 채 거의 사유화되기도 했다. 전체적으로 주차장이 부족하기도 하였지만, 있는 주차장도 엄격히 관리되고 있지 못한 것이다. 수입 확보도 제대로 안 되고, 합리적인 주차장 활용도 이루어지지 못하고 있었다. 시민들은 주차비 내는 것을 쓸데없는 데 돈을 쓰는 것으로 여기고 불법 주차를 하면서도 미안한 마음을 가지고 있지 않았다. 이쯤 되면 불법주차 천국이라고 할 만했다. 이것이 당시 서울의 시민의식, 주차 정책의 수준이었다고 하면 누가 믿겠는가? 그렇지만 사실이었다.

2001년 서울의 차량 등록 대수는 251만 8천여 대인데 반해, 주차면 확보는 2백만여 면으로 80% 정도에 불과했다. 주택가의 경우는 이보다 더 심각한 69%정도에 불과해 야간의 불법 주차는 관리가 불가능할 정도였다. 원칙적으로 대부분 이면도로는 주차가 불가능한 데도 거의 모든 뒷골목이 주차장화 되어 주거환경 뿐만 아니라 보행자들의 안전을 해치고 있는 실정이었다.

서울시의 불법주차 문제는 자동차 시대가 본격 도래되면서 개선의 기미가 좀처럼 보이지 않는 해묵은 숙제였다. 골목길은 예외 없이 불법주차 차량으로 소통이 어려울 뿐만 아니라 비상사태 발생시 긴급 차량이 진입하지 못하여 문제가 커질수 있는 시한 폭탄 같은 상황이 되고 있었다. 시민들은 당연히 내야 할 주차료를 내지 않으려고 온갖 편법을 쓰고, 주차단속반과 크고 작은 시비가 끊이질 않았다. 그런데도 당시 주차단속권이 구청장에게 있던 상태라 선거로 당선된 구청장은 시민들의 눈치를 보느라 주차단속을 할 의지를 보여주지 않았다. 더 큰 문제는 아무도 이를 진정으로 해결하려고 생각하고 있지 않다는 것이었다. 이런 상태로 월드컵을 치를 수는 없었다. 그래서 당시 고건 시장은 월드컵을 대비한 주차질서 확립을 위해, 주차 단속권을 시장이 다시 회수하여 시에서 200명이 넘게 인원을 확충해 단속반을 꾸리고 운영에 들어갔다.

동네 골목길은 주차 사각지대가 되어서 불법주차가 만연하고 있었고, 주차단속도 제대로 되지 않고 있었다. 불법주차뿐만 아니라 주차장 재고 파악도 제대로 안 되어 있어 주차장이 얼마나 부족한지 파악조차 되어 있지 않았다. 그리고 주차단속에 대한 저항도 심각해서 다툼이 끊이지 않아, 상가 지역의 경우에는 지역 불량배들과 주차단속원 간 폭력이 일어나 시청 단속원이 병원에 입원하는 일도 자주 있었다. 필자가 공무집행방해로 고소하라고 지시해도 경찰에서 쌍방 폭행으로 조서를 꾸며두어 그 마저도 제대로 이행할 수 없는 형편이었다. 필자는 더는 참을 수 없어 직접 검찰에 전화하여 주차장 폭력 사태를 직접 다루어달라고 부탁하기도 했다. 이런 문제는 주택가 골목길이라고 예외는 아니었다. 주차장 문제로 시비가 일어나 심하면 살인사건으로 이어지기도 했다.

그리고 그 당시에는 주차 단속 기준도 모호한 것이 많았다. 당시 필자가 시청 주차과 직원에게 기준에 관해 물으니, 담당자도 대충 얼버무릴

정도였다. 사정이 이러한데 일반 시민이 주차 가능 지역과 아닌 지역을 정확히 파악할 수 있을 리가 없다. 어디서부터 손대야 할지 모르는 복잡한 상황이었다. 중요한 것은 먼저 주차단속을 위한 기준이 명확해야 하고, 그 기준에 따라 엄격히 단속을 시행해야 하고, 장기적으로는 주차장 확보를 계속해 나가지 않으면 안 되었다. 우선 주차단속의 강화, 주차장 이용의 효율화, 주차장 공급 확대의 3가지 정책을 장단기로 나누어 종합처방을 하였다. 그리고 현장의 저항을 그때그때 개선해 가면서도 물러서지 않고 여러 해에 걸쳐서 일관되게 추진함으로써, 비로소 서서히 주차질서가 잡혀가는 계기를 만들었다.

이때는 이미 일상이 되어 버린 불법주차 관행을 뿌리뽑는 노력을 하지않고는 아무것도 이룰 수 없는 형편이었다. 불법주차와 같은 법을 무시하는 잘못된 관행에 익숙해져 있는 시민들에게 부담을 주는 정책에 대해서는 선거로 뽑힌 당시의 구청장들은 개선의 의지가 없었다. 이런 상황에서 고건 서울시장은 다시 시장을 하겠다는 생각이 없었던 분이었기 때문에 당장은 인기가 없어도 서울시의 장래에 필요하다고 보고, 주차질서 회복을 위한 정책에 아주 적극적인 분이었다. 그래서 구청장의 주차단속권을 다시 회수해서 시장이 직접 지휘하는 주차단속체계를 확립하였다.

그리고 무질서에 익숙해져 있는 시민의식을 바꾸기 위해 전체 서울시 골목길을 전수 조사하여 주차 가능한 지역은 일일이 주차 구획선을 그어 단속 시비가 일어나지 않도록 조치했다. 또한 그동안 거의 방치되다시피 한 공영주차장의 관리 방식을 민간투자사업에 의한 경쟁체제로 운영토록 하여 점차 주차장 분위기를 일신하고 주차장운영의 효율에 민감하도록 주차장 분위기를 개선해 나갔다. 장기적으로는 주차장 추가 건설을 추진한 결과, 오늘날과 같은 최소한의 주차 질서를 유지할 수 있게된 것이다.

지금 회고해 보면, 그 당시 고건 시장의 확고한 결심이 없었다면, 우리는 아직도 무질서한 주차 현실에 어려움을 겪고 있을 가능성이 매우 높다. 지금 지방의 대도시에 가 보면, 아직도 무질서한 주차 현실을 쉽게 목격할 수 있다. 당시의 서울시 상황이 지금의 지방 대도시 못지않은 무질서 그 자체였다고 보면 된다.

❱ 이면도로 주차구획선 설치

시민들의 잘못된 주차 관행을 바꾸려면 무엇보다 주차단속 기준을 명확히 하는 것이 중요하다. 이전의 단속 기준은 그냥 간선도로변에 주차해서는 안 된다는 식의 포괄적이고 애매해서 일반시민들이 알기 어렵고 주차단속원도 적당히 관리했다. 예를 들어 이면도로라 해도 아무 곳에나 주차할 수 있는 것이 아니라, 소화전과 같은 중요 시설물, 건물 출입구, 도로 폭이 좁은 곳 등에는 주차해서는 안 되는 데, 주차장이 워낙 부족하다 보니 이런 기준을 무시하는 시민들이 많았다. 단속원이 이런 주차를 단속하면 시비가 끊이지 않는 것이었다. 어려운 주차단속 기준을 차량 소유자와 단속원이 모두 쉽게 식별할 수 있도록 하는 정책이 필요하였다. 그래서 주차 가능한 공간은 힘이 좀 들더라도 전수 조사를 통해 주차구획선을 그어, 그 외의 구역은 전부 불법주차로 보고 단속하도록 방향을 정했다. 간선도로변은 주차금지 구역이므로 주차구획선을 그을 수 없으니, 이면도로를 집중 조사하여 주차 가능한 곳을 확인할 필요가 있었다.

당시 서울의 도로망을 보면, 간선도로만 번듯하고 소통에 신경을 썼지 대부분의 이면도로는 너무 좁기도 하였고, 교통관리의 사각지대로 방치되고 있어서 아무 곳에나 무단 주차가 횡행하고 있었다. 그리고 골목길 가게 앞은 예외 없이 물건 적치가 이루어지고 있어서 화재나 범죄 등 비상사태가 발생하면 긴급 차량의 소통에 애로가 엄청나게 큰 실정이었다. 이러한 문제가 되풀이되지 않도록 주택가 이면도로의 주차질서를 회복하고 최소한의 소통기능을 확보하는 일은 더 이상 미룰 수 없는 중요한 문제가 되었다. 우선 이면도로 중 주차 가능한 구간을 확인하고, 도로 폭이 충분하지 못한 곳은 일방통행 등으로 변경해서라도, 여유 공간을 확보하고 거기에 주차구획선을 설치할 수 있도록 하여 주민 주차난 해소와 함께 소방차, 구급차 등의 통행로를 확보하여야 하는데, 그렇게 하기 위해서는 전체 이면도로를 전수조사하여야 하는 것이었다. 이러한 논의를 주차과 전체 직원과 함께 논의하면서 이런 방대한 작업을 누가 책임지고 단기간에 완수할 수 있을지 물었더니 누구도 선뜻 나서려고 하지 않았다. 작업량도 많지만, 그 과정에서 예상치 못할 많은 민원에 대응할 자신이 없어서일 것이다. 실장이 아무리 의욕이 있더라도 이를 자신 있게 뒷받침해 줄 사람이 없으면 시행할 수 없는 것이 정책이다. 다들 자신이 없어서인지 눈치만 보고 있었는데, 당시 담당 주차 계장이 손을 번쩍 들고, "예산만 뒷받침해 주시면 제가 책임지고 해 내겠습니다"라고 자청해 주었다. 오늘날 서울시 전역의 이면도로 주차질서를 확보한 것은 이때 이성배 계장이 적극적으로 나서주었기 때문이다. 이분이 우리 서울시의 주차 질서의 근간을 세운 분이라 할 수 있다.

그리하여 서울시 전 주택가 이면도로에 폭이 좁은 곳은 일방 통행제를 시행하고 주차구획선을 최대한 설치했다. 그리고 확보한 주차면을 효율적으로 분배하기 위해 이면도로 주차구획을 전면 유료화했다. 그러자 일부 언론에서 서울시가 길에 금을 긋고 돈을 받는「봉이 김선달식」정책을 펴고 있다고 비판하고 있어, 필자가 기자실에 가서, "한 달에 3만 원 정도의 실비로 거주자가 우선 활용할 수 있게 하는 주민 복지정책이 어떻게 봉이 김선달 식 사업이냐. 사업으로 친다면 30만 원 이상은 받아야 하지만, 부족한 주차면을 합리적으로 주민에게 나누어 주려면 기준도 있어야 하고, 관리 공무원의 인건비 확보도 필요하기 때문"이라고 설명했더니 이 논란이 곧 잠잠해졌다. 이렇게 확보한 주차면을 거주자 우선주차제로 운영하여 시민들에게 주차 문제의 심각성을 일깨우고, 주차 질서를 확립해 나갔던 것이다. 주차단속을 하려면 단속 기준을 시민이나 단속원 모두 분명하게 인식할 수 있어야 하고, 단속을 중단없이 지속하여야 주차질서가 유지될 수 있는 것이다. 오늘날 서울의 주택가에는 예외 없이 주차구획선이 그어져 있고 거주자우선주차제가 실시되고 있다. 그리고 구획선 아닌 곳에 주차하는 차량은 좀체 발견할 수 없다. 이렇게 주차질서가 완벽하게 유지되고 있는 것이 바로 이때부터 본격 시행된 거주자우선주차제의 체계화가 이루어졌기 때문인 것이다. 《별첨3-9. 이면도로 주차구획선》

구체적인 정책 실행은 2000년 1월에 「주차문화개선기획단」이 발족되면서 시작되었다. 이 기획단은 주차 문제에 밝은 교통 전문가들로 구성되었다. 이들은 서울시의 지역별 주차 실태 파악과 맞춤형 주차 정책을 수립할 중심인물들이었다. 서울시는 이 「주차문화개선기획단」의 자문을 받아, 서울시 전역을 120개 권역으로 구분하고, 이를 다시 4,000여 개의 블록으로 세분화하여 주차 수요와 공급 실태를 전수 조사했다. 이러한 실태조사에 근거하여 지역 특성에 맞는 다양한 주차난 해소 방안을 마련하기 위해 85만 가구에 대한 시민 여론조사와 430개 동 별 주민공청회를 개최하여 그 결과를 반영한 종합적인 주차 정책을 추진했다.

추진 개요를 살펴보면, 2000년 12월에 실시한 주민 여론조사 결과, 거주자우선주차제에 대한 찬성은 78%, 불법주차에 대한 강력한 단속은 76%였다. 순수 업무지역과 아파트 지역을 제외한 120개 권역으로 나누어 공사를 시행했으며, 골목길 745km에 일방통행제를 시행했다. 또한 주차구획을 20만 3천 면을 설치했고, 이 중에서 11만 5천 면은 거주자우선 주차제를 시행했다. 장애인 등 거동 불편한 사람들에게 우선 배분하고, 주민자치위원회와 협의하여 인근 거주자에게 배정하도록 했다. 그리고 방문자를 위해서는 주민에게 방문 주차증을 사전에 배포하거나, 주차구획 밀집 지역의 일부를 노상공영주차장으로 운영하는 것으로 대처했다. 주차구획 설치와 일방통행제 공사는 2001년 12월까지 마무리했고, 24시간 상설단속반을 운영했다. 아울러 주민 자율 계도 요원을 활용하여 정책이 조기에 안정되도록 노력한 결과, 2002년 3월부터는 점차 거주자우선주차제가 안정되기 시작했다.《별첨3-10. 거주자 우선 주차구역》《별첨3-11. 거주자 우선 주차구역, 일방통행제》

이면도로는 화재, 강도 등 긴급상황 시에 불법주차가 커다란 위협이 될 우려가 있다는 것을 사전에 알고 있었지만, 주민들이 주차단속이나 주차비 부담에 대한 불만이 컸기 때문에 오랫동안 방치되어 왔던 사안이었다. 그런데, 2001년 3월에 홍제동 이면도로에 있던 2층 다가구 주택에서 화재가 발생했다. 이곳으로 통하는 이면도로에는 인근 주민들이 주차한 차들로 꽉 차 있어, 급히 출동한 소방대원들이 진입을 포기하고 근처 소화전에 소방호스를 연결해 걸어 올라가 진화할 수밖에 없었다. 이렇게 화재를 위해 진입하는데 시간이 허비되어 초기진화에 실패하는 바람에 소방관 6명이 희생되는 안타까운 사고가 발생하였다. 몇 년만 일찍 이 사업을 시행했더라면 방지할 수도 있었을텐데 하는 안타까운 생각이 들었다.

❱ 주차장 현대화 및 관리의 민영화

「서울의 다짐」…"공영주차장 관리를 현대화하겠습니다"

1999년에 당시에 서울시가 관리하던 주차장은 총 588개소에 52,353면이었다. 이 중에서 시가 직접 관리하는 주차장은 123개소에 15,080면, 구가 관리하는 주차장은 465개소에 37,273면이었다. 이 외에 노상 주차장이 411개소에 26,340면, 노외 주차장이 177개소에 26,013면이었다. 서울시는 서울시 시설관리공단과 민간사업자에게, 구의 경우에는 대부분 민간사업자에게 위탁 관리하던 실정이었다.

그런데 주차장에 관리원을 배치하여 현장에서 요금을 수금하는 방식이라 수입에 비해 인건비가 턱없이 비싼 상황이었고, 현장에서 현금 수수를 했으므로 부조리도 빈번히 발생하는 문제가 있었다. 시설관리공단에서 위탁관리하고 있는 주차장들은 더 문제가 심각하여, 매년 20억 원 가량의 관리비 지원을 받고도 사실상 관리 사각지대로 방치되고 있었다.

이를 개선하기 위해 서울시는 2000년 하반기부터 서울시설관리공단에서 관리하고 있던 공영주차장을 회수하여, 시 전역을 4개 권역으로 나누어 민간에 위탁하고, 발권기, 주차 미터기 등을 설치하여 관리의 과학화를 기하였다. 민간사업자가 자기자본을 들여 주차장을 개선하게 하고 주차기기, 발권기 등을 구비하여 서울시에 기부채납한 후 기계식, 선불제 방식으로 주차장을 관리토록 한 것이다.

경쟁입찰을 통해 시가 제시한 일정 기준을 만족하도록 하였고, 수입 예상 금액 중에서 관리비 및 이윤을 제하고 시 납입금액을 선불하도록 하여 관리 부실을 사전에 차단하도록 하였다. 그 결과 당시 시설관리공단에 관리비 지원 명목으로 연간 20억 원 가까이 보조하던 시영주차장 관리가 위탁관리 선수금으로 20억 원의 수입이 창출되어 주차장 환경 개선과 주차장 관리를 엄격하게 하는 계기가 마련되었다.

민간투자 사업으로 주차장 관리를 전환하게 되면, 사업자와 단속반 사이의 협력관계가 중요해졌다. 그리고 사업자가 예상 주차 수입을 선납하기 때문에 사업자는 사업 효율을 확보하기 위해 효율적으로 주차관리를 하기 위해 최선을 다한 결과, 주차장이 현대화되어 쾌적하고, 안전한 시설로 개선되었고, 운영 효율이 과거의 만성 적자에서 흑자로 바뀌게 되었다.

시민들은 주차단속이 엄격해져 과거처럼 적당히 하거나 사적 거래식 주차가 불가능해졌고, 주차료를 내는 대신에 좋은 환경에서 안전하게 주차할 수 있게 된 장점을 받아들이게 되었다. 무엇보다 주차를 위해서는 주차료를 지불하고 엄격하게 운영되는 주차장 관리정책을 시민들이 자연스럽게 받아들이게 된 것이다. 이전에는 주차료를 내지 않으려고 불법 주차를 자행하거나 주차단속원과 싸움도 마다하지 않던 환경에서 이제 제대로 된 주차장에서 주차료를 지불하고 떳떳하게 주차하는 선진 시민이 된 것이다. 시영 주차장 뿐만아니라 구영 주차장도 자치구 실정에 맞게 시범운영 사업자와 대상지를 선정, 주차시설을 설치·운영하고, 시민 여론을 반영하여 확대해 나갔다. 작지만 이러한 변화가 모여서 현대화된 선진 주차의식이 정착된 것이다.

❱ 불법 주정차 단속 강화

이면도로에 주차구획선을 설치함으로써 불법주차를 한눈에 알아볼 수 있게 하고, 엄격한 관리 기준으로 공공주차장을 관리하게 한 후, 강력한 불법 주정차 단속팀을 만들어 대대적이고 지속적인 단속에 들어갔다. 단속팀의 공신력과 실천력을 높이기 위해 시, 구, 경찰의 합동단속 체계를 구축하고, 단속 인력을 확충하여, 불법주차 상습 지역, 교통 정책상 필요한 지역, 민원 다발 지역을 중점적으로 단속하게 하였다.

2001년 6월 30일 자로 개정된 도로교통법 시행령에 따라 주정차 위반 단속 공무원의 범위를 「지방자치단체에 근무하는 공무원 중 시장이 임명하는 공무원」으로 단속 공무원의 범위를 확대하였다. 그리고 교통안전 및 원활한 소통을 위하여 특히 필요한 경우에는 특별시장 및 광역시장도 주정차 위반 단속권한을 직접 행사할 수 있도록 하였다.

이렇게 단속 공무원의 범위를 확대하여 당시 서울시 4,366명, 자치구 10,677명의 단속 공무원을 확보할 수 있었다. 서울시에서는 교통관리실 교통지도 단속반에서 시 기능직 및 구청 여성 단속원을 파견받아 주차위반 단속전담반을 구성하여 운영하였다. 그 결과, 2001년 1월부터 9월까지 9개월간 실시한 단속 실적이 약 200만 건, 월평균 22만 건에 이르렀다. 당시 민선 구청장들이 중심이 된 주차 정책을 그대로 방기하였더라면 아직도 우리는 과거의 불법주차의 불편함을 느끼며 살고 있을 것이다. 오늘날 서울 시민들이 누리고 있는 안정되고 질서 있는 주차 문화가 저절로 이루어진 것이 아니다. 당시 주차과 직원들처럼 의욕적인 공무원이 있었고, 단속 현장에서 고생한 수많은 단속반원의 수고와 희생이 있었기에 가능했던 일이다. 우리는 이들에게 감사한 마음을 가졌으면 하는 바람이다.

❱ 주차장 확충 정책

주차장 공급 확대도 미룰 수 없는 문제였다. IMF 상황에서 주차장 부지로 확보한 공공부지에 대해 우선적으로 민간투자를 유치하여 주차장 건설 사업에 박차를 가하였다. IMF로 인해 전국의 부동산값이 곤두박질쳤고, 부동산 시장은 파산 상태였다. 그래서 서울시 내부의 요지에 부동산을 가지고 있던 사람들이 서울시 시의원을 통하여 시에서 주차장 부지로 사주도록 로비하는 일이 많아졌고, 주차장 특별회계를 가지고 있던 서울시 주차과에서 이들의 건의를 받아들여 수십 필지의 부동산을 주차장 부지로 사들이게 되었다. 필자가 교통관리실장으로 부임하였을 때 파악한 실정이 이러했다. 그래서 주차 정책을 추진하면서 공급 대책으로 우선 확보한 주차장 부지에 민간자본을 들여서 주차장을 짓는 계획을 수립하였다.

막상 민자 유치 주차장을 추진하는 과정에 두 가지 커다란 문제에 맞닥뜨리게 되었다. 우선은 이 사업을 추진하기 위해 시가 확보한 주차장 부지를 조사해 본 결과, 공부상은 나대지로 되어 있었지만, 현황은 대부분 무허가 건물이 들어서 있었고, 음식점 등 영업활동 중인 나대지였다. 이를 회수하여 주차장을 건설하겠다는 시의 계획이 알려지자 우선 구청장들의 반대에 부딪혔다. 무허가 건물에서 장사를 하는 음식점 주인들이 사실상은 구청장의 지원 부대인 경우가 있어서, 이들의 로비로 일부 구청장은 플래카드까지 내걸며 주차장 건설을 반대하기도 했다. 당시 주차장 관리비 명목으로 시에서 지원하는 교부금제도가 있었다. 그래서 그런 구청에는 시의 교부금 지급을 중단하라고 엄포를 놓으며 설득해야 했다.

이 문제를 해결하고 민간투자 주차장 사업자 모집공고를 내기 위해 건설사들의 의향 조사를 했더니 이런 사업에 관심을 두는 사업자를 찾기가 어려웠다. IMF 사태로 이전에 경험하지 못한 충격을 겪은 직후여서 건설사들도 민간투자 사업에 참여하기를 꺼리는 분위기였다. 주차장법에 의해 20여 곳의 서울시 부지 위에 주차장 건물을 세우고 주차장 운영사업과 함께 30% 범위에서 근린생활 시설을 임대 분양할 수 있는 조건으로 주차장 사업 공고를 내었다. 그런데 제안서 제출은 2~3곳에 지나지 않았다. 이 정도로 당시에는 자본 투자를 꺼리는 분위기였다. 그 후 이들 2~3곳의 주차장 건설이 완공되었고, 서울시가 이 민자 주차장 주변에 대해 관심을 가지고 주차단속을 강화하자 주차장 사업도 잘되고 근생시설 임대도 원활하게 이루어졌다. 이를 지켜본 이후부터 사업 문의가 부쩍 늘기 시작했다. 이후 진행된 2차, 3차 민자 주차장 사업 공고는 원활하게 잘 진행되었다.

이와함께 주차여건이 어려운 주택가에 대하여 시에서 부지를 확보하여 공동주차장을 건설하는 사업을 꾸준히 추진하였다. 2000년까지 거의 200여 개소에 총 9,000면 이상을 확보했고, 2001년에도 99개소에 7,600여 면의 공동주차장 건설을 추진했다. 거기에다 과거부터 추진해 오던 공공용지를 활용한 주차장 확보 정책도 병행 추진하여, 2001년 현재 금호초등학교 지하 주차장 등 5개소에 800여 면의 주차면을 확보했다. 이와 같이 시의 주차장 확충 정책에 협조하는 경우, 시가 지원하여 계속 공공주차장 건설을 진행해 나갔다.

4. 서울시 교통 안내 체계

❱ 도로표지판 개선

「서울의 다짐」 … "잘못된 도로표지를 개선하여 운전자의 길잡이가 되도록 하겠습니다"

도로표지판의 역할 중 가장 중요한 것은 운전자가 자기 위치를 확인하고 목적지를 쉽게 찾을 수 있도록 지형, 지물이나 많이 알려진 시설을 중심으로 길 안내를 하는 것이다. 오늘날은 현대화된 내비게이션이 잘 발달되어 있어서 이런 목표의 중요성은 상당히 감소되었지만, 당시는 도로표지판이 가장 중요한 길 안내 지침이었기 때문에 간결하고 명확한 길 안내가 무엇보다 중요한 목표였다. 도로표지판의 또 다른 기능은 도시의 효용을 높일 뿐만 아니라 분위기 메이커(street furniture)의 역할을 톡톡히 하고 있는 것이다. 가능하면 단순하고 깨끗하고 주위와 잘 어울려서 시민들에게 쾌적한 분위기를 만들어줄 필요가 있다.

당시 월드컵을 맞은 서울의 도로표지판은 낡기도 하고, 규격이 작아서 시인성이 떨어지고 청색으로 통일되어 있어서 국도의 표지판 색상인 녹색과 달리 우중충한 느낌이 들었다. 국도는 대부분 서울을 통과하여 지나가지만, 같은 국도라도 시계 안으로 들어오게 되면, 도로표지판의 규격과 색상이 모두 도시부 도로에 적용되고 있던 소형 규격에 청색 표지판으로 현저하게 달라지고 있어서 마치 다른 도로처럼 표시되고 있었다. 게다가 길 안내 방법과 기준 시설에 대한 통일된 지침이 없어서 가독성도 현저히 불량한 상태였고, 외국인이 많이 찾는 국제도시가 되어가고 있었지만, 영문이나 한자표기가 많이 부족한 상태였다.

그래서 월드컵을 앞두고, 도로표지판만 보고도 목적지를 쉽게 찾아갈 수 있도록 시인성, 가독성을 선진국 수준으로 높인 도로표지판으로 일제 정비를 시작했다. 오늘날처럼 내비게이션 이용이 일반화되어 있는 지금도 도로표지판의 역할은 중요하다. 내비게이션과 달리 현재 지점과 원거리 지점을 동시에 표기하고 있어서 내비게이션을 보고 있더라도 내 위치를 추가 확인하는 기능을 가지고 있는 것이며, 도로 환경을 더욱 특징적으로 만들어 도시 분위기를 부드럽게 하는 것이다. 그렇지만 이런 발달된 내비게이션이 없던 당시에는 도로표지판의 역할이 대도시 생활에서 빠질 수 없는 중요한 위치에 있었다.

그동안의 안내 체계는 안내지명 간 연계성도 부족하고, 안내지명을 선정하는 기준 자체가 명확하지 못해 일관성을 유지하지 못했다. 그래서 안내지명을 중요도와 시민의 익숙함 정도에 따라서 4등급으로 나누어 체계화하였다.

서울타워, 시청, 남산 등 시민들에게 가장 많이 알려져 있는 상징물들을 랜드마크로 지정하고, 고양, 성산대교 등 인지도가 높은 지명, 시설물과 시 외곽의 주요 도시를 1등급으로 삼고, 종로구청, 강남역 등 원거리 지명으로 사용할 수 있는 지명을 2등급으로, 또 은마아파트, 역삼우체국 등 근거리 지명으로 사용하는 시설물을 3등급으로 하여 체계화하였다. 그리고 이러한 체계화된 지명 배치를 도로표지판에 반영함으로써 표지판의 인식 체계를 체계화하였다. 즉, 운전자가 표지판을 볼 때, 아래로부터 현 위치, 그 위에 주행 방향으로 근거리, 원거리 지명을 순차적으로 표기하여 운전자들이 위치 파악을 쉽게 하고, 목적지까지 쉽게 찾아갈 수 있도록 하였다. 그리고 표지판의 규격을 국도와 같은 크기로 키우고, 색상을 간선도로의 경우 녹색을 채용하여 시인성을 좋게 하고 외부의 국도와의 연계성을 높이도록 노력했다.

그리고 도로표지판에 활용할 도로 번호 체계를 정비했다. 즉, 도로표지판에 활용할 지명, 지물에 빠질 수 없는 것이 도로명이나 도로 번호이다. 그런데, 과거의 도로 번호 체계는 관리자 중심으로 89개 노선으로 분류하여 사용해 왔으나, 복잡한 번호 체계로 일반 운전자들에게는 무시되고 잊혀지고 있어서 거의 활용되고 있지 못했다. 그리고 도로명의 경우도 같은 도로라 하더라도 지구의 특성이나 연고에 따라 짧은 구간으로 나뉘어져 여러 개의 가로명이 사용되는 경우가 흔하였다. 그래서 가로명으로 길을 찾는다는 것은 혼란을 더욱 부추길 뿐인 상황이어서 도로번호 체계를 완전히 바꾸어야만 했다.

표지판 일제 정비와 함께 도로번호 체계의 중심이 될 도로로서 주요 간선도로 15개를 선정하여 도로 번호를 남북 방향과 동서 방향으로 이원화하였다. 남북 방향은 21번(시흥대로-대방로-한강대교-한강로-의주로의 24.2km)에서 71번(가락동-잠실대교-중곡동길-용마산길의 18.7km)까지 홀수 번호, 동서 방향은 20번(서오릉로-구기터널-세검정길-정릉길-화랑로의 21.3km)에서 94번(강서구 염창동-강남순환로-강남구 일원동의 34km)까지 짝수 번호를 체계적으로 부여하여 오늘에 이르고 있다.

당시 서울시의 모든 도로표지판은 청색을 사용하고 있었다. 당시의 건설교통부의 도로표지판 지침은 도로 표지의 바탕색은 고속국도, 일반국도, 자동차 전용도로는 녹색으로, 그 외의 시도는 청색으로 하게 되어 있었다. 이렇게 할 경우 운전자의 눈에는 동일 국도임에도 외부의 녹색 표지판이 도시에 들어오게 되면 청색 표지판으로 바뀜으로써 혼란을 초래할 수 있었다. 그래서 서울시에서는 도로 이용자의 편의 차원에서 당시의 규정에는 다소 어긋나지만, 월드컵을 목전에 두고 시행하고 있는 일제 정비였기 때문에 지역 구분이 없이 도로표지 바탕색을 녹색으로 통일하고, 규격도 시인성을 개선하기 위해 확대하여 정비하였다.

현실에 맞지 않은 당시의 도로표지판 지침을 변경하기 위해 건설교통부와 여러 차례 회의를 했다. 그리고 표지판 지침의 변경 필요성을 설명하고 월드컵 준비 일정과 맞물려서 시급하다는 점을 설명하고 이해를 구했다. 그러나 당시 건설교통부는 전혀 지침을 개정할 생각을 하지 않고 기존 지침을 고수하라고만 했다. 그래서 이 문제는 시 내부에서 충분히 검토한 결과, 시기를 더 이상 늦출 수 없는 시급한 상황임을 확인하고, 국도와 같은 대형 규격과 녹색을 사용해서 시인성을 높이도록 결정하고 그대로 추진했다. 〖별첨3-12. 개선된 간선도로 표지판〗

서울시의 도로표지판은 이때부터 간선도로의 경우 국도와 같은 대형 규격을 사용하게 되었고, 색상도 당시 한창 유행하던 녹색도시의 이미지에 맞는 녹색을 사용하여 전체 간선도로의 표지판을 변경·시행하여 오늘에 이르고 있다.

대형 규격에 녹색 바탕의 신규 도로표지판은 시민들의 눈에 시인성이 좋고 산뜻한 느낌을 주어서 호평을 받고 있었다. 건설교통부는 서울시가 지침을 어겨가면서까지 도로표지판을 변경·설치하는 것을 알고 있었지만, 애써 모른 체 하고 있었다. 그러다가 문제가 생겼다. 대구시장이 서울시의 도로표지판 정책을 보고 왜 대구시는 그렇게 못하느냐고 관련 부서를 질책하자, 대구시도 서울의 도로표지판 정책을 그대로 따라서 대형 규격, 녹색 표지판을 채택하기에 이르게 된 것이다. 그러자 건설교통부가 감사원에 감사 청구를 하게 되고, 필자는 결국 "왜 지침을 어겨가면서까지 표지판 정책을 변경하였는가?"하고 감사원의 감사를 받게 되었다.

처음에는 실무자 선에서 그 필요성과 시급성을 가지고 서로 입장을 주고받는 일상적인 감사가 이루어지고 있었으나 당시 감사 실무자들의 생각은 아무리 타당한 설명이라 하더라도 지침을 어긴 것은 사실이니 그에 따른 처분을 받아야 한다는 일반적인 자세를 견지하고 있었다. 서울시 공무원들의 생각은 달랐다. 우리는 명분이 있었고, 이를 여러 차례의 회의를 통해 건설교통부에 그 변경 필요성을 충분히 전달하였다. 그러나 건교부는 현실적인 문제를 고려하지 않고 근거가 미약한 종래의 지침을 그냥 고수하는 안이한 생각에서 벗어나지 못하고 있었다. "안일한 일부 건교부 직원들의 잘못된 인식 때문에 월드컵이라는 중요한 행사의 분위기를 해칠 수는 없었기 때문에 국익을 위해 이런 결정을 내렸다"라고 항변하였다.

그리고 실무자들은 시키는 대로 열심히 일한 것밖에 없는데 왜 처벌을 받아야 하냐는 불만을 토로하였다. 결국 필자가 실무 총책임자였기 때문에 감사원의 책임자를 만나 담판을 지어야만 했다. 담당 국장을 만나서 서울시가 한 일과 입장을 충분히 설명한 후에, 필자가 "국장님이 현장에 직접 나가 새로 설치된 도로표지판을 보시고, 이 결정이 국가에 해로운 잘못된 결정이라는 생각이 드는지 아니면 괜찮다는 생각이 드는지 판단하시기 바랍니다"라고 나름대로 자신 있게 말했고, 실제로 당시 서울의 표지판은 일제 정비 시기에 도달했기 때문에 표지판 개선이 필요했고, 이왕 바꾼다면 언제 고쳐질지 모르는 지침 개정을 기다릴 것이 아니라 합리적인 선택을 해야 한다고 생각했기 때문이었다. 감사원 국장도 현장을 본 후 필자의 생각에 공감하였기에, 이 일은 그 후 불문에 부쳐졌다.

↘ 지하철 안내지도 준비에 얽힌 에피소드

「서울의 다짐」… "누구나 쉽게 찾을 수 있도록 지하철 안내 체계를 개선하였습니다"

서울의 지하철은 1974년 1호선부터 단계별로 하나씩 개통되었다. 그래서 건설 주체나 시기에 따라 안내표지판의 모양이나 표기 방법이 상이하였다. 특히 환승역에서는 안내 방법이 복잡하고 혼란스러워서 기존 안내 체계로는 한계가 있어 전면 개선이 필요했다. 우선 외부에서 지하철을 알려주는 호선 표시 방법이 노선별로 달랐다. 내부 안내 방식이나 안내 지도의 표기 방법, 설치 지점도 노선별로 제각각이었다.

1기(1~4호선) 지하철은 운영 주체가 지하철공사였고, 이어서 준공되고 있었던 2기(5~8호선) 지하철은 도시철도공사였다. 그래서 서로 연계성도 떨어지고 표기 방법의 차이 때문에 혼란이 불가피했다. 그래서 시가 중심이 되어 운영 주체와 상관없이 지하철을 처음 타는 사람도 쉽게 식별할 수 있도록 단순 명료하게 안내될 수 있도록 개선할 필요가 있었다.

개선 내용을 살펴보면, 주변 지역 이용 안내, 역 이용 안내, 노선도 등을 한 곳에서 쉽게 알아볼 수 있도록 종합 안내도를 승강장과 대합실에 신설하였다. 지하철 역사 내부에 노선도를 표기하는 방식을 가지고 지도의 방위 표기 방법인 위쪽을 북쪽으로 하자는 등 여러 가지 의견이 있었다. 그러나 지하에서 자기 위치를 확인할 수 있는 기준점이 전혀 존재하지 않기 때문에, 지도를 보고 서 있는 본인을 중심으로 좌우, 상하를 중심으로 배치하는 것이 가장 쉬운 방식이라는 데에 자문위원들 모두 동의했으므로 현재 지하철역 내부에 설치되어 있는 모든 노선도에 같은 개념을 적용하게 되었다. 즉, 지하철의 지하 구조를 내가 서 있는 지점을 중심으로 상대적인 위치를 입체적으로 표시하여, 내가 가고자 하는 곳의 위치를 쉽게 파악할 수 있도록 한 것이다. 출구의 위치 파악은 지하철 이용자에게는 가장 중요한 기준점이 되는데, 어느 출구로 나가는 것이 좋은가를 주변 지역 안내도를 보면서 내가 가고자 하는 지상의 목적지에 맞는 출구를 확인할 수 있도록 한 것이다. 〖별첨3-13. 지하철 종합 안내도〗

그리고 노선 수가 많아지고 있어 노선을 쉽게 구별할 수 있도록 노선별로 고유색상을 사용했다. 예를 들어 2호선은 진한 초록색으로, 3호선은 주황색으로 표시하는 식이다. 역 번호를 매기는 방법도 호선별 기준역을 중심으로 순서대로 번호를 부여하였다. 그리고 하나의 역에서 출입구 번호 부여도 기준점을 중심으로 시계방향으로 순차적으로 부여하여 쉽게 익숙해지도록 했다. 특히, 여러 노선이 모이는 환승역에서는 종래 노선별로 독립적인 출입구 번호로 혼란이 초래되고 있어서, 출입구 번호가 중복되지 않고, 체계적으로 부여되도록 종합화하여 이용자의 혼란을 방지하도록 했다.

이렇게 개선된 지하철 안내 체계는 2000년 12월 말에 완료되었다. 이 사업으로 이전에 독립적으로 들쭉날쭉한 기준으로 설치되었던 복잡한 안내 방식이 하나의 안내표지판으로 통합 설치되었다. 안내 방식이 단순하고 이용자 입장에서 명료하게 개선되어 가고자 하는 목적지를 쉽게 식별할 수 있게 만들어졌다. 기본적으로 이때 일신한 안내 체계가 지금까지 이어오고 있다.

❱ 지하철 환승띠

과거 서울에서 지하철 환승을 할 때, 목적 노선의 승강장을 잘못 찾아서 고생을 해봤던 경험들이 모두 한 번쯤은 있을 것이다. 지금은 서울 지하철 환승 시에는 하차역의 승강장에서 갈아타는 노선의 승강장까지 색상으로 구분되는 환승띠가 있어서, 아무리 복잡한 환승역이라도 색상만 따라가면 무사히 원하는 승강장으로 이동할 수 있다. 그런데 이전에는 건설 주체와 시기에 따라 안내표시 방법이 달라서 자주 혼란을 일으키곤 했다. 특히 여러 노선이 만나는 환승역에서는 연결 방식이 복잡해 실수하는 경우가 많았다. 외형적인 표시 방법뿐 아니라 환승 통로의 설치 자체가 복잡한 곳이 많아 승강장을 잘못 찾는 경우가 많았다. 연결 통로가 너무 복잡하여 안내지도만으로는 충분치 않았다. 이 문제를 해결하기 위해 당시 지하철 안내 체계 정비팀이 교통정책과 박성중 과장(후에 서초구청장, 국회의원을 지냄)의 지휘하에서 이 문제를 해결하기 위해 고심했다.

환승 승강장을 쉽게 찾을 수 있게 설계된 지하철역도 있었지만, 공사

편의 위주로 설치되어 있는 경우가 많아서 하차 승강장에서 환승 승강장으로 유도하는 대책이 필요했다. 그래서 정비팀이 고안해 낸 것이 환승 노선을 하차 승강장에서부터 목적 승강장까지 연속으로 환승띠를 설치하여 시민들이 따라만 가면 자동적으로 환승 승강장으로 유도할 수 있게 하는 것이었다. 누구든 자기가 갈아탈 노선의 색상만으로 자연스럽게 환승 노선의 플랫폼에 이르도록 한 것이다. 단순해 보이지만 이 조치 이후 지하철을 잘못 타는 경우가 많이 없어지게 되어 효과가 확실한 대책이었다고 생각된다. 이렇게 작지만, 신경 써서 배려하면 시민들의 불편을 줄일 수 있는 일이 우리의 주변에는 흔하다. 이런 불편함을 고치려는 노력을 찾아서 하는 것이 공직자의 기본자세가 아닐까? 〖별첨3-14. 지하철 환승띠〗

5. 서울시 정책의 회고와 기대

필자가 서울시 교통정책을 담당하던 시기는 IMF 사태 직후인 1998년부터 월드컵이 끝난 2002년까지였다. 이 기간은 우리 경제가 급성장하고 자동차 급증이 가져온 여러 가지 교통 문제를 풀어나가는 과정이면서, 4년 후 월드컵을 준비하는 과정이었으므로 이를 담당하는 직원들의 각오도 남다르던 때였다.

IMF의 충격으로 정부 예산이 대폭 삭감된 상황이었고, 그중에서도 불요불급하다고 여긴 부분에 대부분의 설계 사업이나 타당성 조사 사업비가 포함되어 있었다. 다시 말해 신규 사업은 거의 하지 않겠다고 선언한 것이나 다름없었다. 공공기관의 인건비가 동결되거나 삭감되었고 정부산하기관은 구조조정을 통해 기구를 축소했고, 국민들까지 금 모으기 운동에 동참하여 하루빨리 IMF 빚에서 벗어나고자 모두 힘을 합하던 시기였다.

한 마디로 상황은 어렵고, 사기는 많이 침체되어 있었다. 이런 와중에 당시 지하철 공사는 구조조정을 받아들일 수 없다며 명분 없는 파업을 1주일간 강행했고, 서울시는 이에 적극적으로 대응하여 무조건적 항복을 받아 냄으로써 새 출범한 정부의 기강을 세웠다. 이 과정에서 파업으로 인한 교통대란을 최소화하기 위해 시장을 중심으로 전 서울시 직원들이 밤을 새우며 작업에 동참해 주었던 고마웠던 기억이 아직도 생생하다.

그리고 월드컵 때 서울을 방문할 손님들에게 선진 한국의 모습을 보여주도록 준비하는 것이 서울시 교통의 사령탑으로서 할 필자의 일이었다. 종래의 교통 체계를 국제 수준에 맞추어 업그레이드해 나가야 했다. 사양산업이 된 버스 교통을 혁신하고 분리되어 있던 교통카드를 통합하여 시민들이 편리하게 이용하도록 환승 할인정책을 시작한 것도 큰 보람이다. 그리고 당시의 주차 무법천지를 그대로 둔 채로는 현대 도시로의 발전을 기대할 수 없었다. 그래서 서울시 전체 이면도로에 주차구획선을 설치하고 공영주차장의 관리를 혁신하고 주차단속을 강력하고도 지속적으로 시행함으로써 시민의 주차의식을 바꿀 수 있었기 때문에 오늘날 우리가 선진 주차 도시로 발돋움하게 된 것이다.

이러한 정책의 추진은 기존의 익숙한 현상을 바꾸는 것이므로 기득권 체제를 설득하고 압도해야 가능한 일이다. 이 일에 임하는 관련 직원들의 헌신적인 노력 없이는 불가능한 것이다. 당시 우리 주변에는 크고 작은 어려움이 산적해 있었지만, 시민에게 봉사하고 우리의 전문성을 살릴 수 있다는 자부심과 보람으로 일했다. 필자는 개인적으로 그 이전에 고속도로나 고속전철 같은 장기적이고 대형 교통정책 추진에 직접 기여하는 보람과 성취감을 느낀 적이 있었지만, 월드컵을 대비하는 4년간의 과정에서 함께 고민하고 함께 노력했던 본부 직원들은 물론, 현장에서의 힘든 단속 업무를 맡았던 수많은 현장 단속원들의 보이지 않는 헌신을 잊을 수가 없다.

서울시는 우리나라를 대표하는 도시이다. 여기서 추진되는 정책은 당연히 나라 전체의 모범이 되어야 하는 위치이다. 이를 담당하는 직원들도 이러한 위치에 보람과 긍지를 가져야 마땅하다. 따라서 사소한 정책 하나도 전체 시민에게 장기적으로 영향을 미치는 것이므로, 충분히 검토하고 과감하게 추진해 나가는 자세가 필요하다. 현재는 세상의 변화가 급속하다. 급변하는 환경에 맞게 현재의 정책을 가다듬어 나가기 위해 더 많이 고민하고 노력하는 자세를 가졌으면 한다.

예를 들어, 최근에 서울시가 남산 1호터널의 혼잡통행료를 시내로 들어갈때만 징수하고 외곽으로 나갈때는 받지 않도록 한 결정이 올바른 것인지 의문이 든다고 하지 않을 수 없다. 과거에도 이 문제와 관련해서는 기회있을때 마다 취소 또는 유예를 주장하는 목소리가 있었다. 그러나 혼잡통행료의 정책적 의미를 생각하면 쉽게 변경할 수 있는 문제가 아니기 때문에 지금까지 유지되어온 서울시의 간판격인 교통정책이 되어 온 것이다.

혼잡통행료는 무엇보다 시민들로 하여금 혼잡지역으로 들어갈때 한 번 더 생각하게 만드는 효과가 있다. 즉, 차를 가지고 갈 것인지, 다른 노선으로 갈 것인지 등. 교통혼잡 문제는 현대도시에서 피할 수 없는 필요악이다. 혼잡통행료 문제는 이와관련하여 교통수요관리라는 사회전체적 고민을 던지는 것이다.

현대사회의 시민으로서 누구나 이런 고민을 할 필요가 있는 것이며, 각자의 입장에서 노선이나 수단 선택을 할 기회를 주는 방법인 것이다.

만약 이러한 혼잡통행료의 합목적성이 인정된다면, 들어올때는 받고 나갈때는 받지않음의 설명이 부족하다고 할 수 밖에 없다. 이렇게 오랫동안 타당성을 가지고 유지해온 정책을 변경하려면, 상당한 검토와 토론을 거쳐서 시민의 공감대를 이끌어내는 노력이 전제되어야 할 것이다.

에필로그

　필자는 산촌에서 어린 시절을 보냈다. 지금의 행정구역으로는 영천시에 속하는 청통면 팔공산 자락의 은해사 바로 아랫동네인 치일동에서 초등학교 2년을 마쳤다. 그 후 더 오지인 금호면 봉죽동으로 이사를 하여서 초등학교 5년을 마치고 다시 대구로 이사하여 중고등학교를 거쳐 서울대 토목공학과에 진학하였다.

　어렸을 때는 매일 아침 나지막한 산 하나를 넘어 학교에 다녔고 하교할 때나 주말, 방학 때도 늘 앞산을 오르내리며 친구들과 뛰어놀아서 필자의 다리는 축구선수처럼 튼튼하다는 말을 아직도 듣는다. 어렸을 때의 환경이 평생 건강을 지켜준다고 하지 않는가. 필자는 만나는 사람마다 아이들을 어릴때 부터 많이 걷게 하라고 권하곤 한다.

　필자가 대학 입학할 당시의 사회적인 분위기는 졸업 후 판, 검사가 되는 것이 출세의 지름길로 여겨졌다. 그런데 필자가 경북고등학교 2학년 여름방학 때, 서울대학교 공과대학에 다니는 선배들이 고향에 내려와 후배들에게 앞으로는「공업 입국의 시대」이니 기술자들이 국가발전의 중심 세력이 될거라고 주장하는 멋진 연설에 감명을 받았다. 결국 필자는 이렇게 하여 공대에 진학했고, 논리적이고 체계적인 분석에 의존하는 합리적 사고를 키우기 위해 노력했다.

　필자의 첫 직장은 한국도로공사 기획관리실 도로조사계였다. 이곳에서 고속도로의 운영과 관련한 교통 조사 및 개선 사업에 종사했다. 그때만 해도 경부고속도로를 제외한 모든 고속도로가 차관사업으로 만들어지던 때여서 차관선과 협의하는 일이 많았다. 호남·남해 고속도로의 유료화를 위한 타당성 조사 사업을 진행할 때, 감독관 팀의 일원으로 외국 용역단과 일하며 좀 더 이 분야를 깊이 공부해야겠다는 생각으로 미국 노스웨스턴대학으로 유학을 떠나 교통공학을 공부하게 되었다. 이 대학은 미국 내에서도 교통공학 분야의 논문 실적이 뛰어난 교수들이 많았다. 필자가 석사과정을 마칠 무렵 한국에서 설계와 계획이 순전히 우리 힘으로 이루어지는 대구-광주 간 고속도로 사업의 책임을 맡게 되고, 이후 다시 미국 메릴랜드대학교에서 박사과정을 하러 갔다. 이 대학은 연방 운수성(Department of Transportation)이 가까워 미국 정부의 정책을 잘 아는 사람들로부터 교통정책 정보를 들을 기회가 많았다.

귀국 후에는 노스웨스턴대에서 같이 공부했던 이건영 박사 소개로 국토개발연구원에 입사하여 경부고속전철사업의 초기 조사 사업인 「서울-부산 축의 장기 교통 투자 필요성 검토 및 서울-대전 간 고속철도 타당성 연구」를 함께 수행하였다. 이후에 중부고속도로, 서울외곽순환고속도로를 포함한 경기지역 종합 교통망 체계 조사 사업, 중앙고속도로 사업 등 굵직하고 중요한 고속도로 사업이 발주될 때 마다 필자가 사업 책임자로 정책 개발과 기본계획을 수립하게 되었다. 중부고속도로를 계획하면서 산지가 많은 우리나라에서 당연히 인정해 오던 저급 설계기준을 반대를 무릅쓰고 미래의 선진 한국을 예견하여 오늘날의 상향된 고속도로 기준으로 올리는 노력을 하였다. 그리고 외곽순환고속도로를 계획하면서 수도권이라는 넓은 지역 전체를 대상으로 하는 교통망 계획으로 승화시켰다.

그 후 1987년, 신설조직인 한국교통개발연구원으로 자리를 옮기면서 필자의 관심은 자연스럽게 새로운 분야인 철도와 도시교통, 고속도로의 운영으로 방향이 전환되었다. 이때는 자동차 대수가 증가하면서 교통혼잡이 문제가 되기 시작했기 때문에, 당연히 철도의 확충, 도로망의 확충,

교통시설 확충을 뒷받침할 재원 확보책, 기존의 고속도로를 더욱 효율적으로 운영하기 위한 교통관리 정책 등이 주요 쟁점이 되었다. 이런 일은 당시로서는 아직 닥치지 않은 미래의 상황에 대한 정책이어서 많은 설득이 필요한 일이었지만, 그만큼 보람이 느껴지는 일이었다. 재정 당국의 반대에도 불구하고 교통세를 비롯한 장기 교통 투자 대책을 끊임없이 제기하였고, 급증하는 차량 증가를 효과적으로 처리하기 위해 고속도로의 이용 효율을 높이는 정책이 필요했다. 당시 건설부의 반대가 심했지만, 선진국에서 하던 다인승 전용차로제(HOV lane)를 우리 실정에 맞추어 버스전용차로를 고속도로에 도입하여 운영하도록 촉구했다.

88 올림픽을 성공적으로 마치고 드디어 1989년 필자는 경부고속전철 기술조사사업 책임을 맡게 되었다. 이 사업은 당시 우리의 기술 능력을 뛰어넘는 첨단 사업으로 끊임없이 문제를 제기하는 야당을 합리적으로 이해시키기 위해 혼신의 노력을 다했다. 지금 온 국민이 고속전철을 요구하고 있는 것을 보면 그만큼 더 큰 보람이 느껴진다. 이런 와중에 정권이 바뀌고 여러 장관을 가까이서 만나며 많은 자극을 받기도 했다.

필자가 고등학교를 마칠 때까지 고향으로 여기며 살았던 대구광역시 교통개선기획단의 실무단장을 맡았을 때는 대구광역시가 주변 중소도시의 구심점 역할을 하고 중심 도시의 교통 환경을 개선하기 위한 도시 철도망 계획을 비롯한 대중교통 정책을 확립하기 위해 노력했다. 대구시에서 예상치 못하게 빨리 서울시로 오느라 미처 성사시키지 못한 일이 마음에 다소 걸리기도 하였었는데, 그때 만들어진 계획들이 하나씩 현실이 되어가고 있음을 들을때 뿌듯한 성취감이 들기도 한다.

1997년 IMF 사태 때, 필자는 고건 서울시장의 요청으로 서울시 교통관리실장직을 맡았다. 경제적 국난으로 온 국민의 사기가 땅에 떨어져 있었고, 4년 뒤에 열리는 월드컵 준비에 집중하여야 하는 때였다. 편리한 대중교통을 위해 복잡한 대중교통 요금 지불 방법을 단순화시켰고, 환승 요금 할인 정책을 시작했으며, 버스 도착 안내시스템을 추진하기도 했다. 그리고 내부순환고속도로의 선형 불량을 극복하기 위해 고속도로 교통 관리 시스템을 설치하여 현대적 교통관리의 모범을 시작하였다.

무엇보다 불법 주차로 대표되는 주차 무질서 개선을 위한 고민이 가장 컸다. 먼저, 서울시의 모든 이면도로를 조사하여 주차가 가능한 곳은 100% 주차구획선을 그어 그 이외의 구역에 주차한 것은 전부 불법주차로 단속하도록 강하게 밀어붙인 결과 오늘날의 선진 주차 환경을 만들 수 있게 된 것이다.

이런 와중에 필자는 제9대 대한교통학회장을 맡으면서 전문가들의 도움을 받아 원활하게 서울의 교통정책을 혁신해 나갈 수 있었던 것 같다. 이 무렵 교통기술사 자격을 땄고, 공직을 마친 후에 초기 한국교통기술사 회장을 맡아 기술자들의 역할을 확대하기 위해 노력하였다. 또한 주식회사 건화의 부회장, (주)동성엔지니어링의 회장, 한국복합환승센터(주)의 회장을 맡아 왕성하게 일하기도 했다.

필자가 걸어온 1980년대~2000년대 초까지는 우리나라가 개발도상국에서 중진국 그리고 선진국으로 이행하는 숨 가쁜 변화의 시기이자, 국가 발전을 뒷받침하는 교통 인프라 즉, 도로, 철도, 그리고 도시교통에서 비약적으로 발전하던 시기였다. 이러한 변화의 한가운데에서 필자는 중요한 교통 인프라 사업의 계획과 추진에 광범위하게 참여할 수 있었다. 이러한 행운은 필자가 사회생활을 하면서 맺었던 초기 인연들의 도움이 컸었다. 그 모든 기회가 보람과 자랑으로 남을 수 있음에 감사하다.

필자가 이렇게 맡은 일에 흔들리지 않고 최선을 다할 수 있었고, 성공적으로 사업을 완수할 수 있었던 것은 옆에서 의지가 되어준 수많은 분들이 있었기 때문이다.

우선 자신을 희생하여 자식이 올바른 사람이 되기를 바랐던 어머니. 그리고 일찍 돌아가신 부모님을 대신해 준 동섭 형과 동국 등 다른 형제들에게도 무한한 감사의 마음을 전하고 싶다. 특히 미국에서 외과 의사를 하던 동섭 형은 필자의 어려운 미국 유학 생활 중에 많은 재정적인 도움과 함께 기회 있을 때마다 필자와 인생과 세상을 논하며 큰 웅지를 잃지 않도록 이끌어 주었다. 그리고 어렵고 힘든 젊은 시절, 아무것도 없는 필자를 친 아들처럼 아껴주었던 장인 손태호 어른의 넓은 마음에도 감사하다.

마지막으로 필자 곁에서 언제나 밝은 미소로 집안을 즐겁게 이끌어 주고 필자에게 늘 용기와 힘을 주었던 아내 손명희에게는 무엇으로도 갚을 수 없는 큰 빚을 졌다. 그리고 예쁘고 즐거운 추억을 많이 만들어 준 큰 딸 혜진이, 작은 딸 유진이가 있어 과거의 인생이 힘든 줄 몰랐으며, 큰 사위 박지수, 작은 사위 민선홍이 아들처럼 든든하게 버텨주어서 현재의 인생이 행복하다.

〚별첨1-1. 중부고속도로보고서〛

〚별첨1-2. 경기지역종합교통망체계조사보고서〛

〚별첨1-3. 대원 격자형 교통망〛

〚별첨1-4. 대원 분산격자형 교통망〛

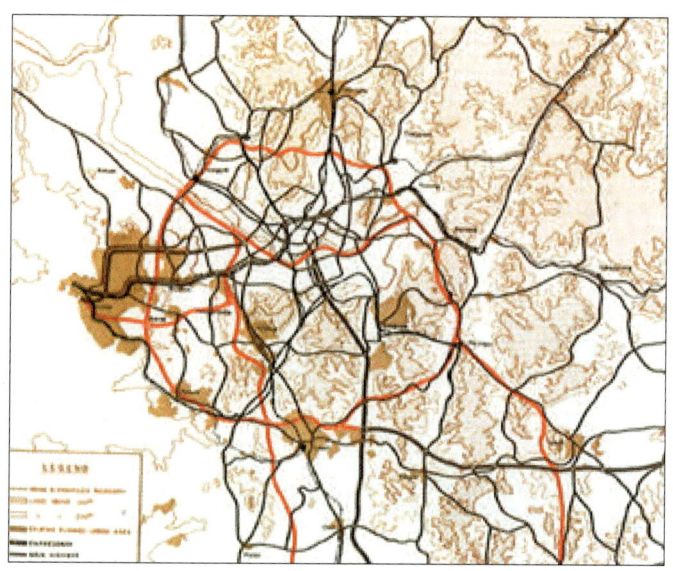

〚별첨1-5. 소원 교통축형 교통망〛

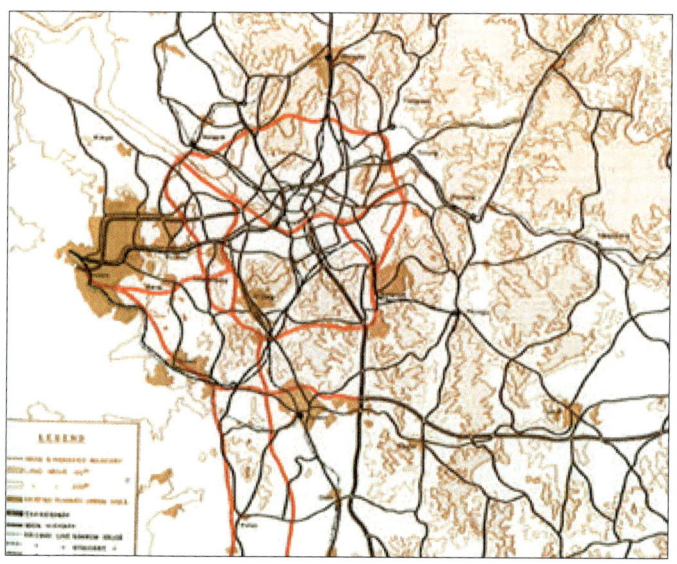

《별첨1-6. 소원 분산격자형 교통망》

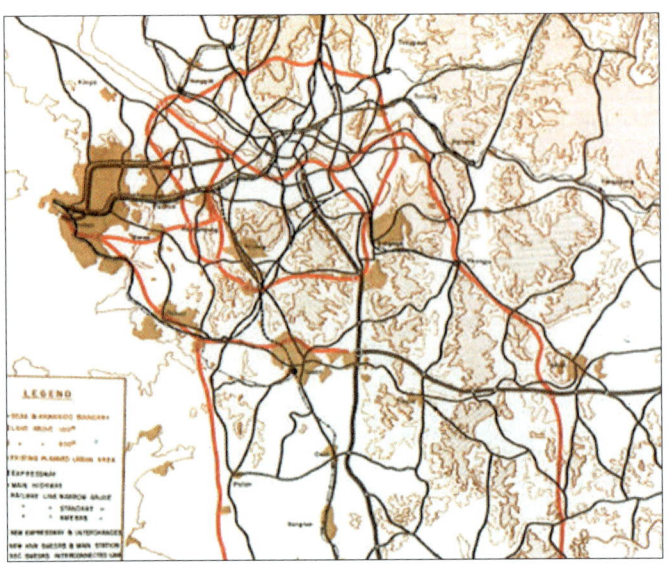

《별첨1-7. 1991년 이전에 완성하도록 제안한 고속도로 구간》

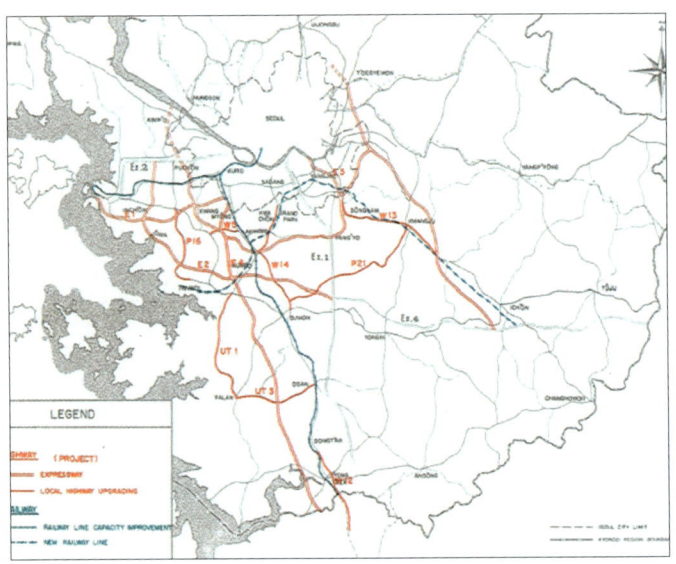

〖별첨1-8. 수도권 교통망지도와 분당, 일산 등 신도시〗

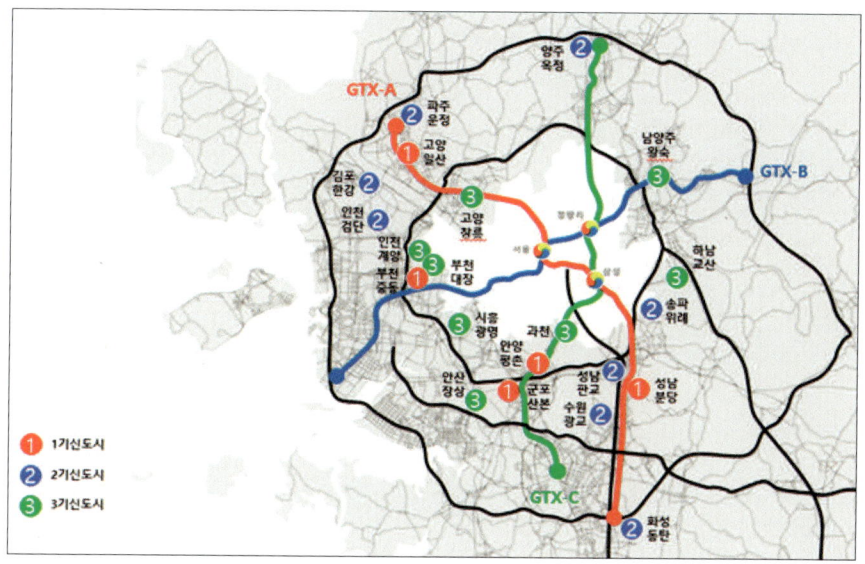

〖별첨1-9. 고속도로 교통운영효율화 토론회〗

〖별첨1-9a. SOC 투자기획단의 자문회의〗   〖 별첨1-10. 서울~양평 고속도록 노선〗

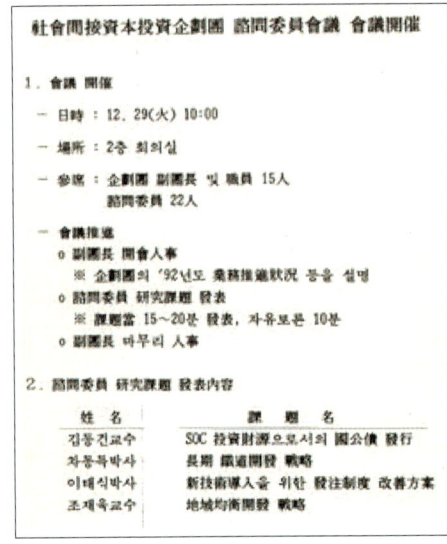 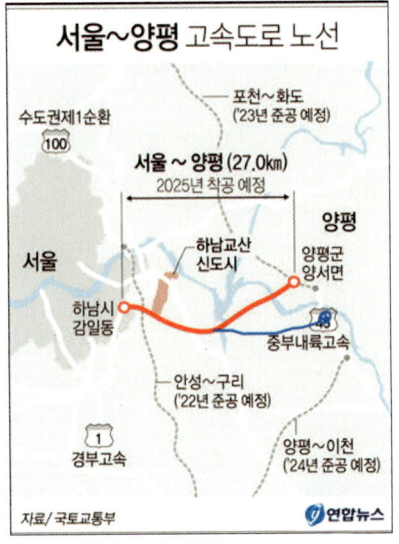

붉은 노선이 원안이고, 파란색 노선이 강상면을 종점으로 하는 변경안

〖별첨1-11. 1970년대의 고속도로망〗   〖별첨1-12. 2000년대의 고속도로망〗

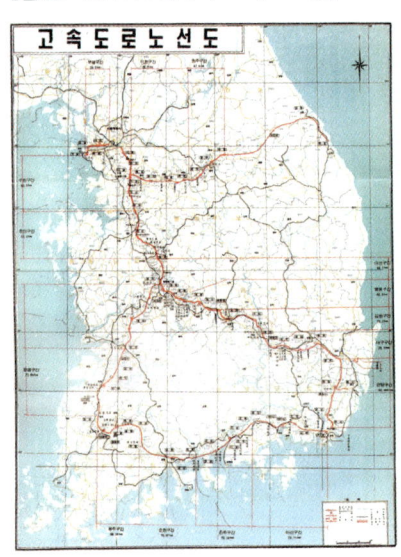 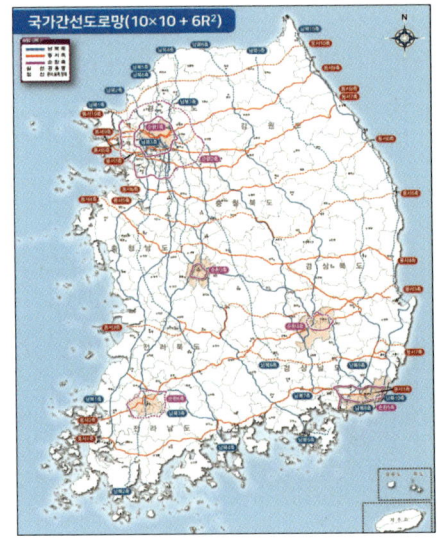

〖별첨2-1. 경부고속철도 타당성 조사〗

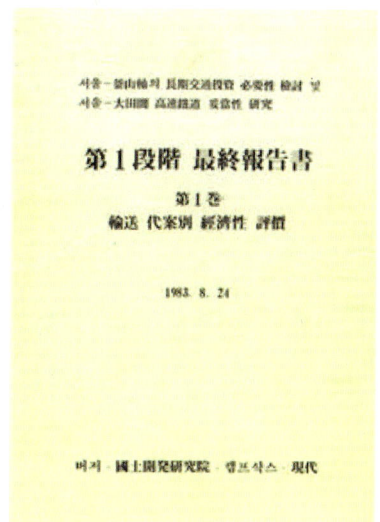

〖별첨2-2. 김창근 장관께 고속전철 추진 방향을 설명하고 있는 필자〗

〖별첨2-3. 경부고속전철 기술조사〗

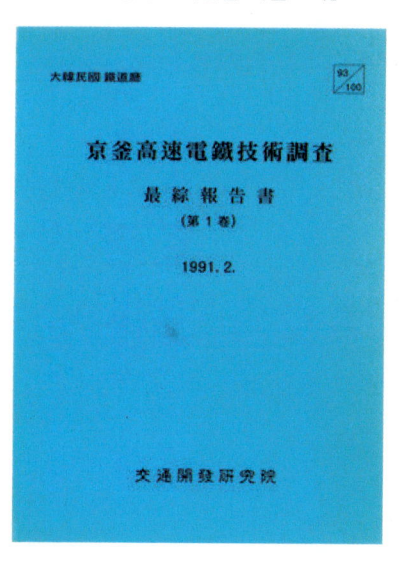

〖별첨2-4. 기술조사용역단 구성〗

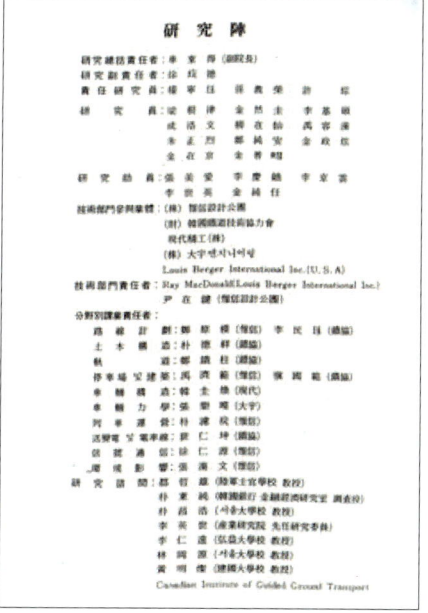

〖별첨2-5. 심포지엄 현수막〗

〖별첨2-6. 고속철도 국제 심포지엄〗

〖별첨2-7. 고속철도 심포지엄 보고서〗

〖별첨2-8. 경부고속전철 홍보책자〗

〖별첨2-9. 같은 10분 여행의 상대적 불편성 예시〗

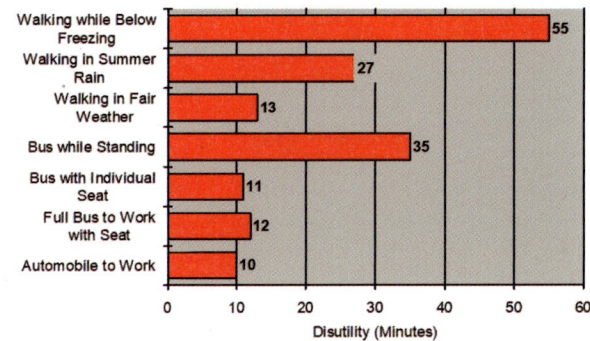

〖별첨2-10. 민간 제안 삼성역 환승센터 개념도〗

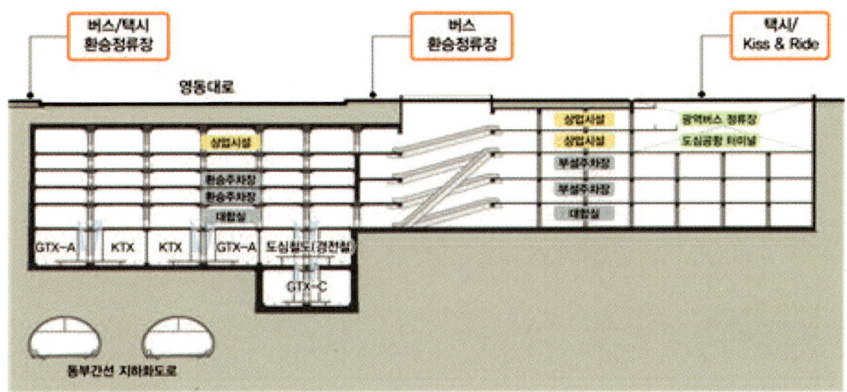

〖별첨2-11. 경기도가 제안한 GTX 노선〗

《별첨3-1. 2001 새서울 시정백서》

《별첨3-2. 서울의 다짐》

《별첨3-3. 토큰과 학생 회수권》

《별첨3-4. 소요시간 표시 전광판》

〚별첨3-5. 남산1호터널 교통상황판 1〛

〚별첨3-6. 남산1호터널 교통상황판 2〛

〚별첨3-7. 보행자 신호등〛

〚별첨3-8. 버스도착안내시스템〛

〚별첨3-9. 이면도로 주차구획선〛 〚별첨3-10. 거주자 우선 주차구역〛

〚별첨3-11. 거주자 우선 주차구역, 일방통행제〛 〚별첨3-12. 개선된 간선도로 표지판〛

〖별첨3-13. 지하철 종합 안내도〗

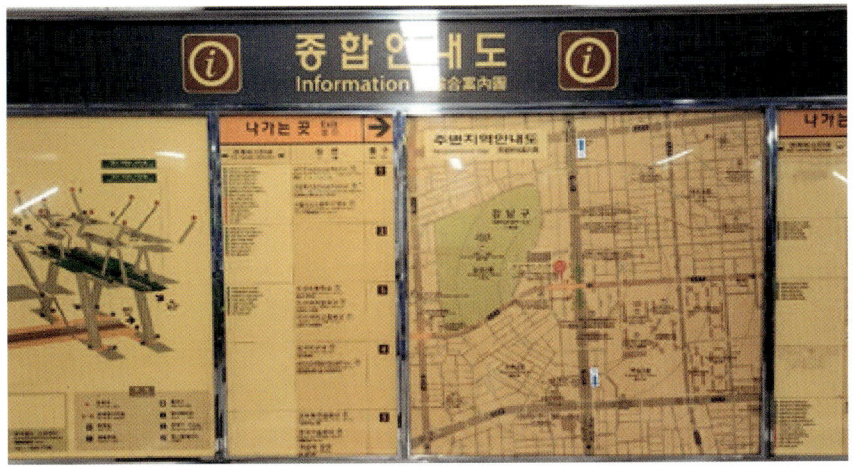

〖별첨3-14. 지하철 환승띠〗

한국의 교통 역사

고속도로, 고속전철, 서울시 교통정책을 통해 본 교통의 과거와 미래 제언

초판 발행	2024년 10월 7일
지은이	차동득
발행인	정유진
발행처	노북(no book)
주 소	서울특별시 서초구 강남대로53길 8 11층
전 화	050-71319-8560
팩 스	050-4211-8560
출판등록일	2018년 7월 27일
등록번호	제2018-000072호
E-mail	nobookkorea@gmail.com

ISBN 979-11-90462-55-6 [03300]

ⓒ 2024 차동득, Published by nonbook, Printed in Korea

+ 이 책은 저작권법에 의하여 한국 내에서 보호를 받는 저작물이므로 무단 전재 및 복제를 금합니다.
+ 잘못된 책은 바꾸어드립니다.